Bonnie MacDougal ist Rechtsanwältin in Philadelphia, spezialisiert auf Zivil- und Handelsrechts. „Vertrauen ist ein ungedeckter Scheck" ist ihr erster Roman, bei dem sie auf ihre großen Erfahrungen in Prozessen um die Veruntreuung firmeninterner Informationen und Vertrauensmißbrauch sowie Verfahren gegen Börsenmakler und Anwaltskanzleien zurückgreifen konnte.

Umschlaggestaltung: Klaus Meyer und Costanza Puglisi, München
Umschlagbild: Christian Kerber, Hamburg

List Verlag
München · Leipzig

Bonnie MacDougal
*Vertrauen ist ein
ungedeckter Scheck*

Bonnie MacDougal

Vertrauen ist ein ungedeckter Scheck

Roman

Aus dem Englischen übersetzt von
Charlotte Breuer

List Verlag
München · Leipzig

Die Originalausgabe ist unter dem Titel
Breach of Trust *1996 bei Pocket Books erschienen.*

ISBN 3-471-79326-7

© 1996 Bonnie MacDougal Kistler
© der deutschen Ausgabe 1996 Paul List Verlag
in der Südwest Verlag GmbH & Co. KG, München
Alle Rechte vorbehalten. Printed in Germany
Satz: Franzis-Druck, München
Druck und Bindung: Mohndruck, Gütersloh

Nichts ist leichter als Selbstbetrug.
Denn jeder hält das für wahr,
was seinen Wunschvorstellungen entspricht.

Demosthenes

TEIL EINS
DIE AUSSAGE

I

Köpfe fuhren herum, und der Weg wurde freigemacht, wenn Dan Casella einen Raum betrat. Jenny war schon häufiger in Gerichtssälen und Konferenzräumen Zeugin dieses Phänomens geworden, aber das Ballettstudio, in dem sie trainierte, war ein ungewöhnlicher Schauplatz. Der Pianist geriet ins Stocken, und ein letzter dissonanter Akkord hallte in der plötzlich eingetretenen Stille nach. Monsieur duBret drehte auf seinen sechzigjährigen Beinen noch eine perfekte Pirouette, dann starrte er den Eindringling mit wütend zusammengezogenen Brauen an. Jenny erstarrte, von Dans unerwartetem Auftauchen regelrecht in Bann geschlagen, während die übrigen Tänzerinnen und Tänzer mit geschmeidigen Bewegungen beiseite traten. Die Reihe vor dem Spiegel stob auseinander wie ein vom Wind aufgewehter Vorhang.

Dan schritt an ihnen vorbei, als habe er nichts weiter als eine läppische Beweisaufnahme gestört, und steuerte auf Jenny zu, die im Spagat mit vorgebeugtem Oberkörper am Boden klebte. Ungraziös wie ein Fohlen, das seine ersten Stehversuche macht, erhob sie sich. Sie war plötzlich peinlich berührt bei dem Gedanken an die Schweißringe an ihrem Gymnastikanzug und den Zopf, der ihr über den Rücken baumelte.

Im Spiegel vor Jenny tauchte das Gesicht von Leslie auf, die aufgeregt grimassierte und mit den Lippen die Frage »Ist er das?« formte.

Obwohl Leslie richtig geraten hatte, schüttelte Jenny den Kopf.

»Jennifer, ich brauche Sie«, sagte Dan in seinem gedämpften, vertrauenerweckenden Anwaltston.

Es stand ihr nicht zu, sich nach dem Grund zu erkundigen;

Dan war ihr Vorgesetzter. »Ich werde mich rasch umziehen«, sagte sie.

»Keine Zeit. Ziehen Sie sich einfach etwas über, wir treffen uns am Ausgang.«

Jenny nickte und machte sich sofort auf den Weg in den Umkleideraum.

»Was 'at das zu bedeuten?« bellte der Ballettmeister.

»Es tut mir leid, Monsieur«, sagte Jenny, während sie an ihm vorbeieilte. »Ich werde dringend im Büro gebraucht.«

»Sie arbeiten nischt genug an der Stange!«

»Weil ihre Arbeitgeber zusehen, daß sie sie bei der Stange halten!« johlte Leslie aus dem Hintergrund.

Monsieur fuhr wütend herum, und Jenny nutzte die Gelegenheit zur Flucht.

»Bis später, Frau Anwältin!« rief Leslie ihr nach.

Jenny hastete in ihre Umkleidekabine, befreite sich von Ballettschuhen und Wadenwärmern und zog ihren grauen Faltenrock und ihren grauen Blazer über. Keine Zeit zum Umziehen, hatte Dan gesagt, und sie nahm ihn beim Wort. Eilig stopfte sie die Ballettschuhe in ihre Tasche, schlüpfte in die Pumps, klemmte sich ihre Aktentasche unter den Arm und war bereits nach nicht ganz fünf Minuten auf dem Weg die Treppe hinunter.

Dan erwartete sie in der Eingangshalle. Die Hände in den Manteltaschen vergraben, wirkte er in dem düsteren Vestibül der Kunstakademie ebenso selbstbewußt und gelassen wie überall. Die Tänzerinnen und Musikstudentinnen, die in Scharen durch die Vorhalle eilten, zogen bei seinem Anblick die Brauen hoch oder warfen ihm ein wollüstiges Lächeln zu, allesamt hingerissen von diesem gutaussehenden, an seiner perfekten Kleidung als gestandener Anwalt erkennbaren Mann, der nicht in das Ambiente zu passen schien.

»Um was handelt es sich?« fragte Jenny, während sie sich ihren Mantel überzog und durch die Tür eilte, die er für sie offenhielt.

»Ein neuer Fall«, sagte er. »Eine Katastrophe.«

Es war kalt draußen und dämmerte bereits. Die Januartage

wurden langsam und kaum merklich länger. Jenny bemühte sich atemlos, ihr Tempo Dans energischen Schritten anzupassen, als sie die Broad Street hinaufgingen.

»Wer ist der Mandant?« erkundigte sie sich. Obwohl sie erst vor knapp zwei Jahren ihr Juraexamen bestanden hatte, wußte sie bereits, wonach man als erstes fragen mußte. Die Fakten nützten einem wenig, bevor man sich über die Sachlage Klarheit verschafft hatte.

»Harding & McMann.«

Harding & McMann war kein Klient, sondern die Konkurrenz, eine große Anwaltskanzlei in Philadelphia und noch renommierter als Foster, Bell & McNeil, die Kanzlei, für die sie und Dan arbeiteten. Wenn Harding & McMann einen Anwalt brauchte, könnten sie auf einen ihrer eigenen zweihundert Mitarbeiter zurückgreifen. Wieso wollten sie Dan?

»Und die Krise?« fragte sie.

»Sie haben einen ihrer Anwälte beim Griff in die Kasse erwischt.«

»Er hat Geld von der Kanzlei unterschlagen?«

»Noch schlimmer.« Die Ampel an der Ecke Chestnut Street sprang auf Rot, und Dan blieb an der Bordsteinkante stehen. »Er hat sich am Geld eines Mandanten vergriffen.«

Die Ampel wechselte auf Grün, und Dan überquerte mit Riesenschritten die Straße.

»Und jetzt?« fragte Jenny, hinter ihm herhastend.

»Jetzt will er sein Herz ausschütten.« Er wandte sich um und schenkte ihr das erste und letzte Lächeln an diesem Abend. »Und wir müssen rechtzeitig da sein, um den Inhalt aufzufangen.«

Harding & McMann, die hauptsächlich Mandanten aus Managerkreisen und dem Geldadel vertraten, hatten ihre Kanzlei in den oberen Etagen eines alten Bürogebäudes, das zu einem ehemals vornehmen Häuserblock auf der Broad Street gehörte. Die anderen großen Kanzleien waren in die neuen Bürotürme auf der Market Street umgezogen, während H & M der Broad Street die Treue gehalten hatte. Die Firma war seit über hundert Jahren in diesem Gebäude ansässig und somit einer Tradition verpflichtet, die es nach Meinung der Firmeninhaber zu pflegen galt, ganz zu schweigen von den Kapitalerträgen, welche die Kanzlei als Miteigentümerin des Gebäudes erwirtschaftete. Einen Block weit entfernt thronte der in Stein gehauene William Penn, ein asketischer englischer Quäker, mit unglücklicher Miene hoch oben auf dem Rathaus, einem ornamentreichen Bau im französischen Empire-Stil.

Sie fanden den Eingang des Gebäudes verschlossen vor, doch der Wachmann war über ihre Ankunft in Kenntnis gesetzt worden. Nachdem Dan ihm über die Gegensprechanlage seinen Namen genannt hatte, summte der Türöffner, und die beiden bestiegen den Aufzug, der sie in den zwanzigsten Stock brachte. Jenny beobachtete von der Seite, wie Dan mit den Fingern durch sein schwarzes, kurzgeschnittenes Haar fuhr und seine Hornbrille zurechtrückte. Dan wechselte die Brillen wie andere ihre Krawatten, was zur Folge hatte, daß sie nie zu einem Teil von ihm wurden. Auch ohne Brille war er unverkennbar er selbst.

In den hochpolierten Messingplatten auf den Aufzugtüren betrachtete Jenny ihr eigenes Gesicht. So gänzlich ungeschminkt war auch dieses Gesicht unverkennbar ihr eigenes, schmal und länglich, die Augen zu hell und zu tief in ihren Höhlen, ihre hohe Stirn kein bißchen kaschiert, da sie ihr langes, braunes Haar immer noch im Nacken zusammengebunden trug. Sie senkte den Blick und starrte auf den Boden, jedoch nicht ohne daß ihr das Spiegelbild ihrer Beine entgangen wäre, die noch immer in der fleckigen, pinkfarbenen Gymnastikhose steckten.

Als die Aufzugtüren sich öffneten, sprang ein großer, blonder Mann mit Halbglatze von seinem Stuhl in der Empfangshalle auf.

»Dan«, rief er hörbar erleichtert aus.

»Charlie«, sagte Dan und schüttelte ihm ohne zu lächeln die Hand. »Ist er noch da?«

»Er hält immer noch Hof im Konferenzsaal.«

Das muß Charles Duncan sein, dachte Jenny, der geschäftsführende Gesellschafter von Harding & McMann. Er war in

Hemdsärmeln, hatte seine Krawatte gelockert, und auf seiner Stirn zeichnete sich eine tiefe Falte ab.

»Charlie, das ist meine Assistentin, Jennifer Lodge. Charlie Duncan.«

Duncan nickte ihr abwesend zu, bevor er sich umwandte und ihnen voraus den Korridor entlangging. Alle Büros waren leer und dunkel, nur am Ende des Flurs blinkte eine Lampe auf wie eine Sturmwarnung. Eine Tür öffnete sich, und Licht fiel in den Korridor, als eine Frau in einer verschwitzten Bluse, die kaum noch in ihrem zerknitterten Rock steckte, mit einer leeren Kaffeekanne in der Hand hinaustrat. »Mäntel«, sagte sie tonlos, vor Erschöpfung nicht einmal mehr in der Lage, es wie eine Frage klingen zu lassen.

Während die Frau mit den Mänteln der beiden um die Ecke verschwand, wurden sie von Duncan in den Konferenzsaal gebeten.

Jede Anwaltskanzlei in Philadelphia, die ihre Honorare wert war, besaß einen großen Konferenzsaal für wichtige Zeremonien und andere Gelegenheiten, bei denen es darauf ankam, Eindruck zu schinden. Dies war derjenige der Kanzlei Harding & McMann. Der Raum verfügte über eine Höhe von etwa vier Metern und eine hölzerne Kassettendecke; die Wände waren mit stark gemasertem Edelholz aus dem Regenwald getäfelt und mit Porträts der Firmengründer geschmückt, deren Kleidung und Barttracht sie als Bürger des neunzehnten Jahrhunderts auswiesen; und der zehn Meter lange Konferenztisch aus massivem, hochpoliertem Holz mußte an Ort und Stelle angefertigt worden sein.

Um diesen Tisch herum saßen Männer in Hemdsärmeln, die Jenny wie das Empfangskomitee in einem vornehmen Anwaltsclub in Philadelphia vorkamen. Jenny vermutete, daß es sich bei diesen Herren um die Geschäftsführung von Harding & McMann handelte. Der Begriff Quotenregelung war in dieser Firma offenbar ein Fremdwort; die anwesenden Männer waren ausnahmslos weiß und über fünfundvierzig. In Hemdsärmeln und grauen Rändern an ihren Krägen gaben sie allerdings kein sehr distinguiertes Bild ab.

Dan dagegen wirkte frisch und schneidig, und die Kollegen lebten bei seinem Eintreten auf, als sei er der Überbringer völlig neuer Fakten.

»Dan, schön, Sie zu sehen.«

»Vielen Dank, daß Sie so kurzfristig gekommen sind.«

Am Ende des Konferenztisches saß ein weißhaariger Mann mit gebeugten Schultern und gesenktem Kopf, als laste eine schwere Schuld auf ihm. Die Herren von der Geschäftsführung schienen nicht zu wagen, ihren Blick auf ihm ruhen zu lassen.

Am anderen Ende des Raums stand ein junger Mann mit dem Rücken an die Wand gelehnt. Er war schlank, blond und feingliedrig, und obschon auch er in Hemdsärmeln war und müde Augen hatte, wirkte er um zwanzig Jahre jünger als seine Kollegen. Seine Haltung verriet eine Nervosität, die Jenny nur zu vertraut war. Er war extrem wachsam, die Muskeln unter seinem weißen Hemd angespannt, jederzeit bereit, auf den leisesten Wink eines der Anwesenden hin zu springen. Also ein frischgebackener junger Anwalt, umgeben von lauter Vorgesetzten, die vielleicht offiziell nicht einmal seine Bosse waren, die jedoch stimmberechtigt sein würden, wenn irgendwann einmal darüber abgestimmt wurde, ob er zum Teilhaber der Firma aufrücken konnte. Er sah an Dan vorbei zu Jenny hinüber, und einen Augenblick lang leuchtete sein Gesicht auf, als er ein Grinsen über ihre Aufmachung unterdrückte. Und in diesem kurzen Moment wirkten seine blauen Augen äußerst sympathisch.

Auch so ein kleiner Assistent wie ich, ging es Jenny durch den Kopf, und der Funken des Erkennens zwischen zwei Gleichen machte ihr verlegenes Erröten fast wieder wett.

»Dan, das ist Tucker Podsworth, der Vorsitzende unserer Immobilienabteilung«, sagte Duncan.

Der Weißhaarige erhob sich, und Dan schüttelte ihm die Hand mit größerer Verbindlichkeit, als ein Betrüger verdiente, dachte Jenny. Sie selbst nickte ihm knapp zu.

Die Frau, die ihnen ihre Mäntel abgenommen hatte, kehrte mit einer vollen Kaffeekanne zurück. Sie stellte sie auf den Büfettisch und nahm an einem Ende des Konferenztischs Platz. Vor ihr lag ein mit wilden schwarzen Kritzeleien übersäter

Stenoblock. Jenny setzte sich ebenfalls an den Tisch und nahm aus ihrer Aktenmappe den Notizblock, den sie stets bei sich trug.

»Also«, wandte Duncan sich an Dan. »Wo möchten Sie beginnen?«

Dan zog sein Jackett aus und hängte es vorsichtig über seine Stuhllehne, bevor er am Kopf des Konferenztischs Platz nahm. Jenny hatte ihn noch nie sitzen sehen. Einmal hatte sie erlebt, wie er mit einer entwaffnenden Bemerkung an das Kopfende eines Tisches getreten war – »Ich möchte lediglich sicher gehen, daß ich jeden von Ihnen sehen kann« –, um dann den Vorsitz über die Versammlung an sich zu reißen, ohne daß es seinen verblüfften Zuhörern auffiel. Er war erst siebenunddreißig, relativ jung für einen Anwalt, und außer dem wachsamen Assistenten der jüngste Mann im Raum. Aber selbst hier gab es, trotz der Anwesenheit eines ehemaligen Bundesrichters, keinen Zweifel daran, wer das Sagen hatte.

»Ich möchte, daß Scott als erster berichtet«, sagte Dan und richtete seinen Blick auf den jungen Mann an der Wand. »Und zwar von Anfang an.«

Jenny wurde plötzlich klar, daß der Assistent der Betrüger war, nicht der Alte, der so schuldbewußt auf sie gewirkt hatte. Als sie zu ihm hinübersah, lief er hochrot an; es war der Fluch der Hellhäutigen, daß sie ihre Scham nie verbergen konnten. Jenny senkte ihren Blick und starrte auf ihren Notizblock. Nur Dan sah Scott unverwandt an; alle anderen zogen es vor, Dan zu beobachten. Eigentlich war es verständlich, daß ihr Interesse eher dem Mann galt, der sie vielleicht retten würde, als dem, der sie womöglich ruiniert hatte.

Der Delinquent nahm Haltung an. »Ich habe einen Mandanten«, begann er, unterbrach sich jedoch dann, um sich zu räuspern. »Oder sollte ich besser sagen ›Ich hatte einen Mandanten‹?«

Während des verächtlichen Schweigens, mit dem seine Bemerkung quittiert wurde, schielte Jenny kurz zu ihm hinüber. Als ihre Blicke sich trafen, meinte sie in seinen Augen etwas aufflackern zu sehen, vielleicht den dringenden Wunsch, etwas anderes ansehen zu dürfen als die Rücken seiner Chefs und das Gesicht seines Inquisitors.

»Fahren Sie fort«, sagte Dan.

»Ich war als juristischer Berater für die Verwaltung des Nachlasses der kürzlich verstorbenen Elizabeth Mason Chapman tätig.«

Die Namen waren Jenny ein Begriff. Sowohl die Masons als auch die Chapmans gehörten zu den ältesten und blaublütigsten Familien Philadelphias. Beide Familien waren im frühen neunzehnten Jahrhundert mit irgendeinem Industrieprodukt zu Reichtum gelangt und hatten sich später auf das Bankgeschäft verlegt; heute konzentrierte sich ihr Interesse hauptsächlich auf Pferde und wohltätige Einrichtungen.

»Wer ist der Begünstigte dieses Nachlasses?«

»Der Witwer, Reese Chapman, erhält eine lebenslange Rente. Die gemeinsame Tochter Catherine erhält Zuwendungen nach dem Ermessen des Treuhänders. Wenn Reese stirbt, geht das Gesamtvermögen an Catherine.«

»Wer ist der Treuhänder?«

»Curtis Mason, der Bruder von Mrs. Chapman. Onkel Curt war es, der mich als juristischen Berater hinzugezogen hat.«

»Onkel?« fragte Dan.

»Nein, wir sind nicht verwandt«, erwiderte Scott und sah zu Jenny hinüber. »Er und mein Vater sind alte Freunde. Sie sind zusammen in Lawrenceville zur Schule gegangen.«

Die um den Konferenztisch versammelten Zuhörer zogen die Augenbrauen zusammen. Das war die Sorte Mitarbeiter, mit deren Hilfe eine Kanzlei wie Harding & McMann florierte – jemand, dessen Vater zusammen mit einem Mason die Schulbank gedrückt hatte, der sich in den richtigen Kreisen bewegte und dementsprechend die richtigen Aufträge akquirierte und der, wenn er vielleicht auch kein begnadeter Anwalt wurde, doch vertrauenswürdig und verläßlich war. Anscheinend. Die Stirnfalten vertieften sich.

»Nachdem Onkel Curt sich letztes Jahr zur Ruhe gesetzt hat und den Winter in Palm Beach und den Sommer in Bar Harbour verbringt, brauchte er jemanden, der sich tagtäglich um die Nachlaßverwaltung kümmerte. Ich habe also nicht nur Urkunden ausgestellt. Ich fing an, Investitionen zu tätigen, und ich habe die Auszahlungen vorgenommen.«

»Haben Sie eine notarielle Vollmacht?«

Scott sagte nur: »Er hat mir das Scheckheft gegeben.«

Jenny sah schnell zu Dan hinüber, doch der zeigte keine Reaktion. »Fahren Sie fort«, sagte er.

»Ich habe die Schecks ausgestellt. Zwanzigtausend pro Monat an Reese Chapman, gemäß den Testamentsbestimmungen. Unterschiedliche Summen an Catherine, entsprechend den jeweiligen Anweisungen. Bei Bedarf habe ich Geld an das Finanzamt überwiesen sowie das Honorar für den Steuerberater. Übrigens auch unsere Honorare.«

Charlie Duncan erbleichte und senkte den Kopf, um es sich nicht anmerken zu lassen.

»Wie haben Sie diese Schecks unterschrieben?«

»Mit Curtis B. Mason, Treuhänder.«

»Wußte Mason, was Sie taten?«

»*Das* wußte er jedenfalls.«

»Und was wußte er nicht?«

Scott holte tief Luft. »Er wußte nicht, daß ich Barschecks ausstellte und das Bargeld auf mein Konto einzahlte.«

Jenny starrte Dan entgeistert an, aber der zuckte mit keiner Wimper. »Seit wann und wieviel?« fragte er.

»Ich habe vor ungefähr vier Monaten angefangen. Rund zwei Millionen Dollar.«

Das war die Größenordnung, in der Leute wie die Masons und die Chapmans Geschäfte machten; niemand würde auf die Idee kommen, sie lediglich um ein paar tausend Dollar zu erleichtern. Aber wozu brauchte Scott soviel Geld? fragte sich Jenny. Die monatlichen Abzahlungsraten für ein Studentendarlehen oder einen BMW, selbst regelmäßiger Drogenkonsum würden nicht einmal einen Bruchteil einer solchen Summe verschlingen.

Aber Dan interessierte sich nicht dafür, wozu, sondern wie Scott das Geld entwendet hatte. »Auf welche Bank haben Sie die Schecks ausgestellt?«

»Keine Bank, eine Brokerfirma. Connolly & Company. Der Treuhandfonds war bei dieser Firma angelegt, und zwar auf einem Konto mit Scheckvollmacht.«

»Wer erhielt die Kontoauszüge? Und die stornierten Schecks?«

»Curtis G. Mason, zu meinen Händen.«

Dan ließ sich Zeit mit seiner nächsten Frage, und er stellte sie ganz beiläufig, so als sei er lediglich neugierig. »Wie sind Sie denn erwischt worden?«

Scott hob den Kopf und sah zu Tucker Podsworth, dem Weißhaarigen, hinüber, der tief Luft holte und sich räusperte.

»Ich fürchte, es war reiner Zufall«, sagte dieser mit einer Stimme, die ebenso selbstbewußt aristokratisch klang wie sein Name. »Ich habe in Scotts Büro nach einer Akte gesucht. Er hatte das Scheckbuch offen auf seinem Schreibtisch liegen lassen, und ein Scheck war bereits ausgestellt und mit Curtis Mason unterschrieben.«

»Woher wußten Sie, daß die Unterschrift gefälscht war?«

»Die Tinte war noch naß, und Curt hatte mich heute vormittag noch aus Palm Beach angerufen.«

Dan wandte sich wieder Scott zu und sah ihn lange prüfend an.

»Sie haben recht«, gab Scott zu. »Ich war zu unachtsam. Es geschah mir recht, erwischt zu werden.«

»Oder Sie wollten erwischt werden.«

Scott konnte seine Anspannung nicht mehr beherrschen, und er trat erregt einen Schritt vor. »Nein! Nein – sehen Sie, ich wollte alles zurückzahlen. Wenn ich Zeit gehabt hätte, die Sache zu Ende zu bringen –«

»Was zu Ende zu bringen?«

»Onkel Curts Kapitalanlagen.«

»Sie meinen die Kapitalanlagen des Treuhandfonds.«

»Nein. Onkel Curts persönliche Kapitalanlagen. Dafür brauchte ich die zwei Millionen. Als Grundstock für Onkel Curts Spekulationsgeschäft.«

Dan sah zuerst Jenny an und dann alle anderen, und Jenny spürte, wie sein Blick die Anwesenden elektrisierte, wie sie eine

Möglichkeit witterten, eine Verteidigungsstrategie aufzubauen.

»Gehen wir noch einmal zurück«, sagte Dan. »Sie haben das Geld auf Ihr eigenes Konto eingezahlt.«

»Zunächst einmal. Aber dann habe ich von diesem Konto Schecks ausgestellt. Verrechnungsschecks, damit mein Name nicht daraufstand. Ich habe sie mit einer Unterschrift versehen, die niemand entziffern konnte. Und dann habe ich sie auf Onkel Curts Konto bei der Brokerfirma eingezahlt.«

»Warum?«

Scott verzog den Mund zu einem schiefen Grinsen, das Jenny unter anderen Umständen als charmant empfunden hätte. »Es macht mir Spaß, mit Geld zu spekulieren. Und ich bin verdammt gut, glauben Sie mir. Aber ich hatte noch nie über ausreichend Kapital verfügt. Das werde ich erst, wenn ich fünfunddreißig bin und der Nachlaß meiner Großmutter auf mich übergeht. Also habe ich Phantasieportfolios zusammengestellt, sehen Sie? Und dann habe ich genau verfolgt, wie die Sache gelaufen wäre, wenn ich die Optionen tatsächlich gekauft hätte. Auf dem Papier war ich schließlich mehrfacher Millionär.

Onkel Curt hat sich immer darüber beschwert, daß seine Broker keine Gewinne erzielten. Da habe ich ihm meine Zahlen gezeigt, und er war verdammt beeindruckt. Er sagte zu mir, wie wär's wenn du das für mich machtest? Übernimm meine Geschäfte, setze dich mit meinem Broker auseinander und sieh zu, was für Ergebnisse du erzielst. Er sagte, der Broker kriegt die Provision, aber ich mache dir einen Vorschlag, ich bezahle dich so, wie wenn du als Anwalt für mich tätig wärst, und wenn du Gewinne erzielst, kriegst du eine hübsche Unterprovision.

Ich sagte, okay, aber, um ehrlich zu sein, ich hätte es nicht umsonst gemacht. Das war meine Chance, echte Geschäfte zu machen, und auch wenn die Gewinne an Onkel Curt gingen – immerhin hat Onkel Curt mich stets mit Aufträgen versorgt, hat mich für meine Arbeit gelobt. Ich fand also, daß ich ganz gut dabei wegkam.

Er hat hunderttausend Dollar auf sein Konto bei der Brokerfirma eingezahlt, hat mir Handlungsvollmacht erteilt und mich aufgefordert, mein Glück zu versuchen.«

»Wer ist der Broker?« fragte Dan.
»Brian Kearney. Von Connolly & Company.«
»Derselbe, der das Treuhandvermögen verwaltet?«

Scott nickte, er konnte es anscheinend kaum erwarten, den Rest der Geschichte zu erzählen. »Ich habe also eine neue Akte angelegt unter dem Namen ›Mason Investment Advice‹ und meine ganze Zeit in die Sache gesteckt. Ich habe mich hauptsächlich auf Optionen gestürzt, denn ich brauchte einen schnellen Gewinn, um Onkel Curt möglichst bald Resultate vorlegen zu können. Der Broker war der Meinung, ich sei zu risikofreudig, aber in diesem Geschäft muß man aggressiv sein.«

»Sie haben alles verspekuliert«, sagte Dan.

»Nein«, erwiderte Scott. »Nach einem Monat war der Kontostand bei zweihunderttausend. Ich hatte seinen Einsatz verdoppelt.

Aber dann ist der Markt umgekippt. Alle Positionen gingen Richtung Baisse, und ich kam gar nicht schnell genug hinterher. Onkel Curt rief immer wieder an. Wie läuft's denn heute? Ich hatte nicht den Mut, ihm die Wahrheit zu sagen. Er brauchte ja nichts davon zu wissen, es würde schon wieder werden. Also sagte ich, alles wunderbar, gestern hast du mit diesen IBM-Optionen einen Profit von fünfzigtausend erzielt.

Es war die reinste Lawine. Nach drei Monaten war das Konto leer, und Onkel Curt glaubte, er hätte zwei Millionen Dollar.«

Dan warf Jenny einen Blick zu, der ihr sagte, das ist wichtig, notieren Sie das. »Er glaubte, er hätte in drei Monaten einen zweitausendprozentigen Gewinn auf seine Investition gemacht?«

Scott nickte ernst. »Das habe ich ihm gesagt. Und er vertraute mir.«

»Also haben Sie Geld aus dem Treuhandfonds abgezweigt, um das Konto in Ordnung zu bringen.«

»Das Geld lag einfach da herum«, sagte Scott. »Ein Vermögen von zehn Millionen Dollar. Reese Chapman kriegt nicht mehr als zwanzigtausend im Monat, und Catherine entnimmt keine großen Summen. Das Gesamtvermögen wird erst ausgezahlt, wenn Chapman stirbt, und er ist erst Anfang fünfzig. Keiner würde das Geld vermissen. Also habe ich Catherine bestohlen, um Curt zu bezahlen, ja.«

»Und Mason hatte keine Ahnung.«

»Natürlich nicht.«

»Was glaubte er denn, woher die Einzahlungen kamen?«

»Ich habe ihm erklärt, es seien Gewinne aus Spekulationsgeschäften.«

»Führen Sie noch immer seine Geschäfte?«

»Ja. Und ich mache Gewinne.«

»Wie hoch ist Masons Kontostand zur Zeit?«

»Etwa eins Komma sieben Millionen. Seit letzten Monat habe ich einen Gewinn von fünfzigtausend gemacht.«

»Gewinn?« sagte Dan in einem scharfen Tonfall, den er sich für solche Gelegenheiten vorbehielt. »Mal sehen – es fehlen Ihnen zwei Millionen aus dem Treuhandfonds, Sie haben Masons zweihunderttausend verspekuliert, und sein Kontostand liegt zweihundertfünfzigtausend unter dem, was Sie ihm angegeben haben. Für mich sieht das so aus, daß Sie zwei Komma drei fünf in den Miesen sind.«

Treffer. Scott wich die Farbe aus dem Gesicht, und er lehnte sich erschöpft wieder gegen die Wand. »Yeah«, murmelte er.

2

Draußen herrschte inzwischen pechschwarze Nacht, und die lange Lichterkette des Berufsverkehrs auf dem Schuylkill Expressway hatte sich in einzelne Punkte aufgelöst. Jennys Armbanduhr steckte in einem ihrer Ballettschuhe in ihrer Sporttasche, aber sie schätzte, daß es bereits nach zehn war. Der vom langen Warmhalten bittere Kaffee wurde von allen verschmäht, nur sein aufsteigender Duft hielt sie noch wach.

Die Frau, die den Kaffee auf den Büffettisch gestellt hatte, war an ihren Arbeitsplatz zurückgekehrt, wo sie nun dabei war, Jennys Aufzeichnungen abzutippen. Allerdings war noch nicht klar, ob Dan Scott gestatten würde, die Aussage zu unterschreiben.

Nachdem die Sachlage in groben Umrissen klargestellt war, ging es Dan um die Details. Welche Schecks waren wann ausgestellt worden? Welche Einzahlungen waren zu welchem Zeitpunkt vorgenommen worden? Welche Geschäfte waren in Auftrag gegeben worden? Was für Gespräche waren mit dem Broker geführt worden? Und mit Mason? Aus Scotts ein Stockwerk tiefer liegendem Büro wurden Akten geholt und auf dem Konferenztisch ausgebreitet. Dan brütete über den Papieren, versuchte, den Verlauf der Transaktionen zu rekonstruieren, und stellte Scott zwischendurch kurze Fragen, wenn die Abfolge nicht klar ersichtlich war.

Scott war sehr darum bemüht, hilfreich zu sein. »Nein, das war zuerst«, sagte er und ordnete die Unterlagen neu. »Sehen Sie diesen Eintrag? Zu diesem Zeitpunkt habe ich die Buchung vorgenommen.« Dan wiederholte Fragen, die er eine Stunde zuvor schon einmal gestellt hatte, und achtete darauf, ob er dieselben Antworten erhielt. Scott, dem die Taktik nicht entgangen war, beantwortete die Fragen trotzdem. Kein Problem, Sie machen nur Ihren Job, das verstehe ich.

Jenny zerbrach sich den Kopf über das Warum. Was brachte einen jungen Anwalt, der, wie sie, erst am Beginn seiner beruflichen Laufbahn stand, dazu, seine Karriere zu ruinieren, noch bevor sie begonnen hatte? Wie sie hatte er sein Jurastudium durchgestanden und zweifellos ebenso die nagenden Selbstzweifel, die damit einhergingen. Er hatte ähnlich schwere Lehrjahre mitgemacht wie Jenny, und das in einer Anwaltskanzlei, wo Assistenten als nützliche Unpersonen betrachtet wurden, für deren Leistung man den Mandanten zweitausend Arbeitsstunden in Rechnung stellen konnte und die sich immer im Schatten von Vorgesetzten bewegten, die wenig Interesse daran hatten, ihnen auch nur einen Funken des Rampenlichts zuzugestehen, in dem sie selbst standen. Und da Jenny inzwischen erfahren hatte, daß Scott zweiunddreißig Jahre alt war, wußte sie, daß er seine Lehrjahre beinahe durchlaufen hatte und kurz davor stand, zum Sozius aufzusteigen, ein Ziel, das für Jenny noch in unerreichbarer Ferne lag. Es war ihr unbegreiflich, wie jemand es fertigbrachte, sich all das zu verscherzen.

Alle anderen jedoch betrachteten das Rätsel als gelöst. Die Mitglieder der Geschäftsführung hatten den Konferenzsaal verlassen, und von den Korridoren war das gedämpfte Raunen ihrer Gespräche zu hören. Jennys Magen knurrte vernehmlich, und sie erinnerte sich schwach an ihre letzte Mahlzeit, einen Salat, den sie zu Mittag gegessen hatte.

Nachdem das Summen des Druckers verstummt war, erschien die Sekretärin mit einer Handvoll Papiere im Konferenzraum. Ohne einen Blick darauf zu werfen, reichte Dan sie an Jenny weiter, die endlich Gelegenheit bekam, sich ihr Honorar zu verdienen. Konzentrieren Sie sich auf die Aktivitäten der Firma, darauf, wer was gewußt hat oder nicht, hatte Dan sie angewiesen, also enthielt die Aussage Formulierungen wie »Kein Mitarbeiter bei Harding & McMann war an meinen Handlungen beteiligt«, »Ich habe allein und ohne das Wissen anderer gehandelt«, »Ich habe folgende Schritte unternommen, um meine Aktivitäten vor den Mitarbeitern der Kanzlei geheimzuhalten.«

Unterhalb der gepunkteten Linie, auf der er unterschreiben sollte, stand sein Name gedruckt: Scott Bartlett Sterling.

Mit vor Verblüffung offenem Mund sah Jenny sich im Raum nach ihm um, bis sie ihn vor einem Fenster entdeckte, wo er sein Spiegelbild anstarrte. Scott, der Betrüger, war Scott *Sterling*? Jenny *kannte* diesen Namen. Seit fast einem Jahr versuchte Leslie, sie mit einem Studienfreund ihres Verlobten, einem Anwalt namens Scott Sterling, zu verkuppeln. Bruce und Leslie waren davon überzeugt, daß Scott und Jenny das perfekte Paar abgeben würden, aber sie hatte sich nicht darauf eingelassen, und es war nie zu einer Begegnung gekommen. Trotzdem reichte das, was sie über ihn gehört hatte, aus, um eine kleine Akte zu füllen. Er entstammte einer alteingesessenen Familie Philadelphias, und sein Vater war irgendein hohes Tier in der Geschäftswelt. Er war mit einer kapriziösen Erbin verheiratet gewesen, die ihn wegen eines Polospielers hatte sitzenlassen. Dann gab es da noch irgendwo ein Kind, das er selten zu Gesicht bekam.

Er entdeckte sie im Spiegelbild und bemerkte, daß sie ihn anstarrte. Verlegen wandte Jenny ihren Blick ab, während sie sich gleichzeitig fragte, ob ihr Name ihm ebenfalls bekannt war, ob sein Freund Bruce ihm ihretwegen ebenso in den Ohren gelegen hatte. Sie sammelte ihre Papiere ein und flüchtete in den Korridor.

Als der Drucker zwanzig Minuten später die überarbeitete Fassung der Aussage ausspuckte, schlurften die Männer zurück in den Konferenzsaal. Sie wirkten inzwischen unrasiert, und unter ihren Augen hatten sich dunkle Ränder gebildet.

Dan legte Scott die Seiten vor. »Lesen Sie sich das durch«, sagt er, »und lassen Sie mich wissen, ob alles seine Richtigkeit hat.«

Alle schwiegen, während Scott die Aussage überprüfte. Einer der Anwesenden trug eine altmodische Armbanduhr, deren leises Ticken in der Stille zu hören war. Mit jeder Minute, die verging, schien das Ticken lauter zu werden.

Als Scott schließlich aufblickte, war sein Gesichtsausdruck deutlich ernster als zuvor. »Ja, es ist alles richtig«, sagte er, doch in seiner Stimme hatte etwas mitgeklungen, etwas, das vielleicht nur für Jenny hörbar gewesen war und das sagte, nein, es kann unmöglich wahr sein.

»Scott.«

Die Veränderung in Dans Stimme war wohl für andere kaum wahrnehmbar, aber Jenny war sie nicht entgangen, und sie wußte, was sie zu bedeuten hatte. Das Verhör war beendet. Jetzt ging es ihm um Kooperation.

»Ich denke, ich spreche für alle, die hier am Tisch sitzen, wenn ich sage, daß Sie heute großes Entgegenkommen gezeigt haben«, sagte Dan. »Ein anderer hätte womöglich dichtgemacht und die Anwälte der Kanzlei im Dunkeln tappen lassen. Sie haben mir meine Arbeit erheblich erleichtert, und Sie haben Ihre Kanzlei in eine wesentlich bessere Position versetzt, als anfangs zu befürchten war. Ich weiß Ihr Verhalten zu schätzen, und ich bin sicher, daß alle anderen in diesem Raum in diesem Punkt mit mir übereinstimmen.«

Nicht einer der Anwesenden wirkte im entferntesten dankbar, und wenn Scott sich ihre Gesichter angesehen hätte, hätte er die Lüge erkannt. Doch er wandte seinen Blick nicht von Dan ab.

»Ich möchte das Richtige tun«, sagte er, »und den Schlamassel wieder in Ordnung bringen, den ich angerichtet habe.«

Dan erhob sich, nahm einen Stift aus der Brusttasche seines Jacketts, das noch immer über der Stuhllehne hing, und reichte ihn Scott.

Die um den Tisch versammelten Kollegen, die es während der vergangenen Stunden vermieden hatten, Scott direkt anzusehen, vergaßen ihren Abscheu und fixierten ihn mit erwartungsvollen Blicken. Augenblicklich änderte sich Scotts Haltung. Hatte er eben noch äußerst wachsam gewirkt, so schien er sich nun auf seltsame Weise wichtig zu fühlen. Jetzt habe ich eure Aufmerksamkeit, was? schien er zu sagen.

Dan beugte sich über ihn und wies auf die gepunktete Linie auf der letzten Seite. Scotts Augen wanderten zum unteren Rand des Blattes, und seine Finger umschlossen Dans Stift.

Doch dann hob er plötzlich den Kopf und sah zu Jenny hinüber. Es war keine Spur von Wichtigtuerei mehr an ihm zu entdecken, Jenny sah nur Angst in seinem Gesichtsausdruck. Und noch etwas – ein Flehen um Hilfe.

Nein, dachte sie entsetzt. Erwarte keinen Beistand von mir. Ist dir nicht klar, daß ich auf der anderen Seite stehe? Doch seine Augen fragten sie verzweifelt: Was soll ich tun? Das hier ist eine Nummer zu groß für mich.

Dan folgte Scotts Blick. Er richtete sich auf und sah sie ebenso unverwandt an wie dieser. Aber in Dans Blick lag keine Frage, sondern ein Befehl.

Jenny brachte ein schwaches ermutigendes Lächeln zustande und nickte Scott kaum merklich zu.

Das war es, worauf er gewartet hatte. Entschlossen unterzeichnete er das Dokument.

Alle anderen atmeten hörbar erleichtert auf.

»Auch die erste Seite?« fragte Scott mit dem Tonfall eines Anwalts, der Hunderte von Testamenten beurkundet hatte. Ohne eine Antwort abzuwarten, kritzelte er seine Initialen auf jede einzelne Seite.

»Wir wollen Ihre Zeit nicht länger in Anspruch nehmen«, sagte Dan. »Ich werde Sie zum Aufzug begleiten.«

Als er sich erhob, ließ Scott seinen Blick noch einmal kurz über den Tisch schweifen, ohne jedoch abzuwarten, ob man ihn zum Abschied grüßte.

Erschöpft ließen sich alle in ihre Stühle sinken, die unter dem Gewicht leise ächzten. Wie ein langer Seufzer wich die Spannung aus dem Raum.

»Sie hatten recht, Charlie«, sagte einer der Männer und rieb sich seine Bartstoppeln. »Casella ist gut. Ich hätte es nie für möglich gehalten, daß er das fertigbringt.«

»Wir haben verdammt Glück gehabt, daß wir ihn bekommen konnten«, sagte ein anderer.

»Aber selbst ein Dan Casella kann unseren Arsch diesmal nicht retten.«

Die letzte Bemerkung war von Richter Moore gekommen, und Jenny beschlich die Befürchtung, daß er recht hatte.

Als Dan zurückkehrte, schlug er beim Eintreten seine Hände gegeneinander, als habe er gerade den Müll hinausgetragen. Er reckte sein Kinn in Richtung Charlie Duncan, und Duncan räusperte sich. »Maggie?«

Die Sekretärin blickte erschöpft auf.

»Wir brauchen Sie heute abend nicht mehr. Nehmen Sie sich ein Taxi.«

Sie erhob sich mühsam von ihrem Stuhl, und nachdem Dan die Tür hinter ihr geschlossen hatte, wandte er sich wieder an die Männer am Tisch.

»Und nun?« fragte Duncan.

»Feuern Sie ihn.«

Jenny zuckte zusammen, obwohl ihr klar war, daß es sein mußte.

»Sind alle dafür?« Alle hoben ihre Hand auf Duncans Frage.

Dan war immer noch stehen geblieben. »Ich werde das Kündigungsschreiben für Sie aufsetzen, Charlie. Lassen Sie es ihm morgen früh durch einen Boten an seine Privatadresse überbringen.«

»Was ist, wenn er morgen zur Arbeit kommt?« wollte Tucker Podsworth wissen.

Niemand schien Scott diese Dreistigkeit zuzutrauen. »Dann geben Sie ihm das Schreiben«, sagte Dan. »Wenn er sein Büro ausräumen will, dann lassen Sie ihn, aber sehen Sie zu, daß jemand dabei ist und überprüft, was er alles einpackt. Sollte er Ihnen irgendwelche Schwierigkeiten machen, rufen Sie mich an.«

»Tucker, dafür sind Sie zuständig«, sagte Duncan, und Podsworth seufzte.

»Stellen Sie jemanden vor seinem Büro auf«, sagte Dan. »Lassen Sie niemanden hinein, bis wir alles in dem Büro untersucht haben. Gehen Sie in seinen Computer und sichern Sie sämtliche Daten, die er eingegeben hat.

Charlie, morgen früh telefonieren Sie und ich mit Curtis Mason. Tucker, wie sieht die Rechtslage in bezug auf Begünstigte aus? Sind wir verpflichtet, Reese Chapman und seine Tochter in Kenntnis zu setzen? Oder haben wir das Recht dazu?«

Podsworth ließ sich so viel Zeit mit seiner Antwort, daß Jenny dachte, er hätte die Frage nicht verstanden. »In einer Situation wie dieser«, sagte er schließlich, »wo ein ziemlich eindeutiger Beweis für eine Verletzung der Treuepflichten vorliegt, würde ich sagen, ja, wir haben das Recht und die Pflicht, Chapman über das zu informieren, was vorgefallen ist.«

»Was ist mit seiner Tochter?«

Nach einer weiteren ausgedehnten Pause schüttelte Podsworth den Kopf. »Es dürfte reichen, wenn wir den Vater benachrichtigen.«

»Okay. Morgen rufen wir Mason und Chapman an, erklären ihnen, was passiert ist, und bitten sie herzukommen – und zwar einzeln – um die Sache mit uns zu besprechen. Richter Moore, können Sie an den Gesprächen teilnehmen?«

Der Richter nickte. Ältere Kollegen, die als Galionsfiguren fungierten, kannten ihre Pflichten.

Dan stützte sich mit den Händen auf seine Stuhllehne. »Als nächstes informieren wir den Bezirksstaatsanwalt.«

Ein erschrockenes Raunen ging um den Tisch. »Das ist doch sicher nicht erforderlich«, sagte John Warrington.

Dan wandte sich ihm zu. »Hegt irgend jemand hier einen Zweifel daran, daß ein Verbrechen begangen wurde?« Er wartete ab, doch niemand wagte, seine Frage zu bejahen. »Möchte einer von Ihnen sich der Verdunklung eines Verbrechens oder der Begünstigung nach Begehung der Tat schuldig machen?«

Warrington schüttelte den Kopf.

»Wenn es Ihnen hilft«, schlug Dan vor, »werde ich den Anruf machen.« Der Vorschlag wurde schweigend angenommen.

»Letzter Punkt für heute abend. Eine Presseerklärung. Sie geben bekannt, was Sie aufgedeckt haben und welche Schritte Sie unternehmen werden, um das Problem aus der Welt zu schaffen.«

»Nein«, protestierten mehrere laut, während andere lediglich den Kopf schüttelten.

»Wollen Sie, daß Mason Ihnen zuvorkommt und der Presse seine eigene Version auftischt?«

»Das wird er nicht tun«, sagte Podsworth. »Er ist einer von uns.«

Dan nahm seine Hände von der Stuhllehne und vergrub sie in seinen Hosentaschen. »Einer von Ihnen, die zufällig zwei Millionen Dollar ausgerechnet auf sein privates Konto sickern ließen? Er hat gar keine andere Wahl, als zu versuchen, als erster an die Presse zu gehen.«

»Dan, wir können es uns nicht leisten, mit dieser Sache an die Öffentlichkeit zu gehen«, sagte Duncan. »Die Hälfte unserer Mandanten, deren Vermögen wir verwalten, würde innerhalb einer Woche zur Konkurrenz überlaufen.«

»Auch andere Mandanten werden die Kanzlei wechseln, wenn sie das Gefühl haben, daß sie ihren eigenen Anwälten nicht mehr vertrauen können.«

»Und was werden Ihre Mandanten denken, wenn sie Masons Version lesen?«

Duncan zuckte die Achseln. »Wir können nur hoffen, daß sie ihn für einen Spinner halten und daß es darauf hinausläuft, daß sein Wort gegen unseres steht.«

Dan, unzufrieden mit der Entscheidung, blickte schweigend in die Runde und wägte seine Chancen für einen Einspruch ab. »Sie sind der Mandant«, sagte er schließlich.

Man wünschte sich erschöpft gegenseitig eine gute Nacht, während Dan in sein Jackett schlüpfte und dann, von Jenny gefolgt, den Konferenzsaal verließ.

3

Dan schwieg während der langen Abwärtsfahrt im Aufzug. Jenny hatte ihn schon mehrmals so erlebt, in Gedanken mit seinen gerichtlichen Schlachten, mit der Ausarbeitung einer Strategie beschäftigt, unzugänglich für alles andere. Er war seit einem halben Jahr, seit sie bei der Kanzlei angestellt war, ihr direkter Vorgesetzter, aber sie fühlte sich in seiner Gegenwart immer noch genauso verunsichert wie am ersten Tag. Sie wagte kaum, ihn in seinen Grübeleien zu stören, noch nicht einmal, um sich zu erkundigen, was sie als nächstes für ihn tun sollte.

Als sie jedoch in die kühle Nachtluft hinaustraten, wurde er wieder gesprächig. »Wo steht Ihr Auto, Jennifer?« fragte er. »Ich werde Sie dorthin begleiten.«

Seine galante Art irritierte sie immer wieder. Sie schüttelte den Kopf. »Ich bin mit der Bahn gekommen«, sagte sie. »Ich werde einfach an der nächsten Station einsteigen.«

»Es ist ein Uhr früh. Die Bahn fährt nur bis Mitternacht.«

»Oh.« Wie schnell die Zeit doch vergeht, wäre eine geistreichere Bemerkung gewesen, dachte sie.

»Kommen Sie. Ich fahre Sie nach Hause«, sagte er.

»Nein«, widersprach sie, »das geht nicht. Ich meine – ich wohne draußen in Radnor.«

»Kommen Sie«, wiederholte er nur im Weitergehen.

Jenny zögerte, besorgt, sich seinen Unmut zuzuziehen, wenn sie ihm weiterhin widersprach, und gleichzeitig befürchtend, sich seinen Unmut bereits dadurch verdient zu haben, daß er sich genötigt fühlte, sie mitten in der Nacht bis hinaus an den Stadtrand zu fahren, obwohl er selbst ganz in der Nähe wohnte. Dann beeilte sie sich jedoch, ihn einzuholen, und ging schweigend neben ihm her. Die menschenleeren Straßen waren in fahles, gelbes Licht getaucht, das von nachtschwarzen Schatten unterbrochen wurde, und die eiskalte Luft schlug ihnen ins Gesicht.

Dans Auto war das einzige, das noch auf der Etage der Kanzlei in der Tiefgarage stand. Schwarz und schnittig, wie zum Sprung geduckt, wirkte der Wagen wie ein Abbild der Raubkatze, nach der er benannt war. Jenny rutschte auf den Beifahrersitz. Mit ihrer Handtasche, ihrer Sporttasche und ihrer Aktenmappe auf dem Schoß kam sie sich vor wie die Yuppieausgabe einer Stadtstreicherin. Im Wagen war es noch kälter als draußen, und Jenny zog ihren Mantel noch fester zu.

»Ich wußte, daß ich Sie heute abend brauchen würde«, sagte Dan. »Aber ich hätte nie gedacht, wie dringend.« Er ließ den Motor an, aber Jenny konnte im Schein der Armaturenbrettbeleuchtung kein Anzeichen in seinem Gesicht erkennen, das ihr sagte, wie er das gemeint haben könne.

»Ich habe doch nur die Aussage aufgesetzt«, sagte sie.

»Wenn Sie nicht gewesen wären, hätten wir jetzt keine Aussage.« Er setzte rückwärts aus der Parktasche und fuhr auf die Ausfahrt zu. »Haben Sie nicht bemerkt, was da oben passiert ist? Er wollte nicht unterschreiben. Ihm war plötzlich wieder eingefallen, daß er schließlich Anwalt ist, verdammt noch mal. Aber dann hat er Sie angesehen. Und Sie haben ihn ermuntert.«

»Ich dachte, Sie hätten mich dazu aufgefordert«, erwiderte Jenny, als könne das sie von Schuld freisprechen.

»Das habe ich auch.« Sie hatten die Straßenebene erreicht, und Dan bog in die Market Street ein. »Nachdem mir die Verbindung aufgefallen war, habe ich das Beste daraus gemacht.«

Verbindung, dachte Jenny, und überlegte, ob sie ihm von Leslies Verkuppelungsversuchen erzählen sollte und davon, daß sie Scott Sterling um ein Haar schon früher begegnet wäre. Aber im Vergleich mit den Ungeheuerlichkeiten, die im Verlauf des Abends ans Tageslicht gekommen waren, und mit den Problemen, die vor ihnen lagen, erschien ihr eine solche Bemerkung zu trivial. Nur ein Tölpel würde in einem Augenblick wie diesem so ein Thema ansprechen, und Jenny würde es nicht ertragen, Dan gegenüber tölpelhaft zu erscheinen.

»Was werden Sie mit der Aussage machen?« fragte sie. »Werden Sie sie dem Staatsanwalt übergeben?«

Dan schüttelte den Kopf. »Sie dient ausschließlich dem Schutz der Kanzlei H & M.«

Dem Schutz wovor? Jenny mußte irgend etwas entgangen sein.

Während des Einführungsgesprächs der Kanzlei im letzten Herbst hatte einer ihrer Chefs etwas gesagt, was er als den »besten Rat, den Sie je erhalten werden« bezeichnet hatte: »Keine Frage kann je dümmer sein, als überhaupt nicht zu fragen. *Fragen* Sie.«

Es war jedoch wesentlich leichter, auf diesen Rat hin zustimmend zu nicken, als ihn zu befolgen. Jenny versuchte, die Worte »Das verstehe ich nicht« zu formulieren, aber alles, was sie herausbrachte, war: »Ich bin mir nicht sicher, ob ich die Gefahr richtig einschätze.« Sie verdrehte innerlich die Augen über sich selbst. Sie war nicht nur eine Idiotin, sie war auch noch eine zaghafte Idiotin. »Ich meine, das Geld wurde veruntreut, aber es ist nicht verloren. Es befindet sich fast alles auf Masons eigenem Konto.«

»Und Sie glauben, er wird es einfach dorthin zurücktun, wo es hergekommen ist?«

»Das muß er doch. Es gehört ihm nicht.«

»Wirklich nicht? Wenn sein sogenannter Investitionsberater die versprochenen Profite erzielt hätte, dann hätte Mason jetzt zwei Millionen Dollar. Sterling hat das Geld aus dem Treuhandfonds nicht zum Spaß abgezweigt. Er hat es getan, um seine Verluste bei der Spekulation mit Optionen zu vertuschen.«

»Sie meinen, die Kanzlei kann nicht nur für die zwei Millionen haftbar gemacht werden, die aus dem Treuhandfonds unterschlagen wurden, sondern auch für die zwei Millionen Profite aus dem Spekulationsgeschäft, die nie existiert haben?«

»Einmal das.«

»Aber Sterling ist doch kein Broker. Wieso sollte die Kanzlei H & M für seine privaten Händel mit Mason haften?«

»Da haben Sie recht«, sagte Dan, erfreut darüber, daß Jenny seiner Logik folgte. »Aber Mason war clever. Er hat Sterling eine neue Akte anlegen lassen. ›Investment Advice‹. Eine gute Absicherung für seine Behauptung, daß alles im Rahmen des anwaltlichen Mandats gelaufen ist.«

»Sie glauben doch nicht etwa, daß Mason das alles eingefädelt hat?«

»Wer, außer ihm, hat denn von der Sache profitiert?«

»H & M durch ihre Honorare«, gab Jenny zurück.

Als Dan die Brauen hochzog, stotterte sie: »Ich meine, vielleicht –«

»Nein«, unterbrach er sie. »Sie haben recht. Sie haben davon profitiert, und sie hätten seine Arbeit überwachen müssen.«

Während er sich wieder auf den Verkehr konzentrierte, fielen Jenny zwei Dinge ein, die sie während der kurzen Zeit, die sie Dan kannte, mit ihm erlebt hatte. Das eine war ein beiläufiger Kommentar, den er vor ein paar Monaten gemacht und wahrscheinlich im selben Augenblick wieder vergessen hatte: »Wissen Sie, Sie wären eine verdammt gute Anwältin, wenn Sie etwas mehr gesundes Selbstvertrauen entwickeln würden.«

Das andere hatte sich ereignet, als sie zum erstenmal mit ihm zusammenarbeitete. Er hatte einen wichtigen Kartellprozeß gewonnen, es war Berufung eingelegt worden, und Jenny, die gerade frisch vom Berufungsgericht kam, wo sie als Gerichtssekretärin gearbeitet hatte, war ihm als Assistentin zugeteilt worden.

»Ich möchte, daß Sie sich die Prozeßakten ansehen«, hatte

er ihr befohlen, während sie sich eifrig Notizen machte. »Stellen Sie fest, auf welche entscheidenden Punkte die Berufungsklage sich stützen wird. Machen Sie die Recherchen. Und dann machen Sie mir ein gutes Konzept –«

Jenny konnte sich denken, was er von ihr wollte, und nickte bereits zustimmend.

»– für den Schriftsatz der Gegenseite.«

Sie war entgeistert hochgefahren.

»Erst wenn ich weiß, was in ihrem Schriftsatz stehen wird, kann ich meinen eigenen Schriftsatz formulieren«, erklärte er. »Ach, und Jennifer«, fügte er hinzu, als sie sich zum Gehen wandte, »schreiben Sie das, was Sie denken.«

Beides waren gute Lektionen gewesen. Ein frischgebackener Anwalt konnte viel von Dan Casella lernen, und Jenny wurde von vielen ihrer jungen Kollegen beneidet.

Dan verließ die Autobahn und bog dann zweimal links ab. Dichter Nebel legte sich über die Straßen in den Vororten. »In welcher Straße wohnen Sie?« fragte er.

»Coventry Road. Biegen Sie an der nächsten Ecke ab, dann sind es noch ungefähr zwei Meilen.«

Sie fuhren an gut gepflegten Reihenhäusern vorbei und dann durch offene Landschaft. Auf der rechten Seite tauchte eine fast mannshohe Feldsteinmauer entlang der Straße auf. »Dort oben auf dem Hügel rechts, bitte«, sagte Jenny.

Dan bremste, bog ab und fuhr zwischen zwei steinernen Säulen hindurch, die einmal ein eisernes Tor gehalten hatten. Nichts als dunkler Wald war im Nebel vor ihnen zu erkennen.

»Wo sind wir hier?« fragte er schließlich.

»Das ist der alte Dundee-Landsitz. Ich wohne in der ehemaligen Remise.«

»Dundee? Die Leute, denen Heritage Cereal gehört?«

»Ja. An der Weggabelung links, bitte.«

Wie Lichtkegel von Suchscheinwerfern glitten die Strahlen von Dans Abblendlicht über unkrautüberwucherte Felder und dichte Baumgruppen, bis schließlich ein altes Gebäude aus dem Dunkel auftauchte. Es war aus Holz konstruiert und umschloß hufeisenförmig einen Innenhof, und es glich eher einer Scheune als einem Wohnhaus. Der Wagen geriet ins Schaukeln, als Dan über das Kopfsteinpflaster des Innenhofs fuhr. Die beiden Seitenflügel enthielten jeweils zwei Garagen, während im mittleren Gebäudeteil der Wohntrakt untergebracht war, mit Dachgauben und einem massiven Kamin in der Mitte.

»Beeindruckend«, sagte Dan.

»Es ist ziemlich zugig, und das Dach ist undicht, aber ich mag es.«

»Wohnen Sie allein hier?«

Die Frage hatte nichts zu bedeuten. Junge Anwälte, die für Kanzleien in der City arbeiteten, wohnten gewöhnlich nicht in einsamen Remisen auf dem Land, das war alles.

»Nein.« Doch dann fügte Jenny schnell hinzu: »Ich wohne mit meiner Freundin Leslie zusammen –« Da ihr jedoch selbst das noch zu mißverständlich erschien, erläuterte sie: »Das ist eine Freundin vom Ballett.«

»Und ein paar Haustiere haben Sie auch«, bemerkte Dan.

Der große, hellbraune Hund, den Jenny seit einem Monat regelmäßig fütterte, stand neben der Tür und wedelte in freudiger Erwartung vorsichtig mit dem Schwanz, während die beiden Katzen um seine Beine strichen.

»Nein, die sind nur zugelaufen.« Jenny packte ihre Handtasche, ihre Aktenmappe und ihre Sporttasche und öffnete die Beifahrertür. »Vielen Dank fürs Fahren.«

Als sie an der Haustür angekommen war, drehte Dan sein Fenster herunter und rief: »Hey, Jennifer.«

»Ja?« Sie wandte sich um. Vom Licht der Scheinwerfer geblendet, lauschte sie angestrengt in Erwartung eines weiteren Arbeitsauftrags.

»Ich wußte gar nicht, daß Sie eine Tänzerin sind.«

Das Fenster wurde wieder hochgekurbelt, der Wagen wendete im Hof und war auch schon verschwunden.

4

Dan zog die Gänge hoch und trat aufs Gaspedal, bis sein Jaguar über hundert fuhr. Die Straße war schmal und kurvenreich, aber zu dieser späten Stunde hatte er sie ganz für sich. Graue Nebelschwaden wirbelten vor ihm auf und tauchten die vorbeihuschende, nachtschwarze Landschaft in ein unheimliches Licht. Er bewegte die Schultern und versuchte, seinen steifen Nacken etwas zu lockern. Himmel, was war das für ein Abend gewesen. H & M saß bis zum Hals in der Tinte, aber alle in diesem Konferenzsaal erwarteten von ihm, daß er irgend etwas aus dem Hut zauberte und ihren gemeinsamen Arsch rettete. Wie sah also sein nächster Schritt aus? Sollte er verzweifelt seinen Hut durchsuchen, oder sollte er seine Mandanten darüber aufklären, daß er keinen Hut besaß?

Dan trat heftig auf die Bremse, als plötzlich ein dunkler Schatten in seinem Scheinwerferlicht auftauchte. Die Reifen quietschten, und der Wagen blieb mit abgewürgtem Motor stehen. Zwei Meter vor ihm stand ein zitternder Hirsch wie gebannt vor ihm.

Dan hielt den Atem an. Gespenstisch schimmernde Nebelwolken umwaberten den Hirsch. Als Dan hupte, begann das Tier noch heftiger zu zittern, rührte sich jedoch nicht von der Stelle. Dann fiel ihm ein, daß helles Licht Tiere erstarren ließ, und er schaltete seine Scheinwerfer aus. Als er sie wieder einschaltete, lag die Straße leer vor ihm.

Plötzlich überkam ihn ein beunruhigendes Gefühl von Desorientierung. Er kannte sich auf diesen Straßen nicht aus, aber es war mehr als das. Die Gegend hatte etwas Unwirkliches – der Nebel, der Hirsch, das seltsame Haus, in dem Jennifer wohnte. Einen Augenblick lang glaubte er, er hätte sich verirrt.

Doch dann ließ er den Motor an, und das Dröhnen brachte ihn wieder zu sich. Er machte sich auf den Heimweg.

Der Apartmentturm, in dem Dan wohnte, lag zwei Blocks entfernt von dem Gerichtsgebäude, in dem er seine Karriere begonnen hatte. Als junger Staatsanwalt hatte er dort Drogenhändler und Politiker vor Gericht gebracht. Seit er nicht mehr für die Regierung arbeitete, war seine Karriere steil angestiegen, aber anstatt aus dem Gebäude auszuziehen, war er ein paar Etagen höher gezogen. Jetzt gehörte ihm eine kleine Penthauswohnung – ein Penthaus, weil das die besten Wohnungen waren, und klein, weil er bislang nicht mehr als ein Bad und ein Bett brauchte.

Die kühle, weiße Beleuchtung in seiner Wohnung paßte zu der minimalistischen Einrichtung, für die sein Innenarchitekt ihm einen maximalen Preis in Rechnung gestellt hatte. Dan betätigte den Schalter, und helles Licht überflutete seine zinngrauen Möbel. Die Putzfrau mußte heute dagewesen sein – die ganze Wohnung roch nach Reinigungsmitteln.

Das rote Lämpchen am Telefon im Flur blinkte. Dan hängte seinen Mantel auf und zog Jackett und Krawatte aus. Auch die Brille legte er ab. Er brauchte sie eigentlich nicht – die Gläser waren extrem schwach –, aber er hatte die Erfahrung gemacht, daß die Leute einen Mann mit einem italienischen Nachnamen und leicht mediterran anmutenden Zügen nicht automatisch für intelligent hielten. Mit Brille sah das schon anders aus.

Er drückte die Abspieltaste des Anrufbeantworters und drehte die Lautstärke auf, so daß er das Band von der Küche aus abhören konnte. Als er den Kühlschrank öffnete, starrten ihm ein Sechserpack Bier und eine Schachtel mit einem Rest Käse entgegen.

»Dan«, schnurrte eine Stimme vom Band, als er eine Dose Bier öffnete. »Ich muß die ganze Zeit an dich denken. Wir haben uns schon so lange nicht gesehen. Komm doch noch mal rüber, ja? Tschüß.«

Dan trank einen Schluck und fluchte leise über alle Frauen,

die sich weigerten, ihren Namen auf dem Anrufbeantworter zu hinterlassen. Er ging in den Flur, um die Wiederholungstaste zu drücken, als die zweite Nachricht begann.

»Danny, hier spricht Teresa«, sagte seine Schwester, eine Stimme, die er jederzeit erkennen würde, auch wenn sie angstvoll klang. »Hast du was von Tony gehört? Es ist schon nach Mitternacht, und er ist noch nicht zu Hause. Wir hatten Streß mit ihm, bevor er wegging, und Mom ängstigt sich zu Tode. Ruf doch bitte mal zurück.«

Dan griff nach dem Hörer und wählte die Nummer, noch bevor die Nachricht zu Ende war. Teresa ging nach dem ersten Läuten an den Apparat. »Tony?«

»Mein Gott.« Dan sah auf seine Armbanduhr. Es war fast zwei. »Ist er immer noch nicht zu Hause?«

»Es ist Danny.« Er hörte seine Mutter im Hintergrund schluchzen. »Was sollen wir machen, Dan? Sollen wir die Polizei anrufen?«

»Nein.« Sein Bruder war erst vierzehn, aber er hatte bereits so viele Beinahezusammenstöße mit der Polizei gehabt, daß es für ein Leben reichte. »Unternehmt nichts. Ich bin gleich da.«

Zwischen dem Apartmenthaus, in dem Dan wohnte, und den überfüllten Reihenhäusern in der Gasker Avenue lagen nicht nur zwanzig Blocks, sondern Welten. Auf halbem Weg fiel Dan ein, daß er besser ein Taxi genommen hätte, denn er würde niemals einen Parkplatz finden. In dieser Gegend saßen alte Männer den ganzen Tag lang in Liegestühlen vor dem Haus, um für ihre Söhne einen Parkplatz freizuhalten, wenn diese von der Arbeit kamen. Niemand hielt einen Platz für Dan frei.

Das Haus seiner Mutter war hell erleuchtet, aber Dan mußte eine Runde um den Block drehen und dann ein Stück in die Broad Street zurückfahren, bis er fünf Meter freie Bordsteinkante fand. Er trug kein Jackett über seinem Hemd, dessen Ärmel noch hochgekrempelt waren, und die Kälte stach ihm in die Arme, als er die paar Blocks bis zum Haus und die weißen Marmorstufen hinaufflief, die seine Mutter stets blank polierte. Teresa lugte durch die Gardinen am Fenster. Als

sie Dan erkannte, öffnete sie die Tür. Sie hatte ihren Mantel an.
»Hat er sich gemeldet?«
Sie schüttelte den Kopf. Mary, ihre Mutter, saß in einer Ecke des Sofas. In ihrem geblümten Morgenrock hob sie sich kaum von dem Blumenmuster der Schonbezüge ab.
»Was ist passiert?« fragte Dan. Auf den scharfen Ton in seiner Stimme hin beugte Mary sich vor und hielt sich den Leib mit beiden Armen. Tony war zu spät in ihr Leben getreten; seit seiner Geburt hatte sie sich immer von ihm überfordert gefühlt.
Teresa ließ sich auf das Sofa fallen, ihren Mantel immer noch zugeknöpft. »Er ist ausgeflippt. Ich hab ihm gesagt, er soll heute abend zur Abwechslung mal zu Hause bleiben. Wir wissen nie, wo er sich herumtreibt oder mit wem er unterwegs ist. Mom ist inzwischen das reinste Nervenbündel. Und da ist er ausgeflippt.«
Sie schob sich mit der Hand eine dunkle Strähne aus der Stirn. Auf ihrem Wangenknochen war ein blauer Fleck zu sehen, das Ergebnis eines Faustschlags.
Dan schnürte es vor Wut die Kehle zu. »Ich bringe ihn um«, sagte er mit erstickter Stimme.
Er drehte sich auf dem Absatz um und stürmte aus dem Haus. »Danny, nicht«, rief Mary hinter ihm her, aber Teresa sagte nichts, und Danny rannte weiter, über die Marmorstufen und die Straße entlang bis zum Ende des Blocks. An der Ecke blieb er stehen und rieb sich den feuchten Schleier der Wut aus den Augen.
Dies war sein altes Revier, die Gegend, die er früher wie seine Westentasche gekannt hatte. Doch jetzt kam sie ihm vor wie feindliches Gebiet. Nur in jedem zweiten Haus brannte noch Licht, und die Straßenlaternen warfen unheimliche Schatten. Als er vor Jahren durch diese Straßen gestreift war, hatte er sich unbesiegbar gefühlt, war sich, wie alle Jugendlichen, unsterblich vorgekommen, aber jetzt schien überall Gefahr zu lauern.
Ein Lieferwagen bog von der Broad Street ein und fuhr im Schrittempo die Straße hinunter. Der Wagen hatte eine dunkle Farbe, und die Seiten- und Heckfenster waren von innen schwarz angemalt. Er fuhr am Haus seiner Mutter vorbei und

kam am anderen Ende des Blocks langsam zum Stehen. Dan machte sich auf den Rückweg, darauf achtend, daß er sich im Schatten der Häuser hielt. Als die Innenbeleuchtung des Lieferwagens eingeschaltet wurde, waren hinter der Windschutzscheibe drei Männer zu sehen. Sie unterhielten sich leise; Dan konnte ihre dunklen, kehligen Stimmen hören. Dann schwang die Hecktür des Wagens auf, und eine dunkle Gestalt sprang auf die Straße. Das Gesicht, das im Schein der Straßenlaterne zu sehen war, gehörte Tony.

»Hey!« rief Dan.

Sofort wurde die Hecktür von innen zugeschlagen. Der Lieferwagen bog um die Ecke und war verschwunden.

Tony blieb wie angewurzelt auf dem Gehweg stehen. Er war kräftig gebaut, und in seiner Motorradjacke und seinen Springerstiefeln wirkte er aus der Entfernung wesentlich älter, als er war. Aber von nahem betrachtet war er immer noch der milchgesichtige Junge mit weichen, dunklen Locken und großen braunen Augen. Die Augen blickten nach rechts und links, auf der Suche nach einem Fluchtweg oder einem Alibi, aber Dan war bei ihm, ehe er Zeit hatte zu reagieren. Er packte seinen Bruder mit beiden Fäusten am Kragen.

»Was geht hier vor? Wer waren diese Typen? Weißt du überhaupt, wie spät es ist?«

»Niemand«, erwiderte Tony, nur eine Frage beantwortend. »Sie haben mich nach Hause gefahren, das ist alles.«

»Von wo haben sie dich nach Hause gebracht? Wo zum Teufel bist du gewesen?«

»Laß mich los.« Tony riß seine Arme hoch, um sich aus Dans Griff zu befreien, aber Dan packte ihn von neuem. In Tonys Jacke fühlte er einen harten, metallenen Gegenstand.

»Was ist das?« fragte Dan und versuchte, danach zu greifen.

»Nimm deine verdammten Hände weg!«

Dan drehte Tony einen Arm auf den Rücken, langte in seine Jackentasche und brachte einen Revolver zum Vorschein.

»Mein Gott«, stieß er hervor.

»Nein! Gib ihn mir, der gehört mir nicht!«

Es war ein echtes Schießeisen, ein achtunddreißiger Revolver, schwer, kalt und tödlich. Dan überprüfte den Zylinder und das Magazin, war jedoch kaum erleichtert, als er feststellte, daß es leer war. Er schob den Revolver in seinen Gürtel. Als Tony versuchte, ihm die Waffe wieder zu entreißen, verpaßte er ihm einen Kinnhaken. Der Junge schrie auf.

In diesem Augenblick wurde die Haustür aufgerissen, und Mary stand auf der Schwelle. Wenn es eines gab, was sie ihnen als Kinder eingebleut hatte, dann war es der Grundsatz, daß anständige Leute ihre Streitigkeiten nicht auf der Straße austrugen. Dan packte Tony am Kragen und zerrte ihn ins Haus.

»Danny, jetzt ist er ja wieder zu Hause, jetzt wird alles gut«, sagte Mary und klammerte sich an seinen Arm.

Teresa stand schweigend im Wohnzimmer, der blaue Fleck in ihrem Gesicht ein stiller Vorwurf.

Tony riß sich los und stürmte die Treppe hinauf. Dan schüttelte die Hand seiner Mutter ab und rannte ihm nach, zwei Stufen auf einmal nehmend. Als er atemlos die zweite Etage erreichte, sah er nur noch, wie Tony seine Zimmertür hinter sich zumachte, und einen Augenblick später wurde der Schlüssel im Schloß gedreht. Aber Dan erinnerte sich an diese Schlösser. Er hob einen Fuß und trat die Tür mit lautem Krachen ein.

Tony versuchte gerade, aus dem Fenster zu klettern. Dan erinnerte sich ebenfalls an diese Schiebefenster. Er wußte, daß Tony es niemals schaffen würde, das schwergängige Fenster schnell genug zu öffnen, um zu entkommen.

»Ich habe dich gewarnt«, sagte er. »Ich habe dir gesagt, wenn noch einmal so etwas passiert, dann schlag ich dich grün und blau.«

Tony ließ von dem Fenster ab und machte sich kampfbereit. »Hat sie dich angerufen?« brüllte er. »Diese Schlampe –«

Dan löste seinen Gürtel und zog ihn mit einem Ruck aus den Schlaufen. Tony versuchte, ihm auszuweichen, aber Dan nahm ihn in den Schwitzkasten und zog ihm ein halbes Dutzend Hiebe über den Hintern, bevor er ihn losließ.

Der feuchte Wutschleier war verschwunden, aber Dans heiße Wut war noch immer im Raum spürbar. Tony warf sich auf sein Bett und kauerte sich in eine Ecke. Dan schob seinen Gürtel wieder in die Schlaufen, ließ ihn jedoch als unausgesprochene Warnung offen. Als er seine Mutter und seine Schwester im Flur murmeln hörte, riß er die Tür auf. Mary trat in das Zimmer, warf zuerst einen Blick auf Dan und stürzte dann zu Tony hinüber, der sich weinend in ihre Arme warf. »Schsch, mein Schatz«, sagte sie, während sie seinen Kopf an sich drückte und ihn sanft wiegte.

Dan sah Teresa an. Sie verdrehte die Augen.

»Hau ab!« brüllte Tony plötzlich und versetzte seiner Mutter einen so heftigen Stoß, daß sie rücklings auf dem Bett landete.

»Das reicht!« Dan packte Tony am Arm und zerrte ihn auf die Füße.

»Nein, Danny«, sagte Teresa ruhig. »Es ist genug jetzt.«

»Es ist nicht genug«, erwiderte er, ließ jedoch seine Arme fallen.

Tony ließ sich auf die Bettkante sinken. Ein Tropfen Blut lief ihm aus dem Mundwinkel. Er wirkte jünger als er war, wie der kleine Junge, der einst der Liebling aller gewesen war.

Teresa half Mary auf, und die beiden starrten Dan unsicher an.

»Und was jetzt?« brummte er. Er fuhr sich mit der Hand durch das Haar, drehte sich abrupt um und verließ das Zimmer.

Im Flur lehnte er sich erschöpft gegen die nackte Wand. Seit fünf Jahren hatte er schon vor, diese Wände zu spachteln und zu tapezieren. Wenn er sich einmal daran machte, müßte er eigentlich gleich ein neues Stromkabel an der Decke unter Putz legen, damit das Treppenhaus nicht mehr so düster war. Das Leben seiner Schwester und seiner Mutter war auch so schon düster genug, ohne daß sie mit schlechter Beleuchtung leben mußten.

»Yeah, was machen wir jetzt?« sagte er noch einmal zu sich selbst.

Ein paar Minuten später ging er zurück in Tonys Zimmer. In der Hoffnung, daß er ihr Leben in die Hand nehmen würde, saßen die beiden Frauen immer noch erwartungsvoll da. Tony hielt sich ein Kleenex an die Lippen und beobachtete Dan mit halb geschlossenen Augen.

»Teresa, hol mir einen Koffer«, sagte Dan. »Einen großen. Mom, hilf mir mal.« Er öffnete die oberste Schublade der Kommode. Unterwäsche, Socken, Hustler-Hefte.

»Danny, was hast du vor?« fragte Teresa.

»Er zieht aus«, sagte Dan. »Er zieht zu mir.«

»Nein!« kreischte Tony.

»Halt die Klappe«, sagte Dan und wirbelte herum. »Du sagst kein Wort mehr.«

»Er wird sich bessern«, sagte Mary. »Nicht wahr, Tony? Sag Danny, daß du dich bessern wirst.«

»Was soll das«, sagte Teresa verächtlich. »Wie soll das denn funktionieren? Du arbeitest zwölf Stunden am Tag und bist dauernd unterwegs. Wer soll sich um ihn kümmern, wenn er bei dir wohnt?«

»Wer soll sich um euch beide kümmern, wenn er hier wohnen bleibt?«

»Wir können auf uns selbst aufpassen.«

»Ach ja?« Als Dan seine Hand ausstreckte, um den blauen Fleck an ihrer Wange zu berühren, wich sie zurück und schob seine Hand beiseite. Er zog den Revolver aus seinem Gürtel und hielt ihn ihr vor die Nase. »Willst du es darauf ankommen lassen, daß er den das nächste Mal benutzt?«

Mary schnappte nach Luft. »Er würde niemals –«

»Hol einen Koffer«, sagte Dan. Teresa sprang sofort auf.

Dan parkte seinen Wagen in der Tiefgarage. Die Parktasche wurde ihm nicht von einem alten Mann im Liegestuhl freigehalten, sondern von einer Nummer, die zu einem Konto gehörte, auf das er jeden Monat einhundert Dollar überwies. Er legte den Revolver in das Handschuhfach und schloß es ab. Mit der einen Hand nahm er den Koffer, mit der anderen packte er Tony fest am Arm, zog ihn aus dem Auto und bugsierte ihn in den Aufzug. Dann drückte er auf den Knopf für das Erdgeschoß.

»Morgen, Al«, rief er dem Wachmann zu.

Der Schwarze sah von seiner Zeitung auf und sah zuerst Dan und dann Tony an.

»Das ist mein Bruder. Er wird eine Zeitlang bei mir wohnen.«

»Angenehm«, sagte der Wachmann mit betont ausdruckslosem Gesicht.

»Tun Sie mir 'n Gefallen«, fuhr Dan fort. »Falls Sie jemals sehen, daß er das Haus ohne mich verläßt, rufen Sie zuerst die Polizei und dann mich an.«

»Kein Problem, Mr. Casella.«

Niemand hatte in Dans Gästezimmer mehr übernachtet, seit ein früherer Kollege vom Gericht letzten Sommer wegen eines Prozesses in der Stadt zu tun gehabt hatte und seine Spesen sparen wollte. Er würde den Teufel tun und das Bett jetzt frisch beziehen. Seinetwegen konnte der Junge auf der blanken Matratze schlafen. Als er jedoch die Tagesdecke zurückschlug, fand er sauberes Bettzeug vor. Wahrscheinlich war die Putzfrau so nett gewesen, oder vielleicht auch die kleine Rothaarige, mit der er letzten Monat ein Verhältnis gehabt hatte und die gleich bei ihm einziehen und Familie spielen wollte.

»Mach, daß du ins Bett kommst«, sagte Dan.

»Darf ich erst noch aufs Klo gehen?« fragte Tony höhnisch. »Oder soll ich lieber in dein vornehmes Bett machen?«

Dan deutete mit einer kurzen Kopfbewegung auf die Badezimmertür und sah Tony nach, wie er provokant lässig durch den Flur ging und die Tür hinter sich zuschlug.

Gott, war er müde. Er trat ans Fenster und versuchte, sein Rückgrat zu strecken und seinen steifen Nacken zu bewegen. Von hier oben aus hatte man einen weiten Blick nach Süden bis hin zu den Sportstadien. Dan konnte beinahe sein altes Viertel sehen; er erinnerte sich noch sehr gut daran, wie groß sein Wunsch gewesen war, aus dieser Gegend zu entkommen. Und nun hatte er sich das Schlimmste aus seiner Vergangenheit ins Haus geholt. All die Ignoranz, die Gewalt, die blinde Wut, in einem vierzehnjährigen Jungen gebündelt.

Tony kam aus dem Bad und warf verdrossen seine Kleider von sich. Seine Unterlippe war an einer Seite geschwollen, und

Dan wußte, er hätte ihm einen Eisbeutel holen sollen, aber er konnte sich nicht dazu überwinden. Tony schlüpfte unter die Decke und wandte Dan seinen Rücken zu. »Ich muß morgen zur Schule, falls du das vergessen hast«, sagte er in sein Kissen.

»Diese Schule hast du hinter dir«, sagte Dan. »Die Nonnen haben ihr Glück lange genug mit dir versucht.« Noch eine Aufgabe für morgen – eine neue Schule für Tony ausfindig machen.

»Und was hast du mit mir vor? Darf ich das vielleicht erfahren?«

»Vince wird nächstes Jahr aus der Navy entlassen.« Der Plan kam Dan erst in den Sinn, während er das sagte, aber er klang gut. Sein älterer Bruder hatte sich neunzehn Jahre lang vor der Verantwortung für die Familie gedrückt. Er sollte auch noch an die Reihe kommen. »Bis dahin bleibst du bei mir.«

»Das glaubst *du*.«

Dan stürzte sich auf ihn und warf ihn auf den Rücken. »Ich will dir mal was sagen, du Klugscheißer«, sagte er, dicht über sein Gesicht gebeugt. »Versuch ja nicht abzuhauen, du schaffst es noch nicht mal bis zum Fluß. Ich hab mal für's FBI gearbeitet, weißt du noch? Ich hab mehr Freunde dort, als du zählen kannst. Ein Anruf von mir, und sie sind überall hinter dir her. Und die werden nicht so zimperlich mit dir umgehen wie ich heute nacht.«

Tonys Gesichtsausdruck verriet nichts. Es war nicht zu erkennen, ob er ängstlich oder verächtlich war. Auch Dan hatte das auf der Straße gelernt. Die erste Lektion lautete: Leg dir einen Panzer zu.

Dan verließ das Zimmer und trank einen Schluck von dem warmen Bier, das er sich zwei Stunden zuvor eingeschenkt hatte. Es war vier Uhr. In fünf oder sechs Stunden würde er bei Harding & McMann sein und Curtis Mason und Reese Chapman anrufen. Damit sie ihm für die nächsten zwei Jahre die Hölle heiß machten. Der Gedanke an Scott Sterling ließ ihn seine Müdigkeit noch deutlicher spüren. Noch so ein schlimmer Junge. Aber wenn er die Wahrheit sagte, besaß er keinerlei Panzer.

Dan trat an das Fenster im Eßzimmer und lehnte seine Stirn

gegen das kühle Glas. Ein Streifenwagen stand an der Ecke Sixth Street, daneben eine Gruppe Menschen, die sich im zuckenden Blaulicht aneinanderdrängten. Die hätten genausogut auf der Suche nach Tony sein können. Der Himmel wußte, wo er die ganze Nacht gewesen war und was er angestellt hatte.

Der Gedanke an den Revolver drehte Dan den Magen um. Er sollte ihn zur Polizei bringen, die Registriernummer überprüfen lassen und sich ein Bild von den Schwierigkeiten verschaffen, in denen Tony steckte. Aber er wußte, daß er das Ding statt dessen bei der nächstbesten Gelegenheit in den Fluß werfen würde.

Eine halbe Stunde später warf er noch einen Blick in sein Gästezimmer. Tony lag bäuchlings zwischen den verrutschten Decken. Dan deckte ihn wieder zu. Der Junge bewegte sich und gab ein Geräusch von sich, das halb wie ein Stöhnen, halb wie ein Wimmern klang, wachte aber nicht auf.

Die Ähnlichkeit zwischen Dan und Tony war so frappierend, daß selbst Dan sie nicht übersehen konnte. Die Leute hielten sie regelmäßig für Vater und Sohn, und es hatte Momente gegeben, in denen Dan das amüsant gefunden hatte. Das war vor langer Zeit gewesen, als Tony noch ein niedlicher kleiner Junge war und sie ihn als Geschenk empfunden hatten, das sein Vater hinterlassen hatte, und sie nicht ahnten, daß dieser Bengel sie all ihre Energie und all ihre Emotionen kosten würde.

Es gab keinen Tag in Dans Leben, an dem seine Gefühle für den Jungen nicht von Groll gefärbt oder von Schuldgefühlen belastet waren. Dan war dreiundzwanzig, als Tony geboren wurde, stand mitten im Jurastudium und war drauf und dran, die Welt zu erobern. Seine Pläne waren gemacht, Stipendien und Studiendarlehen bewilligt. Er hatte hart gearbeitet, aber schon bald würde sich das auszahlen.

Bis sein Vater eines Nachts außerhalb von Lancaster über dem Steuerrad seines Sattelschleppers zusammenbrach, eine Meile Stacheldraht abmähte, eine Böschung hinaufraste und kopfüber mitten auf der Route 30 landete. Die Autopsie ergab, daß er einen milden Herzinfarkt erlitten hatte, einen, den er leicht hätte überleben können, wäre er nicht in dem Wrack enthauptet worden.

Nachdem die Beerdigungsgäste sich verabschiedet hatten, hatte seine Mutter ihre Kinder um sich versammelt und ihnen weinend erzählt, was sie und ihr Mann bisher für sich behalten hatten. Sie würde in sechs Monaten noch ein Baby bekommen.

Vince machte damals bereits Karriere bei der Navy, und er dachte nicht daran, alles aufzugeben und zurückzukommen, um einen unerwarteten kleinen Bruder großzuziehen. Dan hatte sich ausreichend Teilzeitjobs organisiert, um auf eigenen Füßen stehen zu können, bis er sein Examen in der Tasche hatte, aber seine Pläne sahen nicht vor, daß seine Mutter ihre Arbeit aufgab und noch ein Baby in die Welt setzte.

Das Los traf Teresa, damals im letzten High-School-Jahr und mit eigenen Plänen im Kopf. Sie zog ihre Bewerbung für einen Studienplatz zurück, nahm einen Job als Sekretärin bei einem Bestattungsunternehmen um die Ecke an und opferte ihren Lohn und ihr Leben der Mutter und dem Bruder. Sie war die Schönheit von Süd-Philadelphia gewesen und so intelligent, daß ihr jede berufliche Laufbahn offengestanden hätte. Jetzt war sie fast eine verhärmte Frau von dreiunddreißig Jahren mit einem Job, der im wahrsten Sinne des Wortes den Tod bedeutete. Und das alles wegen dieser kleinen Ratte. Nein, nicht korrekt. Alles, damit Vince die Meere befahren und Dan eine Traumkarriere machen konnte.

Er ging noch einmal an das Fenster im Eßzimmer zurück und blickte auf die Straße hinunter. Der Streifenwagen war weg, aber die Leute standen immer noch an der Ecke und diskutierten über den Vorfall, dessentwegen die Polizei ursprünglich angerückt war. Ein Auto fuhr zu schnell um die Ecke Washington Square, und in dem Licht seiner Halogenlampen, die wie die Lichtkegel von Suchscheinwerfern auf der Jagd nach Verbrechern über die Leute huschten, schienen sie wie schuldbewußt zusammenzuzucken. Die Szene erinnerte Dan an den Hirsch, der auf der Straße in Radnor zitternd im Licht seiner Scheinwerfer vor ihm gestanden hatte.

Plötzlich mußte er an Jennifer Lodge denken. Er kannte sie als fleißige, intelligente junge Anwältin, aber es war ihm auch nicht entgangen, daß sie auf ihre stille Art sehr schön war, mit ihrem seidig glänzenden braunen Haar, ihren hellblauen Augen und der Geschmeidigkeit ihrer Bewegungen. Obwohl er nie gewußt hatte, daß sie Ballettänzerin war, hatte es ihn kaum überrascht, als einer der anderen jungen Anwälte ihm gesagt hatte, er könne sie in diesem Studio finden. Wie unglaublich anmutig sie gewirkt hatte, als er sie zwischen den anderen Tänzerinnen und Tänzern entdeckte. Wie eine Trauerweide in einer leichten Brise hatte sie sich an den Boden geschmiegt. Und als er auf sie zugekommen war, war sie ihm wie ein wildes Tier vorgekommen, wie diese Hirschkuh, sprungbereit zur Flucht. Was war sie doch für eine Schönheit. Offenbar eine Dundee, oder zumindest mit ihnen verwandt. Und sie wohnte in einem Haus, das außerhalb seiner Welt lag.

Dan blickte über seine Schulter hinweg zu dem Zimmer hinüber, in dem sein nichtsnutziger Bruder schlief.

Zu hoch für dich, Casella, schalt er sich selbst und kippte den Rest seines Biers.

5

Auf Scott Sterlings Schreibtisch stand ein gerahmtes Foto von einem kleinen Mädchen, einem pummeligen Kleinkind mit duftigen blonden Locken und einem glückseligen Lachen. Jenny konnte nicht widerstehen, das Bild immer wieder zu betrachten, während sie sich durch den Inhalt der Schreibtischschubladen arbeitete. Der Schnappschuß zeigte das Kind am Strand, mit braungebranntem Gesicht und ausgebreiteten Armen, die nach mehr verlangten. Es war ein Gesicht, das jeder kinderlosen Frau, die auf die Dreißig zuging, die Tränen in die Augen treiben konnte.

Den Steuererklärungen in der unteren linken Schublade hatte Jenny entnommen, daß es sich bei dem Kind um Amanda Bennington Sterling handelte und daß sie knapp drei Jahre alt war. Aus den Papieren in der Akte mit der Aufschrift »Sterling, Scott – Ehegattenunterhalt« hatte sie erfahren, daß die Mutter Valerie Bennington Sterling Ross hieß und in Florida lebte. Aus den American-Express-Rechnungen ging hervor, daß Sterling einmal im Monat nach Florida flog, um seine kleine Tochter zu besuchen. Konnte es sein, daß diese Ausgaben etwas mit dem zu tun hatten, was er getan hatte? Jenny legte die Rechnungen auf den Stapel Papiere, die fotokopiert werden mußten.

Sie hatte den ganzen Vormittag damit zugebracht, im Strandgut von Scotts Leben herumzuwühlen. Tucker Podsworth und seine Mannschaft hatten bereits alle Akten durchgesehen, die mit dem Chapman-Treuhandvermögen und mit »Mason Security Advice« zu tun hatten, und waren nun dabei, Sterlings restliche Akten nach weiteren »Unstimmigkeiten« zu durchkämmen. Die Kontoauszüge der Bank und der Brokerfirma, die stornierten Schecks von seinem Konto, die Auftragsbestätigungen von Connolly & Company waren allesamt in einen Konferenzsaal am anderen Ende des Korridors geschafft worden, wo ein ganzes Team von Wirtschaftsprüfern versuchte, den Cashflow zu rekonstruieren. Einzig Sterlings persönliche Habseligkeiten waren noch in seinem Büro verblieben, und um die sollte Jenny sich in Dans Auftrag kümmern.

Sie blätterte in seinem Kalender und seinem Arbeitszeitnachweis, seinen Formularen und seiner Adreßkartei. Wie erwartet, fanden sich die Telefonnummern des Urkundsbeamten des Nachlaßgerichts, des Leiters des Vormundschaftsgerichts von Philadelphia und den vier Außenbezirken. Drei Karteikarten waren säuberlich beschriftet mit »Curtis Mason (privat)«, »Curtis Mason (Florida)« und »Curtis Mason (Maine)«. In einer Schublade bewahrte er seine Filzstifte nach Farbe und Feinheitsgrad sortiert auf, eine andere war dagegen voller Kuchenkrümel und Bonbonpapiere.

In derselben Schublade lag eine altmodische goldene

Taschenuhr mit einem aufwendig gestalteten Wappen, in dessen einem Viertelkreis ein sich aufbäumender Hengst und in einem anderen eine Taube mit einem Olivenzweig im Schnabel abgebildet waren. Außerdem fand sich hier ein weiteres Foto. Es zeigte einen etwa zwölfjährigen Jungen auf einem Pferd, in stilechtem englischen Reitdress, einschließlich Zylinder und blankgeputzten Stiefeln. Zunächst fiel Jenny der feingliedrige Körperbau des Jungen auf, aber das schiefe Grinsen gab ihr Gewißheit. Der junge Reiter war Scott Sterling.

Ganz hinten in der Schublade fand Jenny ein paar Zettel mit rätselhaften Kritzeleien, Buchstaben und Zahlen, die sich möglicherweise auf Aktiengeschäfte bezogen. Sie legte die Zettel auf den Stapel zum Fotokopieren. Vom hinteren Ende der Schublade kam noch ein zusammengeknüllter Briefbogen zum Vorschein. Jenny legte ihn auf die Schreibunterlage und strich ihn glatt. Es war ein Memo von Charles Duncan und Tucker Podsworth an Scott Sterling mit einem Datum vom letzten November: »Betr.: Jahresbewertung.«

Jenny bekam plötzlich eine Gänsehaut. Noch nie hatte sie auf diese Weise im Privatleben von jemandem herumgeschnüffelt, wie sie es jetzt bei Scott Sterling tat. Laut Bewertungsbogen leistete er schlampige Arbeit; das Honorar, das er erwirtschaftete, war gering; seine Mandanten empfanden ihn als unzuverlässig. Seine Chancen, zum Teilhaber der Kanzlei gewählt zu werden, waren gering bis nicht existent.

Der Bewertungsbogen war mit Sicherheit kein Geheimnis bei Harding & McMann, aber nur Jenny wußte, daß er ihn zerknüllt und in seine Müllschublade geworfen hatte.

Sie überlegte, wie jemand sich fühlen mußte, der einen solchen Bewertungsbogen erhielt, aber der Schrecken, den das bedeutete, überstieg ihre Vorstellungskraft. Sie wußte nur eines: Sie würde es vorziehen, in diesem Augenblick allein zu sein, ohne jemanden in der Nähe, der Zeuge ihrer Schande wurde.

Sie brachte es nicht fertig, den Bewertungsbogen auf den Stapel mit dem Beweismaterial gegen Sterling zu legen. Durch die Knitterfalten in dem Papier würde er sich auf die gröbste Weise selbst belasten, und er hatte das Recht, davor geschützt zu werden. Sie knüllte den Bogen wieder zusammen und legte ihn zurück in die Schublade, damit er ihn selbst entfernen konnte, wenn er kam, um seinen Schreibtisch auszuräumen.

Falls er das jemals tun würde. Jenny zögerte nur eine kurze Sekunde lang, dann nahm sie das Papierknäuel aus der Schublade und verstaute es in ihrer Rocktasche.

Als das Telefon auf dem Schreibtisch klingelte, zuckte Jenny schuldbewußt zusammen, bevor sie den Hörer abnahm.

»Jennifer«, sagte Dan, noch ehe sie dazu kam, sich zu melden. Er und Charlie Duncan führten am anderen Ende der Stadt eine Unterredung mit der Haftpflichtversicherung von H & M, die keine Zeit verschwendet hatte, die Kanzlei wissen zu lassen, daß sie jeden Versicherungsschutz für Sterlings vorsätzlichen Betrug ablehnte. »Sehen Sie mal nach, ob Sterling Masons Telefonnummer in Florida hat.«

»Hat er«, sagte Jenny, während sie bereits in der Kartei blätterte. »Sind Sie fertig mit der Haftpflichtversicherung?«

»Sie sind mit uns fertig. Es war reine Zeitverschwendung.«

»Hier.« Sie las ihm die Nummer vor.

»Haben Sie irgend etwas gefunden?«

»Eigentlich nicht.«

»Sieht so aus, als ob wir alle unsere Zeit verschwenden«, sagte er und legte auf.

»Genau«, sagte Jenny zu sich selbst.

Gedankenverloren saß sie da mit dem Telefonhörer in der Hand, mit den Gedanken tausend Meilen weit weg, bis ein ungeduldiges Summen in der Leitung sie wachrüttelte. Sie legte auf.

»Schsch.«

Jenny fuhr zusammen. Scott Sterling stand in der Tür und hielt sich einen Finger an den Mund.

»Ich dürfte eigentlich gar nicht hier sein«, flüsterte er. In seinem eleganten Anzug war er wie für einen Arbeitstag gekleidet, sein goldblondes Haar perfekt frisiert.

Jenny sprang auf. »Es ist Ihr Büro.«

»Jetzt nicht mehr.« Er klopfte auf seine Brusttasche, in der etwas raschelte. »Ich habe soeben meine fristlose Kündigung erhalten.«

»Möchten Sie irgend jemanden anrufen?« fragte Jenny und trat hinter dem Schreibtisch hervor.

Er schüttelte den Kopf. »Ich will nur etwas aus meinem Schreibtisch nehmen.«

Als er seine Müllschublade aufzog, wurde Jenny ganz heiß bei dem Gedanken an den Bewertungsbogen in ihrer Tasche.

»Da ist sie ja.« Er nahm die Taschenuhr aus der Lade. »Sie ist mein Glücksbringer«, erklärte er. »Und irgend etwas sagt mir, daß ich sie noch dringend brauchen werde.« Er warf einen reumütigen Blick auf die Kuchenkrümel, bevor er die Schublade wieder zurückschob, und steuerte dann auf den Korridor zu. »Tut mir leid wegen der Unordnung.«

Er warf die Uhr in die Luft, die im Schein der Lampen golden aufblitzte, fing sie wieder auf und ließ sie in seine Tasche gleiten.

Es war fast sieben, als Dan Jenny wieder anrief.

»Können Sie raufkommen?«

Sie war ihm seit einem halben Jahr als Assistentin zugeteilt, und er konnte sich immer noch nicht merken, daß ihr Büro zwei Etagen über dem seinen lag. Sie klemmte sich ihre Akte unter den Arm – eine zwei Seiten lange Liste mit dem Inhalt von Sterlings Schreibtisch und eine zehnseitige Zusammenfassung ihrer Nachforschungsergebnisse des vergangenen Nachmittags hinsichtlich Mandantenbeziehung, Wertpapierbetrugs, Veruntreuung, unrechtmäßigen Gebrauchs fremden Eigentums und ungerechtfertigter Bereicherung – sie hatte jeden einzelnen Punkt recherchiert, nach dem er sie möglicherweise fragen konnte.

Dan telefonierte gerade, als Jenny hereinkam, und er bedeutete ihr, Platz zu nehmen. Sein Büro war absolut steril in Chrom und schwarzem Leder eingerichtet; nicht ein einziges Foto schmückte seinen Schreibtisch. Aber es hatte eine erstklassige Lage und sechs Fenster mit Blick auf das Kunstmuseum – ein eindeutiger Hinweis auf seine angesehene Stellung innerhalb der Kanzlei.

»Wer ist da? Bobby?« Dan senkte seine Stimme und drehte sich mit seinem Stuhl leicht zur Seite. »Hören Sie, können Sie mir einen Gefallen tun? Rufen Sie bei einem Imbißrestaurant an, und lassen Sie ein bißchen was zu essen in meine Wohnung liefern. – Ich weiß nicht. Ein Sandwich, Pommes Frites. Vielleicht noch einen Milchshake. Ich gebe Ihnen das Geld zurück, wenn ich heute abend nach Hause komme. – Vielen Dank, Bobby. Nett von Ihnen.«

Noch nicht mal ein dienstlicher Anruf, dachte Jenny irritiert. Da ließ er sie warten, nur um einer faulen Geliebten etwas zu essen zu bestellen. Und noch dazu einer Frau mit einem monströsen Appetit.

Dan legte auf und wandte sich wieder Jenny zu. »Verzeihen Sie«, sagte er. Diesmal trug er eine Nickelbrille, deren Rahmen nicht breit genug war, um die dunklen Ringe unter seinen Augen zu verdecken.

»Wollen wir mal sehen.« Er überflog die Papiere auf seinem Schreibtisch. »Ich habe heute nachmittag mit dem Bezirksstaatsanwalt gesprochen.«

Jenny zerbrach sich seit der letzten Nacht den Kopf über diese Frage. Sie legte ihre Aufzeichnungen ab und beugte sich vor. »Wenn es sich um Veruntreuung handelt, ist es dann nicht ein Fall für den Oberstaatsanwalt?«

»Ja, wenn es so wäre. Und wenn wir den Fall dem FBI melden würden, dann hieße das, daß wir uns regelrecht darauf festlegten.«

Sie konnte seiner Argumentation folgen, und im selben Moment tat es ihr leid, die Frage gestellt zu haben. »Ja, natürlich«, murmelte sie.

»Es war keine Veruntreuung«, sagte Dan mit nachdrücklich erhobener Stimme. »Er hat lediglich große Geldmengen umgeleitet, das ist alles.«

»Ja«, sagte Jenny, diesmal etwas lauter, um sich seinem Ton anzupassen. »Ich verstehe.«

Dan nahm seine Brille ab und massierte sich die Nasenwurzel. »Tut mir leid«, sagte er. Seine Augen wirkten trüb und für Jenny so undurchdringlich wie das Eis auf einem zugefrorenen Teich. Nach einer Weile sagte er: »Wo sind Sie zur Schule gegangen, Jennifer?«

Ihre Frage war offenbar noch dümmer gewesen, als sie angenommen hatte. Jetzt stellte er bereits ihre Ausbildung in Frage.

»University of Pennsylvania.«

»Nein, ich meine, welche High School haben Sie besucht?«

»Alexander School«, erwiderte sie verblüfft.

»Alexander. Die ist hier in der Innenstadt, nicht wahr?«

»Ja. Am Parkway.«

»Eine gute Schule, glauben Sie?«

»Sehr gut.«

Dan setzte seine Brille wieder auf. Ohne weitere Erklärung nahm er sich seine Aufzeichnungen wieder vor. »Charlie und ich haben heute vormittag mit Mason und Chapman telefoniert. Mason fliegt morgen früh aus Florida hierher. Mit Chapman haben wir einen Termin um zehn, und mit Mason um zwei.«

»Wie haben sie denn auf die Neuigkeiten reagiert?«

»Chapman war völlig irritiert. Er wußte nicht einmal, von welchem Treuhandfonds wir redeten. Mann, stellen Sie sich vor, Sie hätten so viele Vermögen, daß Sie sie nicht mehr auseinanderhalten könnten. Er wußte nicht, wer Scott Sterling ist, und er hat uns vorgeschlagen, uns mit dem Treuhänder auseinanderzusetzen.«

»Und Mason?«

»Soll ich Ihnen zitieren, was er gesagt hat?« Dan nahm ein Blatt Papier zur Hand: »›Bei diesem Geld handelt es sich um meine Profite aus Wertpapiergeschäften. Es interessiert mich nicht, wo es herkommt. Im übrigen schulden Sie mir noch mehr als das.‹«

Jenny starrte ihn mit großen Augen an.

Dan ließ das Papier auf seinen Schreibtisch fallen. »Uns steht ein harter Kampf bevor«, sagte er.

6

Im Wetterbericht war Schnee angekündigt worden, und als Jenny am Abend vom Bahnhof nach Hause fuhr, schnitt die eisige Luft ihr wie Messer ins Fleisch. Auf den zwei Meilen vom Bahnhof bis zu ihrem Haus auf dem Dundee-Anwesen blieb ihrem Wagen nicht genug Zeit, um warm zu werden. Sie zitterte so sehr, daß sie kaum das Steuerrad festhalten konnte.

Bei Jennys Ankunft hockten die Tiere zusammengekauert auf den steinernen Stufen vor der Haustür, die Katzen dicht an den Hund geschmiegt. Auf der Suche nach Wärme waren alle archaischen Animositäten vergessen. Als Jenny mit den Schlüsseln klapperte, blickte der Hund sie treuherzig an und wedelte unglücklich mit dem Schwanz. Jenny schloß die Tür auf und öffnete sie.

»Rein mit euch.«

Die Katzen, zu schlau, um ihr unverhofftes Glück in Frage zu stellen, huschten an ihr vorbei, aber der Hund schenkte ihr einen erstaunten, hoffnungsvollen Blick. »Du auch«, sagte Jenny. Er trottete durch die Tür und schaute erneut zu ihr auf. »Ja, ich meine es ernst«, sagte sie lachend. Erst als sie die Tür hinter sich schloß, begriff er, daß er nicht träumte, und wagte sich hinein.

Das Erdgeschoß der Remise bestand aus einem riesigen Raum mit einem wuchtigen, nach zwei Seiten hin offenen Kamin, der das Haus wie eine Wirbelsäule in der Mitte stützte. An der hinteren Wand links war unter der Treppe eine Küche eingebaut, und davor lag das Eßzimmer, bestehend aus vier Stühlen, die nicht zusammenpaßten, und einem riesigen, schweren Eichentisch, den Jenny auf einem Flohmarkt erstanden hatte. Am anderen Ende des Raums stand ein mit Patchworkdecken bedecktes Sofa vor einem sterbenden Kaminfeuer. Ein wertvolles Möbelstück stand wie ein Schrein vor der vorderen Wand: ein antiker Kleiderschrank, der Leslie gehörte und der im April mit ihr gemeinsam ausziehen würde.

Jenny schürte das Feuer und wollte gerade nach oben gehen, als plötzlich jenseits des Eßzimmers laute Musik ertönte. Es war Leo Delibes' Ballettmusik, Leslies nicht gerade dezenter Hinweis, daß Jenny sich zum Training verspätet hatte.

»Ich komme!« rief sie, und den Tieren flüsterte sie zu: »Los, hier entlang, ihr drei.« Sie bugsierte sie in die Garage, die sie als Vorratsraum benutzten, brachte sie außer Sichtweite, bevor Leslie beim Anblick von Vierbeinern im Haus entsetzt aufschreien konnte. Die einzige Wärme, die der Vorratsraum bot, hing wahrscheinlich irgendwo in den Dachsparren, aber hier war es immerhin wärmer als draußen, und die Tiere wirkten trotz allem dankbar. Sie sperrte sie ein und eilte die Treppe hinauf.

Der Flur auf der oberen Etage hatte drei Türen: eine führte in Jennys Zimmer, eine in Leslies Zimmer und eine ins Bad. Jenny riß sich ihre Kleider vom Leib und warf sie auf ihr Messingbett. Auch das war Leslie ein Graus; sie arbeitete als Einkäuferin für die Modeabteilung eines Kaufhauses und behandelte Kleidungsstücke mit einer Ehrfurcht, die andere Leute großen Kunstwerken vorbehielten. Jenny zog ihre Tür zu, um Leslie den Anblick zu ersparen, und lief in Gymnastikanzug und Leggins nach unten.

Vom Eßzimmer aus führte eine Tür in die andere Garage, wo Leslie sie bereits neben dem Holzofen erwartete.

»Was 'at das zu bedeuten?« äffte Leslie ihren Ballettmeister nach. Sie war klein und zierlich, hatte einen dichten, schwarzen Lockenkopf und ein Funkeln in den Augen, das sie gerade eben davor bewahrte, daß man sie für ein schutzbedürftiges Kind hielt. »Viertel nach acht, Mademoiselle!«

»Par-don!« Jenny machte einen übertriebenen Knicks und ging an der Stange in Position.

Der Raum war früher einmal für vornehme Kutschen vorgesehen, später standen hier Packards und Bentleys und schließlich Mercedeslimousinen, aber vor einigen Jahren war diese lange Reihe von teuren Karossen jäh abgebrochen. Die Dundees waren fortgezogen, das Herrenhaus wurde abgerissen, und Jenny hatte diese ehemalige Garage liebevoll in ein Ballettstudio verwandelt. An den Rändern war der alte Betonboden immer noch zu sehen, aber der größte Teil wurde von einem freistehenden Tanzboden bedeckt, den Jenny bei einem Partyausstatter gekauft hatte, der sein Geschäft aufgab. An drei Wänden hatte sie große Spiegel aufgehängt und an der vierten Wand eine Stange angebracht.

Das sei aus dem Fenster geschmissenes Geld, hatte Greg gesagt, während er ihr mit vor der Brust verschränkten Armen bei der Arbeit zugesehen hatte. Greg war es gewesen, der die Remise entdeckt hatte. Er war damit beauftragt worden, Bodenproben auf dem Gelände vorzunehmen, auf dem einmal die Dundee-Siedlung, ein luxuriöser Wohnpark, entstehen sollte, und er hatte die Baugesellschaft überredet, ihnen das Gebäude bis zum Abriß zu vermieten. Ein halbes Jahr später war Jenny von der Arbeit gekommen und hatte den Mietvertrag, Gregs Hausschlüssel und einen Zettel vorgefunden, auf dem nur ein einziges Wort stand: »Sorry.« Sie trauerte Greg immer noch ein bißchen nach, aber es hatte ihr nie leidgetan, daß sie das Studio eingerichtet hatte. Es hatte immerhin länger gehalten als ihre Verlobung.

»Battement tendu«, rief sie, packte die Stange und begann mit ihren Beindehnungsübungen. Nach vorne, zur Seite und nach hinten. Im Spiegel beobachtete sie Leslie, die ihre Übungen nachmachte. Leslie hatte zwar die perfekte zarte, schmalbrüstige Figur für eine Ballerina, hatte jedoch erst kürzlich mit dem Tanzen begonnen; Jenny war diejenige, die ernsthaft trainierte. Sie betrachtete ihre eigene Figur im Spiegel. Sie war zu groß und zu vollbusig für das Ballett, aber sie war mit ihrer Haltung zufrieden.

»Los, fang an!« sagte Leslie.
»*Tendu jeté.*«
»Jenny, war er das?«
»Wer?«

»War das der berühmte Dan Casella? Und wozu brauchte er dich?«

»Zum Arbeiten, was sonst?«

»Er sieht umwerfend aus!« Leslie konnte es sich leisten, einen solchen Kommentar zu machen. In drei Monaten sollte ihre Hochzeit stattfinden, und Bruce wußte, daß sie ihn anbetete.

»*Grand battement jeté*«, sagte Jenny. Ihre Muskeln wurden langsam warm und geschmeidig genug, so daß sie ihr Bein bis zur Taille heben konnte, nach vorne, zur Seite und nach hinten.

»Deine Mutter hat gestern abend angerufen«, sagte Leslie, während sie Jennys Bewegungen kopierte. »Sie hat gesagt, du brauchst nicht zurückzurufen. Ich hab ihr schon alle Neuigkeiten erzählt.«

»Ich hab keine Neuigkeiten für sie. Außerdem ruft sie sowieso nur an, weil sie dich sprechen will. Sonst würde sie mich im Büro anrufen.«

»Sie hat diese komische Vorstellung, du könntest um zehn Uhr abends bereits von der Arbeit zurück sein. Sie hat noch nicht kapiert, daß du in Wirklichkeit in deinem Büro wohnst.«

»Stimmt nicht. *Port de bras.*« Jenny streckte die Arme und beugte ihren Rumpf einmal nach vorne, einmal nach hinten.

»Aber wer soll dir das verdenken? Wo du doch deine Räumlichkeiten mit so einem tollen Typen wie Casella teilst.«

Jenny bemühte sich, diese Bemerkung zu ignorieren, aber Leslie, das Gesicht kopfüber zwischen den Beinen, zog ihr eine Schnute, und sie brachen beide in heilloses Gekicher aus.

Das Licht von zwei Scheinwerfern tauchte im Spiegel auf, dann wurde eine Autotür zugeschlagen. »Das ist Bruce!« sagte Leslie, so als käme er nicht jeden Abend um dieselbe Zeit. »Ich muß weg!«

»Das sag ich Monsieur duBret«, rief Jenny ihr nach.

»Petzliese!« johlte Leslie zurück.

Jenny führte ihre Übungen an der Stange allein zu Ende. Dann zog sie ihre Ballettschuhe über und legte die CD mit Faurés »Pavane« auf. Sie stellte sich in der Mitte der Tanzfläche auf, und als die erhabenen lyrischen Klänge den Raum erfüllten, tanzte sie frei nach der Musik, kombinierte Elemente aus alten Choreographien mit neuen Improvisationen. Beim Tanzen ließ sie ihren Gedanken freien Lauf, ließ sie in Gefilde wandern, die sie sich meist versagte, wo Wünsche in Erfüllung gingen und Träume fast immer wahr wurden. Fort von diesem Ort, an dem es ihr Schicksal zu sein schien, sich stets nach Dingen zu sehnen, die unmöglich in Erfüllung gehen konnten.

Wie das Ballett. Schon als sie fünf war, war das Ballett ihre ganze Leidenschaft gewesen, aber als sie in die Pubertät kam, wurde klar, daß sie keine Chance hatte, eine Karriere als Tänzerin zu machen. Sie hätte damals aufhören sollen. Sie sollte jetzt aufhören – sie war siebenundzwanzig Jahre alt, verdammt noch mal, es war kaum zu erwarten, daß Barischnikow sie in sein *Corps de ballet* berufen würde – aber die Enttäuschung hatte sich irgendwie in eine Sucht verwandelt, wie bei einer Zunge, die es nicht lassen kann, an einem Loch im Zahn zu fühlen. Sie war süchtig geworden nach dem Schmerz, sich nach etwas zu sehnen, das nie in Erfüllung gehen konnte.

Leslie und Bruce schmusten auf dem Sofa vor dem Kamin, als Jenny in das Haupthaus zurückkam. »Hallo«, rief sie und durchquerte den Raum mit abgewandtem Blick.

»Hallo, Jenny«, rief Bruce.

Einen Augenblick lang überlegte sie, während sie die Treppe hinaufging, ob sie Bruce von seinem Freund Scott Sterling und dessen Problemen erzählen sollte. Es konnte ihm nicht schaden, denn über kurz oder lang würde es ohnehin alle Welt erfahren. Aber sie hielt den Mund, und zwar nicht nur, weil sie sich immer noch an ihre Schweigepflicht gebunden fühlte. Sie wußte genau, Bruce würde Scott sofort anrufen, und sie verabscheute die Vorstellung, daß Scott sie für eine Klatschtante halten könnte.

Jennys blaues Kostüm lag auf dem Bett, wo sie es vor einer Stunde hingeworfen hatte. Etwas knisterte, als sie ihren Rock auf einen Bügel hängte. Als sie mit der Hand in die Tasche fuhr, fand sie den Bewertungsbogen, den sie aus Scotts Schreibtisch geklaut hatte. Ihr wurde ganz heiß vor schlechtem Gewissen, und sie warf das Papier schnell in den Papierkorb.

7

Der Morgenhimmel war dicht verhangen. Dan betrachtete die schweren Schneewolken durch das Fenster des Klassenzimmers und fragte sich, ob Masons Flugzeug es in dem Wetter von Florida bis nach Philadelphia schaffen würde. Wenn nicht, würden sie ihre Verabredung auf Montag verschieben müssen, und Dan hätte mehr Zeit, um sich mit den Fakten vertraut zu machen und herauszufinden, was sich wirklich zwischen Mason und Sterling abgespielt hatte. Aber auch Mason würde Zeit gewinnen, um seinen Anwalt zu informieren und sich seine Geschichte zurechtzulegen. Es wäre also für beide vorteilhaft.

Er warf einen Blick auf seine Uhr. Viertel nach neun. Wenn man ihn noch länger warten ließ, würde er seinen Zehn-Uhr-Termin mit Chapman verpassen. Nein, das würde nicht passieren. Eher würde er das Vorstellungsgespräch sausen lassen, und die Alexander School konnte sich einen anderen Trottel suchen, der bereit war, ihre exorbitanten Schulgebühren zu bezahlen.

Neben ihm ging Tony auf und ab. Sie hatten es beide vorgezogen, stehenzubleiben, Dan, weil er sich nicht an ein Schülerpult verweisen lassen wollte, und Tony, weil er zu unruhig war, um stillzusitzen. Tonys Krawatte saß schlecht – Dans Versuch, einen Windsorknoten linksherum zu binden, hatte ein ziemlich schiefes Ergebnis gezeigt –, und er mußte zum Frisör. Aber alle Bemühungen, ihn feinzumachen, waren ohnehin zwecklos – nur eine Faust hätte den verdrießlichen Ausdruck aus seinem Gesicht vertreiben können.

»Es tut mir leid, daß ich Sie habe warten lassen.« Solche Worte klangen nur überzeugend, wenn sie atemlos ausgesprochen wurden, aber die Frau spazierte gemächlich in das Klassenzimmer, an ihrem dunkelblonden Pagenschnitt war nicht ein einziges Haar verrutscht. Ihre Kleidung entsprach dem, was allgemein als damenhaft schick galt – wollenes Jackett, Faltenrock, flache Schuhe.

»Es freut mich, daß Sie uns so kurzfristig empfangen konnten«, sagte Dan. Er ging quer durch den Raum auf sie zu und schüttelte ihr kräftig die Hand. Hinter ihm lehnte Tony sich schlapp an die Fensterbank. »Guten Tag. Ich bin Dan Casella. Sie müssen Abby Greenley sein.«

Dan hatte seit Jahren Übung darin, Frauen den Hof zu machen und Mandanten zu beeindrucken. Diese Fähigkeiten ließen sich mühelos auch auf andere Situationen anwenden. Er bot ihr einen der Schülerstühle an und kam so der Möglichkeit zuvor, daß sie am Lehrerpult Platz nahm. Er selbst blieb stehen.

»Hatten Sie schon Gelegenheit, sich die Bewerbung meines Bruders anzusehen?«

Die Frau nickte kühl und begann, in ihrer Akte zu blättern. Dan kam ihr erneut zuvor.

»Dann wissen Sie ja bereits, daß er neun Jahre auf einer kirchlichen Privatschule absolviert hat, daß die Ergebnisse seines IQ-Tests weit über dem Durchschnitt lagen, seine Noten dagegen reichlich dürftig waren. Miss Greenley, Tony braucht ein anderes schulisches Umfeld. Und zwar jetzt, bevor es für ihn zu spät ist.«

Das war gar keine schlechte Eröffnungsrede gewesen, aber er hatte die Jury nicht überzeugen können. Die Augen der Dame waren nicht, wie es sich gehörte, auf Dan gerichtet. Statt dessen starrte sie zu Tony hinüber.

»Tony, würdest du bitte zu uns kommen und dich setzen?« sagte sie.

Tony blickte finster drein. Dan begann, mit großen Schritten im Klassenzimmer auf und ab zu gehen, um ihre Aufmerksamkeit wieder auf sich zu lenken.

»Es gibt noch etwas, das Sie über Tony wissen sollten«, sagte er. »Unser Vater starb, bevor er geboren wurde. Es gibt keine starke männliche Bezugsperson in seinem Leben. Das ist mein Versäumnis, aber ich möchte nun versuchen, es wieder gutzumachen. Tony wohnt seit kurzem bei mir. Wir brauchen noch etwas Zeit, um uns zusammenzuraufen. Wenn Sie also eine gewisse Spannung wahrnehmen, dann hat das damit zu tun. Aber wir sind fest entschlossen, unsere Schwierigkeiten zu überwinden, und die richtige Schule könnte entscheidend dazu beitragen.«

»Tony«, sagte die Frau. »Möchtest du auf die Alexander School gehen?«

Tony richtete sich auf und sah ihr direkt in die Augen. »Nein«, sagte er, dann verließ er den Raum.

Endlich schenkte die Frau Dan ihre Aufmerksamkeit. Sie sah ihn an und schüttelte den Kopf.

Dan lächelte. »Würden Sie mich bitte einen Moment entschuldigen?«

Er holte Tony am Ende des Korridors ein, packte ihn am Kragen und drückte ihn gegen die Wand. »Du gehst jetzt da rein und gibst die richtigen Antworten«, flüsterte er ihm heiser ins Ohr. »Hast du mich verstanden?«

Tonys halb geschlossene Augen verrieten nichts, aber er nickte. Dan führte ihn zurück in das Klassenzimmer und ließ seinen Arm erst los, als sie durch die Tür traten.

»Ich meine, ja«, sagte Tony augenblicklich.

»Hast du plötzlich deine Meinung geändert?« fragte die Frau.

Er zuckte die Achseln. »Ich hab nur nein gesagt, um meinen Bruder zu ärgern. Sie wissen schon. Wir müssen uns noch zusammenraufen.« Er warf Dan einen verschlagenen Blick zu. »In Wirklichkeit hab ich mir mein Leben lang gewünscht, auf die – wie heißt der Laden noch?«

Dan gab das Schauspielern auf. Er sah die Dame vom Aufnahmebüro offen bittend an. »Ich hoffe, Sie werden ihm sein Benehmen verzeihen«, sagte er ohne große Hoffnung.

Die Frau klappte ihren Aktenordner zu, erhob sich und ging an Dan vorbei. »Diese Schule ist keine Besserungsanstalt, Mr. Casella.«

»Diese Schule ist keine Besserungsanstalt, Mr. Casella«, wiederholte Dan bitter, als er Tony in seinem Apartmenthaus in den Aufzug zerrte. Die Frau war unerträglich herablassend gewesen, und das machte ihn mindestens ebenso wütend wie Tonys wichtigtuerische Sabotage des Vorstellungsgesprächs.

»Du glaubst, du hast gewonnen, was?« sagte er, während er mit seinem Schlüssel kämpfte und die Wohnungstür ungeduldig öffnete. »Dann paß mal auf, was du gewonnen hast, du Klugscheißer.« Er schubste Tony in seine Wohnung. »Du darfst dich bis auf weiteres in meiner Wohnung aufhalten, und wegen schlechten Benehmens kriegst du Stubenarrest. Viel Spaß.« Er schlug die Tür zu, drehte sich auf dem Absatz um und eilte zum Aufzug.

8

Bis Dan seinen Wagen in der Innenstadt geparkt hatte, waren die Schneewolken noch tiefer gesunken, und ein eisiger Wind fegte von Norden her durch die Straßen. Bis zur Kanzlei von Harding & McMann mußte er zwei Blocks laufen. Der Wind schlug ihm so heftig ins Gesicht, daß er seine Wangen rot färbte.

Als er das Gebäude erreichte, blieben ihm nur noch fünf Minuten. Der einzige Aufzug, der sich gerade im Erdgeschoß befand, wurde gerade gereinigt und konnte nicht benutzt werden. Dan drückte die Taste an einem anderen Aufzug, öffnete seine Aktenmappe und suchte zwischen seinen Papieren nach seinen Aufzeichnungen. Sie waren nicht da.

Ein anderer Aufzug kam. Als Dan losrannte, um ihn nicht zu verpassen, fielen seine Papiere aus der Aktenmappe und flogen über den Boden. Seine Schläfen begannen zu pochen, während er sich bückte, um sie wieder einzusammeln. Er schaffte es, auf der Fahrt nach oben seine Haare in Ordnung zu bringen, aber alles andere fühlte sich unordentlich an, als die Türen sich vor der Empfangshalle von Harding & McMann öffneten.

Jennifer Lodge erwartete ihn bereits am Aufzug. »Chapman ist noch nicht da«, sagte sie ihm leise. »Mr. Duncan und Richter Moore sind soeben in den Konferenzsaal gegangen. Ich habe Ihnen Ihre Aufzeichnungen mitgebracht.«

Sie strahlte eine Gelassenheit aus, die ihn augenblicklich beruhigte. »Was würde ich nur ohne Sie tun?« murmelte er.

Jennifer senkte ihren Blick. Wieder fühlte er sich von ihrer stillen Schönheit unwiderstehlich angezogen, und er mußte sich einen Ruck geben, um sich daran zu erinnern, daß sie aus einer Welt kam, zu der er weder für Liebe noch für Geld Zugang erhalten würde.

Charlie Duncan war so aschfahl wie am Mittwochabend, und diesmal wirkte er, als habe er seitdem nicht geschlafen. Als Dan den Raum betrat, klopfte er Duncan im Vorbeigehen kurz auf die Schulter, ging auf Richter Moore zu und schüttelte ihm die Hand.

»Ich freue mich, daß Sie kommen konnten, Richter.«

Richter Moore hatte dem Bezirksgericht vorgesessen, bevor er die Richterbank verlassen hatte, um den Geldhunger seiner zweiten Frau stillen zu können. Unter seinem Vorsitz hatte Dan sich seine Sporen als Prozeßanwalt verdient, und auch wenn er den Richter inzwischen für einen Trottel hielt, hatte er nie seinen Respekt vor ihm verloren. Dan erinnerte sich noch gut an den ätzenden Vortrag, den Moore ihm über die Beweisregel hielt, welche die Wiedergabe von Behauptungen Dritter verbot; Dan war damals der Meinung gewesen, Moore sei im Unrecht, heute wußte er es. Und doch hatte Moore ihm eine wertvolle Lektion erteilt – es war die Aufgabe eines Anwalts, den Richter davon zu überzeugen, daß er im Unrecht war, ohne ihn als Idioten dastehen zu lassen. Eine schwierige Kunst.

»Irgendwelche Ergebnisse von den Wirtschaftsprüfern?« fragte Duncan.

»Laut vorläufigem Bericht ist jeder einzelne Penny auf Masons Konto bei Connolly geflossen«, sagte Dan.

»Hilft uns das weiter?«

Dan nahm am Kopfende des Konferenztisches Platz, während Jennifer am anderen Ende einen freien Stuhl suchte.

»Es macht die Sache wesentlich eindeutiger«, sagte Dan. »Wenigstens wissen wir jetzt, daß Sterling keinen Profit daraus gezogen hat. Andererseits hat er ein kleines Vermögen verspielt. Meine Jungs haben mir gesagt, seine Geschäfte waren so schlecht, es hätte auch nicht schlimmer kommen können, wenn er es darauf *angelegt* hätte, Geld zu verlieren.«

Jennifers Blick wurde bei dieser Bemerkung aufmerksamer, und Dan fragte sich, warum. Er spürte, wie seine Gedanken wieder zu ihr hinüberdrifteten, wie eine Kompaßnadel, die stets nach Norden zeigt.

»Gehen wir noch einmal unsere Strategie durch«, sagte er und wandte sich abrupt den beiden Männern zu. »Aus dem Treuhandfonds fehlen zwei Millionen und ein paar Gequetschte. Auf Masons Konto liegen eins Komma sieben fünf Millionen. Unser Angebot: wenn Mason das Geld auf seinem Konto an den Treuhandfonds zurückzahlt, kommt die Kanzlei Harding & McMann für die Differenz auf und übernimmt die Kosten, die durch den verlorenen Zeitwert entstanden sind. Sind wir uns darüber einig?«

»Alles klar«, sagte Duncan und nickte.

Dan nahm sich einen Notizblock und notierte sich die Fakten in der Reihenfolge, wie er sie Chapman zu präsentieren gedachte. Charlie Duncan trommelte nervös mit den Fingern auf den Tisch. Nur Richter Moore schien gegen die allgemeine Anspannung immun zu sein; er saß da mit der ganzen Gelassenheit, die er sich in langen Jahren auf der Richterbank erworben hatte.

Endlich summte die Gegensprechanlage. »Mr. Chapman und noch ein anderer Gentleman sind hier. Soll ich sie zu Ihnen schicken?«

»Bitte.«

»Der hat sich gleich einen Anwalt mitgebracht«, sagte Dan, als er sich erhob und sich zur Tür wandte.

Die Tür öffnete sich, und ein finster dreinblickender Mann bahnte sich seinen Weg in den Raum.

»Curt!« rief Duncan aus. »Wir hatten Sie erst heute nachmittag erwartet.«

»Reese hat mir erzählt, was Sie im Schilde führen«, sagte Mason, mit einer Kopfbewegung zu dem Mann hinter ihm. »Teile und herrsche, was?«

»Keineswegs, Mr. Mason«, sagte Dan. »Es freut uns, daß Sie so schnell kommen konnten. Es ist viel besser für uns alle, wenn wir uns an einen gemeinsamen Tisch setzen können. Ich bin Dan Casella.«

Er streckte ihm seine Hand entgegen.

Masons Augen zogen sich zusammen. Er war ein großer, kräftiger Mann mit grauem Haar und einer beginnenden Halbglatze. Seine Zähne blitzten weiß in seinem braungebrannten Gesicht auf, als er den Mund zu der Andeutung eines Lächelns verzog. Er verpaßte Dan einen kräftigen Händedruck.

»Sie sind also Casella«, sagte er. »Ich habe mich ein bißchen über Sie erkundigt. Es heißt, Sie seien ein Straßenkämpfer.«

Das war eine Beleidigung. »Ach, heutzutage trage ich meine Gefechte vornehmlich in Gerichtssälen aus«, sagte Dan. »Mr. Chapman?« Er langte an Mason vorbei, um dem Mann hinter ihm die Hand zu reichen.

Chapman war jünger, schlanker, weicher, mit einer Nickelbrille, die ihm leicht von der Nase gerutscht war. Eine graumelierte Locke fiel ihm in die Stirn, und mit dem weißen Seidenschal, den er um den Hals trug, wirkte er wie ein Kunstpilot auf dem Weg in die Oper. »Guten Tag«, sagte er mit einem englisch angehauchten Akzent.

Die leise geraunten Begrüßungsworte, welche die beiden mit Charlie Duncan und Richter Moore austauschten, als sie ihnen über den Tisch hinweg die Hände schüttelten, ließen darauf schließen, daß sie sich schon einmal unter glücklicheren Umständen begegnet waren.

»Meine Kollegin, Jennifer Lodge«, sagte Dan.

Mason ignorierte sie, Chapman jedoch ging bis ans andere Ende des Konferenztischs, um ihr seine Hand zu reichen, und nahm dann in ihrer Nähe, in respektvoller Entfernung vom Ort der Auseinandersetzung, Platz.

Die Tür zum Konferenzsaal öffnete sich erneut, und Maggie, Duncans Sekretärin, kam rückwärts herein, mit beiden

Händen ein Tablett mit einem silbernen Kaffeeservice und einer Schale feiner Kekse haltend.

»Also«, sagte Dan, nachdem alle Platz genommen und eine Tasse Kaffee vor sich stehen hatten. »Das Schlimmste ist Ihnen bereits bekannt – Scott Sterling hat zwei Millionen Dollar aus dem Treuhandfonds abgezweigt. Wir sind heute hier zusammengetroffen, um uns zu überlegen, wie wir das Geld auf die schnellste und fairste Weise zurückschaffen können.«

Mason sprang von seinem Stuhl auf. »Wenn es das ist, worüber wir hier reden wollen, dann gehe ich sofort.«

Charlie Duncan erhob sich unbeholfen, sein Gesicht bleicher denn je. »Moment, Curt –« begann er.

Dan lehnte sich zurück, seine Augen funkelten wütend. Er ließ seinen Blick über den Tisch schweifen. Richter Moore wirkte gelangweilt, Jennifer erwartungsvoll und Reese Chapman auf merkwürdige Weise amüsiert.

»Worüber möchten *Sie* denn gern reden?« fragte Dan. »Über die Gewinne aus Ihren Spekulationsgeschäften?«

»Sie sagen es«, schoß Mason zurück.

»Dann setzen Sie sich und reden Sie.«

Mason warf ihm einen stechenden Blick zu, glättete sein Haar mit einer Hand und nahm wieder Platz. Dan lehnte sich noch weiter zurück, stützte die Ellbogen auf seine Armlehnen und die Fingerspitzen einzeln gegeneinander, eine gewollte großspurige Haltung. Er nickte Jennifer kaum merklich zu, um sie aufzufordern, sich Notizen zu machen, doch sie hatte bereits den Stift in der Hand.

»Scott hat mir gesagt, daß er mit meinem Geld Profite machte«, sagte Mason. »Er hat mir am Telefon die Ankaufs- und Verkaufspreise genannt. Er war mein Anwalt. Ich habe Harding & McMann für seine Dienste bezahlt. Und ich erwartete von ihm, mir das zu liefern, was er versprochen hat. Und jetzt erwarte ich von Harding & McMann, daß sie mir das liefern, was sie mir versprochen haben.«

»Und was genau hat er Ihnen versprochen?« fragte Dan.

Mason zog ein Blatt Papier aus seiner Brusttasche und faltete es provozierend langsam auseinander. »Am letzten Montag hätte mein Kontostand zwei Komma eins Millionen betragen sollen. Tatsächlich waren jedoch nur eins Komma sieben fünf Millionen auf meinem Konto. Sie schulden mir die Differenz.«

»Lassen Sie mich das noch einmal wiederholen«, sagte Dan. »Sie wollen die zwei Millionen aus dem Treuhandfonds behalten und zusätzlich dreihundertfünfzigtausend von Harding & McMann kassieren?«

»Das haben Sie verdammt richtig verstanden«, raunzte Mason, erbost über den höhnischen Unterton in Dans Stimme.

»Und was ist mit den Verlusten aus dem Treuhandfonds?«

»Die sollen Harding & McMann gefälligst ebenfalls bezahlen.«

Dan wandte sich an Chapman. »Sind Sie auch dieser Meinung, Mr. Chapman?«

Chapman räusperte sich. Seine Stimme war ein eleganter Kontrast zu Masons barschem, forderndem Tonfall. »Das liegt wirklich nicht in meinem Kompetenzbereich«, sagte er. »Curt ist der Treuhänder. Ich bin lediglich ein Begünstigter aus dem Fonds, und das in geringem Umfang.«

»Ihre Tochter ist diejenige, die den Löwenanteil erhält, ist das richtig?«

»O ja. Aber Curt hat sich immer um Catherines Interessen gekümmert. Ich bin sicher, das wird er auch in diesem Fall tun.«

Dan beobachtete Mason aus dem Augenwinkel, während er Chapman weiterhin ansah. Mason saß mit halb geschlossenen Augen da, doch seine schweren Lider konnten die Verachtung nicht verbergen, die er seinem Schwager gegenüber empfand.

Dan notierte sich die Zahlen, die Mason genannt hatte. »Woher kennen Sie den tatsächlichen Kontostand von Montag eigentlich so genau?«

»Der Betrag steht auf dem Kontoauszug«, erwiderte Mason verächtlich.

»Ist das einer der Kontoauszüge, die Ihr Broker Ihnen jeden Monat zugeschickt hat, seit Sie das Konto eröffnet haben?«

Mason schob sein Kinn vor. »Scott hat mir erklärt, in den Auszügen sei ein Computerirrtum aufgetaucht. Aber er hat eine genaue Gegenbuchführung gemacht, und er hat seine Aufzeichnungen täglich mit dem Broker verglichen.«

»Hat Ihr Broker Ihnen das erzählt?«

»Scott hat mir das erzählt!« brüllte Mason.

»Und Sie haben ihm geglaubt?«

»Fragen Sie Scott! Er wird Ihnen bestätigen, daß ich ihm geglaubt habe!«

»Das kann Scott nicht wissen«, sagte Dan. »Nur Sie wissen, was Sie geglaubt haben und was Sie nicht geglaubt haben.«

Mason starrte ihn an. »Worauf wollen Sie hinaus?« fragte er. »Daß ich Scott weisgemacht hätte, er hätte mich hinters Licht geführt? Herr im Himmel, versuchen Sie mal, das einer Jury zu verkaufen.«

»Lassen Sie uns nicht über Jurys reden«, fiel Duncan ein. »Es muß sich doch eine vernünftige Lösung für dieses Problem finden lassen.«

»Möglich«, sagte Mason finster. »Schicken Sie Ihren bezahlten Schläger raus, dann können wir beide das vielleicht untereinander aushandeln.«

Dan warf seine Arme hoch und tat so, als wolle er kapitulieren. »Hey, nichts liegt mir ferner, als Ihnen im Weg zu stehen. Charlie, Richter Moore, wollen Sie das allein regeln?«

»Ich glaube kaum«, erklärte der Richter. »Bleiben Sie, wo Sie sind, Dan. Curt, reden Sie nicht um den heißen Brei herum, kommen Sie auf den Punkt.«

Mason wirkte zufrieden, so als habe er eine letzte Hürde genommen. »Zwei Millionen an den Treuhandfonds, plus dreihundertfünfzigtausend für mich.«

»Wie bitte?« sagte Duncan. »Curt, Sie fordern den letzten Penny von uns. Höher kann man die Forderungen gar nicht ansetzen.«

»Ha«, erwiderte Mason verächtlich. »Ich könnte noch Schadensersatz verlangen. Ich habe während der letzten vierundzwanzig Stunden eine Menge über Schadensersatz gelernt.«

»Dann wissen Sie ja wohl auch, wie oft Schadensersatzforderungen gegen Treuhänder durchgesetzt werden, die Gelder veruntreuen«, sagte Dan.

»Ich habe überhaupt nichts veruntreut.«

»Sie haben Sterling unkontrolliert über Gelder verfügen lassen, die Ihnen zu treuen Händen übergeben worden waren.«

»Diese Gelder waren in der Obhut von Harding & McMann, einer der respektabelsten Anwaltskanzleien der Stadt. Außerdem«, fügte er lachend hinzu, »wer sollte mich denn schon wegen Veruntreuung verklagen? Reese? Catherine? Das glauben Sie doch selbst nicht.«

Die Gegensprechanlage summte. Charlie Duncan raunzte ein irritiertes »Ja?«.

»Mr. Duncan, hier ist ein Gentleman, der verlangt, an der laufenden Besprechung teilnehmen zu dürfen.«

Jetzt war es Mason, der sich zurücklehnte und die Arme über der Brust verschränkte.

»Wer?« fragte Duncan mit ausdrucksloser Miene.

Am anderen Ende der Leitung wurde geflüstert, bevor die Empfangsdame sich wieder meldete. »Ein Mr. Robert Perlman«, erwiderte sie.

Ein süffisantes Grinsen breitete sich auf Masons Gesicht aus. »Sehen Sie?« sagte er zu Dan. »Ich habe meinen eigenen Straßenkämpfer.«

»Ich verlange, daß diese Besprechung sofort abgebrochen wird«, sagte Perlman beim Eintreten. »Sie haben vielleicht Nerven, Casella, einen Termin mit Mandanten anzusetzen, ohne daß deren Anwalt anwesend ist.«

Seit ihrer gemeinsamen Zeit im Büro des Oberstaatsanwalts hatte Perlman an Umfang zugenommen und Haare verloren, aber er war immer noch fotogen, und Dan verfolgte seine Karriere aufmerksam in der Zeitung. Er verhandelte alles von Mord über Wirtschaftskriminalität bis hin zu Scheidungen, und seine Mandanten hatten nur eines gemeinsam: Sie waren berühmt.

»Machen Sie halblang, Bob«, sagte Dan. »Niemand hat uns gesagt, daß Sie für den Fall engagiert wurden.«

»Die Besprechung ist beendet«, sagte Perlman. »Und falls in diesem Raum irgend etwas zum Schaden meines Mandanten gesagt wurde, werde ich nach Paragraph 408 beantragen, daß es im Gerichtsverfahren nicht verwendet werden darf.«

»Schaden?« sagte Dan geschickt. »Meinen Sie zum Beispiel die Tatsache, daß Mr. Mason bis auf den Penny genau die Beträge kannte, die aus dem Treuhandfonds auf sein Konto flossen? Oder zum Beispiel, daß Mr. Mason Sterling angestiftet hat?«

Perlman warf einen kurzen Blick auf Mason, um sich zu vergewissern, daß dies eine Finte war. »Sehr witzig, Casella«, sagte er. »Wollen wir doch mal sehen, ob Sie auch hierüber lachen können.«

Er warf einen Umschlag vor Dan auf den Tisch und reichte Charlie Duncan einen weiteren.

»Betrachten Sie das hiermit als zugestellt.«

»Was?«

»Eine Anklageschrift. Curtis Mason, Treuhänder, und Curtis Mason als Privatmann gegen Harding & McMann und Scott Sterling. Wertpapierbetrug, Veruntreuung von Treuhandfonds, unrechtmäßiger Eigengebrauch fremden Eigentums und Betrug.«

»Wie? Kein Verstoß gegen das Kartellgesetz?«

»Lachen Sie nur, Sie Schaumschläger«, sagte Perlman. »Ihr Mandant wird sich die Augen ausweinen, wenn Sie ihm die Rechnung präsentieren.«

»Wie hoch sind die Forderungen?« fragte Charlie Duncan flüsternd.

»Fünf Millionen Entschädigung und zehn Millionen Schadensersatz.«

»Großer Gott«, entfuhr es Richter Moore.

»Kommen Sie, Bob«, sagte Dan. »Setzen Sie sich. Nehmen Sie einen Keks. Sie wissen, wir müssen in dieser Sache zu einer Einigung kommen, und am besten, wir machen das gleich.«

»Sie haben die Forderungen vernommen«, sagte Mason. Perlman bedeutete ihm, den Mund zu halten, aber Mason ignorierte ihn. »Zwei Komma drei fünf, oder wir zeigen Sie wegen Ausübung psychischer Gewalt an und klagen auf Schadensersatz.«

»Was soll das?« sagte Dan zu Perlman. »Wie wollen Sie denn damit vor Gericht durchkommen?«

Perlman grinste genüßlich in die Runde. »Tja, Danny, mein Junge, zufällig weiß ich etwas, das Sie nicht wissen.«

»Darf ich fragen, was das ist?«
»Wir haben Sterling auf Band«, sagte er. »Curt, Reese, wir gehen. Gentlemen, wir sehen uns vor Gericht.«

9

Gegen Mittag begann der lange angekündigte Schnee zu fallen, und am späten Freitagnachmittag waren die Büroräume bei Foster, Bell & McNeil leer; der heftige Schneefall und das bevorstehende Wochenende hatten selbst die notorischsten Workaholics nach Hause getrieben. Bis Jenny ihren Antrag auf Herausgabe der Tonbänder fertig formuliert hatte, war ihre Sekretärin bereits gegangen. Also tippte sie ihn selbst ab und ging vor der Herrentoilette auf die Lauer, bis sie einen Boten erwischte, dem sie das Dokument in die Hand drücken konnte. Zähneknirschend willigte er ein, den Umschlag in Perlmans Büro abzuliefern.

Dan starrte aus dem Fenster und beobachtete das Schneetreiben, als Jenny in seinem Büro eintraf. Nichts war an diesem Vormittag nach Plan gelaufen. Als Mason in die Besprechung geplatzt war, hatte er ihre Chance zunichte gemacht, Chapman allein in die Mangel zu nehmen. Dann hatte er Perlman ins Spiel gebracht und damit die Möglichkeit ausgeschlossen, die Sache außergerichtlich zu regeln. Dan wurde mit derartigen Überraschungen fertig, aber die Eröffnung, daß sie über Tonbandaufzeichnungen verfügten, schien ihn aus dem Konzept zu bringen.

»Ich habe einen Antrag auf Herausgabe der Bänder gestellt«, sagte Jenny. »Ein Bote ist unterwegs, um ihn zuzustellen.«

»Er hat dreißig Tage Zeit, um darauf zu reagieren. Danach kann es noch mal zwei Monate dauern, bevor wir die Bänder zu Gesicht kriegen.«

Er trat vom Fenster weg und wandte sich ihr zu, und Jenny

war überrascht zu sehen, daß er keineswegs grüblerisch wirkte. In seinen Adern pulsierte das Adrenalin, sein Verstand arbeitete auf Hochtouren, und sie spürte, wie seine Erregung sie ansteckte.

»Kommen Sie, setzen Sie sich.« Zu ihrer Überraschung deutete er auf seinen Schreibtischsessel. »Ich möchte, daß Sie einen Anruf machen. Wir lassen ihn über Lautsprecher laufen, aber sagen Sie nichts davon, daß ich mithöre.«

»Wem soll ich nichts sagen?«

»Scott Sterling. Hier ist seine Privatnummer.«

Jenny setzte sich auf die Stuhlkante. »Was soll ich ihm sagen?«

»Erzählen Sie ihm, was Perlman gesagt hat. Fragen Sie ihn, was er über irgendwelche Tonbandaufnahmen weiß.«

»Dan, vielleicht wäre es besser, wenn Sie –«

»Nein. Mit Ihnen wird er reden.«

Jenny wählte die Nummer. Dan ging um seinen Schreibtisch herum und blieb ihr gegenüber stehen. Das Telefon klingelte einmal, dann ein zweites Mal, dreimal, viermal. »Er scheint nicht –« begann sie.

»Hallo«, ertönte Sterlings Stimme über den Lautsprecher.

Dan nickte ihr zu.

»Mr. Sterling, mein Name ist Jennifer Lodge. Ich arbeite für Foster, Bell. Wir sind uns –«

»Klar. Die Ballerina.«

»Ja«, erwiderte sie mit einem unsicheren Lachen. »Wir vertreten Harding & McMann –«

»Yeah, ich weiß. Hey, Ihre Stimme klingt, als befänden Sie sich in einer Konzerthalle. Können Sie dieses Megaphon nicht abstellen?«

Jenny sah Dan fragend an. Er zuckte die Achseln.

Sie nahm den Hörer ab und hielt ihn sich ans Ohr. »Hören Sie mich jetzt besser?«

»Viel besser«, sagte er. Sein Ton war plötzlich vertraulich geworden.

»Verzeihen Sie die Störung«, sagte Jenny. »Aber wir hatten heute morgen eine Besprechung mit Mr. Masons Anwalt, und er hat etwas erwähnt, das unsere Neugier geweckt hat.« Sie war zufrieden über die Beiläufigkeit, mit der sie ihr Anliegen vorgetragen hatte, und sah zu Dan hinüber in der Hoffnung auf seine Anerkennung. Er nickte ihr aufmunternd zu.

»Onkel Curts Anwalt? Welcher denn?«

»Robert Perlman.«

»Perlman? Meinen Sie diesen Verbrecher? Seit wann ist der denn Onkel Curts Anwalt?«

»Seit gestern, nehme ich an.«

»Ich werd' verrückt.«

»Er sagte, sie hätten Sie auf Tonband. Haben Sie eine Ahnung, wovon er redet?«

Es entstand eine lange Pause. Dan kam um den Schreibtisch herum und hielt sein Ohr an Jennys.

Als Sterling endlich antwortete, klang er völlig entgeistert. »O Gott! Soll das heißen, sie haben mich abgehört?«

Jenny hörte Dan neben sich atmen, er war so nah, daß sie den Schnee und den Wind in seinen Haaren riechen konnte.

»Ich nehme an, Sie hatten keine Ahnung, daß Ihre Gespräche aufgezeichnet wurden?«

»Nein! Ich meine, warum sollten sie so etwas tun? Was ist es denn? Unsere Telefongespräche? Oder haben sie die Gespräche in seinem Haus aufgenommen?«

»Das wissen wir nicht. Wir versuchen gerade, Kopien der Bänder zu bekommen. Aber das kann dauern. Können Sie sich vorstellen, was diese Bänder enthalten?«

»Ich kann nicht glauben, daß er das getan haben soll. Ich meine, wir wissen ja alle, daß ich es verdient hab', wie ein Stinktier in die Falle zu gehen, aber Onkel Curt hatte keine Ahnung.«

Jenny sah zu Dan auf. Ihre Blicke trafen sich. »Vielleicht aber doch«, sagte sie. »Vielleicht hat er Ihnen gar nicht so sehr vertraut, wie Sie glaubten.«

Dan lächelte, und für Jenny begann der Schnee zu schmilzen, der Wind legte sich, und die Sonne ging auf.

»Ich kann es einfach nicht glauben«, murmelte Scott. »Also, was immer es sein mag und wann immer er es aufgenommen

hat, es wird nichts als dieselbe alte Leier sein.« Seine Stimme wurde überschwenglich, als er sich selbst nachäffte. »›Onkel Curt, rate mal, was für einen Profit du heute mit den PLA-Optionen erzielt hast. Zehn Riesen! Darauf kannst du dich verlassen, daß ich so weitermache. Solange ich kann.‹« Dann wurde sein Ton wieder normal. »Das ist es, was Sie hören werden.«
Dan streckte sich und trat wieder ans Fenster.
»Verstehe«, sagte Jenny. Es gelang ihr nicht, ihre Enttäuschung zu verbergen. »Na ja, ich danke Ihnen für... ich danke Ihnen – Vielen Dank.«
Sie legte auf und starrte Dans Rücken an. Das waren noch mehr schlechte Neuigkeiten. Aber als er sich wieder zu ihr umdrehte, lächelte er.
»Jennifer, das haben Sie großartig gemacht«, sagte er leidenschaftlich. »Sie haben ihn dazu gebracht, daß er anfängt, seine eigene Geschichte anzuzweifeln. Wenn er erst mal einer Jury gegenübersitzt, wird er sich fragen, wie er jemals annehmen konnte, daß Mason ihm glaubte. Vielleicht wird er sich dann an all die kleinen Bemerkungen erinnern, die Mason fallengelassen hat, um ihn auf die Idee zu bringen, das Geld aus dem Treuhandfonds zur Finanzierung seiner Geschäfte zu benutzen. Vielleicht wird ihm dann klar, daß er Masons Opfer ist und nicht umgekehrt.«
»Ist das Ihre Theorie?«
Dan krempelte seine Ärmel auf. »Das ist eine von meinen Theorien. Kommen Sie, machen wir uns an die Arbeit.«

10

Am späten Nachmittag begaben sie sich in einen Konferenzsaal. Auf dem Tisch lagen Kopien von Perlmans Klageschrift, Dans Aufzeichnungen, Jennys Aufzeichnungen sowie der vorläufige Bericht der Wirtschaftsprüfer, daneben dicke Wälzer mit den Bundesgesetzen, aufgeschlagen an den Stellen, wo die Paragraphen zu finden waren, nach denen Perlman klagte. Dan ging mit seinem Diktaphon im Raum auf und ab und sammelte Ideen für ein Strategiepapier.

»Herausfinden, ob Mason seine vierteljährlichen Steuern bereits bezahlt hat. Unwahrscheinlich, Typen wie er beantragen immer eine Stundung. Sollte er aber bezahlt haben, hat er dann auch seine sogenannten Profite aus den Wertpapiergeschäften angegeben? Die Brokerfirma muß ihm zum Jahresende eine Gewinn- und Verlustrechnung zugeschickt haben, und daraus gingen auf keinen Fall irgendwelche Profite hervor. Was hat er geglaubt, als er das gelesen hat? Hat er das auch für einen Computerirrtum gehalten? Von Connolly eine Kopie besorgen. Masons Korrespondenz mit seinem Steuerberater beschaffen. Gerichtsbeschluß auf Herausgabe der Akten des Steuerberaters erwirken. Möglicherweise haben sie darüber diskutiert, welche Angaben Mason für die Steuererklärung machen mußte. Jennifer, finden Sie heraus, wer sich in Pennsylvania in Sachen Zeugnisverweigerungsrecht des Steuerberaters auskennt.«

Jenny blickte auf, als er ihren Namen erwähnte, aber er hatte nur in sein Diktaphon gesprochen, so als sei sie gar nicht im Raum anwesend. Sie erhob sich und ging hinaus in den Korridor.

In der nächtlichen Dunkelheit wirkten die Fensterscheiben tiefschwarz, und Jenny konnte nicht erkennen, ob es draußen immer noch schneite. Es war nach sieben, und die Kekse, die während der Vormittagsbesprechung um zehn Uhr gereicht worden waren, waren das letzte, was sie gegessen hatte. Sie ging in ihr Büro und bestellte eine Pizza.

Auf ihrem Anrufbeantworter war eine Nachricht von Leslie, aufgezeichnet um 6.15 Uhr. »Hallo! Ich hoffe, du bist bereits auf dem Heimweg, aber falls nicht, versuch es lieber nicht bei dem Wetter. Ich bleibe heute nacht bei Bruce. Wir sehen uns, sobald uns jemand hier freischaufelt.«

Der Pizzalieferant, der eine halbe Stunde später in der Eingangshalle erschien, war voller Schnee. »Eine Strafe, an so einem Abend Pizza auszufahren«, brummte er. »Kaum ein Durchkommen auf den Straßen.«

Dan ging noch immer mit seinem Diktaphon auf und ab, als Jenny zurück in den Konferenzsaal kam. Sie machte eine Stelle auf dem Tisch frei und öffnete die Schachtel mit der Pizza. Der Duft von Oregano und Tomatensoße erfüllte den Raum. Dan nahm ein Stück Pizza und biß hinein.

»Masons Glaubwürdigkeit ist von größter Bedeutung. Mit Charlie verhandeln, ob man einen Privatdetektiv anheuern kann, der Mason eingehend überprüft. Wo und mit wem verbringt er seine Zeit, wo gibt er sein Geld aus? Hat er Schulden? Ist er erpreßbar? Sicherstellen, daß die Ermittlungen unter unserer Leitung laufen, damit wir sie als anwaltliche Leistung verkaufen können.«

Dan unterbrach seinen Redefluß, verschlang ein Stück Pizza und nahm dann wieder sein Diktaphon zur Hand.

»Unsere Antwort auf die Klage ist in zwanzig Tagen fällig«, sagte er. »Jennifer, setzen Sie einen Antrag auf Zurückweisung der Klage auf wegen Nichtgreifens der Bundesgerichtsbarkeit. H & M ist weder eine Brokerfirma noch ein Effektenhändler, noch unterliegt die Kanzlei in irgendeiner anderen Weise den Wertpapiergesetzen. Die einzigen Anklagepunkte, für welche die Bundesgerichtsbarkeit zuständig ist, fallen unter die Wertpapiergesetze. Wenn diese Gesetze hier nicht greifen, besteht keine Zuständigkeit der Bundesgerichtsbarkeit. Wenn wir den Fall vor ein einzelstaatliches Gericht bringen können, hat Perlman drei Jahre bis zum Gerichtstermin vor sich, und dann wird er mit uns über einen Vergleich verhandeln müssen.«

Dan biß noch einmal in ein Stück Pizza, und es entstand eine Pause, bevor er weitersprach. »Aber es ist unwahrscheinlich, daß wir diesen Antrag durchkriegen«, schloß er. »Wenn Sterlings Vergehen im Zusammenhang mit dem Kauf und Verkauf von Wertpapieren steht, und das ist eindeutig der Fall, jedenfalls im weitesten Sinne, dann wird Perlman die Sache wahrscheinlich vor ein Bundesgericht bringen können.«

Jenny säuberte den Tisch von Pizzakrümeln, brachte die Schachtel und die Servietten in den Müll und kehrte mit zwei Dosen Cola in den Konferenzsaal zurück. Dan las schweigend seine Notizen, während er seine Dose austrank.

»Anlage für die Akte«, begann er erneut zu diktieren. »Betrifft: Was tatsächlich geschehen ist.

Theorie eins: Genau das, was dem Augenschein nach passiert ist. Sterling hat in Masons Auftrag an der Börse spekuliert, hat den Überblick verloren und brachte es nicht fertig, Mason die Wahrheit zu sagen. Also hat er gelogen. Zunächst waren es kleine Lügen. Harmlose Lügen, dachte er sich, die vergessen sein würden, sobald er sie mit ein paar guten Geschäften wieder wettmachen konnte. Aber die guten Geschäfte blieben aus. Die Lüge verselbständigte sich, und schließlich war die einzige Lösung, den Fonds zu plündern.

Theorie zwei«, fuhr er fort. »Wie eins, mit dem Unterschied, daß Mason im Bilde ist. Er erhält die Auszüge der Brokerfirma, er weiß, welche Geschäfte tatsächlich abgewickelt werden und wo Sterling ihn belügt. Er kennt Sterling, seit der ein kleiner Junge war; er weiß, daß Sterling wie ein Süchtiger nach Anerkennung dürstet. Er weiß, daß Scotty ihn bezüglich der Profite anlügen muß, damit der alte Onkel Curt eine hohe Meinung von ihm hat. Aber er läßt ihn lügen, er tut so, als ob er auf die Märchen hereinfällt, weil er weiß, daß Scotty versucht, seine Sache gut zu machen. Er weiß außerdem, daß Scotty mit Leichtigkeit an das Geld kommen kann, um seine Sache gut zu machen, denn er hat ihm selbst die Scheckbücher gegeben.«

Jennifer hörte ihm aufmerksam zu und machte sich dazu ihre eigenen Notizen. Neben jeder Theorie jeweils zwei Spalten für Pro und Contra. Neben Theorie eins notierte sie unter Pro: »Opfer und Täter schwören beide, daß es sich so abgespielt hat.« Unter Contra: »So kann es nicht gewesen sein.« Neben Theorie zwei, unter Pro: »Scott sagt die Wahrheit, so wie er sie sieht; Mason lügt.« Contra: »Wie sollen wir das jemals beweisen?«

»Theorie drei«, fuhr Dan fort. »Wie zwei, mit dem Unterschied, daß es von Anfang an Masons Idee war, den Treuhandfonds zu plündern. Mason hat Sterling kalt erwischt und ihm gedroht, ihn bloßzustellen, ihn von der Anwaltsliste streichen zu lassen, ihn nach allen Regeln der Kunst fertigzumachen, wenn er die Sache nicht in Ordnung brachte. Sterling erklärte ihm, er sei nicht in der Lage, das Geld aufzutreiben. Mason sagte: ›Du weißt, woher du es nehmen kannst.‹«

Jenny notierte Pro: »Mason lügt.« Contra: »Scott auch.«

»Und schließlich Theorie vier«, sagte Dan. »Hier spielt sich noch irgend etwas anderes ab, das weder mit dem Treuhandfonds noch mit Masons Geschäftskonto in Zusammenhang steht. Versucht jemand, Scott Sterling zu ruinieren? Oder hat Scott Sterling sich vorgenommen, Harding & McMann zu ruinieren?

Betty, gesonderte Anlage zur Akte. Mit Charlie über eingehende Ermittlungen bezüglich Scott Sterling verhandeln.«

Dan schaltete das Diktaphon ab und blieb schweigend mitten im Konferenzsaal stehen, seinen Blick irgendwo auf den Teppich vor ihm gerichtet.

Jenny starrte ihn an. Trotz der späten Stunde und des langen Tages, der hinter ihm lag, sprühte er vor Energie, sein scharfer Verstand arbeitete unaufhörlich, und er sah so gut aus, daß ihr die Augen weh taten, wenn sie ihn ansah.

Trotzdem starrte sie ihn unverwandt an. Sie betrachtete sein schwarzes Haar, die Stelle, wo es im Nacken in winzige Löckchen überging, und die breiten Schultern, die sich unter seinem weißen Hemd abzeichneten. Sie ließ ihre Augen an seinem kantigen Kinn entlangwandern bis zu dem Grübchen in seinem Kinn und hinauf zu seinen sinnlich geschwungenen Lippen, wo ihr Blick schließlich hängenblieb.

Dan hob seinen Kopf und starrte Jenny an. »Jennifer«, sagte er überrascht, »haben Sie die ganze Zeit über hier gesessen?«

»Ja«, erwiderte sie leise, während sie wie in Trance seine Lippen anstarrte. Die *ganze* Zeit.

Plötzlich wurde sie steif vor Schreck. Er hatte es *gesehen*. Alle Sehnsucht einer unerwiderten Liebe stand ihr ins Gesicht geschrieben, und diesmal hatte er es *gesehen*.

Sie sprang auf und sammelte hastig ihre Papiere ein, tat so, als sortierte sie einzelne Seiten, schob sie zwischen Aktendeckel und schlug Bücher geräuschvoll zu. Sie spürte, wie Dan sie beobachtete, wagte jedoch nicht, zu ihm aufzusehen.

»Es tut mir leid, daß ich Sie nicht bemerkt habe«, sagte er. »Ich war wohl bis über beide Ohren in meine Arbeit vertieft. Ich wollte Sie nicht so lange aufhalten, vor allem an einem Freitagnachmittag. Ich hoffe, ich habe Ihre Pläne nicht ruiniert.«

»Ich hatte nichts vor.« Jenny hielt die dicken Bände mit den Bundesgesetzen wie einen Schild vor ihre Brust. »Ich werde die Bücher ins Regal zurückbringen«, sagte sie.

»Lassen Sie sie liegen. Betty kann sie am Montag wegräumen.«

»Es macht mir überhaupt nichts –«

»Jennifer, lassen Sie sie liegen«, wiederholte er. Diesmal legte er eine Hand auf ihren Arm, und Jenny lief ein Schauer über den Rücken. »Kommen Sie, ich werde Sie nach Hause fahren.«

»Es ist erst zehn«, sagte sie. »Um diese Zeit fährt die Bahn noch.«

»Aber es schneit. Sie wissen doch, daß die Bahngesellschaft ihre Fahrten bereits bei Nieselregen einstellt.« Als er sich zu ihr hinunterbeugte, vergaß Jenny einen Moment lang zu atmen. »Ich werde jetzt meinen Wagen holen und erwarte Sie in zehn Minuten vor dem Eingang.«

Die Scheibenwischer flogen in einem irrsinnigen Rhythmus über die Windschutzscheibe, als sie aus der Stadt hinausfuhren. Im Licht der Scheinwerfer war nichts als dichtes Schneetreiben zu erkennen, und an den Straßenrändern hatte sich bereits eine dicke Schneedecke gebildet. Es herrschte wenig Verkehr auf der Schnellstraße, aber die Straßen waren glatt, und Dan fuhr äußerst vorsichtig. Sie sprachen nicht miteinander. Als sie einen Wagen überholten, der leicht ins Schleudern geraten war, entfuhr Dan ein leises Pfeifen. Falls man das als ein Wort bezeichnen konnte, so war es das einzige, das zwischen ihnen fiel, bis sie die Abfahrt in Richtung St. Davis erreichten.

Die Fahrt erschien Jenny schon jetzt endlos, und es konnte nur schlimmer werden, wenn sie versuchten, über die schmalen Landstraßen bis zur Coventry Road zu gelangen. Die Schnellstraße war schwarz und naß vom geschmolzenen Schnee, aber kaum hatten sie sie verlassen, waren die Straßen weiß bis auf zwei braune Spurrillen, welche die wenigen Autos hinterlassen hatten, die vor ihnen hier entlanggefahren waren.

»Dan, halten Sie an«, sagte Jenny an der nächsten Abbiegung. »Wir schaffen es nie durch diesen Schnee.«

Er wandte sich ihr zu und lachte. »Hier anhalten und dann? Sollen wir uns hier gemütlich einrichten und warten, bis der Schneepflug kommt?«

»Sie fahren zurück auf die Schnellstraße«, beharrte sie. »Und ich werde von hier aus schon irgendwie nach Hause kommen.«

»Jennifer, bis zu Ihnen sind es noch drei oder vier Meilen. Was haben Sie denn vor, wollen Sie etwa zu Fuß gehen?« Er wandte seinen Blick von der Straße ab und ließ ihn an ihren Beinen entlang bis zu ihren hochhackigen Schuhen gleiten. »Das kann ich mir kaum vorstellen.«

Die Scheibenwischer schlugen weiterhin ihren Takt, während die endlose Fahrt weiterging. Den ersten steilen Hügel hatten sie bereits überwunden, aber in der nächsten Steigung drehten die Hinterräder durch. Jenny preßte ihre Hände so fest ineinander, daß ihre Finger taub wurden. Dan setzte den Wagen ein paar Meter zurück und versuchte es noch einmal. Wieder drehten die Hinterräder durch, diesmal mit einem lauten Surren. Er setzte noch einmal zurück, riß das Steuer herum und nahm die Steigung diagonal. Endlich überwanden sie die Stelle, ohne daß einer der Reifen durchdrehte.

Dan brachte die Räder wieder in eine gerade Position, und sie fuhren langsam weiter hügelan. Sie kamen an einem Auto vorbei, das in den Straßengraben geraten war. Jenny spähte durch eine freigewischte Stelle an ihrem beschlagenen Fenster, um nach den Insassen Ausschau zu halten, entdeckte jedoch statt dessen Fußspuren im Schnee, die von dem Wagen wegführten.

Während der letzten Stunde war kein Auto über die Coventry Road gefahren, und es gab keine Spurrillen, denen sie folgen konnten. Der Schnee knirschte unter den Reifen, ein beruhigendes Geräusch, das Jenny zu der Annahme verleitete, daß der Wagen Bodenhaftung hatte. Doch als die steinernen Säulen in Sicht kamen, brach das Heck des Jaguars aus, sie gerieten ins Schleudern und landeten auf der anderen Straßenseite. Jenny schnappte nach Luft, während Dan mit dem Steuerrad kämpfte und der Wagen hin- und herrutschte, bis sie dicht neben dem Straßengraben zum Stehen kamen.

Dan atmete langsam aus, legte einen Gang ein und trat vorsichtig aufs Gas. Der Wagen bewegte sich, und sie fuhren langsam und vorsichtig weiter, bis sie schließlich in den Innenhof einbogen.

Jennys Erleichterung war nur von kurzer Dauer. Sie selbst war sicher zu Hause angekommen, aber Dan hatte eine unmögliche Rückfahrt vor sich. Sie wußte nicht, was sie tun sollte. Wären sie lediglich Kollegen gewesen, hätte sie ihn ins Haus gebeten. Wäre er nur ihr Chef gewesen, hätte sie um Hilfe telefonieren und ihm einen Kaffee kochen können, während er auf den Schneepflug wartete. Aber heute abend hatte sie die Kontrolle über sich verloren und damit jede Chance vertan, sich ihm gegenüber normal verhalten zu können.

Dan schaltete den Motor ab. Jenny fuhr herum und sah ihn entgeistert an.

»Ich fürchte, Sie werden eine Zeitlang mit meiner Gesellschaft vorliebnehmen müssen«, sagte er.

»Bitte, kommen Sie mit hinein«, murmelte sie, während ihr Herz so heftig schlug, daß ihr das Blut in den Ohren dröhnte. Sie hängte ihre Mäntel auf, machte Licht, bot ihm im Wohnzimmer einen Sessel an und schaltete den Fernseher ein, um den neuesten Wetterbericht zu sehen. Sie ließ die Tiere aus dem Vorratsraum, füllte drei Futternäpfe und stellte sie auf den Küchenfußboden. Sie drehte den Thermostat hoch, und der Ölbrenner schaltete sich mit einem Brummen ein.

»Haben Sie was dagegen, wenn ich ein Feuer mache?« fragte Dan jenseits des Kamins.

»Das wäre nett.«

Nachdem die Tiere ihr Futter hinuntergeschlungen hatten, öffnete Jenny die Hintertür, um sie nach draußen zu lassen. Sie schaltete das Flutlicht an und beobachtete die Katzen, wie sie vorsichtig durch den tiefen Schnee auf der Terrasse stapften. Es schneite immer noch, und der Schnee legte sich über die schmiedeeisernen Stühle und Tische wie weiße Leintücher über die Möbel in einem unbewohnten Haus.

Dan hockte vor dem Kamin, seine Hemdsärmel trotz der Kälte hochgekrempelt. Jenny reichte ihm die Zeitung vom Vormittag als Zündmaterial. Schnell wandte sie ihren Blick von seinen dicht behaarten Unterarmen ab.

»Wo ist Ihre Mitbewohnerin?« fragte er.

»Sie bleibt über Nacht bei ihrem Freund, sie sind eingeschneit.«

»Das ist aber schade«, erwiderte er in einem Ton, den Jenny nicht kannte.

Die Tiere standen wieder vor der Tür. Jenny ließ sie herein und bugsierte sie in den Vorratsraum. Nachdem sie die Tür hinter ihnen verschlossen hatte, tat sie so, als widmete sie ihre Aufmerksamkeit dem Fernseher. Der Mann vom Wetterbericht verkündete, daß das Sturmtief sich entweder nach Osten in Richtung Meer bewegen oder an Ort und Stelle bleiben, wo es dann sechzig Zentimeter Schnee über das Delaware-Tal ausschütten würde.

Dan hatte ein loderndes Feuer entfacht. Zufrieden hockte er vor dem Kamin und schlug sich den Ruß von den Händen. Er ließ seinen Blick durch den Raum wandern. »Das ist ein eindrucksvolles Haus«, sagte er. »Wie haben Sie es bloß gefunden?«

»Ein Freund von mir hat es gefunden.«
»Ihr Freund?«
Sie zögerte. »Mein Verlobter.«
Er zog die Augenbrauen hoch. »Was ist mit ihm geschehen?«
Jenny schüttelte den Kopf. »Es stellte sich heraus, daß er noch andere Interessen hatte.«
»Welche denn zum Beispiel?« fragte er grinsend. »Briefmarken sammeln? Oder Kannibalismus?«
»Andere Frauen.«
Das Grinsen verschwand. »Was für ein Trottel«, sagte er gedehnt.
Jenny wandte sich ab und räusperte sich. »Möchten Sie einen Kaffee oder etwas anderes?«
Dan erhob sich. »Ich könnte einen Drink gebrauchen, nach dieser Fahrt. Ich wette, Sie auch.«
»Ich fürchte, ich habe nur Wein.«
»Klingt gut.«
Jenny hatte das Gefühl, daß ihre Beine zu schwach waren, um es bis in die Küche zu schaffen. Sie nahm eine Flasche Cabernet Sauvignon aus dem Schrank und begann, sich mit dem Korkenzieher abzumühen. Aber sie stellte sich ungeschickt an, und er fiel krachend zu Boden.
Dan trat hinter sie und legte seine Hand über ihr Handgelenk. »Lassen Sie mich mal machen.«
Er öffnete die Flasche, füllte zwei Gläser und geleitete sie zurück vor den Kamin. Jenny ließ sich auf dem Teppich vor der Feuerstelle nieder und bedeckte ihre Füße mit ihrem Rock. Er setzte sich neben sie auf den Boden und reichte ihr ein Glas.
»Auf den Schneesturm«, sagte er.
Im Schein des Feuers leuchtete der Wein tiefrot. Jenny hob ihr Glas, um mit Dan anzustoßen, aber seine Worte hatten sie so verwirrt, daß sie statt zu nippen das Glas mit einem Schluck halbleer trank.
Dan nahm seine Brille ab und legte sie hinter sich auf den Boden. Als er sich Jenny wieder zuwandte, lag ein anderer Ausdruck in seinem Gesicht. Seine Augen wirkten nicht mehr undurchdringlich, sondern lebendig und voller Verlangen.

Dans Gesicht verschwamm vor ihren Augen, aber sie spürte, wie seine vom Feuer ganz warme Hand in ihren Nacken und unter ihren Zopf fuhr. Obschon er ihre Haut kaum berührte, durchfuhr sie ein heftiger Schauer. Er faßte das Haargummi mit einem Finger und entfernte es langsam, so daß ihr Haar lose über ihren Rücken fiel. Dann faßte er mit festerem Druck um ihren Hals und unter ihr Kinn und drehte ihren Kopf zu sich hin.

»Jennifer«, hauchte er, beugte sich zu ihr und drückte seine Lippen auf ihren Mund.

Ihr blieb fast das Herz stehen vor lauter Verblüffung darüber, daß das Unglaubliche geschah, doch allmählich vergaß sie ihre Zweifel, und sie dachte nur noch daran, wie sehr sie ihn begehrte. Der Kuß wurde leidenschaftlicher, und sie schmiegte sich eng an ihn. Sie wurde so von ihrem Verlangen überwältigt, daß sich ihr ein schluchzender Laut entrang.

Dan wich zurück und hielt ihr Gesicht mit seinen Händen. »Sag mir, ich soll aufhören, wenn du das nicht willst«, flüsterte er.

Das nicht willst? hallte es in ihren Gedanken wieder. Es war das einzige, was sie wollte, von dem Augenblick an, als sie ihn zum erstenmal gesehen hatte, bis ans Ende aller Tage.

»Ja«, seufzte sie.

Er beugte sich zu ihr und küßte sie von neuem.

Die Hitze des Feuers breitete sich wie eine zähe Flüssigkeit vom Kamin her überall im Raum aus. Er fuhr mit seinen Händen über ihr Gesicht, durch ihr Haar, dann nestelte er an ihren Knöpfen. Wie eine alte Haut schälten ihre Kleider sich von ihrem Körper, und eine neue, nackte Haut kam zum Vorschein. Dann war auch er nackt, und es war ein köstliches Gefühl von nackter Haut auf nackter Haut, als sie sich dicht aneinanderschmiegten. Eng umschlungen rollten sie über den weichen Teppich vor dem Kamin. Das Feuer brannte heiß, und Jenny glühte vor Erregung. Sie drehte sich auf den Rücken, öffnete die Schenkel und zog ihn mit einem leisen Aufschrei zu sich.

Dan bewegte sich ruhig und ohne Eile, er ließ sich Zeit, um an ihren Nippeln zu knabbern, sie zu küssen und zu streicheln.

Er zog sich zurück, um dann langsam und genußvoll wieder in sie einzudringen, und Jenny zwang sich, die Augen zu öffnen, um ihm zuzusehen, aber der Anblick war ebenso unwirklich wie die Phantasiebilder, die hinter ihren Augenlidern abliefen. Doch es spielte inzwischen auch keine Rolle mehr, denn ihr Blick wurde verschwommen und ihr Atem schwer. Als Dans Stöße heftiger und kürzer wurden, wurde auch ihr Atem schneller, bis sie sich mit einem tiefen Seufzer unter ihm aufbäumte.

Das Knistern des Feuers neben ihnen war das einzige Geräusch im Raum, bis Dan von einem langen, bebenden Stöhnen geschüttelt wurde und erschöpft neben ihr auf den Teppich sank. Er zog sie an sich und drückte ihren Kopf in die Kuhle an seinem Hals. Jenny spürte sein dichtes Brusthaar an ihrer Wange, und sein Atem wiegte sie auf und ab wie ein auf dem Wasser schaukelndes Boot.

Draußen fiel der Schnee immer dichter und bedeckte sein Auto, bis es nur noch als undeutliches, weißes Phantom in ihrer Einfahrt zu erkennen war.

11

Curtis Mason war mehr als übel gelaunt. Er hätte heute eigentlich auf dem Golfplatz sein sollen, und zwar zusammen mit drei weiteren Spielern, unter ihnen Gerry Ford. Statt dessen war er eingeschneit und saß in einem muffigen Haus mit einem leeren Kühlschrank fest. Das Hausmädchen hatte behauptet, die Bahn nach Devon sei wegen des Wetters ausgefallen, und der Besitzer des Restaurants, bei dem sie das Büffet für ihre letzten drei Partys bestellt hatten, hatte die Frechheit besessen, ihm zu erklären, sie hätten heute wegen der schlechten Witterung geschlossen. Der Teufel sollte diesen Jungen holen, er wünschte, er wäre ihm nie im Leben begegnet.

Otto mußte ausgeführt werden. Mason hatte es schon den ganzen Tag vor sich hergeschoben, aber es mußte sein. Schneesturm oder nicht, ein preisgekrönter Rottweiler brauchte schließlich seine Bewegung. Er hatte den Sohn der Brewers von nebenan angerufen und ihn gebeten, das zu übernehmen, hatte ihm ein hübsches Taschengeld angeboten, aber die Mutter des Jungen hatte ihm mitgeteilt, er hätte eine Erkältung und sie wolle nicht, daß er in dieser Kälte vor die Tür ging. Was bildete sie sich eigentlich ein, was sie mit dieser Hätschelei erreichen würde? Noch so einen Scott Sterling würde sie sich heranziehen, noch so einen charakterlosen Weichling.

Vor Wut schäumend hakte Mason die Leine an Ottos Halsband ein. Als Charlie Duncan ihm gestern vormittag die Hiobsbotschaft übermittelt hatte, hatte er als erstes Edgar Sterling angerufen. Es war schließlich sein Sohn, der ihnen die Suppe eingebrockt hatte, also schien es nur recht und billig, daß Edgar sie auslöffelte. Ed hatte ihm höflich zugehört und ihm dann ebenso höflich eine Abfuhr verpaßt. Mason konnte es nicht fassen. Er hatte noch dreimal angerufen, nur um jedesmal zu hören: »Mr. Sterling ist nicht zu sprechen.« Der Teufel sollte ihn holen.

Mason war mit den Nerven am Ende, seine Geduld war am Ende, und mit seinen Ideen war er auch am Ende. Es sah so aus, als müsse er sich auf Perlmans Methoden einlassen, auch wenn das weiß Gott ein Festessen für die Presse bedeuten würde. Der PR-Mann von Macoal versuchte, der Presse irgendwelche Märchen zu verkaufen, aber Mason würde sich eine komplette Märchensammlung ausdenken müssen, wenn er aus dieser Sache herauskommen wollte, ohne wie ein Idiot dazustehen. Deshalb hatte dieser verdammte Reese Chapman gestern während der Besprechungen aus der Wäsche geguckt wie die Katze, die den Kanarienvogel gefressen hat.

Otto knurrte und schnappte nach der Leine, er konnte es kaum abwarten, aus dem Haus zu kommen. Mit der einen Hand riß Mason an der Leine und drückte sich mit der anderen seinen Hut fest auf den Kopf. Als er die Tür öffnete, glitt eine Ladung Schnee in den Flur. Auch darüber würde Dorrie einen Anfall kriegen, genauso, wie sie gestern getobt hatte, als sie kapiert hatte, daß sie Bob Perlman in ihr Wohnzimmer lassen mußte. »Ich verstehe überhaupt nicht, warum Dickinson Barlow diesen Fall nicht übernehmen kann«, hatte sie geschimpft. Dorrie lebte in einer kleinen Traumwelt, wo es nur nette Teeparties und gute Taten gab. Sie hatte keinen Schimmer, wie verwundbar er war.

Es war schon fast dunkel draußen, er hätte früher aufbrechen sollen, aber wer dachte schon an solche Dinge, wenn in Palm Beach die Sonne brannte? Als er zur Straße stapfte, versank er bis über seine Gummistiefel im Schnee. Wenn der Nachbarbengel nicht raus durfte, um mit dem Hund spazieren zu gehen, bestand nicht die geringste Chance, daß seine Mutter ihm erlauben würde, morgen den verdammten Weg freizuschaufeln. Mason versuchte, sich zu erinnern, ob noch andere Jungs in der Gegend wohnten, aber ihm fiel niemand ein. Er würde sich bei Dorrie erkundigen müssen, sie führte lauter Listen mit solchen trivialen Einzelheiten.

Der Schnee und der eiskalte Wind schnitten ihm ins Gesicht. Palm Beach hatte heute dreißig Grad und einen klaren Himmel. Der Teufel sollte Harding & McMann holen. Warum konnten sie mit ihrer verdammten Entdeckung nicht bis zum Frühjahr warten?

Otto war zwar kein Bernardiner, aber mit seinen kraftvollen Beinen und Schultern pflügte er einen Weg durch den tiefen Schnee, der mehr oder weniger breit genug für Mason war. Weit und breit war keine Menschenseele zu entdecken. Alle anderen waren unten im Süden, dachte Mason, genau da, wo er jetzt wäre, wenn dieser verdammte Scott nicht gewesen wäre.

Otto hob sein Bein und spritzte einen gelben Strahl in eine Schneewehe.

»Guter Junge«, sagte Mason.

Otto hatte zwei Jahre hintereinander den ersten Preis für die Züchtung gewonnen, und hatte nun gute Aussichten, beim nächsten Mal den Preis als bester Hund der Show zu gewinnen. Otto war ein prächtiges Tier – nicht so ein albernes

Schoßhündchen wie die, die seine Freunde in Florida besaßen. Schlimm genug, daß man sich in der menschlichen Gesellschaft mit Schwuchteln abgeben mußte, Herrgott nochmal, wie konnte ein Mensch nur einen schwulen Köter haben wollen?

Otto zerrte ihn über die Straße und in den Park. Der Wind blies inzwischen so heftig, daß ihre Spuren sofort hinter ihnen verweht wurden. Ein Fahrradweg führte den Hügel hinunter und weiter durch den Wald, in dieselbe Richtung, in die Otto ihn ungeduldig zog. »Wir können nicht mehr viel weiter gehen, alter Junge«, rief Mason, aber Otto ließ nicht locker.

Es wurde immer dunkler, und Masons Magen begann zu knurren. Woher zum Teufel sollten sie etwas zum Abendessen bekommen? Niemand war bereit, heute abend irgend etwas zu liefern, und es gab nicht ein Fertiggericht in der Tiefkühltruhe. Die Vorratskammer war randvoll mit Konserven, aber Dorrie hatte seit zehn Jahren nicht eine einzige Mahlzeit gekocht. Am Ende würden sie noch nach nebenan gehen und bei dieser Brewer mit ihrem wehleidigen Balg um Gastfreundschaft betteln.

Ein lauter Knall kam aus dem Wald, und etwas zischte an Masons Ohr vorbei.

»Was –!« brüllte er und fuhr wütend herum.

Otto blieb drohend stehen und bellte wild in alle Richtungen.

»Wer ist da?« rief Mason.

Zwischen den Bäumen war nichts als gottverdammte Schatten zu erkennen. Um ihn herum heulte der Wind, und Mason begann sich zu fragen, ob er sich nur eingebildet hatte, einen Schuß zu hören. Vielleicht war es nur ein toter Ast gewesen, der von einem Baum abgebrochen war. Aber er hatte gespürt, wie eine Kugel an seinem Kopf vorbeizischte, dessen war er sich sicher.

»Nach Hause, Otto!« befahl er.

Aber Otto wich nicht von der Stelle, auch nicht, als Mason heftig an der Leine riß.

»Los, alter Junge, wir gehen zurück«, sagte er und zerrte erneut an der Leine.

Ein zweiter Knall zerriß die Luft, und diesmal bewegte Otto sich, und zwar mit einem Aufjaulen hoch in die Luft. Als er wieder im Schnee landete, rollte sein Kopf schlaff zur Seite, und unter ihm bildete sich eine Blutlache.

Mason warf sich auf den Boden und schützte seinen Kopf mit den Armen, während Ottos Winseln langsam verstummte.

12

Im frühen Dämmerlicht schlüpfte Dan aus Jennifers Bett und schlich leise die Treppe hinunter in die Küche. Er nahm das Telefon und tippte die Nummer in die Tasten. Am anderen Ende klingelte es dreimal, dann ein viertes Mal, dann sprang der Anrufbeantworter an.

»Tony, geh ans Telefon«, sagte Dan. »Ich weiß, daß du da bist, denn wenn du es nicht bist, mach' ich dir die Hölle heiß.«

Die einzige Antwort war das Summen der Cassette, die zurückgespult wurde.

Kein Grund zur Panik. Die Uhr über dem Herd zeigte zehn vor sechs. Tony lag wahrscheinlich schlafend in seinem Zimmer und hatte die Tür zu, und wenn er schon das Läuten des Telefons nicht hörte, würde Dans Stimme auf dem Anrufbeantworter ihn auch nicht wecken. Erst recht nicht, wenn Dan hinter vorgehaltener Hand flüstern mußte, damit Jennifer oben in ihrem Bett friedlich weiterschlief.

Er legte auf und wählte erneut. Wieder klingelte das Telefon viermal. »Tony, verdammt –«

»Dan?« Tonys Stimme ertönte, als der Anrufbeantworter sich ausschaltete.

»Tony! Wo warst du?«

»Im Bett. Wo bist du?«

»Hör zu, ich bin in den Schneesturm geraten. Ich stecke in der Walachei fest.«

»Ach so.«

Tonys Stimme klang so ausdruckslos wie immer, und doch meinte Dan einen unglücklichen Unterton herauszuhören.

»Geht es dir gut? Brauchst du irgendwas?«

»Ich komm schon klar.«

»Der Kühlschrank ist voll.«

»Ich hab doch gesagt, ich komm schon klar.«

»Also, mach dir keine Sorgen. Ich komm nach Hause, sobald die Straßen frei sind.«

»Yeah, okay«, sagte Tony leicht gereizt.

Dan verspürte einen kleinen schuldbewußten Stich, aber er war niemandem Rechenschaft schuldig, und erst recht war er nicht verpflichtet, auf die unausgesprochenen Fragen eines Vierzehnjährigen einzugehen. Wie zum Beispiel: Wieso rufst du erst um sechs Uhr morgens an? Warum flüsterst du? Warum fährst du überhaupt mitten in einem Schneesturm so weit raus aus der Stadt?

»Hör zu«, sagte Dan. »Laß dir ja nicht einfallen, die Wohnung zu verlassen. Ich hab den Wachmann bereits informiert, und er hat ein Auge auf dich.«

Die Leitung wurde unterbrochen, und er hörte nur noch das Freizeichen.

Leise fluchend legte Dan den Hörer auf und schlich zurück nach oben.

»Wo warst du?« murmelte Jennifer verschlafen, als er zurück unter die Bettdecke schlüpfte.

»Tut mir leid«, flüsterte er. »Ich wollte dich nicht aufwecken.«

»Stimmt irgendwas nicht?«

»Nein.« Er schmiegte sich dicht an ihren Körper. »Im Gegenteil«, sagte er heiser. »Ich würde sagen, alles ist absolut perfekt.«

Seine Hände fuhren zu ihren Brüsten, und er vergrub sein Gesicht in ihrem Nacken. Sie roch frischgewaschen, nach ganz normaler Seife. Hunderte von Dingen unterschieden Jennifer von den Frauen, die Dan bisher gekannt hatte, aber dieser Unterschied erschien ihm nun besonders deutlich. Sie war weder von einem widerlich künstlichen Duft umgeben, noch verströmte sie diesen brünstigen Geruch, den manche Frauen an sich hatten. Sie roch einfach nur sauber.

Und doch war sie bereits feucht, als er zwischen ihre Beine faßte. Er drehte sie auf den Rücken, und sie hob ihre Knie und führte ihn. Als er tief in sie eindrang, schnappte sie leise nach Luft. Sie sagte kein Wort – keine schmutzigen Floskeln, keine Liebesschwüre – nur leises Stöhnen drang an sein Ohr, während ihr Becken sich im Rhythmus mit ihm bewegte. Diesmal kam sie gleichzeitig mit ihm, explosionsartig und mit einem kehligen Schrei, den er Jennifer Lodge kaum zugetraut hätte.

Als er wieder erwachte, schien die Sonne hell durch das Fenster. Die Stelle neben ihm im Bett war leer, und aus der Küche duftete es nach frischem Kaffee. Er zog sich an und ging nach unten. Jennifer stand in einem elfenbeinfarbenen Morgenrock aus Samt am Herd.

»Hallo«, sagte sie. Ihre Stimme klang so scheu, daß man hätte meinen können, sie wären sich noch nie begegnet.

»Hallo«, erwiderte er und drehte sie zu sich. Er öffnete ihren Morgenmantel, nahm ihre Brüste in seine Hände und küßte sie.

»Oh«, sagte sie atemlos, als sie sich voneinander lösten. »Die Pfannkuchen.« Sie drehte sich um und wendete die Pfannkuchen, ihren Morgenmantel immer noch offen.

»Eine barbusige Schnell-Imbiß-Köchin«, sagte er bewundernd. »Die Idee gefällt mir nicht schlecht.«

Jennifer zog ihren Mantel zu und band ihren Gürtel wieder fest.

»Meinetwegen brauchst du deine Blößen nicht zu bedecken«, sagte er, und als sie lachend mit dem Pfannenheber nach ihm langte, wußte er, daß ihre Scheu verflogen war.

Sie setzten sich an den Eichentisch und schoben ihre Stühle dicht zusammen. Während sie ihren Kaffee tranken, Pfannkuchen und Melonenscheiben aßen, konnten sie ihre Augen kaum voneinander wenden, sie berührten und küßten sich unaufhörlich. Dan war nicht zum erstenmal verliebt, er kannte das Hochgefühl, das die erste Phase des Verliebtseins begleitete, er wußte, daß es jedesmal das Gleiche war, zwei Menschen, die nicht voneinander lassen konnten, wie eine Droge, von der man nicht genug bekam. Und er wußte, daß man es jedesmal wieder anders empfand, egal, wie oft man es bereits erlebt hatte. Aber diesmal schien es tatsächlich anders zu sein, und das war auch kein Wunder, denn Jennifer war anders, sie entstammte einer Welt jenseits von allem, was Dan bisher in seinem Leben kennengelernt hatte.

»Erzähl mir von deiner Familie«, sagte er.

Sie lächelte und zuckte die Achseln, warf ihr Haar über ihre Schulter, wo er es auffing und um seine Finger wickelte. »Also, ich habe eine ältere Schwester, sie heißt Meg. Sie ist mit einem Englischprofessor verheiratet, und die beiden haben zwei kleine Söhne. Meine Mutter wohnt jetzt bei ihnen, in Madison, Wisconsin.«

»Und dein Vater?«

»Er ist vor vier Jahren gestorben.«

»Das tut mir leid.« Nach einer Weile sagte er: »Dann hat er also nicht mehr erlebt, daß du dein Juraexamen bestanden hast.«

Jennifer sah ihn verwundert an. »Stimmt. Das ist für mich das Schlimmste daran, daß er so früh gestorben ist. Er wäre so stolz gewesen, wenn er das noch erlebt hätte. Wie kommst du darauf?«

»Mir ist es genauso ergangen. Mein Vater ist gestorben, kurz bevor ich mit dem Jurastudium angefangen habe.«

»Er wäre bestimmt auch stolz auf dich gewesen«, sagte Jennifer. »Nicht nur darauf, daß du Jura studiert hast. Einfach auf alles, was du erreicht hast.«

Dan bedankte sich mit einem Nicken für das Kompliment, obwohl er nicht sehr davon überzeugt war, daß Jennifer recht hatte. Er konnte sich nicht daran erinnern, daß sein Vater das Wort »Anwalt« jemals in einem Satz benutzt hätte, in dem nicht ebenfalls das Wort »Verbrecher« vorgekommen wäre. Er hatte schon Anwaltswitze erzählt, lange bevor sie in Mode gekommen waren.

»Was hat dein Vater denn gemacht?« fragte er.

»Er hat bei einer Bank gearbeitet.«

Für Dan war Jennifers Antwort das Understatement schlechthin. Wahrscheinlich war er Vorstandsvorsitzender gewesen und hatte von morgens bis abends Dollarsummen in Millionenhöhe bewegt. Aber da war immer noch das Rätsel um die Verbindung zu den Dundees.

»Und wie kommt es, daß du hier hängengeblieben bist, wenn der Rest deiner Familie in Wisconsin lebt?« fragte er; es war die Art von Fangfragen, auf die er sich spezialisiert hatte.

Doch er bekam nicht die erwartete Antwort. »Na ja, ich bin halt hier auf die Uni gegangen, und dann –«

Ein Schatten legte sich über ihr Gesicht, und sie biß sich auf die Lippen.

»Und dann was?« fragte er hartnäckig und hob ihr Kinn an. Aber als sie den Kopf schüttelte und sich abwandte, war ihm klar, was als nächstes passiert war. »Ah«, sagte er, »der Verlobte.«

Jennifer schob ihren Teller von sich und nahm ihre Kaffeetasse in die Hand. »Greg«, sagte sie schließlich. »Er hatte hier einen Job, und da bin ich auch geblieben.«

Dan wußte nicht, was er sagen sollte. Yeah, manche Typen sind einfach richtige Arschlöcher? Was er verloren hat, ist ein Gewinn für Philadelphia?

Doch Jennifer rettete ihn schließlich. »Laß uns nach draußen gehen und im Schnee spielen«, schlug sie plötzlich mit leuchtenden Augen vor.

»Im Schnee spielen?« fragte er skeptisch. »Was ist das denn? Eine Art Paarungsritual der weißen Oberschicht?«

»Wir können Schlittenfahren oder einen Schneemann bauen. Los, komm!« sagte sie, sprang lachend auf und lief nach oben.

Dan machte sich daran, den Tisch abzuräumen. Da würde er passen müssen. Kids aus Südphiladelphia standen nicht besonders auf Schlittenfahren und Schneemännerbauen. Als Jennifer jedoch fünf Minuten später in engen Bluejeans, in denen sich ihr knackiger Hintern abzeichnete, die Treppe heruntergehüpfte, mit offenem Haar, das weich über ihre Schultern fiel, und ihn mit ihrem frischgewaschenen Gesicht anstrahlte, beschloß er, daß es nie zu spät war, ein neues Freizeitvergnügen kennenzulernen.

Im Hof lag der Schnee beinahe knietief, vom Haus bis zum Wald lag alles unter einer dichten Schneedecke, so daß die Straße nicht mehr zu erkennen war, und es schneite immer noch ununterbrochen. Ein paar Sonnenstrahlen lugten durch die Wolken, brachen sich in den dicken Schneeflocken und verbreiteten ein funkelndes Licht. Jennifer nahm eine Handvoll Schnee auf und begann, die kleine Kugel von der Haustür aus über den Hof zu rollen, und bis sie am Briefkasten angekommen war, hatte die Kugel die Größe eines Felsbrockens erreicht. Die mittlere Kugel rollten sie gemeinsam, Dan hievte sie auf die erste und begann mit der dritten.

»Ich bin gleich wieder da«, rief Jennifer und verschwand im Haus.

Dan setzte den Kopf auf den Schneemann, und ein paar Minuten später kam Jennifer mit einem Korb zurück, aus dem sie zwei dünne Stöcke Brennholz hervorzauberte. »Das sind die Arme«, sagte sie, und Dan steckte sie anweisungsgemäß in die mittlere Kugel. »Die Augen«, es folgten zwei Kronkorken, »die Nase und der Mund«, sagte Jennifer und reichte ihm ein Stück Melonenschale und eine Möhre.

»So«, sagte Dan. »Fertig.«

»Nicht so voreilig, Partner.«

Dan sah ihr von der Seite zu, wie sie einen weißen Schal um den Hals des Schneemanns band, eine verwegene Locke auf seiner Stirn modellierte und Dans Brille, die er beim Schneemannbauen abgelegt hatte, auf die Möhre setzte.

»So«, sagte sie. »Das ist Reese Chapman.«

Dan brach in verblüfftes Lachen aus, packte sie mit seinen Armen und wirbelte sie schwungvoll herum, daß ihre Füße durch die Luft flogen.

Sie machten eine ausgelassene Schneeballschlacht, und als Dan sie mit einem Schneeball mitten auf den Hintern traf, rannte sie quietschend hinter das Haus. Dan glaubte, sie wolle ihm auflauern, und lief in die andere Richtung um das Haus. Zunächst konnte er sie nicht finden und wollte gerade umkehren, doch dann fiel das Sonnenlicht auf sie, und Dan entdeckte sie rücklings auf dem Boden, wo sie die Arme auf und ab bewegte, um einen Engel in den Schnee zu gravieren. Er schlich auf sie zu und beugte sich über sie. Ihre Augen waren geschlossen, und die immer noch fallenden Schneeflocken fingen sich in ihren Wimpern und Brauen. Er küßte sie erst auf die Augen, dann auf die Lippen.

»Vorsichtig«, keuchte sie. »Sonst schmelzen wir den ganzen Schnee weg, und dann hab ich dich nicht mehr in der Falle.«

Beinahe hätte er geantwortet, daß sie ihn überall und jederzeit in die Falle locken konnte.

An jenem Abend aßen sie von einem schneeweißen Damasttischtuch und beim Schein einer großen weißen Kerze zu Abend. Diesmal saßen sie sich gegenüber, und selbst diese geringe Distanz reichte aus, um die Spannung zwischen ihnen zu schüren und die freudige Erwartung auf das, was nach dem Essen folgen würde. Jennifer hatte Kalbsmedaillons mit wildem Reis und Zuckerschoten serviert, dazu eine Flasche Pinot noir. Während des Essens nahm Dan sich vor, sie am nächsten Wochenende in seine Wohnung einzuladen, dann würden sie bei ausgeschaltetem Licht essen, und nur die Lichter der Stadt, die sich unter seinem Fenster ausbreitete, würden ihnen als romantische Beleuchtung dienen.

Nach dem Essen standen sie eine Weile an der Hintertür und beobachteten das Treiben der dicken, weißen Schneeflocken, die immer noch unaufhörlich auf die Terrasse fielen. Dan hatte seine Arme um Jennifers Schultern gelegt, und sie lehnte sich glücklich an seine Brust, während sie zusahen, wie der Schnee sich in den Ecken der Fensterkreuze sammelte und jede einzelne Fensterscheibe in ein winterliches Gemälde mit weißem Rahmen verwandelte. Der Garten war von immergrünen Gewächsen umgeben, die in der nächtlichen Dunkelheit wie eine schwarze Wand wirkten, so dicht, daß nicht ein einziger Schimmer der Lichter in der Umgebung sie durchdrang. Es war, als wären sie meilenweit von allen menschlichen Ansiedlungen entfernt, allein im Schneetreiben gefangen.

»Ist es nicht wunderschön?« murmelte sie.

»Hmm.«

Er küßte ihren Nacken und bugsierte sie zärtlich auf das Sofa, wo sie sich langsam gegenseitig im Schein des Feuers auszogen. »Hast du ein bißchen Musik?« fragte er.

»Mmm, gute Idee«, sagte sie, löste sich widerstrebend aus seinen Armen und erhob sich. »Geh nicht weg.«

»Wo gehst du hin?«

»Der CD-Spieler ist im Studio. Ich muß –«

Er stand auf. »Zeig es mir.«

Sie wickelten sich in die Sofadecken. Jennifer führte ihn an die Tür zu ihrem Studio und drückte auf den Lichtschalter.

Dan betrat den Raum und betrachtete sich in den Wandspiegeln, während er sich langsam um sich selbst drehte. Jennifer schaltete den CD-Spieler ein, und als die Musik den Raum erfüllte, legte sie noch ein paar Scheite in den Holzofen in der Ecke. Als sie sich umwandte, stand er neben ihr, seine Lippen dicht an ihrem Ohr. »Hast du ein paar Kerzen?«

Dan zündete die Kerzen an und stellte sie an den Wänden entlang auf. Als er die Deckenleuchte ausschaltete, wurden die Kerzenflammen von den Spiegeln reflektiert und füllten den Raum mit tausend kleinen, funkelnden Lichtern. Jenny sah ihm zu, immer noch fest in ihre Decke gewickelt. Dan ließ seine Decke zu Boden gleiten und stand nackt vor ihr. Erneut von Begierde übermannt, war sie zu schwach, ihm zu widerstehen, als er die Decke aus ihren Fingern löste und sie sachte an ihrem Körper hinuntergleiten ließ. Er legte sich auf die übereinanderliegenden Decken und zog sie mit sich, so daß sie auf ihm zu liegen kam. Mit einem Stöhnen drückte sie sich an ihn.

Die vollen Klänge von Rachmaninoff schlugen über ihnen zusammen wie Meereswellen, und die Kerzen leuchteten wie ein Sternenhimmel. In welche Richtung er auch blickte, sah Dan Jennifers Spiegelbild, und jedes war anders, und keines war das Mädchen, das er zu kennen glaubte.

13

Am Sonntag nachmittag, nachdem der Schneepflug die Straßen endlich freigeräumt hatte, fuhr Dan zurück in die Stadt. Als er die Tür zu seiner Wohnung öffnete, sah er das Signal an seinem Anrufbeantworter blinken, und er fragte sich, ob Jennifer angerufen hatte. Er sah sich um. Überall in der Wohnung lagen Kleidungsstücke und Essensverpackungen verstreut, aber ansonsten hatte nichts Schaden erlitten. Tony lümmelte sich auf der Couch, aus dem Fernseher dröhnte MTV.
»Ich bin wieder da.«
»Hallo«, sagte Tony, ohne seinen Blick von der Mattscheibe zu wenden.
Dan bückte sich, um ein feuchtes Handtuch vom Fußboden aufzuheben. In seinen Schultern und in seinem Rücken machte sich plötzlich die ungewohnte Arbeit bemerkbar, die er am Vormittag verrichtet hatte, als er bergeweise Schnee geschaufelt hatte, und er zog eine Grimasse, als er sich wieder aufrichtete. Er warf das Handtuch ins Badezimmer und ging dann in den Flur zurück, um seinen Anrufbeantworter abzuhören.
»Daniel Casella«, sagte eine akzentuierte Frauenstimme. »Mein Name ist Liz Nofert. Ich bin Wirtschaftsjournalistin beim Inquirer. Nach meinen Informationen vertreten sie die Kanzlei Harding & McMann in einem Prozeß, der für kommenden Freitag angesetzt ist. Ich würde Ihnen gern ein paar Fragen stellen.«
Sie gab ihre Telefonnummer an, doch ihr Ton ließ nicht darauf schließen, daß sie tatsächlich mit seinem Rückruf rechnete. Dan fragte sich, auf welche Weise sie ihn in ihrem Artikel erwähnen würde. Daniel Casella stand für einen Kommentar nicht zur Verfügung? Oder: Daniel Casella reagierte nicht auf einen Anruf zum Thema? Wie auch immer, er konnte keinen

Einfluß auf ihren Kommentar nehmen. Seine Anweisungen waren klar und eindeutig – keine Presse.

Das Band lief weiter. Eine weitere Frauenstimme ertönte, diesmal in schmollendem Ton: »Dan, hier ist noch mal Lisa.« Er schlug sich mit der Hand vor die Stirn. Natürlich, Lisa, fiel es ihm wieder ein. Sie war die Frau, die neulich ihren Namen nicht auf dem Anrufbeantworter hinterlassen hatte. »Ich wünschte, du würdest mich bei Gelegenheit mal zurückrufen.«

Noch eine Nachricht, noch eine Frauenstimme. »Mr. Casella, hier spricht Abby Greenley von der Alexander School. Das Zulassungsgremium hat am Wochenende beschlossen, Ihren Bruder probeweise in die Schule aufzunehmen. Er kann sich morgen früh um acht anmelden und mit der Teilnahme am Unterricht beginnen.«

Dan tat einen erfreuten Aufschrei und drückte die Rückspultaste. »Tony!« rief er. »Komm her, und hör dir das an!«

Als Tony in den Flur schlurfte, ließ Dan die Nachricht noch einmal ablaufen. Es war nicht zu überhören, wie sehr es der Frau widerstrebte, ihnen diese Nachricht zu übermitteln. Für sie war es eine eindeutige Niederlage, was einen Sieg für Dan bedeutete.

»Du bist drin!« sagte er und klopfte Tony auf den Rücken.

Aber Tony wich ihm mit einem Ruck aus. »Ich geh da nicht hin!« schrie er. »Scheiße! Ich geh nicht hin!« Er drehte sich auf dem Absatz um und ließ Dan stehen.

»Bleib hier.«

Tony ging unbeirrt in sein Zimmer. Bevor er jedoch dazu kam, die Tür hinter sich zu schließen, hatte Dan ihn eingeholt. Tony drehte sich um und ging auf Dan los. Er rammte seinen Kopf gegen Dans Brust, während er mit der einen Faust in seinen Magen und mit der anderen in seine Seite schlug. Dan blieb die Luft weg. Er taumelte rückwärts durch den Flur, sein Kopf prallte gegen die Wand. Tony prügelte wie wild auf ihn ein und stieß halb erstickte Schreie aus.

»Hör auf, verdammt noch mal!« brüllte Dan.

Dan umschlang Tony mit beiden Armen und hielt ihn fest. Tony versuchte, sich freizukämpfen, aber Dans Griff wurde nur noch fester. Er war ein großer, kräftiger Junge, aber Dan war immer noch einen Kopf größer und fünfzehn Kilo schwerer. Er schüttelte ihn heftig. »Hör auf, Tony! Hör auf!«

Tony hatte sein Gesicht in Dans Brust vergraben, aber an seinen zuckenden Schultern merkte Dan, daß seine Schreie in Schluchzen übergingen. Er schüttelte ihn noch einmal. »Muß ich erst noch Verstand in dich hineinprügeln, oder können wir uns jetzt hinsetzen und reden?«

»Es ist mir egal, was du mit mir machst! Ich geh da nicht hin.«

An Dans Hinterkopf bildete sich eine dicke Beule. Jetzt hatte er nicht nur Rücken- sondern auch noch Kopfschmerzen und wahrscheinlich ein paar blaue Rippen.

»Los«, sagte er, nachdem er wieder zu Atem gekommen war. »Setz dich da drüben hin.«

Er packte Tony an den Handgelenken, zerrte ihn zu seinem Bett hinüber und drückte ihn auf die Matratze. Tony rollte sich auf die Seite, mit dem Rücken zu Dan, und vergrub sein Gesicht in seinem Kopfkissen. Dan legte sich neben ihn. Seine Schultern schmerzten, als er sich gegen das Kopfteil lehnte. Er befühlte seinen Hinterkopf. Die Beule schwoll immer noch an, blutete jedoch nicht.

»Und jetzt erzähl mir mal, was an der Alexander School so schlimm ist, daß du dich lieber verprügeln läßt, als dorthin zu gehen.«

»Ich finde sie zum Kotzen«, sagte Tony in sein Kissen.

»Wieso?«

»Dafür brauch ich keinen Grund.«

»Stimmt. Und wenn du mir keinen Grund nennen kannst, brauch ich ihn mir auch nicht anzuhören.«

»Ich bin nicht wie die!«

»Das sehe ich anders«, sagte Dan. »Du bist intelligent, du siehst gut aus, und wahrscheinlich bist du ihren Sport-Assen in sämtlichen Disziplinen haushoch überlegen.«

»Das sind reiche Kids«, stöhnte Tony.

»Na ja, mag sein, aber du hast schließlich einen Bruder, der ein paar Dollar besitzt.«

Es entstand eine lange Pause, bevor Tony mit seinem nächsten Argument herausrückte. »Ich will bei meinen Freunden bleiben.«
»Kommt nicht in Frage.«
Wieder trat Schweigen ein. Dan ließ seinen Blick über die antiseptische Zimmereinrichtung schweifen. Grauer Teppichboden, weiße Wände, silberne Jalousien an den Fenstern, weißer Resopalschreibtisch und weiße Kommode. Vielleicht war es an der Zeit, daß er seine Wohnung renovierte, und zwar diesmal nach seinem eigenen Geschmack, ohne die Hilfe von professionellen Innenausstattern. Dieses Zimmer konnte ein bißchen Farbe gebrauchen. Jennifer hatte ihr Haus mit einer bunten Mischung aus gebrauchten Möbeln eingerichtet, die farblich noch nicht einmal zusammenpaßten, aber im ganzen strahlte es eine Wärme und eine Lebendigkeit aus, die hier gänzlich fehlte.
»Was ist deine Lieblingsfarbe?« fragte Dan unvermittelt.
Tony drehte sich um. »Hä?«
»Deine Lieblingsfarbe. Hast du eine?«
»Weiß nicht. Blau.«
»Blau klingt gut.« Vielleicht marineblau mit ein paar roten Tupfern hier und da. Dan stützte sich auf einen Ellbogen. »Hör zu, Tony – du hast gehört, was die Frau am Telefon gesagt hat. Probeweise. Versuch's einfach mal auf der Alexander School und sieh, ob es dir dort gefällt.«
Tony verzog das Gesicht. »Ich glaub nicht, daß sie das so gemeint haben.«
»Wie sollen sie es denn sonst meinen?« fragte Dan mit großen Augen. »Los, was meinst du.«
»Hab ich eine Wahl?«
»Klar. Du kannst gutgelaunt hingehen, und du kannst sauer hingehen.«
Tony verdrehte angewidert die Augen. »Kann ich auch einfach so hingehen?«
»Abgemacht.«

An diesem Abend schlief Tony so unbeschwert ein wie ein kleiner Junge, der Streit mit Dan und seine hysterische Reaktion auf die neue Schule waren vergessen. Dan jedoch konnte nicht vergessen. Bis tief in die Nacht hinein saß er grübelnd im Wohnzimmer. Tonys Wutanfälle machten ihm angst. Wo war die Grenze, fragte er sich, an der die Tobsuchtsanfälle eines unreifen Jugendlichen in etwas viel Schlimmeres übergingen?

Er wußte, was sein Vater sagen würde, wenn er erlebt hätte, was aus seinem posthum in die Welt gesetzten Baby geworden war: »Alles, was der Bengel braucht, ist ein ordentlicher Tritt in den Hintern.« Aber Dan hatte seinem Vater keinen Altar gebaut. Er war seinen drei älteren Kindern kein guter Vater gewesen; es gab keinen Grund anzunehmen, daß er bei Tonys Erziehung größere Weisheit an den Tag gelegt hätte.

Dan wußte ebenfalls, was die meisten seiner Partner tun würden, wenn sie jemals mit derartigen Schwierigkeiten konfrontiert würden. Sie würden den Jungen in Therapie geben: Mit tausend Dollar im Monat konnte man eine Menge Schuldgefühle beschwichtigen, und man brauchte noch nicht einmal fünf Minuten seiner Arbeitszeit zu opfern. Aber Dan hatte lange genug professionelle Hilfe für Dinge in Anspruch genommen, die er hätte selbst erledigen müssen.

Er schlüpfte in sein Bett, bemühte sich, eine bequeme Position zu finden, die seinen schmerzenden Rücken entlastete. Er mußte wieder an Jennifer denken, die wie eine Prinzessin in einer Märchenwelt lebte. Nicht zu fassen, daß so eine Frau in einen Typen wie ihn vernarrt sein sollte, aber er hatte es am Freitag abend mit eigenen Augen gesehen, als er aus seinen Gedanken aufgetaucht war und plötzlich bemerkt hatte, wie sie ihn mit feucht glänzenden Augen anstarrte.

Von einer schönen Frau bewundert zu werden, hatte etwas Berauschendes. Den ganzen Tag lang hatte er sich immer wieder Tagträumen hingegeben und sich vorgestellt, wie er sie in seine Wohnung einladen, ihr die Aussicht zeigen, sie Tony vorstellen würde und wie sie dann zu dritt am Tisch sitzen und zu Abend essen würden. Als schließlich wie aus heiterem Himmel der Anruf von der Schule gekommen und ihm klar geworden

war, daß Tony wider Erwarten aufgenommen werden sollte –
da hatte er etwa dreißig Sekunden lang geglaubt, alles sei möglich. Bis Tony ausgeflippt war.

Er mußte wohl geträumt haben, als er annahm, er könne Jennifer in sein Leben bringen, dachte er, als er sich endlich zwang
einzuschlafen.

14

Als Jenny am Montag morgen aus der Dusche trat, errötete sie
bei ihrem eigenen Anblick im Spiegel. Es waren bereits vierundzwanzig Stunden vergangen, seit sie zum letztenmal mit
Dan geschlafen hatte, und doch befand sie sich immer noch in
einem Zustand der Erregung, und schon die leiseste Berührung
des Handtuchs auf ihrer Haut weckte neue Begierde in ihr. Es
war das erste Mal, daß sie mit einem Mann geschlafen hatte,
ohne daß tiefe Liebe oder Heiratspläne im Spiel waren, aber
das kümmerte sie nicht. Es war auch das erste Mal, daß sie keine Verhütungsmaßnahmen getroffen hatte, aber auch das kümmerte sie nicht, und es war reine Glückssache gewesen, daß
Dan das in die Hand genommen hatte. Sie wußte, es gab keinen Weg zurück zu dem, was sie bisher gewesen war, nämlich
seine kluge, junge, farblose Kollegin, die ihn heimlich anhimmelte – aber es kümmerte sie nicht.

Jenny ging in ihr Zimmer, um sich für den bevorstehenden
Arbeitstag anzuziehen. Sie nahm ein marineblaues Kostüm und
ein weißes T-Shirt aus ihrem Schrank. Doch dann legte sie das
T-Shirt spontan zurück und wählte statt dessen eine weiße Seidenbluse. Heute wollte sie Seide auf ihrer Haut spüren.

Am Bahnhof kaufte sie sich die Morgenzeitung. Auf der
Titelseite standen lauter Berichte über den Schneesturm, aber
es war die Schlagzeile auf der ersten Seite des Wirtschaftsteils,
die ihre Aufmerksamkeit erregte.

»Kanzlei wegen Veruntreuung von Millionen angeklagt. Curtis Mason, früherer Generaldirektor der Macoal Corporation, reichte am Freitag Klage ein gegen Harding & McMann, eine angesehene Anwaltskanzlei in Philadelphia. Die Anklage geht davon aus, daß $ 2.000.000 aus einem Treuhandfonds veruntreut wurden, das von dem Rechtsanwalt Scott Sterling verwaltet wurde. Darüber hinaus behauptet Mason, Sterling habe ihn persönlich um weitere $ 350.000 betrogen.

Charles Duncan, Geschäftsführer von Harding & McMann, bestätigte der Presse gegenüber, daß Ungereimtheiten in Sterlings Umgang mit gewissen Geldern aufgetaucht seien. Er erklärte, die Kanzlei habe das Arbeitsverhältnis mit Sterling fristlos gekündigt.

Daniel Casella, der Harding & McMann vertritt, konnte nicht erreicht werden, um einen Kommentar abzugeben.«

Jenny spürte, wie sie bei der Erwähnung von Dans Namen errötete, las jedoch weiter:

»Sterling, im Hause seiner Eltern in Gladwyne nach den Vorfällen befragt, gab folgenden Kommentar ab: ›Ich empfinde tiefes Bedauern für meine Handlungen und für den Schaden, den ich zu verantworten habe. Ich kann nur hoffen, daß ich in der Lage sein werde, diesen Schaden wiedergutzumachen.‹«

Weiter unten auf der Seite war Sterlings Werdegang nachgezeichnet. Abitur an der Episcopal Academy, Studium am Williams College, Juraexamen an der Cornell Law School, gefolgt von einer, wenn nicht herausragenden, so doch erfolgreichen Karriere als Vermögensverwalter bei Harding & McMann. Er war der Sohn von Edgar Sterling, dem Generaldirektor der Phoenix Pharmaceutical Company, der jeden Kommentar verweigert hatte.

Der Artikel fuhr fort:

»Curtis Mason berichtete weiterhin, daß am Samstag abend, als er seinen Hund im Laurelwood Park in der Nähe seines Wohnsitzes ausführte, auf ihn geschossen wurde. Dieser Vorfall scheint jedoch in keinem direkten

Zusammenhang mit den oben genannten Entwicklungen zu stehen. Während Mason selbst unverletzt blieb, wurde sein Hund, ein preisgekrönter Rottweiler, durch einen einzelnen Gewehrschuß getötet. Die Polizei geht davon aus, daß es sich um eine willkürliche Schießerei durch einen unbekannten Täter handelt.«

Dan las denselben Artikel an seinem Schreibtisch, als er an diesem Vormittag in seinem Büro eintraf. Er stellte erleichtert fest, daß er noch einmal glimpflich davon gekommen war – »konnte nicht erreicht werden« war immerhin besser als »stand nicht zur Verfügung« und erst recht als »reagierte nicht auf wiederholte Anrufe«.

Aber seine Erleichterung war nur von kurzer Dauer. Sterlings demütige Selbstbezichtigung – und das auch noch schwarz auf weiß – war das letzte, was Dan gebrauchen konnte, wenn er seinen Fall auf der Prämisse aufbauen wollte, daß Sterling das Opfer und nicht der Täter war. Er warf die Zeitung angewidert auf den Tisch.

Wer konnte sagen, ob nicht irgendwann der Tag kam, an dem er Sterlings Geschichte für bare Münze nehmen mußte. Wenn sie wirklich stimmte, dann enthielt sie eine Moral: Versprich nie mehr, als du einhalten kannst, dann wirst du auch nie mit dem schrecklichen Augenblick der Wahrheit konfrontiert, vor dem Sterling zurückgeschreckt war. Und für Dan lautete die Lektion: Versprich Charlie Duncan nicht, du hättest eine gute Grundlage für eine Verteidigungsstrategie, dann wirst du ihn auch nie enttäuschen müssen.

Vielleicht gab es aber noch eine weitere Lektion, die er aus der Geschichte lernen konnte: Versprich Jennifer nichts, dann wirst du ihr nie weh tun müssen.

Er mußte sie sehen. Er stand von seinem Schreibtisch auf und schritt an seiner Sekretärin vorbei, die ihn fragend ansah. Aber er durfte sich nicht lange aufhalten.

»Auf welcher Etage arbeitet Jennifer Lodge?«

»Zweiundvierzig«, erwiderte Betty.

Er sah, wie sie Jennifers Namen auf ihrem Plan notierte. Als gute Sekretärin war sie stets über seinen Aufenthalt auf dem laufenden.

Als Dan auf der zweiundvierzigsten Etage aus dem Aufzug stieg, lief er Jim Feldman in die Arme.

»Haben Sie einen Augenblick Zeit?« Ohne eine Antwort abzuwarten, bugsierte Feldman Dan in sein Büro und schloß die Tür hinter ihnen.

»Nur eine Minute«, sagte Dan. »Was gibt's?«

Feldman war Vorsitzender der Kanzlei Harding & McMann und gab sich gern als hart arbeitende Führungskraft. Er plackte sich den ganzen Tag in Hemdsärmeln ab, und sein Büro war stets demonstrativ mit Akten vollgestopft. Ich gebe hier nicht nur die Galionsfigur ab, sollte das heißen. Er setzte sich an einer kleinen freien Stelle auf seine Schreibtischkante, legte ein Bein über das andere und beugte sich geheimnistuerisch zu Dan vor.

»Ken geht weg.«

»Stively?« Ken Stively war schon ein paar Jahre länger als Dan Partner in der Kanzlei. Er hielt ihn für einen Freund.

»Er geht zu Jackson, Rieders.«

»Wie kommt's?«

»Sie haben ihm ein Angebot gemacht, dem wir nichts entgegensetzen konnten.«

Wie konnte die Kanzlei Jackson, Rieders sich ihn dann leisten, fragte sich Dan, bis ihm die Antwort einfiel. »Er nimmt Tramco mit?«

»Das glaubt er. Aber Sie haben in den letzten Jahren mindestens soviel Zeit in die Angelegenheiten von Tramco investiert wie er, und Sie haben bessere Ergebnisse erzielt. Sie haben bei dieser Firma ein paar echte Freunde gewonnen.«

»Mein lieber Mann«, murmelte Dan, als er begriff, was das bedeutete. »Sie wollen also, daß ich mich wegen eines Mandanten mit Ken anlege?«

»Dieser Mandant ist drei Millionen Dollar pro Jahr an Honorareinnahmen wert«, sagte Feldman mit hochgezogenen Brauen. »Darum lohnt es sich doch zu kämpfen, meinen Sie nicht?«

»Ich bin ein alter Staatsanwalt. Ich bin für solche Dinge nicht geschaffen.«

»Blödsinn.« Feldman erhob sich und ging hinter seinen Schreibtisch. »Kommen Sie, Dan. Helfen Sie uns da raus. Tramco ist einer unserer wichtigsten Mandanten. Wenn wir Tramco verlieren, werden wir das alle zu spüren bekommen.« Als Dan immer noch ungerührt schwieg, fügte Feldman hinzu: »Natürlich erwarten wir nicht von Ihnen, daß Sie das umsonst machen. Wir würden uns noch einmal Ihre Firmenbeteiligung ansehen.«

Dan hob seinen Kopf. »Wie genau würden Sie hinsehen?«

Kaum hatte er Dans Interesse geweckt, wurde Feldman ausweichend. »Ich mache Ihnen einen Vorschlag. Kommen Sie um fünf zu unserer Vorstandsbesprechung. Wir werden unsere Bleistifte spitzen.«

»Da bringen Sie am besten gleich eine ganze Schachtel mit.«

Ken konnte sich nicht beschweren, dachte Dan, während er auf der Suche nach Jennifers Büro den Korridor entlangging. In diesem neuen Spiel, zu dem sich die Juristerei entwickelt hatte, ging es nur noch ums Geschäft. Wenn er in einem Schönheitswettbewerb gegen Stively antreten mußte, dann würde er versuchen zu gewinnen. Er würde nach Hartford fahren und mit Tramco verhandeln, bei der Anwaltskammer Süßholz raspeln und versuchen, einen Termin beim Vorstandsvorsitzenden zu bekommen. Er würde die Arbeit der Kanzlei gut darzustellen wissen. Das bedeutete eine Menge Kleinarbeit über Tramco selbst plus eine komplette Zusammenstellung dessen, was Foster, Bell ohne die Hilfe von Stively für diese Firma geleistet hatten.

Jennifer konnte diese Informationen zusammentragen und eine Rede entwerfen. Vielleicht sollte er sie mit nach Hartford nehmen. Klienten sahen es gern, wenn eine Kanzlei in den unteren Rängen gut besetzt war, weil sie sich davon niedrigere Honorare erhofften. Und Jennifer machte einen guten Eindruck, auch wenn sie nicht wußte, wie man sich gut verkauft. Jennifer hatte sogar einen *phantastischen* Eindruck gemacht, dachte er grinsend.

Er hielt abrupt in seinen Gedanken inne. Er hatte jetzt ein Verhältnis mir ihr, verdammt noch mal. Er konnte sie nicht auf neue Projekte ansetzen – er konnte überhaupt nicht mehr mit ihr zusammenarbeiten. Die Kanzlei hatte gewisse Regeln, was diese Dinge anging, und Dans eigene Prinzipien waren sogar noch strenger. Ein guter Eindruck war wichtig. Wunde Punkte ließen sich nicht verbergen. Jennifer war vollkommen arglos. Sie würde nie in der Lage sein, jemandem etwas vorzumachen.

In dem Augenblick, als er ihr Büro betrat und sie von ihrer Arbeit aufsah, wurden seine Ängste prompt bestätigt. Ihre Augen weiteten sich, ihre Wangen röteten sich, und der Puls schlug ihr bis zum Hals. Dan schloß die Tür, beugte sich zu ihr hinunter und küßte sie auf den Hals. Ihr Puls wurde noch schneller.

»Ich hab dich vermißt«, murmelte er.

»Ich dich auch«, flüsterte sie und bot ihm ihre Lippen dar.

Er räumte eine kleine Stelle auf ihrem Schreibtisch frei und setzte sich darauf. Unter den Papieren, die er zur Seite schob, befand sich ein Ausschnitt aus dem Inquirer. »Du hast den Artikel gelesen.«

»Was hältst du davon?«

»Das haben sie sich selbst zuzuschreiben. Wir hätten am Freitag unsere Version der Geschichte veröffentlichen können. Dann hätte Sterling es sich vielleicht zweimal überlegt, bevor er sich das Maul verbrannt hätte.«

»Er gibt einen ziemlich schlechten Eindruck von sich.«

»Er ist auf einem Selbstzerstörungstrip. Ich hoffe bloß, sein Alter besorgt ihm möglichst bald einen Anwalt, der ihm einen Maulkorb verpaßt, bevor er alles noch schlimmer macht.«

»Hmm. Woran soll ich also heute arbeiten?«

Dan grinste sie an und zog sie langsam von ihrem Stuhl, bis sie zwischen seinen Beinen an ihn gelehnt stand. »Mal sehen. Was möchte ich denn heute von dir?«

Sie lachte und ließ sich glücklich von ihm küssen. Dann schob sie ihn zurück, wieder ganz ernst. »Soll ich mit dem Antrag auf Zurückweisung anfangen? Oder meinst du, es wäre besser, wenn ich mich erst um die Recherchen über die Schweigepflicht von Steuerberatern kümmere?«

Er strich ihr zärtlich die kleinen seidigen Strähnen aus dem Gesicht, die sich aus ihrem Zopf gelöst hatten. »Paß auf. Ich würde sagen, wir legen erst mal alles auf Eis, bis ich mit Charlie gesprochen habe. Die haben ein paar hundert eigene Anwälte in ihrer Kanzlei, die vielleicht auch noch ein paar Vorschläge haben.«

»Und woran soll ich arbeiten?«

»Ich glaube, ich habe im Moment nichts für dich«, sagte Dan nach einer Weile. »Ruf Jim an. Frag ihn, ob er was für dich zu tun hat.«

Sich wegen neuer Arbeitsaufträge an Jim Feldman zu wenden, war etwas, das die Junganwälte nur taten, wenn ihnen nichts Besseres mehr einfiel, denn das bedeutete in der Regel, daß ihnen die unangenehmen Arbeiten zugeschoben wurden, vor denen alle sich zu drücken versuchten. »Okay«, sagte sie.

»Sag mal.« Er hob ihr Kinn an und gab ihr noch einen Kuß. »Was hast du eigentlich heute abend vor?«

Sie zuckte zusammen. »Ich hab Ballett. Aber ich könnte natürlich schwänzen.«

Dan sah sie in Gedanken vor sich, wie graziös sie sich an den Boden geschmiegt hatte. »Nein, das möchte ich nicht.«

»Das Training fängt erst um sieben an. Wir könnten uns vielleicht vorher zum Essen treffen.«

»Ich hab um fünf eine Besprechung. Wie wär's mit morgen abend?«

»Morgen abend wäre wunderbar.«

»Abgemacht.«

Er zog die Tür zu, als er das Büro verließ, damit sie sich in Ruhe fassen konnte. Jennifers Gesicht war wunderschön, aber es verriet all ihre Gedanken und Gefühle. Und es würde auch ihn verraten, wenn er nicht aufpaßte.

15

Die Geschäftsführungsmitglieder von Harding & McMann reagierten auf die Schlagzeilen vom Montag wie offene Wunden, die bereits zu eitern begannen, als Dan am Dienstag zu der Besprechung eintraf. Die Tagesordnung sah vor, daß Dan ihnen über den Stand der Dinge im Fall Mason Bericht erstattete, aber die meisten der Anwesenden nutzten die Gelegenheit, um Charlie Duncan oder Tucker Podsworth, der dem Termin wohlweislich ferngeblieben war, unter Beschuß zu nehmen oder um Dan zu attackieren.

»Ich habe gestern zwölf Anrufe erhalten«, beschwerte sich John Warrington. »Gute Mandanten, große Mandanten. Und alle wollten sie wissen, was zum Teufel hier los ist.«

Die anderen nickten. Sie hatten es ebenfalls mit solchen Anrufen zu tun bekommen.

»Das muß aufhören, und zwar schnellstens.«

Dieser Kommentar kam von einem Anwalt, der sich auf Steuerrecht spezialisiert hatte. Dan fixierte ihn mit seinem Kreuzverhörblick. »Und wie genau stellen Sie sich das vor?«

»Um das herauszufinden, haben wir Sie angeheuert.«

»Falls einer von Ihnen mir eine Begründung für eine Klageabweisung nach Paragraph 12(b)(6) nennen kann, lassen Sie es mich wissen«, sagte Dan. »Ansonsten sehe ich nur eine Möglichkeit, diese Sache auf schnellstem Weg zu beenden. Zahlen Sie Mason, was er von Ihnen fordert.«

»Vielleicht werden wir das tatsächlich tun müssen«, sagte Warrington.

»Es gibt immer noch einige Punkte, die wir zu unserer Verteidigung vorbringen können«, erinnerte Charlie Duncan seine Kollegen.

»Aber wie stichhaltig sind die?« wandte der Steuerfachmann

ein. »Läuft das am Ende darauf hinaus, daß wir nicht nur Mason zahlen müssen, was er von uns fordert, sondern zusätzlich auch noch Casellas Honorare?«

»Dan, wie schätzen Sie die Lage ein?« fragte Warrington. »Wie stehen unsere Chancen, daß wir gewinnen?«

»Suchen Sie sich einen anderen Buchmacher, John«, erwiderte Dan. »Ich habe aufgehört, auf Chancen zu wetten, als ich mein Juraexamen gemacht habe.«

»Aber Sie müssen doch irgendein Gefühl haben –«

»Das ist alles, was ich habe«, fiel Dan ihm ins Wort. »Ein Gefühl. Und das Gefühl in meinem Bauch sagt mir, daß mehr hinter dieser Sache steckt, als Scott Sterlings kleine Beichte. Alles, was wir bisher gesehen haben, ist die Spitze des Eisbergs. Wenn diese Spitze Sie erschreckt, dann zahlen Sie und bringen Sie die Sache hinter sich. Aber wenn Sie wissen wollen, was unter der Oberfläche liegt, dann verteidigen Sie ihren Fall nach allen Regeln der Kunst.«

Dan ließ seinen Blick von einem zum andern wandern, bis alle am Tisch zögernd nickten.

Später, nachdem alle außer Duncan gegangen waren, ließ Tucker Podsworth sich blicken.

»Wir haben die Fakten so gut wir konnten zusammengetragen«, sagte er zu Dan. »Ich möchte Sie noch einmal daran erinnern, daß wir nicht an Mrs. Chapmans Nachlaßabwicklung beteiligt waren, wir haben weder ihr Testament aufgesetzt, noch hatten wir irgend etwas mit der Verwaltung ihres Vermögens zu tun.«

»Erzählen Sie mir einfach, was Sie wissen.«

»Mrs. Chapman war natürlich eine Mason und gehörte damit zu den Hauptaktionären der Macoal Corporation. Wie Sie wissen, wurde diese Firma von der Familie Mason gegründet, ursprünglich unter dem Namen Mason Coal Company. Heute handelt es sich um ein regionales Energie-Konglomerat, das jedoch immer noch von den Masons kontrolliert wird.«

»Es ist in privater Hand?«

»Eine Aktiengesellschaft, aber die Familie hat immer noch

die Aktienmehrheit. Die Aktien sind allerdings auf eine ganze Reihe von Familienmitgliedern verteilt. Die Masons sind so ähnlich wie die duPonts – eine ziemlich fruchtbare Familie. Aber sie haben, dank Masons starker Hand, immer einmütig an einem Strang gezogen. Sie erinnern sich vielleicht daran, wie dieser Firmenaufkäufer – wie hieß er gleich?«

»Jack Stengel?«

»Ja, genau. Wie er letztes Jahr mit allen Mitteln versucht hat, die Aktienmehrheit von Macoal zu ergattern? Die Fachleute waren der Meinung, er würde sich mit seinen aggressiven Methoden erfolgreich durchsetzen können, aber die Familie hat unerschütterlich zusammengehalten.«

»Und welche Rolle hat Mrs. Chapman bei Macoal gespielt?«

»Tja, sehen Sie, Doody hat erst mit vierzig geheiratet.« Dan mußte sich bei der Erwähnung des Kosenamens ein Grinsen verkneifen, was Podsworth jedoch nicht bemerkte. »Die Familie glaubte schon, sie würde niemals heiraten, und das war wahrscheinlich der Grund, warum man ihr einen überproportionalen Anteil des Familienvermögens übertragen hat, und zwar einschließlich des größten Aktienanteils von Macoal.«

»Sie besaß mehr Aktien als Bruder Curt?«

»Oh, eine ganze Menge mehr. Und dann waren natürlich alle völlig verblüfft, als sie Reese Chapman heiratete.«

»Hat er eigenes Vermögen in die Ehe eingebracht?«

»Sehr wenig. Eigentlich überhaupt keins.«

»Warum hat Doody ihn dann geheiratet?«

»Er war fünfundzwanzig und sie vierzig. Und es heißt, er sei in seiner Jugend äußerst attraktiv gewesen.«

Dan grinste. »Wollen Sie damit sagen, daß Chapman ein Gigolo war?«

»Mein Gott, nein«, sagte Podsworth. »Die Chapmans sind eine alteingesessene, hochangesehene Familie in Philadelphia. Aber wer oder was immer sie auch zusammenbrachte, sie haben jedenfalls geheiratet, und wahrscheinlich haben sie den Rest der Familie erst recht verblüfft, als sie dann auch noch eine Tochter, Catherine, in die Welt setzten.«

»Wie alt ist sie?«

»Ende zwanzig, würde ich sagen.«
»Wo wohnt sie jetzt?«
»Ich bin mir nicht sicher. Sie hat einen deutschen Prinzen geheiratet –«
»Also verfügt sie über reichlich eigenes Geld«, sagte Dan hoffnungsvoll.
»Es war ein verarmter deutscher Prinz«, erwiderte Podsworth kopfschüttelnd. »Die meisten von denen sind verarmt, wissen Sie. Jedenfalls habe ich gehört, daß die Ehe vor dem Scheitern steht und sie möglicherweise vorhat, endgültig nach Amerika zurückzukommen.«
»Okay, Schnellvorlauf«, sagte Dan. »Doody stirbt. Geben Sie mir einen kurzen Abriß des Testaments.«
»Sehr unkompliziert. Einen Teil ihres Vermögens hat sie verschiedenen caritativen Einrichtungen vermacht. Alles andere ist in einen Treuhandfonds geflossen. Curt wurde als Treuhänder eingesetzt. Reese wurde ein monatlicher Ertrag von zwanzigtausend garantiert. Der Restertrag sollte nach dem Ermessen des Treuhänders an Catherine ausgezahlt werden, und das Gesamtvermögen geht an Catherine, wenn Reese stirbt.«
»Für Chapman bedeutet das einen Schlag ins Gesicht, stimmt's?«
Podsworth lehnte sich zurück und verschränkte seine Finger vor der Brust. »Ich weiß nicht, ob ich es so ausdrücken würde, aber Chapman erhält weit weniger, als ihm rechtlich zusteht.«
»Was bedeutet das?«
»Ein überlebender Gatte hat das Recht, ein Testament anzufechten. Er hätte vor Gericht ein Drittel des Gesamtvermögens erstreiten können.«
»Könnte er das immer noch?«
»Den Zeitpunkt hat er verpaßt. Eine Anfechtungsklage muß innerhalb von sechs Monaten nach Testamentseröffnung erfolgen.«
»Und warum hat er nicht geklagt?«
»Möglicherweise ist er zufrieden mit dem Testament, was

weiß ich? Schließlich wird das Geld einmal seiner Tochter zugute kommen.«

»Aber Doody hätte genausogut Chapman als Treuhänder einsetzen können. Sie hat ihren Bruder ihrem Mann vorgezogen.«

»Ihr Bruder hat immerhin zwölf Jahre lang eine der größten US-Firmen geleitet. Reese Chapman dagegen hat in seinem ganzen Leben noch nie einen vernünftigen Job gehabt.«

Dan lachte. »Aber ein Gigolo ist er nicht, was?«

Podsworth ignorierte die Bemerkung. »Vielleicht hat er auch sein Recht auf Anfechtung des Testaments verwirkt. Man *kann* dieses Recht verwirken – vor der Ehe, während der Ehe, vor dem Tod, nach dem Tod.«

Dan wandte sich an Duncan. »Mason muß irgend etwas gegen Chapman in der Hand haben.«

»Müssen Sie eigentlich überall nach schmutzigen Details suchen?« widersprach Podsworth. »Das sind hochangesehene Leute.«

»Hochangesehene Leute, die Sie auf fünfzehn Millionen Dollar verklagen.«

Podsworth erhob sich mit einem angewiderten Kopfschütteln. »Ich versichere Ihnen, *ich* weiß nicht das Geringste über irgendwelche schmutzigen Geheimnisse.«

»Tja, Tucker«, sagte Dan, der sich ebenfalls erhob, um zu gehen. »Ich nehme an, dafür haben Sie mich angeheuert.«

»Eine Nachricht von Mr. Feldman«, sagte Betty, als Dan nach der Besprechung zurück in sein Büro kam.

Jim Feldman zog es vor, seine Mitteilungen noch umständlich per Hand auf Zetteln zu notieren, anstatt sich der elektronischen Medien zur Nachrichtenübermittlung zu bedienen. Auf Dans Stuhl, wo er ihn nicht übersehen konnte, es sei denn, er setzte sich darauf, lag ein Zettel mit folgender Mitteilung: »Heute abend gemeinsames Essen bei Morton's, um die Tramco-Sache zu planen. Sie, ich, Ray, Joe und Elliott.« Unterzeichnet hatte Feldman mit seinen Initialen.

Dan war bereits zum Essen verabredet. Er nahm den Hörer

ab, um Jim abzusagen, legte jedoch wieder auf, noch bevor er die Nummer zu Ende gewählt hatte. Auf der Sitzung der Geschäftsleitung am gestrigen Abend hatte man ihm ein Angebot gemacht, das ihm im ersten Jahr zusätzlich fünfzigtausend einbringen konnte, je nachdem, wie erfolgreich seine Verhandlungen mit Tramco verliefen. Schon jetzt verdiente er in der Kanzlei mehr, als er sich je zu träumen gewagt hätte, aber er hatte nun neue Verpflichtungen, die bedacht werden mußten. Da war einmal das Schulgeld für Tony – zunächst drei Jahre High School und danach das College. Außerdem würde er für seine Mutter und seine Schwester gern ein Haus an der Küste kaufen, in einem Ort, wo Teresa es besser haben und vielleicht einen Mann finden würde. Der Tramco-Bonus würde ihm äußerst gelegen kommen.

Außerdem, sagte er sich, während er den Hörer abnahm und eine andere Nummer wählte, war das genau der Schlamassel, den man sich einbrockte, wenn man sich auf ein Verhältnis mit einer Kollegin innerhalb der Kanzlei einließ, und er war fest entschlossen, sich das zu ersparen.

»Jennifer Lodge«, meldete sie sich mit ihrer knappen, geschäftsmäßigen Stimme.

»Hallo.«

»Hallo«, erwiderte sie, augenblicklich dahinschmelzend und mit der sanften, verführerischen Stimme, die ihm inzwischen vertraut war.

»Hör zu, es ist wegen heute abend. Es tut mir leid, aber Feldman hat mich zu einer Besprechung beordert. Können wir unser Rendezvous verschieben?«

»Oh«, sagte sie, wieder in einem anderen Ton. Diesmal klang ihre Stimme enttäuscht. »Klar.«

»Wie wär's mit morgen abend?«

»Da hab ich Ballett.«

Diesmal bot sie nicht an, das Training zu schwänzen. »Vielleicht ein spätes Abendessen nach der Ballettstunde?«

»Okay.«

»Super, tschüß«, sagte er und drückte auf die Taste der Gegensprechanlage. »Betty, rufen Sie Feldman an und sagen Sie zu.«

16

Die Nacht legte sich über die Stadt, und die Fensterscheiben in den Büros von Foster, Bell wurden zu schwarzen Spiegeln, die das kalte, fluoreszierende Licht der Räume zurückwarfen und in denen sich die jungen Anwälte spiegelten, die wie Jenny noch Überstunden machten, um noch ein paar Stunden herauszuschinden, die sie auf ihre Honorarrechnungen setzen konnten. Die meisten von ihnen liefen auf den Korridoren herum und tauschten Informationen aus oder standen vor dem Getränkeautomaten und erzählten sich die neuesten Klatschgeschichten, doch Jenny brütete an ihrem Schreibtisch über Fallstudien, die sie vor sich ausgebreitet hatte, während der Bildschirm ihres Computers neben ihr bläulich flimmerte.

Sie schrieb an einem Artikel für eine juristische Fachzeitschrift, den sie sich immer wieder vornahm, wenn sie nicht gerade an aktuellen Fällen zu arbeiten hatte. Sexuelle Belästigung am Arbeitsplatz lautete das Thema, um das es in dem Artikel ging. Sie war dazu inspiriert worden durch einen Fall, bei dem sie als Studentin in einer Bürgerberatungsstelle unentgeltlich die Verteidigung übernommen hatte. Obwohl es sich eindeutig um einen Fall von sexueller Nötigung gehandelt hatte, war die Beweisführung äußerst schwierig gewesen, weil der Vorgesetzte der Klägerin seine Spuren so gut verwischt hatte: Jedesmal, wenn das Opfer sich geweigert hatte, sich auf sexuelle Handlungen einzulassen, hatte er das mit einem negativen Kommentar in ihrer Personalakte quittiert. Als sie sich endlich ein Herz gefaßt und ihn verklagt hatte, war die Bewertung in ihrer Personalakte so schlecht, daß niemand ihr mehr glaubte. Jenny gewann den Fall, jedoch erst, nachdem sie die Frau ausfindig gemacht hatte, welche die Stelle vor ihrer Mandantin innegehabt hatte und ebenfalls das Opfer ihres Chefs geworden war.

»Hey«, rief eine Stimme vom Korridor her. Als Jenny aufblickte, sah sie Rick Mancill im Türrahmen stehen, auch er ein frischgebackener Anwalt und das »Schwein« der Kanzlei. »Sollen wir für dich auch was vom Chinesen bestellen, oder hast du für heute abend eine heiße Verabredung?«

Jenny sah ihn ungerührt an. »Chop Suey mit Krabben.«

»Ooh, die Dame geruht, mit uns zu speisen«, sagte er im Weggehen.

Eine halbe Stunde später bat er sie über die Gegensprechanlage, in den Konferenzsaal am Ende des Korridors zu kommen. Jenny war erleichtert, Sharon Fista und Brad Martin ebenfalls dort anzutreffen. Die beiden bedienten sich bereits aus den Pappbehältern, die vor ihnen auf dem Teakholztisch standen.

»Hat denn niemand ein paar nette, neue Klatschgeschichten für uns?« fragte Rick, mit offenem Mund kauend.

Sharon und Rick sahen sich kurz an und schüttelten den Kopf.

»Ich wette, Jenny kann uns was erzählen«, sagte er mit einem lauernden Blick auf Jenny. »Du hängst doch die ganze Zeit mit Casella rum. Ich meine, der Mann ist doch sowas wie 'n wandelndes Sensationsblatt.«

»Was soll das denn heißen?« Jenny sah über den Tisch hinweg zu Sharon und Brad hinüber, und nicht zum erstenmal hatte sie das Gefühl, daß die beiden einen flüchtigen Blick austauschten. »Also, was?« fragte sie noch einmal.

»Na ja, weißt du«, sagte Sharon achselzuckend. »Man sagt ihm gewisse Dinge nach.«

»Was?«

»Erst ficken, dann feuern!« feixte Rick.

»Halt die –«

Brad beugte sich vor. »Da war doch diese Hilfskraft. Wie hieß sie noch?«

»Die, die mit dem Kreditbetrugsfall zu tun hatte?« fragte Sharon.

»Yeah. War das nicht die, die –«

»Genau. Und dann ihre Kollegin –«

»Leute, Leute«, frohlockte Rick. »Plagt euch nicht mit halben Informationen rum. Wenn ihr das genauer wissen wollt, müßt ihr den alten Rick fragen.«

Mit hochgezogenen Brauen starrte er Jenny an und wartete darauf, daß sie ihn um Aufklärung bitten würde. Sie nahm jedoch ihren Teller und erhob sich. »Ich mach mich lieber wieder an meine Arbeit.«

»Er hat nacheinander vier Hilfskräfte gebumst, und als er mit ihnen fertig war, hat er sie gefeuert!« rief Rick ihr in den leeren Korridor nach. »Die arbeiten jetzt alle bei Lassiter & Conway. Ich kann dir die *Namen* nennen!«

Jenny warf ihren Pappteller in den Mülleimer und ging an ihren Computer zurück. Der Bildschirmschoner hatte sich eingeschaltet, und sie starrte auf tropische Fische, die in blauem Wasser herumschwammen.

Am Wochenende hatte Jenny mit sich selbst einen Pakt geschlossen. Sie würde sich keine Gedanken darüber machen, wo diese Sache mit Dan hinführen würde, sie würde sie einfach genießen, solange sie anhielt. Jetzt war erst Dienstag, und sie hatte den Pakt bereits gebrochen. Kaum hatte der Schneepflug am Sonntag morgen die Straßen freigeräumt, war er nach Hause gefahren, obschon ihn dort niemand erwartete und sie den Tag noch hätten gemeinsam verbringen können. Dann hatte er die Verabredung am Montag abend abgesagt und nun auch noch die am Dienstag. Sie begriff überhaupt nichts mehr, aber sie zerbrach sich über alles den Kopf.

Ein Druck auf eine Taste, und Jennys Text erschien wieder auf dem Bildschirm. Sie las die letzten Abschnitte ihres Artikels noch einmal durch. Alles, was sie bisher über den Beklagten in ihrem Fall geschrieben hatte, ergab ein eindeutiges Bild des typischen Grapschers.

»Wenn er mit ihnen fertig war, hat er sie gefeuert«, hatte Rick gesagt.

Natürlich war das alles Blödsinn, sie machte sich keine Gedanken darüber. Rick Mancill war ein Schwein, und er war auf jeden neidisch, der besser aussah und mehr Talent hatte als er, was auf den größten Teil der Bevölkerung zutraf.

Um zehn Uhr schaltete Jenny ihren Computer aus. Sie war gerade dabei, ihren Mantel zuzuknöpfen und sich auf den Heimweg zu machen, als sie erneut jemand vom Korridor her ansprach.

»Soll ich dich nach Hause fahren?«

Ihr Herz schien vor Glück schier zu zerspringen. Sie lief zur Tür und fiel Dan um den Hals.

»Soll das heißen ja?« murmelte er, als ihre Lippen sich voneinander lösten.

»Hmm.«

Auf dem Weg zum Aufzug nahm er ihr ihre Aktentasche ab. »Hast du heute abend viel erledigt?«

»Kein bißchen«, erwiderte sie lachend. »Ich kann mich einfach nicht konzentrieren. Und du?«

»Du mußt bei der Sache bleiben, Jennifer«, sagte er tadelnd. »Du darfst nicht zulassen, daß deine Gefühle deine Konzentration beeinträchtigen.«

Sie machte sich nichts aus seiner Standpauke, denn schließlich war sie es gewohnt, sich seine Vorträge anzuhören. »Ich nehme an, das bedeutet, daß dein Abend erfolgreich verlaufen ist«, sagte sie, immer noch lächelnd.

»Das kann ich jetzt noch nicht sagen.«

Der Jaguar stand an seinem üblichen Platz in der Tiefgarage. Nachdem Dan den Motor angelassen hatte, wandte er sich zu Jenny und nahm sie in die Arme. »Ich laß sie gern ein bißchen warmlaufen«, flüsterte er, bevor er seine Lippen auf die ihren drückte.

»Die Maschine oder mich?« fragte Jenny atemlos, als sie sich voneinander lösten.

»Kein schlechter Gedanke.«

Dan fuhr vorsichtig durch die Seitenstraßen, in denen teilweise immer noch Schnee lag, bis er auf die frischgeräumte Schnellstraße gelangte, und legte den Overdrive ein. Mit der rechten Hand, die nun endlich frei war, streichelte er Jennys Schenkel.

»Dein Verlobter«, sagte er unvermittelt. »War er der einzige vor mir?«

Jenny starrte ihn entgeistert an. »War ich so schlecht?«

»Jennifer! Nein!« Er lachte und drückte ihren Schenkel. »Aber du kennst doch die erste Regel für ein Kreuzverhör. Stelle deine Fragen richtig, dann kriegst du vielleicht die richtigen Antworten.«

»Soll das heißen, du nimmst mich ins Kreuzverhör?«

»Kreuzverhör«, erläuterte er. »›Die Kunst, Fragen so zu stellen, daß man gewinnt.‹«

»Du hast was vergessen. Es ist die Kunst, einem Zeugen der Gegenpartei die richtigen Fragen zu stellen. Ich bin nicht die Gegenpartei.«

»Du bist also auf meiner Seite?« fragte Dan. »Das will ich aber auch hoffen.«

»Natürlich bin ich das.« Jenny nahm seine Hand. »Aber sag mir eins – wieso wolltest du diese Antwort hören?«

Er grinste sie verlegen an. »Du hast mich durchschaut: Ich bin ein ziemlich altmodischer Typ. Ich hoffe, das schreckt dich nicht ab.«

»Ich finde es ganz sympathisch. Es ist vielleicht sexistisch, aber auch sympathisch.«

»Aber wie kommt das? Eine tolle Frau wie du – wieso hast du nicht ein Dutzend Männer vor mir gehabt?«

»Während meiner ganzen Teenagerzeit war ich heimlich in einen Jungen verliebt. Ich wollte mit niemand anderem gehen, aber er hat es nie geahnt.«

»Der muß ja ganz schön blöd gewesen sein, nichts davon zu bemerken und nichts zu unternehmen.«

»Dann bist du aber auch ganz schön blöd gewesen«, zog Jenny ihn auf. »Du hast immerhin ein halbes Jahr gebraucht, bis du was gemerkt hast.«

»Du hast recht«, sagte er ernst. »Ich bin ein Trottel.«

Aufgeschreckt durch den veränderten Ton in seiner Stimme, sah Jenny ihn an. Er erwiderte kurz ihren Blick und räusperte sich.

»Jennifer, was neulich abends passiert ist – das hatte ich nicht geplant. Ich hab's noch nicht mal kommen sehen. Wenn ich es geahnt hätte, hätte ich mich vielleicht anders verhalten. Was ich sagen will, ist, na ja, irgendwie krieg ich meinen Kram im Moment nicht auf die Reihe.«

»Ich versteh nicht, was du meinst.«

»Mein Leben ist zur Zeit ein bißchen kompliziert.«

Jenny klammerte sich mit ihrer rechten Hand an ihrem Sitz fest. »Gibt es eine andere?« brachte sie schließlich heraus.

»Nein.« Vor ihnen leuchteten Bremslichter auf. Dan warf einen kurzen Blick in den Rückspiegel und nahm seine Hand von ihrem Schenkel, um einen anderen Gang einzulegen. »Es ist so, mein kleiner Bruder wohnt vorübergehend bei mir.«

Jenny atmete erleichtert auf. »Dan! Wie schön! Wie alt ist er? Darf ich ihn kennenlernen?«

»Vierzehn. Und die ganze Situation ist alles andere als schön.«

»Oh.«

»Das Problem ist, daß ich nicht frei über meine Zeit verfügen kann. Wenn das nicht so wäre, würde ich wahrscheinlich gleich bei dir und deinem Messingbett einziehen.«

Das war alles, was Jenny hören wollte. Sie drückte seine Hand, die immer noch auf dem Steuerknüppel lag. »Ich verstehe dich«, sagte sie. »Dann müssen wir uns eben Zeit nehmen, wenn wir können.«

Er sah sie mit liebevollen Augen an.

»Hey, meine Ausfahrt!« rief sie lachend. Er zwang sich, seinen Blick wieder auf die Straße zu konzentrieren, und riß das Steuerrad herum.

»Könntest du mich zu meinem Auto bringen?« fragte sie. »Es steht am Bahnhof in Radnor.«

»Klar.«

Jennys Wagen war der letzte, der noch auf dem Parkplatz stand, als Dan in die Einfahrt einbog. Das Dach und die Fensterscheiben waren mit frischem Schnee bedeckt. Dan langte nach seinem Schaber. »Ich mach das für dich. Du kannst ja inzwischen schon mal den Motor warmlaufen lassen.«

Während Dan ihr Auto von Schnee befreite, drehte Jenny

den Zündschlüssel. Dann schaltete sie die Heckscheibenheizung ein.

Dan öffnete die Fahrertür und zog Jenny in seine Arme. Sie schlüpfte mit den Armen in seinen Mantel und kuschelte sich dicht an ihn. »Bin ich jetzt an der Reihe, dich nach den Frauen in deinem Leben auszufragen?«

»Nein, ich bin jetzt an der Reihe, dich zu küssen.«

Er neigte seinen Kopf und drückte seine Lippen begierig auf ihren Mund. Sie standen im Schein einer Straßenlaterne, und von ferne drangen die Verkehrsgeräusche von der Schnellstraße zu ihnen herüber, aber Jenny wußte, daß sie allein auf dem Parkplatz waren, eingehüllt in den Nebel, den die Auspuffrohre ihrer beiden Wagen ausströmten.

»Ich glaube, das Eis ist jetzt geschmolzen«, sagte Jenny.

»Hmm. Ich würde sagen, es fängt gleich an zu kochen.«

»Kannst du mit zu mir kommen?«

»Ich wünschte, ich könnte.«

»Hoffentlich bald.«

»Das hoffe ich auch.« Sein Mund näherte sich dem ihren. »Gott, hoffentlich sehr bald.«

Sie standen engumschlungen zwischen ihren Wagen mit stotternd laufenden Motoren, bis ein Windstoß den Schnee von den Autodächern fegte und sie auseinandertrieb.

17

Am Freitag morgen hatte der Himmel sich aufgeklärt, und es herrschte strahlender Sonnenschein, so daß Dan seine Sonnenbrille aufsetzen mußte, als er Tony zur Schule fuhr. Der fünfte Tag an der Alexander School, und bisher war alles gutgegangen. Tony stand morgens mehr oder weniger rechtzeitig auf, die Fahrt zur Schule verlief ohne Zwischenfälle, und jeden Nachmittag kehrte er in die Wohnung zurück und rief Dan wie verabredet im Büro an. Zweimal hatte er sogar Bücher mit nach Hause gebracht.

Dan hielt an einer roten Ampel und sah Tony prüfend an. Seine Schulsachen hatte er in einem verschlissenen Rucksack verstaut, er trug dickgepolsterte Basketballschuhe und Dans alten Skianorak. In dieser Aufmachung glich er all den anderen Kids, die aus den vor der Schule haltenden Wagen sprangen. Nur daß er besser aussah, dachte Dan selbstgefällig und wunderte sich im gleichen Augenblick über sich selbst. Nie hätte er es für möglich gehalten, daß er einmal im Zusammenhang mit Tony solche Gefühle entwickeln würde.

»Die Abmachung gilt immer noch, nicht wahr?« sagte Tony, als die Ampel auf Grün sprang.

»Welche Abmachung?« fragte Dan, durch den Verkehr abgelenkt.

»Na, komm schon!« protestierte Tony. »Du hast es mir versprochen!«

»Yeah, okay«, sagte Dan. »Wenn du den Tag heute hinter dich bringst, ohne irgendwelche Schwierigkeiten zu machen, darfst du heute abend zu Mom.«

Tony sank in seinen Sitz zurück, erleichtert, daß er sich nicht mit Dan anzulegen brauchte, um seinen Wunsch durchzusetzen. Er konnte nicht ahnen, wie sehr Dan sich einen freien Abend wünschte. Heute abend würde er Jennifer mit zu sich nach Hause nehmen. Er hatte sein Bett frisch bezogen, seinen Weinvorrat aufgefüllt und Lebensmittel eingekauft. Sie hatten sich die ganze Woche nicht gesehen, jedesmal war etwas dazwischengekommen. Er wollte verdammt sein, wenn er zuließe, daß Tony ihm heute einen Strich durch die Rechnung machte.

»Moment«, sagte Dan, als Tony vor der Schule aussteigen wollte. »Laß uns noch mal die Grundregeln durchgehen. Nach der Schule gehst du auf direktem Weg zur U-Bahn und fährst anschließend ohne Umwege zu Mom. Hast du deine Marke?«

»Hab ich.«

»Ruf mich an, sobald du dort bist.«

»Okay.«

»Du bist spätestens ab zehn zu Haus. Und das heißt, du bleibst im Haus, bis, sagen wir, morgen früh. Kapiert?«
»Mann, Dan, du redest wie ein Anwalt.«
»Wenn man sich klar ausdrückt, dann gibt's auch keine Mißverständnisse. Kein Alkohol und keine Drogen –«
»Ich hab dir doch *gesagt,* ich –«
»Und ich hol dich morgen gegen Mittag ab.«
»Okay.« Tony sprang aus dem Auto.
»Und noch eins«, rief Dan und Tony steckte seinen Kopf durchs Fenster, einen entnervten Ausdruck im Gesicht. »Viel Spaß.«
Als Dan ihn angrinste, wußte Tony nicht, wie er darauf reagieren sollte. Dann lief er in die Schule.

»Mr. Casella«, flüsterte die Empfangsdame, als Dan aus dem Aufzug trat. »Dieser Herr wartet schon seit einer ganzen Weile auf sie.«
Dan pflegte keine Besucher zu empfangen, die unangemeldet hereinschneiten. Die geflüsterte Warnung gab ihm Gelegenheit, gegebenenfalls eine Begegnung mit diesem Herrn zu vermeiden, den die junge Frau ihm mit einer kaum merklichen Kopfbewegung bezeichnete.
Auf der Besuchercouch, neben einer unangerührten Ausgabe des Wall Street Journal saß ein dunkelhaariger, stämmiger Mann etwa in Dans Alter. Nach fünfjähriger Tätigkeit als Staatsanwalt erkannte Dan einen Polizisten auf den ersten Blick, selbst wenn er seinen besten Anzug trug. Was er nicht erwartet hatte, war, daß dieser ihn ebenso leicht erkennen würde. Kaum hatten sich ihre Blicke getroffen, war der Mann auch schon auf den Füßen und langte mit einer Hand in seine Brusttasche.
»Mr. Casella, ich bin Detective Michael diMaio vom Philadelphia Police Department.« Er hielt ihm kurz seine Polizeimarke hin und steckte sie zurück in seine Tasche. »Könnten Sie vielleicht ein paar Minuten erübrigen, um sich mit mir über diese Sache zu unterhalten, die Sie letzte Woche dem Staatsanwalt gemeldet haben?«

Ungehalten warf Dan einen kurzen Blick auf seine Armbanduhr. »Ein paar Minuten«, sagte er. »Kommen Sie mit mir.«
Während er diMaio voraus zu seinem Büro ging, beobachtete er ihn aus dem Augenwinkel. Er war etwas kleiner und untersetzter als Dan, aber leichtfüßig wie ein Boxer. Dan nahm seine Post aus seinem Fach und winkte den Detective in sein Büro. »Es geht um den Fall Sterling, nehme ich an?« sagte er, als er ihm bedeutete, Platz zu nehmen.
»Ja, Sir.«
»Wer leitet die Ermittlungen?«
»Sie sehen ihn vor sich.«
Dan warf seine Post auf den Schreibtisch. »Ich hatte darum gebeten, einen Beamten der Staatsanwaltschaft auf diesen Fall anzusetzen.«
DiMaio zuckte die Achseln. »Ich führe die Aufträge aus, die man mir gibt.«
»Das ist ein komplexer Fall«, sagte Dan mit erhobener Stimme. »Da steckt eine Menge mehr hinter, als auf den ersten Blick ersichtlich ist.«
DiMaio lehnte sich zurück und grinste. »Was ham Sie denn, Mr. Casella? Glauben Sie, ich bin auch so 'n dämlicher Itaker?«
Dan hätte über diese Bemerkung gelacht, wenn nicht soviel auf dem Spiel gestanden hätte. »Nehmen Sie das nicht persönlich, Detective. Aber dieser Fall gehört in die Hände eines Juristen.«
»Der Bezirksstaatsanwalt ist nun mal der Ansicht, daß Juristen sich um ihre Juristerei kümmern und die Ermittler ermitteln sollen. Komisch, was?« Dan wollte ihn unterbrechen, aber diMaio ließ sich nicht beirren. »Falls es Sie beruhigt, ich befasse mich seit fünf Jahren mit Wirtschaftskriminalität. Und wenn Ihnen das immer noch nicht reicht«, fuhr er fort, »will ich Ihnen folgendes sagen: Ich könnte es mir ganz einfach machen und Sterlings Geschichte unbesehen schlucken, ihn wegen Betrugs und Diebstahls verknacken und mir ein paar schnelle Lorbeeren verdienen. Aber wenn ein Fall auf den ersten Blick so eindeutig aussieht, werd ich ganz hellhörig, Mr. Casella. Sie haben Sterling angezeigt, weil Sie dazu verpflichtet waren, aber Ihre

Verteidigungsstrategie funktioniert nur, wenn Sterling einigermaßen sauber ist. Möglicherweise gilt das auch für meinen Fall. Wer weiß? In dieser Hinsicht bin ich durchaus aufgeschlossen.«

Dan sah ihn beeindruckt an. »Offenbar aufgeschlossener als ich. Ich muß mich bei Ihnen entschuldigen. Aber manch einer Ihrer Kollegen hätte die Sache als simplen Fall von Unterschlagung abgehakt.«

»Der Fall sieht schon jetzt kaum noch simpel aus. Haben Sie von Masons Hund gehört?«

»Ich dachte, das wäre eine von diesen willkürlichen Schießereien aus dem Auto gewesen.«

DiMaio zuckte die Achseln. »Wer weiß? Alles, was sie haben, ist ein toter Köter mit 'ner Kugel im Bauch. Die Spuren waren natürlich alle zugeschneit, bis sich jemand die Mühe gemacht hat, danach zu suchen. Aber mich hat die Sache neugierig gemacht. Möglicherweise war's ein Zufallstreffer, vielleicht war der Schütze ein Freund von Mason, der ihm 'ne kleine Warnung verpassen wollte. Aber auch gut möglich, daß es was mit dem verschwundenen Geld zu tun hat.«

»Wie kann ich Sie in Ihren Ermittlungen unterstützen?«

»Für's erste können Sie mir 'n paar Informationen zukommen lassen.«

»Kein Problem«, sagte Dan. »Alles, was nicht unter das Berufsgeheimnis fällt oder die anwaltlichen Leistungen betrifft.«

»Die Ergebnisse der Wirtschaftsprüfer.«

»Das fällt unter anwaltliche Leistungen.«

»Das ist aber kein guter Anfang.«

Dan erhob sich und trat ans Fenster, wo er gerade noch das Spiegelbild des Detectives erkennen konnte. DiMaio war gewieft; er wußte, daß er beobachtet wurde, und sein Gesicht verzog sich zu einem amüsierten Grinsen. Dan war dieses Gesicht vertraut; er war in der Umgebung von Dutzenden ähnlicher Physiognomien aufgewachsen – grobe, süditalienische Züge, leicht verfeinert durch gelegentliche Kreuzungen mit weißen Amerikanern. Es war ein Gesicht, das Dan an Freunde wie an Feinde aus seiner Jugendzeit erinnerte. Es war auf jeden Fall besser, ihm bei einem Freund wiederzubegegnen.

Dan drehte sich vom Fenster weg. »Vielleicht können wir uns auf einen Handel einigen.«

»Was haben Sie, was ich nicht habe?«

»Ich kann die Vorlage von Beweisen unter Strafandrohung verlangen.«

»Ich höre.«

»Wenn ich Ihnen einen Tip gebe, wo gewisse Beweise zu finden sind, würden Sie mir Ihre Ermittlungsergebnisse mitteilen?«

DiMaio dachte eine halbe Sekunde lang über den Vorschlag nach. »Wenn ich dafür die Ergebnisse der Wirtschaftsprüfer bekomme.«

»Abgemacht.«

»Na, dann geben Sie mir mal 'n Tip.«

»Mason hat Tonbandaufzeichnungen von seinen Gesprächen mit Sterling.«

DiMaio pfiff durch die Zähne.

»Ich habe die Herausgabe bereits beantragt, aber es kann noch lange dauern, bis ich diese Bänder tatsächlich in die Hände bekomme.«

»Das Warten macht Sie ganz verrückt, was?«

»Ich habe keine Lust, in mehr Sackgassen zu geraten als unbedingt nötig.«

DiMaio schlug sein Notizheft auf. »Sie glauben, daß Perlman sie hat?«

»Wahrscheinlich, aber Mason sollten Sie sich auch vorknöpfen. Die kriegen es sonst fertig und spielen die Oberschlauen.«

Dans Gegensprechanlage summte, doch er ignorierte es.

»Ich bring Ihnen die Dinger nächste Woche vorbei.«

Dan streckte seine Hand aus. »Bis dahin hab ich die Unterlagen der Wirtschaftsprüfer für Sie bereitliegen.«

DiMaio erhob sich, und sie gaben sich die Hand darauf.

Betty erschien in der Tür. »Tut mir leid, daß ich Sie stören muß, Mr. Casella, aber die Alexander School ist am Telefon. Sie sagen, es handelt sich um einen Notfall.«

Dan wich die Farbe aus dem Gesicht. Er beugte sich über seinen Schreibtisch und drückte den Knopf an seinem Apparat. »Dan Casella«, bellte er in den Hörer.

»Hier spricht Paul Stover, Mr. Casella, Direktor der Alexander School. Ich fürchte, es hat einen Unfall gegeben, Ihr Bruder wurde verletzt. Er ist in die Notaufnahme im Jefferson Krankenhaus eingeliefert worden.«

»Was für ein Unfall? Wie wurde er verletzt?«

»Anscheinend eine Prügelei. Wir haben noch keine Einzelheiten.«

Dan kniff die Augen zusammen, um den Kopfschmerz abzuwehren, der plötzlich in seinen Schläfen pochte. »Vielen Dank für den Anruf«, sagte er und drückte noch einmal auf die Taste.

Als er die Augen wieder öffnete, stand diMaio neben ihm. »Kommen Sie«, sagte er. »Mein Wagen steht vor der Tür.«

Dan schüttelte den Kopf. »Ich nehme meinen eigenen.«

»Aber ich kann im Gegensatz zu Ihnen parken, wo ich will. Kommen Sie.«

Zwanzig Minuten später stürmte Dan durch die Doppeltür der Notaufnahme, ohne sich recht bewußt zu sein, daß DiMaio ihm auf den Fersen war. Er lief auf die Stationsschwester zu. »Ich bin Dan Casella.«

»Stacy«, rief sie einer anderen Schwester auf dem Korridor zu. »Der Vater des Jungen ist hier. Kannst du ihn rüberbringen?«

Dan machte sich nicht die Mühe, sie zu korrigieren. Er folgte der Schwester durch eine zweite Doppeltür, dann durch eine dritte und durch einen Raum, wo Tony hinter einem Vorhang auf einer fahrbaren Trage lag.

Kein Blut war zu sehen, keine Anzeichen für Knochenbrüche. Aber Dans Erleichterung schlug augenblicklich in Wut um.

»Verdammt, Tony«, sagte er mit zusammengebissenen Zähnen, »nicht mal eine lausige Woche kannst du durchhalten, ohne Mist zu bauen. Du mußtest mal wieder einen Streit vom Zaun brechen, nur so zum Spaß.«

»Es war nicht meine Schuld!« schrie Tony mit zitternder Stimme. Erst jetzt bemerkte Dan, wie bleich sein Gesicht war.

»Ich hab nur rumgestanden, und da kommt so ein Typ und geht einfach auf mich los. Ich hab überhaupt nichts gemacht!«
Dan packte Tonys Hände und besah sich die Fingerknöchel. Sie waren weder aufgeplatzt noch geschrammt oder gerötet. Er zuckte zusammen. Tony starrte ihn, von seinen Vorwürfen entlastet, ihn trotzig an.
Ein Mann in grüner Krankenhauskleidung trat zu ihnen. »Ich bin Dr. Goldstein. Sind Sie der Bruder?«
»Ja.«
»Er hat ein paar heftige Schläge abbekommen. Wir werden ihn röntgen und sehen, ob er innere Verletzungen hat.«
»Ja, okay.«
»Stacy, nehmen Sie in der Zwischenzeit die Krankengeschichte auf.«
»Mr. Casella, würden Sie bitte hier Platz nehmen?« sagte die Schwester und winkte ihn zu sich.
Mike diMaio schlug ihm auf die Schulter. »Bin gleich wieder da. Immer mit der Ruhe.«
Tony war weder über Dan versichert, noch hatte Dan eine Ahnung, ob er gegen irgend etwas allergisch war oder welche Kinderkrankheiten er gehabt hatte. Alles in allem ein ziemlich schwaches Bild für einen Vormund. »Wer kann mir denn diese Fragen beantworten?« fragte die Schwester aufgebracht. Seine Mutter, dachte Dan, aber er wollte verdammt sein, wenn er sie anriefe. Sie einigten sich darauf, daß er die Rechnung bar bezahlen würde und daß sie auf den Krankenbogen eintragen konnten, was sie wollten.
Eine Stunde lang saß Dan im Wartezimmer und blätterte in Zeitschriften, bis ihm Jennifer einfiel. Eine junge Schwarze führte ein endloses Gespräch an dem einzigen Telefon, das weit und breit zur Verfügung stand. Dan wartete hinter ihr und klimperte ungeduldig mit dem Kleingeld in seiner Hosentasche. Einmal wandte die Frau sich um und zog eine Braue hoch, nur um im nächsten Moment in aller Ruhe ihr Gespräch wiederaufzunehmen.
Jennifer saß an ihrem Schreibtisch, als er sie endlich erreichte. Sie nahm beim ersten Läuten ab, und Dan wußte, daß sie

auf seinen Anruf gewartet hatte. »Jennifer, es tut mir leid«, sagte er ohne Vorrede.

»Was?« fragte sie, obschon sie die Antwort bereits kannte.

»Mir ist etwas dazwischen gekommen. Ich muß für heute abend absagen. Es tut mir leid.«

»Was ist passiert?«

Was sollte er ihr sagen? In der Welt, in der Jennifer lebte, wurden Leute nicht zusammengeschlagen, und sie hatten auch keine kleinen Brüder, die sich auf der Straße herumtrieben, und falls doch, dann kümmerten sie sich verdammt viel besser um sie als Dan.

»Familienprobleme«, sagte er schließlich.

»Dein Bruder?«

»Ja. Hör zu, kann ich dich morgen anrufen?«

»Morgen bin ich zu Hause.«

»Laß uns dann reden.«

Als er einhängte, stand Mike diMaio hinter ihm. »Die Geschichte von dem Jungen stimmt«, sagte er. »Er ist zusammengeschlagen worden.«

Dan drehte sich verblüfft um. »Woher wissen Sie das?«

»Ich bin rüber zur Schule gefahren und hab mich ein bißchen umgehört. 'n Dutzend Kids haben es gesehen. Ihr Bruder stand auf dem Schulhof rum, plötzlich kommt so 'n Typ, 'n Weißer, kein Jugendlicher. Sie streiten sich, der Typ verpaßt Ihrem Bruder 'n paar satte Schläge in die Magengegend, der Junge bricht zusammen, der Typ haut ab.«

»Mein Gott«, stöhnte Dan. Tony hatte sich vierzehn Jahre lang auf der Straße herumgetrieben, ohne auch nur einmal verletzt zu werden, und kaum hatte er seine erste Woche auf einer exklusiven Privatschule verbracht, lag er im Krankenhaus.

Der Arzt erschien. »Er hat zwei gebrochene Rippen«, sagte er. »Die Organe scheinen in Ordnung zu sein, keine Anzeichen von Wasser in den Lungen, aber innere Blutungen können nicht ausgeschlossen werden. Man muß darauf achten, ob er Schwindelgefühle oder Schüttelfrost entwickelt.«

»Gebrochene Rippen?« wiederholte Dan.

»Wir haben ihm einen Verband verpaßt«, sagte der Arzt. »Er

wird noch ein paar Tage lang Schmerzen haben. Wir geben Ihnen ein Schmerzmittel mit, dann können Sie ihn mit nach Hause nehmen. Sind Sie mit Ihrem Wagen da?«
»Yeah«, antwortete Mike für ihn.

»Vielen Dank«, sagte Dan. Die Sonne ging unter, und Mike stand an Dans Wohnzimmerfenster und beobachtete, wie der Himmel im Südwesten sich rot und gelb färbte. »Ich weiß nicht, wie ich ihn allein nach Hause bekommen hätte.«

»Freut mich, daß ich Ihnen behilflich sein konnte.«

»Sind Sie jetzt außer Dienst?«

»Yeah«, sagte Mike. »Und ich trinke, was Sie trinken.«

Dan nahm zwei Flaschen Bier aus dem Kühlschrank und warf Mike eine zu. »Schulhofprügeleien scheinen mir nicht gerade in den Aufgabenbereich eines Ermittlers in Sachen Wirtschaftskriminalität zu fallen.«

Mike zuckte die Achseln. »Sie wissen ja, wie das geht. Jemand, den sie kennen, wird verletzt, da wollen Sie schließlich rausfinden, wieso.«

»Aber Sie kennen Tony doch gar nicht.«

Mike trank einen kräftigen Schluck Bier. »Zufällig kenne ich ihn doch.«

Dan ließ die Flasche sinken, aus der er gerade trinken wollte. »Was?«

»Nichts Ernstes«, sagte Mike. »Ist schon 'n paar Monate her. Da bin ich 'n paar Jugendlichen über den Weg gelaufen, die Randale machten. Ihr Bruder war der einzige, den ich erwischt hab. Ich hab ihn nach Hause gebracht, ich hab Ihre Schwester kennengelernt. Sie heißt Teresa, stimmt's? Ende der Geschichte.«

»Was für Randale?«

»Was Kids halt so draufhaben. Wie ich schon sagte, nichts Ernstes. Wie lange wohnt er denn schon bei Ihnen?«

Dan atmete tief aus. »Seit neun Tagen.« Er stieß ein kurzes Lachen aus. »Neun Tage lang nichts als Streß.« Er setzte sich auf die Couch und legte die Füße auf den Tisch. »Aber ich schätze, diesen Vorfall kann ich ihm nicht übelnehmen. Ist schließlich nicht seine Schuld, wenn irgend so ein Typ beschließt, ihn zusammenzuschlagen.«

Mike sah ihn lange an, bevor er sagte: »Nur eines ist merkwürdig an der Sache«, sagte er. »Die anderen Kids an der Schule – sie schwören Stein und Bein, daß Ihr Bruder und der Typ sich kannten.«

Dans Flasche landete auf dem Tisch, als seine Füße auf dem Boden landeten. Er ging durch den Flur und stieß die Tür zu Tonys Zimmer auf. Tony hatte dösend auf dem Bett gelegen, aber jetzt starrte er zuerst Dan an und blickte dann mißtrauisch zu Mike hinüber, der hinter ihm im Türrahmen erschien.

»Tony, wer war der Typ, der dich zusammengeschlagen hat?« fragte Dan.

Die Augen des Jungen weiteten sich. »Woher soll ich das wissen?«

»Die Zeugen behaupten, ihr hättet euch gekannt.«

»Du hast dich über irgendwas mit ihm gestritten«, sagte Mike.

»Klar haben wir uns gestritten.« Tony verzog vor Schmerz das Gesicht, als er sich unter der Bettdecke umdrehte. »Er wollte mein Geld, und ich hab gesagt, nein.«

»Die Wahrheit, Tony«, sagte Dan.

»Okay, ich hab ihm gesagt, er soll sich verpissen. Vielleicht hat er mir deswegen die Fresse poliert. Mein Mundwerk hat ihm nicht gepaßt.«

Mike schob sich an Dan vorbei in das Zimmer, und Tonys Blick folgte ihm, als er Tonys Kleider von dem Stuhl vor dem Fenster nahm. »Mir war aufgefallen, daß dein Portemonnaie immer noch in deiner Hosentasche steckte.« Er zog es heraus und warf es Dan zu.

Dan öffnete die Geldbörse. Tonys Schülerausweis und siebzehn Dollar befanden sich darin. Er warf das Portemonnaie auf Tonys Brust. »Was läuft da ab?«

»Was soll das bedeuten?« fragte Tony aufgebracht. »Ich werd zusammengeschlagen, und du bringst einen Bullen mit, der mir die Hölle heiß macht? Ich bin derjenige, der verletzt wurde, hast du das vergessen?«

»Warum hat er dir dein Geld nicht abgenommen, wenn es das war, worauf er es abgesehen hatte?«

»Ich hatte zwanzig Dollar lose in meiner Jackentasche. Die hab ich ihm gezeigt, und die hat er mir abgeknöpft.«

Dan und Mike sahen sich lange an. Schließlich nickte Mike. »Möglich.«

»Tut mir leid«, murmelte Dan. »Brauchst du noch irgendwas?«

»Laß mich einfach schlafen.« Tony schloß die Augen, um Ruhe vor den beiden zu haben.

»Mein Fehler«, sagte Mike, als sie wieder im Flur waren. »Ich hab halt immer meine Fragen, aber es sind nicht immer die richtigen.«

»Vergessen Sie's. Wenn wir uns darüber nicht gestritten hätten, wären wir uns wegen was anderem in die Wolle geraten.«

Mike nahm seine Jacke und zog sie über. »Trotzdem, Sie machen das schon richtig. Ich meine, daß sie ihn hier bei sich behalten.«

»Was wissen Sie schon darüber?« fragte Dan erschöpft.

»Ich weiß, daß Ihre Schwester 'ne nette Frau ist, und sie sollte sich nicht mit so 'nem Scheiß rumplagen müssen.«

Dan warf einen schnellen Blick auf Mikes linke Hand. Mike war das nicht entgangen. Er lachte. »Ich bin ledig.«

»Ich wollte mich nur überzeugen«, sagte Dan. »Das letzte, was meine Schwester braucht, ist ein verheirateter Typ, der ums Haus schnüffelt.«

»Ich hab's verstanden«, sagte Mike. »Also, vielen Dank für das Bier. Wir unterhalten uns nächste Woche. Legen Sie frische Batterien in Ihren Cassettenrecorder ein.«

Dan reichte ihm die Hand. »War nett, Sie kennenzulernen.«

Am Samstag morgen schlich Dan leise in Tonys Zimmer. Tony schlief noch, und sein Kopf lag von schwarzen Locken umrahmt auf seinem Kopfkissen. »Hey«, flüsterte Dan. »Zeit für deine Medizin.«

Er fuhr mit der Hand unter den Kopf des Jungen, um ihn ein wenig anzuheben. Tony nickte verschlafen und öffnete den

Mund, um seine Tablette zu schlucken. Dan hielt ihm ein Glas Wasser an die Lippen und ließ ihn ein paar Schlucke tun.

»Tut mir leid, daß du deinen Freitagabend zu Hause verpaßt hast. Vielleicht nächste Woche.«

»Macht nichts«, murmelte Tony.

»Möchtest du frühstücken?«

»Ich will nur schlafen.«

»Ich muß mein Auto abholen. Kann ich dich eine Weile allein lassen?«

»Ich will einfach nur schlafen«, wiederholte der Junge, bereits dabei, wieder einzunicken.

Dan ging zu Fuß in die Innenstadt und holte sein Auto aus der Tiefgarage. Als er jedoch von der Ausfahrt in die Straße einbog, fuhr er nicht nach Osten, sondern nach Westen in Richtung Schnellstraße.

Es war erst acht Uhr, als er bei Jennifer klingelte. Er klingelte noch einmal, und ein paar Minuten später riß sie die Tür auf. Ganz schön leichtsinnig, dachte er, die Tür zu öffnen, ohne zu wissen, wer davorstand. Sie trug einen alten, blauen Bademantel, ihr Haar war zerzaust und ihre Augen waren verquollen. Sie blinzelte, als sie Dan erkannte, und ihr Gesicht hellte sich auf wie ein Sommermorgen.

Dan schloß sie in seine Arme. Egal, wie schwierig alles schien, dachte er, während er sein Gesicht in ihrem Nacken vergrub, er mußte sie für sich gewinnen. Und dazu mußte er als erstes dafür sorgen, daß sie nicht mehr in der Kanzlei arbeitete.

18

Am Montag morgen kam Jenny zu früh zur Arbeit. Sie setzte sich auf ihren Schreibtischstuhl und sah sich in dem kleinen Zimmer mit den zwei Fenstern um. Während der letzten sechs Monate hatte sie die meiste Zeit hier verbracht, und es kam ihr schon vor, als sei sie hier zu Hause. An der einen Wand hingen ihre Zeugnisse und ihre Zulassung als Anwältin, und an der anderen hing ihr Lieblingsbild von Degas. Ihr Stuhl war genau richtig für sie eingestellt, und wenn sie darauf saß, fühlte sie sich wie das letzte Stück des Puzzles, das perfekt in das Bild paßte.

Sie drehte sich auf ihrem Stuhl und warf einen Blick in ihr Postfach. Es war immer noch leer. Obwohl Dan fast das ganze Wochenende mit ihr verbracht hatte, hatten sie nicht einmal über ihre Arbeit gesprochen. Jenny verstand überhaupt nichts mehr. Er hatte ihre Verabredung für Freitag abend abgesagt, war dann jedoch am Samstag morgen so früh bei ihr aufgetaucht, daß ihr Bett immer noch warm war, als sie gemeinsam hineinschlüpften. Gegen Mittag war er weggefahren, war aber um sechs wieder erschienen, um sie zum Abendessen in ein Landgasthaus in der Nähe von Chadds Ford auszuführen, meilenweit entfernt von einem Ort, wo sie jemand hätte erkennen können. Am Sonntag hatte er völlig unerwartet gegen Abend bei ihr geklingelt, und als sie ihm die Tür aufmachte, hatte er sie wortlos bei der Hand gefaßt und sie nach oben und in ihr Bett gezogen. Und er hatte sie wieder verlassen, noch bevor der Schweiß auf ihren Körpern getrocknet war.

Das Verblüffendste aber war, daß Dan zum erstenmal seit einem halben Jahr keine Arbeit für sie hatte. Gern hätte sie geglaubt, er versuchte, auf eine rührend altmodische Weise galant zu sein, aber ihr diesen Feldman anzudrehen, hatte weiß

Gott nichts Galantes. Sollte das etwa der Preis dafür sein, daß sie mit Dan ins Bett ging? Damit hatte sie nicht gerechnet. Sie war unsterblich in ihn verliebt, und das schon seit Monaten, aber sie liebte ihre Arbeit ebenfalls, und sie hätte sich nie träumen lassen, daß das eine der Preis für das andere sein könnte.

Jenny mochte keinen Anspruch auf seine Zeit haben, sie mochte keinen Einfluß darauf haben, wann er kam und ging, aber sie war fest entschlossen, sich die Kontrolle über ihre Arbeit nicht aus der Hand nehmen zu lassen. Am Freitag hatte sie den allerletzten Punkt auf ihrer Liste erledigt. Heute würde sie sich entweder an Jim Feldman wenden müssen, wenn sie etwas zu tun haben wollte, oder sie konnte ihre Stunden damit verbringen, ihren leeren Schreibtisch anzustarren. Es sei denn –

Sie hatte über einen neuen Aspekt bezüglich der Haftbarmachung des Arbeitgebers in dem H-&-M-Fall nachgedacht, und ob es Dan paßte oder nicht, sie würde den Rest des Tages in der Bibliothek verbringen und versuchen, einen Präzedenzfall zu finden, der ihre Theorie unterstützte.

Nachdem Jenny ihrer Schreibtischschublade einen frischen Notizblock entnommen hatte, stellte sie fest, daß die Akte mit ihren Nachforschungsergebnissen nicht auf dem Beistelltisch lag, wo sie sie am Wochenende liegengelassen hatte. Sie ging in den Korridor, um in einer Registraturtheke nachzusehen. Als sie sich über das Schubfach beugte, ertönte hinter ihr ein Pfiff. Jenny warf einen wütenden Blick über ihre Schulter. Rick Mancill stand grinsend hinter ihr.

»Nicht witzig«, sagte sie und richtete sich auf.

»Sollte es auch nicht sein«, erwiderte er. »Hey, hast du schon das Neueste über Ken Stiveley gehört?«

»Nein.«

»Er trennt sich von der Kanzlei. Läuft zu Jackson, Rieders über. 'ne Menge Geld im Spiel.«

»Wirklich?« Jenny mußte an Sharon Fista denken, die fast ausschließlich für Ken arbeitete. »Und was passiert dann mit Sharon?«

»Die geht mit ihm. Pauschalarrangement. Brad Martin ist auch mit von der Partie.«

»Brad? Was hat der denn mit Ken zu tun?«
»Nichts, aber er hat viel für Tramco gearbeitet, und Tramco ist Kens Einstandsgeschenk bei Jackson, Rieders.«
»Schade. Ich hab auch ein paar Fälle für Tramco bearbeitet.«
»Dann sieh dich vor«, sagte Rick mit einem anzüglichen Grinsen. »Am Ende will Ken dich auch noch mitnehmen.«
Jenny ließ ihn wortlos stehen und ging zu ihrer Sekretärin hinüber. »Celeste, haben Sie meine Akte mit den Unterlagen im Fall Harding & McMann gesehen? Ich habe sie anscheinend verlegt.«
»Ach, die hat Betty letzte Woche abgeholt.«
Jenny erbleichte. »Wer?«
»Na, Sie wissen schon. Die Sekretärin von Mr. Casella.«

19

An jenem Abend stand Dan vor dem Eingang der Kunstakademie. Er stampfte in der eisigen Kälte mit den Füßen und blies kleine, weiße Nebelwolken in die Nachtluft. Zu zweit und zu dritt schlenderten Jennifers Mittänzerinnen aus dem Gebäude, aber von ihr selbst war nichts zu sehen. Er hätte sie vorher im Büro anrufen sollen, um sicher zu gehen, daß sie am Abend zum Ballettunterricht ging, aber er wollte von nun an innerhalb des Büros möglichst jeden Kontakt mit ihr vermeiden. Jennifer gehörte zu seiner Privatsphäre, und er mußte sie von seinem Berufsleben fernhalten. Heute abend würde er ihr die Gründe dafür erklären.
»Verzeihen Sie!« rief er einer jungen Frau zu, die die Stufen hinunterhüpfte. Sie warf ihre Sporttasche über die Schulter und kam lächelnd auf ihn zu. »Ich warte auf Jennifer Lodge. Kennen Sie sie vielleicht?«
»Klar. Sie trainiert heute ein bißchen länger. Gehen Sie nur hinein. Die letzte Tür links.«

Dan sah auf seine Uhr. Er mußte um zehn zu Hause sein, um Tony seine Medizin zu geben. Er durfte nicht noch mehr Zeit hier draußen vergeuden. Er ging die Stufen hinauf und durch die schwere Holztür.

In der Eingangshalle war es dunkel, aber am Ende des Korridors brannte noch Licht, und von irgendwoher waren die schwachen Klänge eines Violinkonzerts zu hören. Dan ging auf die letzte Tür zu, öffnete sie leise und trat in den schummrigen Vorraum.

Jennifer war allein auf dem blankgebohnerten Eichenparkett. Eine Violine spielte einen einzigen, langgezogenen Ton, und Jennifer verharrte in einer gestreckten Haltung, die der lyrischen Schönheit der Musik in nichts nachstand. Ihr linkes Bein war in die Höhe gereckt, ihre Zehen zeigten an die Decke, während ihr geschmeidiger Oberkörper sich zu Boden neigte, und ihre Fingerspitzen, umspielt von ihren golden schimmernden Haaren, berührten den Boden.

Dann änderte sich die Musik abrupt, und Jennifer bewegte sich mit ihr. Dan zog sich in den Schatten des unbeleuchteten Vorraums zurück und sah zu, wie Jennifer über die Tanzfläche schwebte. Die übertriebenen Bewegungen und stilisierten Ausdrucksformen des Balletts verliehen ihr eine hochmütige Ausstrahlung, die nicht zu ihr zu passen schien. Sie erstarrte in einer Pose – ihre Arme über den Kopf erhoben, das Kinn vorgestreckt, ihr Kopf seitlich geneigt – und verharrte in ihr einen flüchtigen Augenblick lang, um dann wieder zu kraftvoller Bewegung überzugehen.

Dan hielt den Atem an. Die Jennifer, die er kannte, war bescheiden und ernst, sie hatte keine Ähnlichkeit mit dieser Frau, die sich als hochmütig stolze Schönheit stilisierte. Die Arroganz in ihren Zügen gehörte nicht zu der jungen Frau, in die er sich gerade verliebte. Sie stellte lediglich etwas dar, wie eine Schauspielerin, die eine Rolle spielte, und doch dachte Dan plötzlich, daß dies Jennifers zweites Ich sein könnte, die Frau, in die er sich als nächstes verlieben könnte. Während er sie weiter heimlich beobachtete, bekam er eine Erektion.

Die Musik endete. Jennifer entspannte sich, schüttelte ihre

Arme aus, ließ ihren Kopf kreisen und nahm ein Handtuch von dem Tisch neben der Musikanlage. Sie trocknete sich die Stirn und drehte sich um, als Dan ins Licht trat.

»Das war unglaublich«, sagte er heiser.

Sie fuhr zusammen und errötete, nun wieder seine schüchterne kleine Jennifer.

»Ich hatte gehofft, wir könnten vielleicht zusammen ein Glas trinken, bevor dein Zug geht.«

Aber vielleicht war sie ja gar nicht so schüchtern. Sie reckte ihr Kinn vor und sagte mit fester Stimme: »Ja. Ich möchte mich mit dir über meine Arbeit unterhalten.«

»Okay.«

»Ich ziehe mich nur noch schnell um.«

Sie verschwand durch die Tür zum Damenumkleideraum, während Dan immer noch wie gebannt dastand, in die Stille des Gebäudes lauschte und seinen Puls im Unterleib spürte. Eine Minute später folgte er ihr.

Im Umkleideraum standen Reihen von Kabinen, die alle leer waren, bis auf die, in der er Jennifer entdeckte, die sich bis zur Taille aus ihrem Gymnastikanzug geschält hatte. Als sie seine Schritte hörte, fuhr sie erschrocken herum, und ihre Brüste hüpften sanft bei der Bewegung.

Dan verspürte einen Kloß im Hals, der ebenso hart war wie der in seiner Hose. Er hatte ihre Brüste schon mehr als einmal gesehen, hatte sich ihnen ausgiebig voll Zärtlichkeit gewidmet, aber diesmal sahen sie anders aus – *sie* sah anders aus, wie eine wollüstige Gestalt aus einem urzeitlichen Mythos, wie eine archaische Sexgöttin.

Noch drei Schritte, und er war bei ihr. Es verschlug ihr die Stimme, als er sie in seine Arme nahm, und Dan erstarrte, wartete ab, wie sie reagieren würde, bis ihre Muskeln sich schließlich entspannten, und er wußte, daß sie ihm nicht widerstehen würde. Er tastete sich mit den Händen bis zu dem um ihre Taille gerollten Gymnastikanzug, schälte sie ganz aus dem engen Trikot und zog sie begierig mit sich zu Boden.

»Glaubst du, jemand hat uns gehört?« fragte er sie später. Sie lagen beieinander auf dem schwarzweißen Linoleum, Jennifer wunderbar nackt, und Dan mit seiner Hose um die Knöchel.

Sie schenkte ihm ein Lächeln, das er noch nicht kannte, ein durchtriebenes, selbstbewußtes Lächeln. »Würde es dir etwas ausmachen?«

»Nicht, wenn es dir nichts ausmacht.«

Sie streckte sich, reckte die Arme weit über den Kopf hinaus und bewegte die Zehen. »Ich sollte mich besser anziehen.« Als er sie wieder in die Arme nehmen wollte, schob sie seine Hände von sich. »Mein Zug fährt in zwanzig Minuten.«

»Lieber Himmel«, murmelte er.

»Ich weiß«, sagte sie. »Dan, wir müssen uns zusammensetzen und uns unterhalten. Ich brauche meine Arbeit.«

Er drehte sich auf den Rücken und sah ihr beim Anziehen zu. Was war er doch für ein Idiot. Alles, was er ihr hatte sagen wollen, alles, was er sich so sorgfältig zurechtgelegt hatte, würde noch warten müssen. Sie mußten unbedingt miteinander reden, und zwar bald, aber die Zeit war einfach immer zu kurz und die Begierde zu groß.

Er war sogar ein noch viel größerer Idiot, fuhr es ihm als nächstes durch den Kopf. Zum erstenmal seit zehn Jahren hatte er vergessen, ein Kondom zu benutzen. Er überlegte, ob er sich dafür bei ihr entschuldigen sollte oder ob es vielleicht angebracht war, einen blöden Witz über seine ungezügelte Leidenschaft zu machen, aber schließlich war ihm das Ganze zu peinlich, und er sagte nichts.

Er stand auf und brachte seine Kleidung in Ordnung.

»Warum?« fragte er unvermittelt.

»Was?«

»Warum brauchst du deine Arbeit?«

»Aus demselben Grund wie jeder andere auch. Essen auf dem Tisch und ein Dach über dem Kopf.«

»Ich bitte dich.«

»Ich bitte dich, was?«

»Eine Prinzessin aus reichem Elternhaus hat gewöhnlich

einen Treuhandfonds, der irgendwo auf sie wartet. Wie Catherine Chapman.«

»Eine Prinzessin?« wiederholte sie lachend. »Ist es das, wofür du mich hältst?«

»Bist du das etwa nicht?«

»Also, mein Vater war Steuerberater, und meine Mutter war Krankenschwester. Sie waren beide in ihrer Familie die ersten, die aufs College gegangen sind. Glaub mir, ich stamme aus einer einfachen, soliden Arbeiterfamilie.«

»Und was hast du dann mit den Dundees zu tun?«

»Überhaupt nichts, außer, daß ich ihre alte Remise gemietet habe.«

»Aber du bist auf die Alexander School gegangen«, beharrte er, so als habe er einen Zeugen gefunden, der das Gegenteil behauptete.

»Aber nur auf die High School. Und das auch nur, weil meine Eltern hart gearbeitet und ihr Geld für meine Ausbildung gespart haben. Und mich haben sie dazu erzogen, es ebenso zu machen wie sie.«

Noch vor einer Woche war Jennifers Verbindung zu den Dundees für Dan der Rahmen gewesen, der ihre Welt und alles um sie herum definierte. Merkwürdig, wie wenig sich für ihn änderte, nun, da er wußte, daß diese Verbingung nicht existierte.

»Du bist also gar keine gute Partie?« Er nahm sie spielerisch in die Arme. »Dann muß ich mir ja überlegen, ob du überhaupt noch attraktiv für mich bist.«

Sie tat so, als ob sie sich seinem Griff entwinden wollte, überlegte es sich dann jedoch anders und zog ihn an sich, um ihm noch einen Kuß zu geben.

Er begleitete sie bis zu dem fünf Blocks entfernt gelegenen Bahnhof, ging mit ihr die Treppen hinunter auf den Bahnsteig, wo sie gemeinsam mit all den anderen Pendlern auf ihren Zug warteten. Der Bahnhof war gefährliches Territorium für Dan, womöglich befanden sich mehrere Anwälte von Foster, Bell in der Menge, die auf den 9.15 Uhr-Zug nach Paoli warteten. Dan und Jennifer standen lässig nebeneinander und berührten sich nur mit ihren Blicken.

Als der Zug jedoch in den Bahnhof einlief, nahm er sie in seine Arme und gab ihr einen langen Kuß, bevor sie schließlich einstieg. In ein paar Tagen würde ihr Verhältnis niemanden außer ihnen selbst mehr etwas angehen.

20

»Onkel Curt!« ertönte Sterlings Stimme. »Hör dir das an! Hast du einen Stift zur Hand? IBM hat dreieinhalb Prozentpunkte zugelegt. Bell Atlantic zweieinviertel. Reebok vier. Microzen –«
»Was zum Teufel ist das denn?« fiel Mason ihm ins Wort.
»Neuemission. High-Tech. Da müssen wir dranbleiben, Onkel Curt, die geht ab. Hat fünfeinhalb zugelegt. Du bist neuerdings der reinste Krösus – alles, was du anfaßt, verwandelt sich in Gold.«
»Hör zu, es wird Zeit, daß ich einen Teil aus diesem Portfolio abstoße. Sieh mal zu, daß du ein paar von den Papieren zu einem guten Kurs los wirst.«
»Schlechter Zeitpunkt zum Verkaufen«, sagte Sterling.
»Ganz schlecht. Da ist noch viel mehr drin, die Spitze ist noch lange nicht erreicht. Es wird dir ewig leid tun, wenn du die Papiere jetzt zu Bargeld machst.«
»Werden irgendwelche von meinen Optionsverträgen in nächster Zeit fällig?«
Sterlings Stimme zögerte. »Ich denke ja. Laß mich das kurz überprüfen, dann rufe ich dich zurück. Wie war das Segelwetter heute?«
»Hätte nicht besser sein können. Der Wind war genau richtig. Dorrie läßt dich übrigens grüßen.«
»Gruß zurück. Ich ruf dich gegen Abend wieder an.«
Sechs Monate aus der komplizierten Beziehung zwischen Curtis Mason und Scott Sterling reduziert auf zweiminütige Tonsequenzen, die auf eine einzige Cassette paßten. Dan starr-

te den Cassettenrecorder auf dem Konferenztisch an, seine Notizen hatte er vergessen.

»Scotty«, begann die nächste Sequenz.

»Onkel Curt, wie geht es –«

»Was zum Teufel ist bei diesen Idioten von Connolly los? Wieso kann ihr Computer keinen Auszug ausspucken, der irgendeine Ähnlichkeit mit meinem tatsächlichen Kontostand aufweist?«

»Das ist ein Irrenhaus«, sagte Sterling. »Ich hab mit 'nem Dutzend Leuten gesprochen, die alle dasselbe Problem haben. Die haben 'n Fehler im System, und jeder Auszug, der davon betroffen ist, muß per Hand überprüft werden. Und die stellen noch nicht mal Aushilfskräfte ein, die das machen könnten. Aber sie haben den Fehler anerkannt, Onkel Curt, da hab ich mich schon abgesichert.«

»Und was ist, wenn ich eine Steuerprüfung kriege? Soll ich dann vielleicht diesen Müll vorlegen? Ich werde diese Idioten selbst anrufen und –«

»Nein, laß mich das lieber machen, Onkel Curt. Wenn ich mich nicht selbst darum kümmere, du weißt ja, wie sowas läuft – wenn dann noch mal was schiefläuft, nehmen die mich nicht mehr ernst. Ich werde mich mit Kearney zusammensetzen. Wir bringen das in Ordnung, und wenn ich mich selbst an den Computer setzen muß.«

Ein Klicken signalisierte das Ende des Gesprächs. Dann begann das nächste.

»Scotty, mein Junge. Was hast du für gute Neuigkeiten?«

»Hallo. Hör zu, ich hab hier jemanden im Büro. Kann ich dich in zehn Minuten zurückrufen?« Wieder war ein Klicken zu hören. »Onkel Curt, tut mir leid, daß ich dich warten lassen mußte. Ich wollte die Neuigkeiten nur dir verraten. Du hast mit den IBM-Optionen einen Profit von fünfunddreißig Riesen gemacht!«

»Hervorragend, mein Junge! Gut gemacht!«

Ein weiteres Klicken. »Scotty. Irgendwas Neues in bezug auf den Treuhandfonds, das ich wissen müßte?«

»Keine Spur. Der Fonds arbeitet ganz allein vor sich hin und spuckt regelmäßig jeden Monat einen Scheck für Reese Chapman aus.«

»Schick mir die Vollmachtsformulare für Macoal, sobald sie eintreffen. Die Aktionärshauptversammlung steht vor der Tür.«

»Kein Problem.«

Die Cassette war schließlich abgelaufen. Dan drückte den Ausschaltknopf des Recorders und nahm seine Aufzeichnungen wieder zur Hand. Das Band war wie eine Büchse der Pandora, voller neuer Aspekte, die verfolgt werden mußten. Er atmete tief aus und nahm sein Diktiergerät zur Hand.

»Betty, Aktennotiz an –« An wen? Jedenfalls nicht Jennifer, obwohl er ihre Sachkenntnis gut hätte gebrauchen können. »Für die Akte. Ed O'Reilly hat vor ein paar Jahren einen Fall gehabt, bei dem es um frisierte Tonbänder ging. Finden Sie heraus, wer sein Experte war, und spielen Sie ihm das vor.« In diese Richtung hegte er jedoch wenig Hoffnung; das Band hörte sich an wie waschechter Sterling.

»Es gibt da ein paar rechtliche Fragen bezüglich des Abhörens von Telefongesprächen. Hängt davon ab, welche Gesetze hier greifen – vielleicht Bundesgesetze, vielleicht Staatsgesetze. Pennsylvania, Florida, Maine, oder von wo aus Mason auch immer angerufen hat. Finden Sie das heraus. Mason würde vor der Jury ziemlich schlecht dastehen, wenn sich herausstellte, daß er gegen das Abhörgesetz verstoßen hat.

Drittens. Argument für die Jury. Wenn Mason Sterling so sehr vertraute, wieso hat er dann heimlich ihre Gespräche aufgezeichnet?«

Dan schob seinen Stuhl zurück und erhob sich. Den vierten Punkt brauchte er nicht zu diktieren: Scott Sterling war der geborene Süßholzraspler; er hatte Mason so weit, daß er ihm aus der Hand fraß.

Bettys Stimme kam aus der Gegensprechanlage. »Detective diMaio ist hier, Mr. Casella.«

»Bin unterwegs.«

Als Dan sein Büro betrat, stand Mike am Fenster und genoß die Aussicht. Er drehte sich grinsend um. »Sie sitzen wohl überall in der ersten Reihe, was?«

»Das kommt mir überhaupt nicht mehr so vor, nachdem ich mir dieses Band angehört habe.« Dan setzte sich an seinen Schreibtisch. »Vielen Dank übrigens für die schnelle Lieferung.«

»Vielen Dank für den Hinweis.« Mike nahm Platz und sah Dan verschlagen an. »Sagen Sie, ist Ihnen auf dem Band irgendwas merkwürdig vorgekommen?«

»Yeah, Sterling beantwortet keine einzige Frage, wenn Mason ihn anruft. Er ruft ihn jedesmal zurück.«

»Ist mir auch aufgefallen.«

»Was macht der gute Scotty also zwischen den Anrufen?« sagte Dan. »Zückt er schnell das Wall Street Journal und seinen Taschenrechner? Zieht er 'ne Linie Koks, um überzeugender lügen zu können?«

»Könnte auch überhaupt nichts bedeuten. Vielleicht bewahrt er seine Aufzeichnungen im Aktenschrank auf dem Korridor auf und muß sie erst holen gehen.«

»Möglich«, sagte Dan. »Aber an dem Abend, als er sein Geständnis abgelegt hat, haben wir alle ›Mason Securities Advice‹-Akten in seiner Schreibtischschublade gefunden.«

»Interessant«, sagte Mike, jede Silbe einzeln aussprechend. »Ich bin übrigens über noch was Interessantes gestolpert. Haben Sie irgendwas zum Tausch anzubieten?«

»Würden Sie einen Schuldschein akzeptieren?«

»Ich betreibe doch kein Pfandhaus. Aber ich mache Ihnen einen Vorschlag. Ich biete Ihnen ein paar Informationen gegen ein Abendessen.«

Dan zog seine Brauen hoch. »Sie wollen mit mir essen gehen, Mike? Und ich war mir noch nicht mal sicher, ob Sie mich überhaupt mögen.«

»Mit Ihnen und Ihrer Schwester Teresa. Ihre Freundin können Sie auch mitbringen. Schlagen Sie einen Termin vor.«

Dan blieb das Lachen im Hals stecken. »Das geht ja ganz schön schnell bei Ihnen, diMaio.«

»Hey«, protestierte Mike und schob sein Kinn vor. »Wenn das bei mir so schnell ginge, dann hätte ich nicht so lange abgewartet, um mich mit ihr zu verabreden. Und ich hätte erst recht nicht ihren Bruder als Anstandswauwau dazugebeten, darauf können Sie Gift nehmen.«

Dan verzog keine Miene, während er über Mikes Vorschlag nachdachte. Vielleicht würde Teresa sich freuen, wenn sie zusammen ausgingen, ob sie nun etwas für Mike übrig hatte oder nicht. Vielleicht war es auch der richtige Zeitpunkt, um sich mit Jennifer in der Öffentlichkeit zu zeigen und sie sogar seiner Schwester vorzustellen.

»Okay, einverstanden«, sagte Dan. »Aber Ihr verdammtes Essen bezahlen Sie selbst. Und jetzt erzählen Sie mir, was Sie für mich haben.«

Mike lehnte sich mit einem zufriedenen Grinsen zurück. »Ich hab mal nach dunklen Flecken auf Onkel Curts weißer Weste gesucht. Nein«, sagte er und hielt beide Hände hoch, um die freudige Erwartung in Dans Augen zu dämpfen. »Ich habe nicht das Geringste entdeckt. Er mag ein mieser Hund sein, aber er ist sauber.«

»Worum geht es also dann?«

»Um seinen Schwager.«

»Reese Chapman?«

»Der Typ ist anscheinend vom andern Ufer.«

»Ich werd verrückt.«

»Sie haben es ziemlich gut vertuscht«, sagte Mike. »Aber vor einiger Zeit hat es da mal einen Zwischenfall gegeben.«

Dan lachte sarkastisch. »Das ist es also, was Mason gegen ihn in der Hand hat. Deswegen hat Chapman das Testament nicht angefochten, als Doody starb. Und deswegen verklagt er Mason jetzt nicht wegen Veruntreuung.«

»So hab ich mir das auch überlegt.«

Dan erhob sich von seinem Stuhl und ging, die Hände tief in seinen Hosentaschen vergraben, in seinem Büro auf und ab. »Herrgott nochmal, dieses Pack. Macht Sie das nicht wütend?« Mike schüttelte verständnislos den Kopf. »Ich meine, sie sind schließlich die Aristokratie, oder? Angeblich sind diese Leute etwas Besseres als wir. Und was sind sie in Wirklichkeit? Kinderschänder und Erpresser.«

»Sie scheinen ja regelrecht Komplexe zu haben, mein Lieber.«

»Ich bitte Sie«, sagte Dan und fuhr aufgebracht herum. »Macht Sie das vielleicht nicht verrückt? Wieso sind sie was Besonderes? Wieso sind sie etwas Besseres als wir?«

»Wir?« Mike lachte. »Ich will Ihnen mal was sagen, Dan. Abgesehen davon, daß Sie Casella heißen, haben Sie 'ne ganze Menge mehr mit Curtis Mason gemeinsam als mit mir. Für mich und meinesgleichen sind Sie einer von denen.«

Dan schüttelte abwehrend den Kopf, aber Mikes Bemerkung brachte seine Gedanken zum Rotieren. Es war schon immer sein Ziel gewesen, etwas Besseres im Leben zu erreichen, da gab es nichts zu leugnen, aber die Vorstellung, er sei auf die Seite der Masons übergelaufen, schreckte ihn ab. Er fragte sich, was Jennifer sah, wenn sie ihn betrachtete – einen diMaio oder einen Mason? Bedeutete ihr Verhältnis für sie einen gesellschaftlichen Auf- oder Abstieg? Und was bedeutete es für ihn? Er hoffte, daß ihre Beziehung kein hierarchisches Gefälle beinhaltete. Aber natürlich tat es das: Er war ihr Vorgesetzter, und diese Tatsache würde so lange zwischen ihnen stehen, wie sie in der Kanzlei arbeitete.

Dan beugte sich über die Gegensprechanlage. »Betty, haben Sie den Karton für Detective diMaio fertig?«

»Ich bin gleich da«, sagte sie.

»Die Unterlagen der Wirtschaftsprüfer«, erklärte Dan, als Betty mit einem Karton voller Akten ins Zimmer wankte. »Vergessen Sie nicht, das sind lediglich vorläufige Ergebnisse. Das muß alles dreimal überprüft werden, bevor diese Typen irgendwas unterschreiben.«

»Vielen Dank«, sagte Mike und nahm Betty den schweren Karton ab. »Ich mag Leute, die ihre Schulden sofort begleichen. Ach so«, fügte er hinzu, während er einen Umschlag aus seiner Brusttasche zog. »Ich hab hier noch was anderes für Sie.«

Dan öffnete die Lasche. Ein schwarzweißes Polizeifoto fiel aus dem Umschlag.

»Ich bin gestern mit ein paar Fotos in die Alexander School gegangen«, sagte Mike. »Die meisten Kids haben diesen Typen als Tonys Schläger identifiziert.«

Dan betrachtete das Gesicht auf dem Foto. Der Mann war

etwa Anfang zwanzig, hatte fettiges Haar, unregelmäßigen Bartwuchs und einen geistesabwesenden Blick, der Dan das Mark in den Knochen gefrieren ließ. »Das ist der Typ, der meinen kleinen Bruder zusammengeschlagen hat?«

»Wahrscheinlich nicht«, sagte Mike. »Aber tun Sie mir 'n Gefallen. Zeigen Sie's Tony. Mal sehen, wie er darauf reagiert.«

»Wer ist das?«

»Ein kleiner Gangster namens Joey Ricci, der möglicherweise versucht, zum großen Gangster aufzusteigen.«

»Indem er Schuljungs zusammenschlägt und ihnen ihr Taschengeld klaut?«

»Ham Sie's noch nicht mitbekommen?« brummte Mike und wuchtete den Karton mit den Akten auf seine Schulter. »Wir haben Rezession.«

Ohrenbetäubender Rap, übertragen von einem Radiosender, dröhnte aus allen Lautsprechern von Dans Fünftausend-Dollar-High-Tech-Stereoanlage, als er an jenem Abend seine Wohnung betrat. Er bahnte sich seinen Weg über auf dem Boden verteilte Kleidungsstücke und leere Essensschachteln hinweg bis zu dem Regal, auf dem die Anlage stand, und drückte den Abschaltknopf.

»Hallo«, sagte Tony. Er lag mitten in dem Chaos auf dem Boden, die Beine auf einem Sessel, den Playboy vom letzten Monat auf der Brust.

»Es scheint dir ja schon wesentlich besser zu gehen.«

»Das soll wohl 'n Witz sein. Ich hab den ganzen Tag in dieser Haltung verbracht. Konnte mich nicht rühren.« Er grinste. »Ich hab nur darauf gewartet, daß du kommst und mich aus meiner Lage befreist.«

Dan zog ihn auf die Füße. Diesmal verzog Tony kaum noch das Gesicht.

»Bist du wieder fit genug, um morgen in die Schule zu gehen?« fragte er, während er die schmutzige Wäsche und den Müll vom Boden aufsammelte.

Tony sah ihn forschend an. »Wie stehen meine Chancen, noch 'n paar Tage krankzufeiern?«

Dan tat so, als müsse er erst überlegen. »Sieht verdammt schlecht aus.«

»Okay«, sagte Tony achselzuckend. »Ich geh morgen wieder hin.«

Dan ging in die Küche, um den Müll zu entsorgen. »Hey, beinahe hätte ich was vergessen. Komm mal her.« Als Tony seinen Kopf durch die Küchentür steckte, zog Dan das Polizeifoto aus der Tasche. »Sieh dir das mal an. Kennst du diesen Typen?«

Mit ausdruckslosem Gesicht betrachtete Tony das Foto. »Nö«, sagte er schließlich. »Wer is'n das?«

»Detective diMaio meint, das könnte der Typ sein, der dich aufgemischt hat.«

»Nee. Vor so 'ner Visage hätte ich bestimmt Schiß gehabt.«

»Das nächste Mal solltest du besser Schiß haben«, sagte Dan ungehalten. »Zwanzig Dollar sind es nicht wert, sich die Rippen brechen zu lassen.«

»Genau. Nächstes Mal laß ich's mich fünfzig pro Rippe kosten.«

Dan war drauf und dran, seinem Bruder einen Vortrag über Selbsterhaltung oder Klugscheißerei oder auch Ordnungsliebe zu halten, aber Tony stand mit einem so alberenen Kleinejungengrinsen vor ihm, daß er ihn statt dessen kurz und herzhaft in die Arme nahm. »Paß einfach auf dich auf, okay?«

Tonys Verblüffung verwandelte sich langsam in einen Ausdruck schüchterner Freude. »Okay«, sagte er.

21

Als am Donnerstag morgen der langersehnte Anruf kam – »Jennifer, kannst du in mein Büro kommen?« –, schloß Jenny erleichtert die Augen und ließ sich in ihren Schreibtischstuhl sinken. Dan schloß sie also nicht von dem Fall aus, er wies ihr keine andere Arbeit zu, er brauchte sie immer noch.

»Bin unterwegs.«

Sie ging auf die Toilette, starrte ihr Spiegelbild an und wartete ab, bis ihr Puls sich beruhigte. Sie trug ein streng geschnittenes anthrazitfarbenes Kostüm und eine schneeweiße Bluse. Sehr sachlich, genau das Richtige für heute. Sie war schließlich etwas Besseres als eine Hilfskraft. An der Uni war sie eine der Besten gewesen, sie hatte die begehrte Stelle einer Gerichtsassistentin am Berufungsgericht gehabt, und nicht nur Foster, Bell, sondern auch ein halbes Dutzend andere Kanzleien hatten sich regelrecht um sie gerissen. Sie war ein großer Gewinn für die Kanzlei im allgemeinen und für Dan Casella im besonderen.

Durch diese Gedanken in ihrem Selbstbewußtsein gestärkt, nahm sie den Aufzug. »Gehen Sie nur hinein, die Herren erwarten Sie bereits«, sagte Betty, als Jenny vor Dans Büro eintraf.

Sie sah Betty verblüfft an, als sie ihr die Tür aufhielt. Dan erhob sich lächelnd von seinem Schreibtischstuhl. In Hemdsärmeln und mit Hornbrille wirkte er sehr geschäftsmäßig, bemerkte Jenny, aber für sie sah er immer nur umwerfend gut aus.

»Ah, da ist sie ja«, sagte er.

Ein zweiter Mann erhob sich, und Jenny sah verwirrt zu ihm hinüber. Er hatte silbergraues Haar und trug einen silbergrauen Anzug, die geschliffene Eleganz eines Politikers. Jenny wußte, daß sie ihn irgendwo schon einmal gesehen hatte.

»Jennifer, das ist Stan Lassiter. Stan war mein Chef, als er noch Oberstaatsanwalt war. Stan, darf ich Ihnen Jennifer Lodge vorstellen?«

»Angenehm«, sagte er lächelnd und trat mit ausgestreckter Hand auf sie zu.

»Guten Tag.«

»Nehmen Sie Platz, machen Sie es sich bequem«, forderte Dan die beiden auf.

Dan wirkte überschwenglich, so als gebe er einen großen Galaempfang. Lassiter kehrte zu seinem Sessel zurück und strahlte Jenny an, als sei sie seine Lieblingsnichte, die gerade ihr Abitur bestanden hat. Sie nahm neben ihm Platz und sah Dan fragend an.

»Stan hat jetzt eine eigene Kanzlei.«

»Lassiter & Conway?« Der Name traf Jenny wie eine Gewehrkugel; wenn man Rick Mancill glaubte, war das der Friedhof für Dans abgelegte Geliebte.

»Die vielversprechendste Kanzlei in der Stadt«, sagte Dan.

»Wir haben uns in erster Linie auf Zivilrecht spezialisiert«, sagte Lassiter. »Wir vertreten hochrangige Leute in wichtigen Prozessen. Und wir haben einige der besten jungen Talente in unserer Kanzlei.«

Es entstand eine Pause, man gab Jenny Gelegenheit, sich zu äußern. »Ja, ich habe bereits einiges über die Kanzlei gehört.«

»Ich habe über Sie auch schon einiges gehört«, sagte Lassiter und zog ein Bein über das Knie. »Dan hat mir Ihren Lebenslauf gezeigt. Magna-cum-laude-Examen am Mount Holyoke College, Redakteurin bei der Penn Law Review, Gerichtsassistentin am Berufungsgericht. Nach Ihrem Abstecher bei Richter Lodner hätten Sie sich um einen Posten beim Obersten Gerichtshof bewerben können.«

Jetzt war ihr alles klar. Dan hatte für sie ein Vorstellungsgespräch für einen neuen Job arrangiert, das nun unter seinen wachsamen Augen geführt wurde. Jenny zwang sich, ihre Tränen zu unterdrücken. Sie durfte nicht heulen, nicht vor Lassiter. Dann schon lieber wütend werden.

»Ich habe das damals in Erwägung gezogen«, sagte Jenny. »Doch dann war es mir wichtiger, meine berufliche Laufbahn hier zu beginnen.« Ihre nächste Bemerkung war an Dan gerichtet. »Sehen Sie, ich hatte mir schon lange zum Ziel gesetzt, für Foster, Bell & McNeil zu arbeiten.«

Lassiter warf Dan einen verlegenen Blick zu und räusperte sich. »Dies ist natürlich eine hochangesehene Kanzlei. Aber, sehen Sie, junge Anwälte haben häufig in einer jungen Kanzlei wie der unseren bessere Chancen.«

Jenny hielt ihre Hände in ihrem Schoß gefaltet und ihren Blick unverwandt auf Dan gerichtet. »Ich bin immer der Überzeugung gewesen, daß die beste Chance darin besteht, von einem erfahreneren Anwalt zu lernen«, sagte sie. »Von jemandem, der selbst über großes Talent verfügt. Jemand, den eine junge Anwältin wirklich respektieren könnte. Und dem sie trauen könnte.«

Dan senkte seinen Blick und machte mit seinem Stuhl eine leichte Drehung von ihr weg. Aha, dachte sie voller Genugtuung, das hatte gesessen.

»Genau dieses Verhältnis streben wir in unserer Kanzlei an«, sagte Lassiter.

»Es heißt, daß Sie über eine äußerst qualifizierte Mannschaft verfügen«, sagte Jenny, nun in Fahrt gekommen.

»Ja, in der Tat.«

»Vor allem, was Ihre juristischen Hilfskräfte angeht«, sagte sie. »Ich habe gehört, sie sollen erstklassig sein.«

Dan fuhr aus seinem Stuhl auf. »Stan, ich weiß gar nicht, wie ich Ihnen dafür danken soll, daß Sie so nett waren, hierher zu kommen«, sagte er, während er hastig hinter seinem Schreibtisch hervorkam. »Ich werde Sie zum Aufzug begleiten.«

Lassiter sah ihn verblüfft an und erhob sich. »Es hat mich gefreut, Sie kennenzulernen, Miss – äh – wie war noch Ihr Name?«

Jennifer blickte lächelnd zu ihm auf. »Es ist gar nicht so einfach, sich immer die Namen zu merken, nicht wahr?« sagte sie. »Wie heißt es doch gleich: Man braucht einen Punktzettel.«

»Stan, ich möchte Sie nicht länger aufhalten«, drängte Dan, seine Hand an Lassiters Ellbogen, um ihn hinauszubugsieren. Er sah noch einmal zu Jennifer hinüber, die stocksteif vor Wut in ihrem Sessel saß, dann zog er die Tür hinter sich zu.

»Das war mein Fehler«, sagte er peinlich berührt, als er Lassiter zum Aufzug begleitete. »Ich hätte es erst mit ihr besprechen müssen. Ich hoffe, Sie nehmen ihr das nicht übel.«

»*Ihr* nehme ich es nicht übel«, erwiderte Lassiter. Die Aufzugtüren öffneten sich. Lassiter stieg ein, drehte sich um und zeigte mit dem Finger auf Dan. »Aber ich gebe Ihnen einen guten Rat, Casella. Sehen Sie zu, daß Sie Ihr verdammtes Privatleben in den Griff bekommen!«

Dan starrte auf die automatischen Türen, die sich mit einem Klicken schlossen. Er wußte, daß er es vermasselt hatte. Jennifer war außer sich vor Wut, und er hatte es noch nicht einmal kommen sehen. Die Frau, deren Gefühlsleben ihm so durchsichtig erschienen war, war während des gesamten Gesprächs kühl und gefaßt geblieben und hatte ihn, während er ihr ahnungslos gegenübersaß, Stück für Stück auseinandergenommen, bis seine Eingeweide offen auf dem Tisch lagen.

Auf dem Weg zurück in sein Büro versuchte er, sich eine Entschuldigung zurechtzulegen, aber die Worte klangen wie das Schlußplädoyer in einem verlorenen Fall – eine verzweifelte Bitte, die Fakten außer acht zu lassen und nur die gute Absicht in Betracht zu ziehen. Sie saß immer noch wie erstarrt in seinem Besuchersessel, als er eintrat.

»Ich habe das auf eine schlechte Weise geregelt«, sagte er und lehnte sich mit dem Rücken gegen die Tür. »Es tut mir leid.«

Sie sah ihn mit stahlblauen Augen an. »Gibt es denn eine Möglichkeit, diese Dinge auf eine gute Weise zu regeln?«

»Ich hätte vorher mit dir darüber sprechen sollen, ich weiß. Aber ich wollte sicher sein, daß Stan interessiert war, bevor ich dir Hoffnungen machte.«

»Mir Hoffnungen machen?« wiederholte sie voller Sarkasmus.

»Hey, eine Menge Leute würden sich glücklich schätzen, wenn sie bei Lassiter & Conway landeten.«

Sie lachte kurz auf. »Eine Menge Leute, wie zum Beispiel deine vier Hilfskräfte?«

»Das ist doch alles Büroklatsch.«

»Den du geschürt hast!«

»Das ist nicht wahr. Na ja, aber nur mit einer. Wir hatten ein kurzes Verhältnis, und wir haben uns in beiderseitigem Einverständnis wieder getrennt. Es war ihr unangenehm, weiterhin hier zu arbeiten, also hab ich sie zu Stan geschickt. Es hat ihr dort so gut gefallen, daß sie drei ihrer Freundinnen überredet hat, ebenfalls zu wechseln. Dann haben die Klatschmäuler zwei und zwei zusammengezählt und sind zu dem Schluß gekommen, ich hätte mit allen vieren geschlafen. Es war aber nur eine.«

»Falsch«, erwiderte sie kühl. »Es waren zwei.«

»Jennifer.« Dan kniete sich neben ihren Sessel. »Wir können nicht zusammen arbeiten *und* zusammen schlafen. Darauf läuft es nun mal hinaus. Wenn es dir in irgendeiner Weise ernst mit uns ist, mußt du die Kanzlei verlassen.«

Jenny sprang auf. »*Ich* muß die Kanzlei verlassen?«

Er erhob sich und wollte ihre Hand nehmen, doch sie zog sie mit einem Ruck weg und trat einen Schritt zurück.

»Wieso ich? Wieso gehst du nicht?«

»Ich kann nicht gehen«, sagte er aufgebracht. »Ich habe bereits sieben Jahre in diese Kanzlei investiert. Sieben Jahre im Vergleich zu deinen sechs Monaten. Ich habe meine Mandanten. Ich bin ein Partner, Herrgott noch mal.«

»Ken Stiveley ist auch ein Partner. Er verläßt die Kanzlei.«

»Klar, wegen Geld.«

»Ah!« rief Jenny. »Geld ist die Sache also wert, aber die Liebe nicht.«

»Jennifer –« sagte er drohend.

»Geld geht über Liebe. Ist das die Lektion für heute?« höhnte sie.

»Ich habe nie von Liebe gesprochen«, erwiderte er.

Jennifer trat einen Schritt zurück, als habe eine Windbö sie erfaßt. Dan biß sich auf die Lippen, aber es war zu spät – die Worte waren heraus.

Es klopfte an der Tür, und Betty öffnete sie gerade so weit, daß sie mit nervösen Augen in den Raum spähen konnte. »Mr. Casella? Mr. Feldman sagt, Sie werden im Konferenzsaal im einundvierzigsten Stock erwartet.«

»Verdammt.« Er hatte die Herrenrunde vergessen, die für heute angesetzt worden war, um den Tramco-Feldzug zu planen. »Sagen Sie ihm, ich werde gleich da sein.« Er schlüpfte in sein Jackett und rückte seine Krawatte zurecht. In der Tür drehte er sich noch einmal um und sah Jennifer eindringlich in die Augen. »Warte hier auf mich.«

Jenny wartete, bis er die Tür hinter sich zugezogen hatte, dann verschränkte sie ihre Arme auf dem Schreibtisch, legte ihren Kopf hinein und begann, lautlos zu schluchzen.

Es war aus, weniger als zwei Wochen, nachdem es begonnen hatte. Was für sie die Liebesgeschichte ihres Lebens gewesen war, hatte für Dan nichts als eine kleine, zehntägige Abwechslung bedeutet. Natürlich liebte er sie nicht, das hatte er auch nie behauptet. Was war sie doch für eine Idiotin, ihm diese Worte in den Mund legen zu wollen. Früher war ihr die Hoffnung, daß der Mann, für den Köpfe herumfuhren und für den der Weg freigemacht wurde, auch für sie einen Weg freimachen könnte, wie ein Traum erschienen, der nie in Erfüllung gehen konnte, und nun hatte sich herausgestellt, daß sie von Anfang an recht gehabt hatte. Er hatte seinen Spaß mit ihr gehabt, und nun war er fertig mit ihr, er hatte eine andere. Er wollte sie sich aus dem Weg schaffen, und zwar so gründlich, daß es ihm noch nicht einmal etwas ausmachte, sie als Kollegin zu verlieren, wenn das der Preis dafür war, sie als Geliebte loszuwerden. Es war nicht das erste Mal, daß jemand sie fallen ließ, sie wußte weiß Gott, wie man sich als verlassene Geliebte fühlte, aber diesmal war sie auf doppelte Weise fallengelassen worden, denn nun hatte sie auch noch ihren Job verloren.

Einen Moment lang dachte sie darüber nach, was sie von Dans Alibi halten sollte, dem Vorwand, er wolle sie nur deswegen zu Lassiter & Conway schicken, damit sie ihre Beziehung nicht aufgeben mußten. Aber selbst wenn das stimmte, konnte sie sein Verhalten nicht akzeptieren. Er hatte kein Recht, sie wie ein Stück bewegliches Eigentum zu behandeln, das er nach Belieben hin- und herschieben konnte, egal, was seine Beweggründe waren.

Aber ungeachtet dessen, ob sie sein Alibi akzeptierte oder nicht, es konnte gar nicht stimmen, dachte sie, erneut von Schmerz überwältigt. Die Indizien sprachen einfach gegen ihn – die vier Hilfskräfte, die abgesagten Verabredungen und seine lahmen Ausreden, der Bruder, über den er sprach und den sie nicht kennenlernen durfte. Die Wahrheit war das, was ihm spontan aus dem Mund gerutscht war, als er gesagt hatte: »Ich habe nie von Liebe gesprochen.«

Schließlich richtete Jenny sich auf und trocknete ihre Augen. Es führte zu nichts, sich über Dan und das, was er ihr angetan hatte, den Kopf zu zerbrechen. Er gehörte jetzt nicht mehr zu ihrem Leben, und nichts, was er in Zukunft tun würde, konnte sie noch berühren. Es lag allein an ihr. Sie war einfach zu willfährig, sie war so sehr darauf bedacht, anderen zu Gefallen zu sein, daß niemand jemals auf die Idee kam, ihr entgegenzukommen. Und es hatte etwas mit den Männern zu tun, zu denen sie sich hingezogen fühlte. Auch wenn Greg Dan nicht das Wasser reichen konnte, so hatten die beiden doch eine gewisse Ähnlichkeit in ihrer Ausstrahlung, die Jenny dazu verleitete, sie für souverän und kompetent zu halten, obwohl sie in Wirklichkeit bloß egoistisch und herrschsüchtig waren.

Nie wieder. Sollte sie jemals noch einmal einem Mann gestatten, in ihr Leben zu treten, dann würde es einzig aus dem Grund geschehen, daß er begierig war, ihr zu gefallen. Sie würde sich nie wieder auf einen Mann einlassen, der unter dem Zwang stand, alles um sich herum beherrschen zu müssen. Ein stiller Typ, bescheiden und verläßlich, das war die einzige Sorte Mann, die von nun an für sie in Betracht kam.

Sie erhob sich, strich ihren Rock glatt und konzentrierte sich auf ihr nächstes Problem: ihre Karriere oder das, was davon übrig war. Sie hatte hochfliegende Ambitionen gehabt, als sie bei Foster, Bell & McNeil angefangen hatte, die sich jedoch in dem Augenblick in Wohlgefallen aufgelöst hatten, als sie sich in Dan Casella verliebt hatte. Sie mußte sich ein neues Ziel setzen, und diesmal durfte sie es unter keinen Umständen aus den Augen verlieren.

Was waren ihre Alternativen? Zu Lassiter & Conway wechseln? Niemals, und wenn sie die beste Kanzlei der Stadt wären. Bei Foster, Bell bleiben und für einen der anderen Partner arbeiten? Das würde die Kollegen zu Spekulationen verleiten, und falsche Zungen wie Rick Mancill würden die tollsten Gerüchte in Umlauf bringen. Möglicherweise hatte sie genug Kraft, um den Kopf hochzuhalten und das alles durchzustehen, aber niemals würde sie den Tag überleben, an dem sie sich zufällig allein mit Dan Casella im Aufzug wiederfinden würde.

Es gab noch eine Alternative, eine, die zur Zeit äußerst populär war und in der Jenny einiges an Sachkenntnis besaß.

Sie konnte sich auf Gleichberechtigung am Arbeitsplatz berufen und Dan Casella oder stellvertretend die Kanzlei wegen sexueller Nötigung verklagen.

Die Anwältin in ihr spürte bei diesem Gedanken ihren Kampfgeist erwachen, der jedoch sogleich wieder verflog. Die Fakten sprachen gegen sie. Auf die sexuelle Beziehung hatte sie sich willig eingelassen – mehr als willig. Eine unglückliche Liebesaffäre war noch lange keine sexuelle Nötigung, und darüber hinaus war sie auch nicht gefeuert worden, jedenfalls nicht im rechtlichen Sinne.

Aber es war mehr als das. Sie wollte nicht das Opfer darstellen. Diese Rolle hatte sie schon viel zu lange gespielt. Jetzt war es an der Zeit, die Rolle der Siegerin zu übernehmen. Und plötzlich wußte sie, was sie zu tun hatte.

Jenny verließ Dans Büro, nahm die Treppe hinauf zum nächsten Stockwerk und ging zu dem Büro am Ende des Korridors. Kenneth P. Stiveley stand auf dem Namensschild. Sie wischte sich die Augen, atmete tief durch und klopfte an.

22

Dan stellte erleichtert fest, daß Jenny gegangen war, als er eine Stunde später in sein Büro zurückkehrte. Wenn sie sich erst einmal einen Tag lang beruhigt hatte, würde sie schon wieder zur Vernunft kommen, da war er sich sicher.

Am Freitag morgen rief er in ihrem Büro an.

»Sie ist heute nicht zur Arbeit gekommen«, sagte ihre Sekretärin. »Eigentlich habe ich seit gestern früh nichts mehr von ihr gehört. Ich habe mich schon gefragt, was ich tun soll. Soll ich mal bei Mr. Feldman anrufen?«

»Nein«, erwiderte Dan schnell. »Ach Gott, jetzt fällt's mir wieder ein. Sie bearbeitet eine Sache für mich. Ich weiß schon, wo ich sie finde.«

»Ich habe eine ganze Menge Nachrichten für sie auf –«
»Ich werde sie bitten, sich bei Ihnen zu melden.«

Bis Montag früh hatte Jennifer weder angerufen, noch war sie im Büro erschienen, und jedes Mal, wenn Dan sie zu Hause anrief, ging der Anrufbeantworter an. Zunächst war ihm das ganz recht gewesen; es fiel ihm leichter, einen stummen Zuhörer um Verzeihung zu bitten als eine vor Wut schäumende Jennifer. Aber allmählich ging ihm dieses Spiel reichlich auf die Nerven.

Noch einmal wählte er ihre Nummer von seinem Schreibtischtelefon aus, und als das Band abermals ansprang fluchte er: »Jennifer, verdammt noch mal, nimm den Hörer ab. Ich muß mit dir reden.«

Es kam keine Reaktion. »Ich finde das langsam nicht mehr witzig, Jennifer«, sagte er. »Ruf mich zurück.«

Als er auflegte, kam im gleichen Augenblick Jim Feldman ohne zu klopfen in sein Büro gestürmt. »Was wissen Sie über diese Sache?« bellte er und knallte Dan die Daily News mitten auf den Schreibtisch.

Sie war so gefaltet, daß der Lokalteil aufgeschlagen war. Die Schlagzeile des Tages lautete: »Stively verläßt Foster-Kanzlei«.

»Na und? Das ist doch nichts Neues.«

»Lesen Sie's.«

Dan lehnte sich in seinem Stuhl zurück und überflog den Artikel. Er enthielt kurze Zusammenfassungen von Kens wichtigsten Prozessen und eine Schätzung des Honorarvolumens, das der Kanzlei verlorengehen würde. Feldman hatte laut Bericht bisher jeden Kommentar verweigert.

»Ja, und?«

»Lesen Sie den ganzen Artikel«, sagte Feldman und klopfte mit dem Zeigefinger auf die Seite.

»Stively behält das Mandat für die in Hartford ansässige Firma Tramco Inc., deren jährliches Budget für Anwaltskosten sich auf schätzungsweise drei Millionen Dollar beläuft. Mit ihm zusammen ziehen Sharon Fista, Bradford Martin und Jennifer Lodge, alle drei junge Anwälte bei Foster, Bell, ans andere Ende der Stadt.«

Dan saß plötzlich kerzengerade auf seinem Stuhl und las den Artikel noch einmal, aber die Worte blieben dieselben. Er nahm seine Brille ab und fuhr sich mit der Hand über die Augen.

»Ich weiß nichts davon«, murmelte er. »Überhaupt nichts.«

TEIL ZWEI
DIE ENTHÜLLUNG

1

»So.«

Leslie rückte Jennys Kragen noch ein letztes Mal zurecht und trat dann einen Schritt zurück, um das Ergebnis zu begutachten.

Eine neue Frau starrte aus dem großen Garderobenspiegel. Ihr Haar war auf Kinnlänge geschnitten, glatt und rund frisiert wie ein Helm. Sie trug ein türkisfarbenes Wollkostüm von Escada. Dank eines erhöhten Dispo-Kredits, den Leslie ihr beschafft hatte, und einiger Rabatte besaß Jenny nun ein Dutzend solcher Designerkostüme und -kleider. Die Farben waren heller, die Röcke kürzer und die Absätze höher. Die Zeit der strengen, dunklen Kostüme war vorbei. Von jetzt an würde sie sich nicht mehr nach der Devise kleiden, daß die Begriffe »weiblich« und »erfolgreich« sich gegenseitig ausschlossen.

Leslie betrachtete Jenny und kaute auf ihrer Unterlippe herum.

»Stimmt was nicht?« fragte Jenny, während sie sich umdrehte, um ihre Rückansicht in Augenschein zu nehmen.

»Nein, nein. Es ist nur – ich habe das Gefühl, dich nicht mehr zu kennen.«

Jenny begutachtete ihr Spiegelbild. Die Frau, die aus dem Spiegel zurückstarrte, wirkte entspannt und selbstbewußt und vielleicht ein bißchen arrogant. »Gut«, sagte sie.

Leslie hockte in Jennys Sessel vor dem Fenster und wickelte ihr Nachthemd um ihre angezogenen Knie. »Jedenfalls ist dies das perfekte Outfit für deinen ersten Arbeitstag.«

Das war auch nötig, dachte Jenny. Bei Foster, Bell wäre ihrer Karriere beinahe der Todesstoß versetzt worden, und nur durch einen glücklichen Zufall war es ihr genau im rechten Augenblick gelungen, sich an Ken Stiveleys Rockzipfel zu hängen, als er zu Jackson, Rieders überwechselte. Sie brauchte einen guten Start, um sich von Anfang an eine sichere Position zu erobern.

Von der Straße her war das Geräusch eines schweren Dieselmotors zu hören. »Was ist das?« Leslie verdrehte den Hals und schaute aus dem Fenster.

Jenny lehnte sich über sie, um zu sehen, was da draußen vor sich ging. Ein Lastwagen, der einen grünweiß angestrichenen Bauwagen zog, kämpfte sich den Hügel vor ihrem Innenhof hinauf. »Ich nehme an, die Baufirma ist nun endlich soweit und fängt mit ihren Arbeiten an.«

»Ach, wie schade«, seufzte Leslie. Sie gingen auf die andere Seite des Zimmers und sahen von der rückwärtigen Gaube zu, wie der Lastwagen weiter hügelan fuhr, durch das Wäldchen und über die offenen Wiesen, wo früher das Herrenhaus gestanden hatte. »Das bedeutet, sie werden dieses Haus über kurz oder lang abreißen.«

Jenny sah sich um, empfand jedoch kaum Bedauern. So sehr sie dieses merkwürdige alte Haus auch liebte, sie mußte sich von ihm trennen, wie sie sich von ihrem mädchenhaften Zopf und den strengen Kostümen getrennt hatte. All das gehörte der Vergangenheit an, die sie über Bord geworfen hatte und die zu überwinden sie fest entschlossen war.

Sie nahm ihre Handtasche und ihre Aktenmappe. »Ich mach mich besser auf den Weg.«

Leslie ließ sich auf das Bett fallen. Der Wecker zeigte 6.30 Uhr. Sie verdrehte die Augen, sagte jedoch nichts. »Vergiß deine Ballettsachen nicht«, rief sie Jenny nach, die schon fast aus der Tür war. »Heute abend ist Training.«

Jenny wandte sich um. »Ich hab ganz vergessen, es dir zu sagen«, sagte sie.

»Was?«

»Ich hab mich vom Unterricht abgemeldet.«

»*Was?*« Leslie saß plötzlich kerzengerade auf dem Bett.

»Ich hab jetzt keine Zeit mehr dafür.«

»Aber Jenny – du tanzt doch *so gerne.*«

»Ich schlaf auch gern lange, aber man kann eben nicht alles haben.«

Leslies Augen wurden ganz schmal. »Für dich ist das nicht nur ein neuer Anfang in einer neuen Kanzlei, nicht wahr? Hat das vielleicht was mit Dan Casella zu tun?«

»Kein Mensch würde einem ehrgeizigen jungen Mann eine solche Frage stellen«, gab Jenny zurück. »Ich will bei Jackson, Rieders Karriere machen, Leslie. Das ist alles.«

Sie eilte hinaus zu ihrem Wagen. Von heute an würde sie jeden Tag mit dem Auto zur Arbeit fahren. Sie wollte nicht länger von Fahrplänen und gutwilligen Fahrern abhängig sein. Ab jetzt würde nichts und niemand sie von ihrer Arbeit ablenken oder ihrer Karriere in die Quere kommen.

Arthur Lessin war der Vorsitzende der Prozeß-Abteilung bei Jackson, Rieders und der Dritte auf Jennys Liste, dem sie sich an ihrem ersten Arbeitstag vorzustellen hatte. Er erhob sich lächelnd von seinem Schreibtischstuhl, als sie sein Büro betrat. Sein abgezehrtes Gesicht und seine gebeugten Schultern zeugten von zwanzig Jahren Verantwortung für eine große Anwaltsfirma, die ihren Tribut gefordert hatten.

»Heutzutage scheint alles auf den Kopf gestellt zu sein«, sagte er. »Früher haben wir junge Anwälte zu einem Gespräch bestellt und ihnen dann ein Angebot gemacht. Heute ist es umgekehrt.«

Jenny vermutete, daß sie an diesem Vormittag nach Sharon Fista und Brad Martin die Dritte auf seinem Zeitplan war.

»In meinem Fall eigentlich nicht«, sagte sie. »Ich habe mich schon einmal bei Ihnen vorgestellt, kurz vor meinem Examen. Damals haben Sie mir ein Angebot gemacht.«

Sein Interesse war geweckt, und Jenny bemerkte, daß ihre Antwort ihn erleichtert hatte. Sie war nicht einfach ein Teil von Kens Pauschalangebot, sie war eine Anwältin, die der Kanzlei etwas zu bieten hatte.

»Und Sie haben unser Angebot abgelehnt?« fragte er gespielt beleidigt. »Nun, ich denke, es ist wie in dem alten Sprichwort – gut Ding will Weile haben.«

»Ich werde mein Bestes tun, um zu beweisen, daß das stimmt.«

»Gut. Ich werde Ihnen jetzt erklären, für welche Art von Tätigkeit wir Sie vorgesehen haben. Natürlich werden Sie mit Ken zusammen an größeren Tramco-Fällen arbeiten. Zur Zeit jedoch steht uns nichts von Bedeutung ins Haus. Also haben wir Sie der *RTC-Abteilung* zugeordnet.«

»Sparkassenbetrug?«

»Genau. Die RTC-Abteilung wurde mit der Zwangsverwaltung einer Bausparkasse namens Collier Financial beauftragt, die in Konkurs gegangen ist. Wir haben gegen die früheren Abteilungsleiter und Direktoren sowie gegen die zuständigen Wirtschaftsprüfer Klage erhoben. Das wird ein großer Prozeß. Wir mußten am anderen Ende der Stadt zusätzliche Räume anmieten, um alle Akten unterzubringen, die den Fall betreffen.«

»Wie viele Anwälte arbeiten bereits an dem Fall?«

»Mit Ihnen sind es fünfzehn.«

Jenny wußte, was das bedeutete, und ihr Mut sank. Während der nächsten zwei Jahre würde sie zusammen mit ein paar anderen jungen Anwälten und Hilfskräften in einer Lagerhalle arbeiten, Dokumente sichten und Register anlegen, zu einer Langeweile verdammt, die nur gelegentlich unterbrochen wurde, wenn die erfahreneren Anwälte, die den Fall dann tatsächlich vor Gericht ausfechten würden, hereinschneiten, um sich über den Stand der Auswertungen zu informieren.

»In Ordnung«, sagte sie.

Lessin hatte nicht erwartet, daß sie Enthusiasmus zeigen würde, und war daher nicht enttäuscht über ihren Mangel an Begeisterung. »Zunächst möchte ich Sie jedoch noch um etwas anderes bitten. Und ich möchte mich bereits im voraus für mein Ansinnen entschuldigen.«

Jenny wartete schweigend ab und fragte sich, was wohl noch schlimmer sein konnte als das, womit er sie bereits beauftragt hatte.

»Wir haben da einen Mandanten, eine Firma namens Intellitech, die Softwaresysteme entwickelt.«

Jenny hatte den Namen schon einmal gehört. »Ist das nicht die Firma, die Gordon St. James gehört?«

Lessin verzog das Gesicht und nickte. Gordon St. James war so etwas wie eine kleine Berühmtheit in Philadelphia. In den sechziger Jahren hatte er sich als einer der führenden Köpfe der radikalen Studenten an der University of Pennsylvania einen Namen gemacht; er hatte Protestmärsche angeführt, Sit-ins organisiert und einen Bestseller geschrieben, in dem er Strategien zum Umsturz des Establishments entwickelt hatte. Fünfzehn Jahre später hatte er seine eigene Softwarefirma gegründet und ein weiteres Buch geschrieben, das zur Ausbeutung des Establishments aufrief.

»Wir vertreten die Firma Intellitech in einem Prozeß gegen eine frühere Angestellte, die zur Konkurrenz übergelaufen ist.«

»Und damit einen Vertrag gebrochen hat, in dem sie sich verpflichtet hatte, der Firma keine Konkurrenz zu machen?« Auch das war etwas, wofür St. James berühmt war – daß er seine Angestellten mit Verträgen knebelte, die ihnen im Falle ihres Ausscheidens aus seiner Firma zwei Jahre lang untersagten, bei einer Konkurrenzfirma zu arbeiten. Das Ergebnis dieser Taktik war, daß es sich nur sehr wenige leisten konnten, die Firma zu verlassen.

»Einer unserer Spezialisten für Arbeitsrecht hat den Fall übernommen, und er macht seine Arbeit gut. Aber St. James hat auf einmal die fixe Idee entwickelt, er brauche eine Anwältin, weil die Klage von einer Frau eingereicht wurde. Er hat darauf bestanden, daß wir ihm jede Frau vorstellen, die für unsere Kanzlei arbeitet, aber keine hat ihm gepaßt. Nachdem er in der Zeitung den Artikel über Ken gelesen hat, hat er uns erneut angerufen. Jetzt will er mit Ihnen und Sharon reden.«

»Okay.«

»Natürlich ist es gar nicht machbar, daß eine von Ihnen einspringt und einen so großen Fall übernimmmt«, sagte Lessin. »Eigentlich kann das zu diesem Zeitpunkt überhaupt niemand mehr – die Verhandlung ist für den 10. April angesetzt. Aber wir müssen den Typen bei Laune halten.«

»Okay«, sagte Jenny noch einmal.

»Sharon wird heute bei ihm vorsprechen, und morgen möchte er Sie sehen.« Er kritzelte etwas auf einen Notizblock und riß das Blatt ab. »Hier ist die Adresse.«

»Was kann ich tun, um mich vorzubereiten?«

Lessin schüttelte den Kopf. »Vergeuden Sie nicht mehr Zeit an diese Sache, als unbedingt nötig.«

Jenny verbrachte den Großteil des Vormittags damit, sich in ihrem neuen Büro häuslich einzurichten. Die Sekretärin, die man ihr zugeteilt hatte, war eine Frau mittleren Alters namens Marilyn, die sie sich mit dem im nebenan gelegenen, wesentlich größeren Büro residierenden Partner teilen mußte. Walter Boenning, offenbar ein alter Hase, hieß Jenny herzlich willkommen, doch sie spürte sogleich, daß er nicht zu den Machthabern bei Jackson, Rieders gehörte.

Am Nachmittag suchte Jenny Bill Moran auf. Sie fand ihn in seinem Schreibtischsessel zurückgelehnt vor, die Füße auf dem Tisch und das Diktiergerät in der Hand.

»Verzeihung«, sagte sie und klopfte an die offenstehende Tür.

Moran blickte auf und brach sein Diktat ab, verharrte jedoch in seiner Position.

»Ich bin Jennifer Lodge, seit heute neu an Bord.«

»Frischfleisch, was?«

Jenny entschied sich, nach dem Grundsatz *in dubio pro reo* zu handeln, und ignorierte die Bemerkung. »Ich habe morgen einen Termin bei Gordon St. James.«

Er lehnte sich so weit in seinem Stuhl zurück, daß es den Anschein hatte, als erwarte er eine zahnärztliche Behandlung. »Ah ja. Und?«

»Ich würde gern einen Blick in die Akte werfen, bevor ich mich auf den Weg mache.«

»Hat Artie Ihnen nicht gesagt, daß das nichts weiter als ein Schönheitswettbewerb ist?« fragte er genervt. »Sie brauchen nichts weiter zu tun, als über den Laufsteg zu tänzeln.«

Jenny wußte, daß der Ausdruck »Schönheitswettbewerb« häufig als Umschreibung benutzt wurde, wenn Anwälte sich bei wichtigen Mandanten vorstellen mußten, aber aus dem Mund dieses Mannes hatte das Wort einen anrüchigen Beigeschmack.

»Ich fahre nicht dorthin, um zu tänzeln, sondern um zu reden«, sagte sie. »Und ich möchte wissen, worüber ich rede.«

»Das ist ein ganz eindeutiger Fall von sittenwidriger Einschränkung der persönlichen Freiheit durch einen Vertrag«, erwiderte er herablassend. »Wahrscheinlich mein dreißigster. Ich habe nicht vor, mir von einer frischgebackenen Anwältin, die gerade ihren ersten Tag hier verbringt, in die Karten sehen zu lassen. Sie müssen sich also schon selbst etwas einfallen lassen, worüber Sie mit Gordy reden wollen.«

Um neun Uhr war es dunkel in Bill Morans Büro, ebenso im Zimmer seiner Sekretärin und in dem Aktenraum, der dahinter lag. Jenny schlüpfte durch die Tür und schloß sie hinter sich, bevor sie Licht machte. Sie begann mit der obersten Schublade des ersten Aktenschranks und stellte fest, daß die Mandantennamen auf den Aktendeckeln alle mit dem Buchstaben A anfingen. Es war keine Kunst, diesen Code zu knacken. Sie ging an den Aktenschränken entlang, bis sie die Schublade entdeckte, die die Buchstaben H, I und J enthielten. Da war auch schon die Akte: Intellitech Systems, Inc. v. Cynthea Lehmann. Sie zog den ersten Ordner mit Schriftsätzen heraus und hievte ihn auf den Arbeitstisch.

Cynthia Lehman war dreißig Jahre alt, hatte in Wharton studiert und bei Intellitech als Produktmanagerin gearbeitet. Sie hatte sich darauf spezialisiert, die finanziellen Strategien von Banken zu analysieren und Softwaresysteme auf den Bedarf der Firmenkunden zuzuschneiden. Ihre Fähigkeiten wurden so hoch geschätzt, daß sie gute Aussichten auf den Posten des Vizepräsidenten gehabt hatte. Doch dann hatte ein Mann das Rennen gemacht, der etwas älter war als sie, und kurz darauf hatte sie ihre Kündigung eingereicht. Wenige Wochen später war sie wieder in der Öffentlichkeit aufgetaucht, inzwischen Produktmanagerin für Plex Systems, und sie bediente dieselben Kunden, die sie bei Intellitech betreut hatte.

Jenny öffnete Cynthia Lehmanns Personalakte und betrachtete das Foto auf der ersten Seite. Sie war eine auffallend hübsche Brünette mit sanften braunen Augen und einem warmherzigen Lächeln. Ihr handgeschriebenes Kündigungsschreiben fand sich ebenfalls in der Akte. Jenny las den Text erst einmal und dann noch einmal, um zu erfassen, was zwischen den Zeilen stand.

Um elf Uhr legte sie die Akte zurück in den Schrank. Sie wußte genug, um zu wissen, daß sie nicht mehr zu wissen brauchte.

2

Die Hauptverwaltung von Intellitech war in einem fensterlosen Granitgebäude untergebracht, das neben einem künstlichen See in dem Gewerbegebiet entlang der Route 202 aufragte, wo alle neuen High-Tech-Firmen sich niedergelassen hatten. Jenny wurde durch die Eingangshalle zu einem gläsernen Aufzug dirigiert, der auf seinem Weg nach oben den Blick auf riesige Großraumbüros freigab.

Sie trat durch die Tür der Chefetage, und plötzlich schien dieses fensterlose Gebäude nur noch aus Fenstern zu bestehen, die in der Form eines in den Himmel ragenden Prismas angeordnet waren. Der Fußboden aus weißem Marmor und die Möbel aus weißem Leder verstärkten den blendenden Effekt.

»Hier entlang, bitte«, sagte die Empfangsdame. Jenny riß sich von dem Anblick los und ging an ihr vorbei in St. James' Büro.

Sofort wurde sie von gedämpftem Licht umfangen. Wieder befand sie sich in einem fensterlosen Raum. Es war ein großräumiges Büro, das nur durch eine Schreibtischlampe und mehrere riesige Aquarien beleuchtet wurde, die an den Wänden standen. Es dauerte einen Moment, bis Jennys Augen sich an das Halbdunkel gewöhnt hatten, und als sie wieder deutlich sehen konnte, erblickte sie eine männliche Gestalt vor sich.

»Ich bin Gordon St. James.« Seine Stimme klang amüsiert, und auch Jenny belustigte es, daß der Chef einer großen Firma es für nötig hielt, seine Gäste mit solch billigen Tricks zu verunsichern.

»Jennifer Lodge. Darf ich Ihnen ein Kompliment zu Ihrem Stil machen?«

»Sie interessieren sich für Architektur?«

»Ich meinte eigentlich den Stil Ihrer Raumbeleuchtung. Es ist doch erstaunlich, was Sie in einer einzigen Minute mit den Pupillen Ihrer Gäste machen. Ich nehme an, das verschafft Ihnen einen guten Heimvorteil.«

Seine Zähne blitzten in dem Schummerlicht weiß auf. »Ich komme mir ja regelrecht transparent vor.«

»Das ist gar nicht möglich in einem Raum, in dem es kein Licht gibt, das Sie durchleuchten könnte.«

Er trat an ihr vorbei und betätigte einen Schalter an der Wand. Sanftes Flutlicht erhellte die Zimmerdecke, und der Boden wurde von Scheinwerfern angestrahlt. Jenny drehte sich um, um sich den Mann näher anzusehen.

Ihre Vorstellung von einem Softwaredesigner war ein dicklicher Mann mit schütterem Haar, der Cordhosen trug. St. James dagegen war auffallend schlank, trug einen europäisch geschnittenen Anzug, einen Nackenzopf und einen Dreitagebart.

»Ich sehe, Sie sind vollkommen undurchsichtig«, sagte Jenny.

»Ich kann nur hoffen, daß das so bleibt. Nehmen Sie doch Platz.«

Er führte sie zu einer Sitzgruppe, die aus zwei tiefen Sesseln und einer Couch bestand, alle mit dunklem, blaugrünem Leder bezogen. Jenny nahm in einem der Sessel Platz, während er sich mitten auf die Couch setzte. Er schlug die Beine übereinander und legte die Arme auf die Rückenlehne.

»Vielleicht sollte ich Ihnen zunächst etwas über den Fall erzählen.«

»Ich habe mir die Akte angesehen.«

»Haben Sie Erfahrung mit dem, worum es in diesem Fall geht? Verträge mit Konkurrenzklauseln?«

Jenny beobachtete einen buntgestreiften Fisch, der direkt hinter der Scheibe durch das Aquarium schwamm. »Merkwürdig«, sagte sie. »Ich dachte, es ginge in diesem Fall um sexuelle Nötigung.«

St. James gestattete sich ein Grinsen. »Wie kommen Sie darauf?«

»Cynthia Lehmann verteidigt sich mit der Behauptung, daß sie sich durch gewisse Umstände gezwungen sah, die Firma zu verlassen, daß ihr keine andere Wahl blieb, als zu kündigen. Das ist ein ziemlich uneindeutiger Standpunkt. Ihre Zurückhaltung wirkt beinahe kokett. Schon als ich ihr Kündigungsschreiben las und auch beim Lesen ihrer Antwort auf die Klageschrift, hatte ich den Eindruck, daß sie nicht konkreter wird, weil Sie alles andere bereits kennen. Aber in ihrer Personalakte gibt es nichts, was darauf schließen läßt, daß sie gezwungen wurde, die Firma zu verlassen. Also frage ich mich – was wird sie vor Gericht aussagen, wenn man sie nach dem Grund ihrer Kündigung fragt? Ich denke, es kann nur um Sex gehen. Und genau das denken Sie auch, stimmt's, Mr. St. James? Deswegen wollen Sie, daß eine Frau diesen Fall übernimmt.«

Er lächelte geheimnisvoll, nahm eine Zigarette aus einer Onyxdose auf dem Tisch und zündete sie an. »Angenommen, Sie hätten recht«, sagte er nach einem tiefen Zug an der Zigarette. »Haben Sie Erfahrung mit *diesem* Thema?«

»Habe ich. Für die andere Seite.«

»Aha. Können Sie die Seite wechseln und mir sagen, welche Verteidigungsstrategie Sie in diesem Fall einsetzen würden?«

»Nennen Sie mir die Anklagepunkte.«

Er lehnte sich vor und klopfte seine Asche in ein marmornes Gefäß. »Nehmen wir an, sie behauptet, ich hätte sie zu einem sexuellen Verhältnis gedrängt, sie nahm an, ihr Job hänge davon ab, wir hatten ein Verhältnis, das Verhältnis endete, und anschließend hatte sie das Gefühl, sie könne nicht länger für uns arbeiten. Was ist, wenn sie das sagt?«

»Wird sie Zeugen benennen, die diese Geschichte bestätigen können?«
»Nein, unmöglich.«
»Es ist also Cynthias Wort gegen Ihres?«
»Verlassen Sie sich darauf.«
»Dann habe ich Cynthias Wort gehört. Wie lautet das Ihre?«
Während er an seiner Zigarette zog, dachte er über seine Antwort nach. »Was ist, wenn ich sage, es hat nie ein Verhältnis zwischen uns gegeben, ich habe sie nie angefaßt, sie bildet sich das alles ein?«
»Dann würde ich sagen, sie bildet sich das keineswegs ein, sondern hat sich eine Geschichte ausgedacht, um Sie in Mißkredit zu bringen und auf diese Weise ihre Konkurrenzklausel zu umgehen.«
»Hmm. Und was ist, wenn ich sage, es war tatsächlich so, wie sie es schildert?« Mit verschlagenem Blick wartete er Jennys Reaktion ab in der Hoffnung, sie verunsichert, oder noch besser, sie schockiert zu haben.
»Dann würde ich sagen – um so besser.«
Er blinzelte verblüfft.
»Sind Sie verheiratet?« fragte Jenny.
»Ich lebe getrennt.«
»Seit wann? Vorher, nachher?«
»Ich weiß nicht. Ich müßte einen Blick in die Kontoauszüge werfen, um mit Sicherheit sagen zu können, ob Andrea zu der Zeit zu Hause war. Während unserer Ehe haben wir uns immer wieder getrennt und sind wieder zusammengezogen.«
»Wußte Cynthia Lehmann das?«
»Natürlich.«
»Dann würde ich folgendes sagen: Cynthia Lehmann ist eine talentierte und ehrgeizige junge Frau, die hart gearbeitet hat, um in dieser Firma eine gute Position zu erlangen, aber damit war sie nicht zufrieden. Sie hatte ein Auge auf eine Vizepräsidentschaft geworfen. Sie glaubte, für diesen Posten besser als alle anderen qualifiziert zu sein, es fehlten ihr jedoch zehn Jahre Berufserfahrung.
Sie wußte, daß es in Ihrer Ehe immer wieder kriselte, Ihre

Frau kam und ging nach Belieben, Sie fühlten sich unsicher, haltlos und einsam. Durch eine Affäre mit Ihnen glaubte Cynthia, sich den Posten als Vizepräsidentin zu sichern. Sie ist eine attraktive und fesselnde junge Frau. Sie machte Ihnen schöne Augen, sie verführte Sie, Sie verliebten sich in sie. Doch als es soweit war, daß der Posten besetzt werden mußte, vergaben Sie ihn an jemanden mit mehr Berufserfahrung.

Cynthia war wütend. Sie stahl Ihre Kundenkartei und ging zur Konkurrenz, um dort nicht nur die erfolgreiche Karriere zu machen, die Sie ihr verweigerten, sondern um sich persönlich an Ihnen zu rächen.«

Gordon St. James starrte Jenny immer noch an, als ihre Stimme längst im Raum verhallt war. Mit erhobenem Kinn hielt sie seinem Blick stand, während ihre Fingernägel sich in ihre Handflächen bohrten.

Schließlich drückte er seine Zigarette aus, nahm den Telefonhörer ab und wählte eine Nummer. »Art Lessin«, sagte er, und Jennys Nägel bohrten sich noch tiefer in ihr Fleisch. Er beobachtete sie, während er auf die Verbindung wartete.

»Art, blasen Sie die Frauenjagd ab«, sagte er. »Ich habe meine Anwältin gefunden.«

Er lächelte Jenny an, und ihre Hände entspannten sich erleichtert.

»Es interessiert mich nicht, wie alt sie ist. Geben Sie ihr jede Unterstützung, die sie braucht«, bellte St. James in das Telefon. »Sie werden das tun, was sie verlangt. Was wollen Sie?« fragte er Jenny, während er gleichzeitig den Lautsprecherknopf drückte.

»Ich will, daß Bill Moran von dem Fall abgezogen wird«, sagte sie ohne zu zögern. »Und ich möchte zwei junge Anwälte meiner Wahl, die mir bei meiner Arbeit assistieren.«

»Haben Sie gehört, Art?«

»Ich hab's gehört.«

St. James drückte den Lautsprecherknopf, und die Leitung wurde abgebrochen.

»Wissen Sie, es ist doch erstaunlich«, sagte er zu Jenny. »So wie Sie das beschrieben haben, hat es sich abgespielt.«

3

Um fünf Uhr steckte Betty ihren Kopf in Dans Tür und deutete auf ihre Armbanduhr.

»Verzeihen Sie«, sagte Dan ins Telefon. »Ich muß zu einer Besprechung. Lassen Sie uns das morgen zu Ende bringen, einverstanden?« Er klemmte sich den Hörer zwischen Kinn und Schulter, schob mit beiden Händen die Unterlagen auf seinem Schreibtisch zusammen und packte sie in seine Aktenmappe. »Zehn? Lassen Sie mich einen Blick in meinen Terminkalender werfen.« Mit einer Hand blätterte er in seinem Kalender, während er mit der anderen in sein Jackett schlüpfte. »Geht nicht, da bin ich bei Gericht. Machen wir einen frühen Termin – sagen wir, acht? Gut. Wir unterhalten uns morgen früh.«

Als er auflegte, hatte er seine Sachen gepackt und war startklar. »Gute Nacht«, rief er beim Hinausgehen.

Betty sah lächelnd von ihrem Schreibtisch auf. Es amüsierte sie, daß sie die Rollen getauscht hatten und sie neuerdings länger im Büro blieb als ihr Chef. Und es gefiel ihr. »Richten Sie ihm aus, ich wünsche ihm viel Glück für morgen.«

»Verlassen Sie sich drauf.«

Die Luft war kühl draußen, aber der Aprilhimmel war klar und sonnig. Der Frühling war so plötzlich gekommen, daß man noch keine Zeit gehabt hatte, sich daran zu gewöhnen. Wenn die Leute am Ende eines Arbeitstags ihre Büros verließen, riefen sie immer noch unwillkürlich aus: »Unglaublich, wie hell es noch ist!«

Wie immer wartete eine Traube von Eltern vor dem Umkleideraum der Lacrosse-Spieler. »Ist das Training schon zu Ende?« erkundigte sich Dan bei der Frau neben ihm, als er sich zu den Wartenden gesellte.

Sie wandte sich ihm mit einem einladenden Lächeln zu. »Ja,

aber ich glaube, der Coach hält ihnen noch eine Anfeuerungsrede für das morgige Spiel.«

Nach ihrem sorgfältig gestylten Haar und dem noch sorgfältiger aufgetragenen Make-up zu urteilen, schätzte Dan, daß sie geschieden war; verheiratete Frauen in ihrem Alter betrieben an gewöhnlichen Wochentagen selten einen solchen Aufwand mit ihrem äußeren Erscheinungsbild.

»Sagen Sie mir nicht, einer von den Jungs gehört zu Ihnen«, sagte sie, und ihre grünen Augen verrieten ihre Neugier. »Sie sind doch viel zu jung, um einen Sohn im Teenageralter zu haben.«

Er war dankbar für das Kompliment. Mehr Eltern, als ihm lieb waren, hielten ihn regelmäßig für Tonys Vater. »Einer von den Jungs ist mein Bruder«, sagte er. »Und welcher ist Ihr Bruder?«

»Na, hören Sie mal!« rief sie lachend aus und klopfte ihm entzückt auf den Arm.

Sie hielt die zusammengefaltete Abendzeitung in der Hand, und Dan neigte seinen Kopf zu Seite, um die Schlagzeile lesen zu können: »*Der Heilige und die Sünderin: Sturm im Gerichtssaal.*«

»Worum geht's denn in dem Artikel?« fragte er.

»Um diesen heißen neuen Sex-Prozeß«, sagte sie. »Haben Sie das gar nicht verfolgt? Die leitende Angestellte, die sich die Karriereleiter hinaufgevögelt hat?« Ihr Blick wurde verwegen. »Als ob sie einen Vorwand gebraucht hätte, was meinen Sie?«

Dan schenkte ihr das erwartete Grinsen. Noch vor wenigen Monaten hätte dieser kleine Flirt wohl Konsequenzen gehabt. Aber die Zeiten waren vorbei; eine geschiedene Mutter brachte unweigerlich Ballast mit, und das letzte, was er im Augenblick gebrauchen konnte, war schon wieder eine schwierige Frau.

Die Türen des Umkleideraums flogen auf, und die Jungen quollen heraus wie ein Wurf Hundewelpen aus ihrem Körbchen. Tony bahnte sich seinen Weg durch die Menge, senkte den Kopf und ging auf Dans Bauch los. Dan wich nach links aus, packte Tony um die Taille, hievte ihn auf die Schulter und drehte sich zweimal mit ihm um sich selbst, bevor er ihn lachend wieder auf die Füße stellte.

Tony setzte seine Baseballmütze rückwärts auf, und sie trotteten gemeinsam zu Dans Wagen. Während der letzten paar Monate hatte sich eine lockere Zuneigung zwischen ihnen entwickelt. Tonys temperamentvolle Kameradschaft machte Dan mehr Freude, als er je zu träumen gewagt hätte.

»Wie ist es denn heute gelaufen?«

»Super! Morgen werden wir denen ordentlich einheizen. Glaubst du, du schaffst es zu kommen?«

»Das werd ich mir nicht entgehen lassen.«

Nach dem Abendessen räumten sie gemeinsam den Tisch ab und breiteten ihre Zeitungen aus. Früher war Dan nie nach Hause gegangen, bevor er im Büro alles erledigt hatte, aber jetzt hatte er sich angewöhnt, früh heimzukommen und noch bis in den späten Abend zu Hause zu arbeiten. Es war eine ganz neue Erfahrung für ihn, sich in seinem eigenen Eßzimmer durch die Tücken des Papierkriegs zu kämpfen. Seine Sichtweise begann sich allmählich zu ändern. Manche Fragen, die ihm früher von lebenswichtiger Bedeutung erschienen waren, verblaßten nun gegenüber wesentlich wichtigeren Dingen, wie zum Beispiel der Frage: War Tonys Schultag heute gut verlaufen?

Um viertel vor zehn, nach zwei Stunden besessenen Schreibens, unterbrochen von scheinbar endlosem Starren auf den unfertigen Text, schob Tony seine Blätter zusammen und reichte sie Dan. Er hatte einen Aufsatz über das Thema Beschränkung der Amtszeit von Kongreßabgeordneten geschrieben, und seine Analyse war erstaunlich gut. Dan spürte, wie seine Brust vor Stolz zu schwellen begann, aber er wußte, daß er vorsichtig sein mußte. Wenn er ihn zu überschwenglich lobte, würde er Tony entweder verlegen oder mißtrauisch machen; würdigte er aber den Aufsatz nicht genug, würde Tony sich verletzt fühlen. Es war eine komplizierte Angelegenheit, sich auf dem schmalen Grat der Adoleszenz zu bewegen.

»Gute Arbeit«, sagte Dan. »Du hast mich überzeugt.« Er hatte die richtigen Worte getroffen; Tony war zufrieden. »Ich mache dir einen Vorschlag – geh den Aufsatz noch einmal durch und bring die Rechtschreibung in Ordnung, dann werde ich Betty morgen bitten, ihn für dich abzutippen.«

»Rechtschreibung?« Mit finsterem Blick nahm Tony ihm die Blätter aus der Hand.

Dan lachte. Innerhalb einer einzigen Sekunde hatte er es sich wieder verscherzt und Tony wütend gemacht. Er stand vom Tisch auf, klopfte dem Jungen im Vorbeigehen auf die Schulter und ging zum Fernseher hinüber. Er schaltete die Lokalnachrichten ein und ging dann in die Küche, um sich ein Bier zu holen. Als er zurückkam, lief gerade ein Bericht über die Einkommenssteuer und das Datum des Stichtages, 15. April, für die Einreichung der Steuererklärung. Dan kritzelte eine Notiz auf ein Blatt Papier, um sich daran zu erinnern, seinen Steuerberater anzurufen und sich zu vergewissern, daß er mit seinen Abgabeterminen nicht im Verzug war.

»Hier.« Tony reichte ihm seinen Aufsatz.

Als Dan das Wort »Prozeß« hörte, fuhr er wieder zum Fernseher herum. Auf dem Bildschirm erschien Jennifer Lodge. Der Deckel seines Aktenkoffers fiel auf seine Finger, doch er bemerkte es nicht. Er trat näher an den Fernseher und blieb wie gebannt stehen.

Jennifer überquerte gerade den Gerichtsvorplatz und ging auf den Taxistand zu.

»Während des heutigen Kreuzverhörs von Cynthia Lehmann erhitzten sich die Gemüter«, sagte der Sprecher.

Es war Jennifer, aber er konnte es kaum glauben. Ihr Haar war kurz, und das korallenfarbene Kostüm eleganter als alles, was er je an ihr gesehen hatte. Ihre Körperhaltung und auch ihr Auftreten hatten sich geändert. Eine andere Jennifer, eine zweite Persönlichkeit, die, in die er sich als nächstes zu verlieben gehofft hatte.

»Jennifer Lodge, die Anwältin der Firma Intellitech, setzte Lehmann hart zu mit Fragen nach ihrem beruflichen Ehrgeiz, ihrem selbstgesteckten Ziel, in ihrer Firma den Posten des Vizepräsidenten zu erreichen, und ihrer Wut und Enttäuschung, als ein anderer Kandidat ihr vorgezogen wurde. Lodge behauptet, daß Lehmann mit Gordon St. James, dem Vorsitzenden der Firma Intellitech, ein Verhältnis einging, ausschließlich zu dem Zweck, ihren Aufstieg in die Chefetage zu sichern.«

Die Kamera schwenkte zu einer dunkelhaarigen Frau, die das Gerichtsgebäude an der Seite ihres Anwalts verließ. »Lehman wies diese Anschuldigungen weit von sich, und die gegnerischen Parteien führten ihre Debatte noch fort, lange nachdem die Sitzung geschlossen worden war.«

Auf dem Bildschirm sah man, wie die dunkelhaarige Frau sich von ihrem Anwalt, der versuchte, sie zurückzuhalten, losriß und auf Jennifer losstürmte. Was folgte, war der Traum jedes Kameramanns.

»Was sind Sie bloß für eine Frau?« schrie sie Jennifer an. »Wie können Sie einer anderen Frau so etwas antun?«

Jennifer antwortete ihr mit leiser Stimme, aber ein Mikrofon fing ihre Worte auf und brachte sie Millionen von Zuschauern zu Gehör. »Sie mögen Ihr Geschlecht an ihrem Arbeitsplatz einsetzen, Ms. Lehmann. Ich lasse meins zu Hause.«

Es war das perfekte O-Ton Zitat, und zwar eins, das von nun an bei jeder Berichterstattung über den Fall wiederholt werden würde.

Jennifer wandte sich ab und stieg in ihr Taxi. Während er sie davonfahren sah, überkam Dan plötzlich ein schwindelerregendes Gefühl von Orientierungsverlust, genau wie damals, als er um ein Haar den Hirsch angefahren hätte, so als wüßte er nicht mehr, wo er sich befand. Er fuhr herum, um sich zu vergewissern, daß Tony immer noch da war.

Tony beobachtete ihn voller Neugier.

»Sie hat mal für mich gearbeitet«, murmelte Dan.

Tony grinste. »Sieht so aus, als ob du besser daran getan hättest, sie nicht gehen zu lassen.«

4

Am Donnerstag morgen hatte Dan gehofft, unbemerkt in den Gerichtssaal schlüpfen zu können, aber Art Lessin stand wie ein Wächter an der Tür.

»Hallo Dan, wie geht's?« sagte Lessin und streckte seine Hand aus.

»Hallo Art.« Dan wollte hineingehen, blieb jedoch stehen und wandte sich noch einmal um. »Ich muß sagen, Sie haben eine seltsame Art, junge Anwälte in Ihrer Kanzlei anzulernen.«

Lessins hageres Gesicht wirkte scheinbar ahnungslos. »Ich weiß gar nicht, wovon Sie reden.«

»Ein großer Prozeß für eine frischgebackene Anwältin? Wie nennt man so etwas bei Ihnen? Feuertaufe?«

»Wer? Jennifer?« Der ahnungslose Ausdruck verschwand. »Ach ja, Sie hat früher für Sie gearbeitet, stimmt's?«

Dan nickte knapp.

»Dann würde ich gern wissen, wie *Ihr* Ausbildungsprogramm aussieht. Sie war kaum zwei Tage bei uns, und schon hatte sie Bill Moran den Fall abgejagt.«

»Jennifer *Lodge*?« entfuhr es Dan, aber Lessin hatte sich bereits umgedreht und diskutierte mit jemand anderem.

Dan suchte sich einen Platz in einer der hinteren Reihen des Gerichtssaals, und schon bald war er von einem Meer von Zuschauern umgeben. Auf der Seite der Kläger saß Gordon St. James allein in der ersten Reihe. Dan konnte nicht einschätzen, ob Jennifer ihn absichtlich dort plaziert hatte, anstatt neben ihr am Anwaltstisch, aber es hatte genau den richtigen Effekt. Er war ein einsamer Mann, ohne weibliche Begleitung, sogar ohne die Begleitung seiner Anwältin.

Jennifer trat aus dem Anwaltszimmer, und ein Raunen ging durch den Saal, als die Zuschauer sie entdeckten. Sie trug ein blaßgelbes Kostüm, was gegen jede Regel der Kleiderordnung verstieß, die angehenden Anwälten eingebleut wurde. Ihre Lakaien folgten ihr auf dem Fuße, und Dan war verblüfft zu sehen, daß Brad Martin dazugehörte. Brad hatte Jennifer vier Jahre Berufserfahrung voraus, und doch lief er jetzt hinter ihr her, trug ihre Taschen, dankbar für die Gelegenheit, an diesem Prozeß teilzunehmen.

Die Beweisaufnahme war abgeschlossen, und an diesem Vormittag würden die Anwälte ihre abschließenden Plädoyers halten. Der Richter leierte die üblichen Preliminarien herunter und erteilte dann dem Kläger das Wort.

Jennifer erhob sich von ihrem Tisch und ging langsam auf die Jury zu.

»Wir leben in einer Welt, in der Erfolg hart erarbeitet werden muß«, begann sie. Ihre Stimme klang weich und doch klar und deutlich, wie die Farbe ihres Kostüms.

»Wenn Sie Arzt werden wollen, müssen Sie zunächst Medizin studieren, dann ein ärztliches Praktikum absolvieren und schließlich einige Jahre als Assistenzarzt arbeiten. Dann, wenn Sie endlich soweit sind und Geld verdienen, verbringen Sie die nächsten zehn Jahre damit, Ihre Ausbildungskredite zurückzuzahlen.«

Sie stand regungslos vor der Jury, ein ruhender Pol in dem überfüllten Gerichtssaal. Ihre Körperhaltung war durch jahrelanges Balletttraining absolut perfekt, und sie strahlte ein ruhiges Selbstbewußtsein aus.

»Oder sagen wir, Sie wollen Tischler werden. Dann müssen Sie zunächst warten, bis eine Lehrstelle frei wird. Als Lehrling müssen Sie all die schweren Arbeiten verrichten, die keiner der Gesellen anrührt, dann müssen Sie Ihre Zulassung bei der Gewerkschaft beantragen, und schließlich müssen Sie abermals warten, bis Sie in einem der wirklich guten Handwerksbetriebe aufgenommen werden.

Wollen Sie eine leitende Position in einer Firma erreichen, müssen Sie sich in die oberen Etagen vorarbeiten, dann müssen Sie es zum Bereichsleiter bringen und so weiter, bis Sie die Firma in- und auswendig kennen.

Wie viele von uns würden nicht gern all diese Jahre harter Arbeit und endlosen Wartens auslassen? Wäre es nicht wunderbar, wenn man einfach eine Fernbedienung, wie die, mit der Sie ihren Videorecorder bedienen, zur Hand nehmen, auf den Schnellvorlaufknopf drücken und diese Jahre der Schinderei und Plackerei einfach überspringen könnte?«

Jennifer wandte sich um, es war ihre erste große Geste, und richtete ihren Blick auf die Angeklagte.

»Das ist es, was Cynthia Lehmann wollte. Sie ist eine kluge und intelligente Frau. Sie steht bei Kollegen und Klienten gleichermaßen in hohem Ansehen. Im Alter von dreißig Jahren hatte sie es bereits zur Produktmanagerin bei Intellitech gebracht. Noch weitere zehn Jahre Fleiß und harte Arbeit, und sie hätte es vielleicht in die Chefetage geschafft.

Aber sie wollte nicht noch einmal zehn Jahre warten. Sie wollte weder ihr Praktikum machen noch ihre Assistenzzeit absolvieren. Sie wollte nicht zusammen mit allen anderen im Büro der Gewerkschaft warten, bis ihr Name an die Spitze der Kandidatenliste gelangte. Sie wollte einen Schnellvorlaufknopf für ihre Karriere finden und ihn gedrückt halten, bis er sie an all den Jahren harter Arbeit und Pflichterfüllung vorbei direkt in die Chefetage katapultiert hatte.

Der Schnellvorlaufknopf, den sie fand, war Gordon St. James, und sie drückte ihn kräftig.«

Jennifer sparte sich einen Blick zu ihrem Mandanten, doch der war vorbereitet auf das, was folgte.

»Aber nein, sie sagt, er war der Aggressor«, fuhr sie fort, während ihr Mandant entmutigt in sich zusammengesunken das Opfer spielte. »Er zwang sie, ein Verhältnis mit ihm einzugehen, er drohte, ihre Arbeitsstelle sei in Gefahr, so daß sie fürchten mußte, gefeuert zu werden, wenn sie nicht einwilligte. Diese Einwilligung brachte ihr Dutzende von Abendessen in den teuersten Restaurants der Stadt ein. Dieser Einwilligung verdankt sie ein Paar Diamantohrringe und jede Woche frische Blumen. Klingt das nach sexueller Nötigung oder eher nach einer Liebesaffäre?

Cynthia Lehmann behauptet, sie fürchtete, ihre Arbeit zu

verlieren, wenn sie nicht einwilligte.« Jennifers Stimme nahm einen bitteren Tonfall an. »Ladys und Gentlemen, die einzige ›Einwilligung‹, die hier stattgefunden hat, war die, ihre Bewerbung für den Posten des Vizepräsidenten einzureichen.

Gordon St. James hatte eine Liebesaffäre, aber nun stellt sich heraus, daß Cynthia Lehmann nichts dergleichen hatte. Sie war in seinem Bett aus dem einen und einzigen Grund, nämlich, um den Posten zu ergattern, den sie sich zum Ziel gesetzt hatte. Aber Mr. St. James hatte immer noch eine Firma zu leiten, und er mußte die Wahl treffen, die die beste für die Firma war. Er entschied sich für den besten Kandidaten, und das war nicht Cynthia Lehmann.

Sie hat den Schnellvorlaufknopf gedrückt, aber er hat nicht funktioniert. Er hat sie nicht auf den Posten gebracht, den sie anstrebte. Was tat sie also als nächstes? Sie brach das Verhältnis ab, sie kündigte ihr Arbeitsverhältnis und machte sich auf die Suche nach einem neuen Schnellvorlaufknopf bei der Firma Plex Systems. Doch diesmal setzte sie nicht mehr auf Sex. Jetzt hatte sie eine neue Waffe. Jetzt hatte sie die Kundenkartei von Intellitech in der Tasche.

Ms. Lehmann unterschrieb einen Vertrag, als sie ihre Arbeit bei Intellitech antrat – einen Vertrag mit Konkurrenzklausel nennt man das –, in dem sie sich verpflichtete, nach ihrem Ausscheiden aus der Firma zwei Jahre lang bei keinem Konkurrenzunternehmen zu arbeiten. Sie hat noch nicht einmal zwei Wochen abgewartet.

Sie möchte, daß Sie sie von ihrem Vertrag entbinden. ›Zwingen Sie mich nicht, diesen Vertrag einzuhalten‹, bittet sie Sie. ›Ich war das Opfer in dieser schmutzigen kleinen Geschichte.‹

Aber es wird Zeit, daß sie aufhört, das Opfer zu spielen, und daß sie die Verantwortung für ihre Taten übernimmt. Sie hat den Vertrag aus freien Stücken unterzeichnet; niemand hat sie dazu gezwungen. Sie hatte ihre eigenen Gründe, mit St. James ins Bett zu steigen; niemand hat sie dazu gezwungen. Sie hat die Firma verlassen, weil ihre ehrgeizigen Pläne fehlgeschlagen waren; niemand hat sie dazu gezwungen.

Lassen Sie nicht zu, daß sie noch länger die Rolle des Opfers spielt. Ziehen Sie sie zur Rechenschaft für ihr Handeln. Ich bitte Sie, Ihr Urteil zu Gunsten der Firma Intellitech zu fällen.«

Um elf Uhr dreißig zog die Jury sich zur Beratung zurück, und gleich darauf verließ auch Dan den Gerichtssaal. Es lohnte sich nicht, das Urteil abzuwarten; er wußte, daß sie gewonnen hatte. Und es lohnte sich ebensowenig, noch zu bleiben, um ihr zu gratulieren, denn er wäre an seinen eigenen Worten erstickt.

Mitten in ihrem Schlußplädoyer war ihm plötzlich klar geworden, daß sie sich selbst beschrieb. Der Schnellvorlaufknopf, den sie gedrückt hatte und der nicht so funktioniert hatte, wie sie sich das vorgestellt hatte, so daß sie schließlich bei der Konkurrenz am anderen Ende der Stadt untergeschlüpft war – das war er.

5

Das Urteil wurde am nächsten Tag verkündet, als Jenny flach auf dem Rücken lag, ihre Beine von kalten Knieschalen gehalten. »Leichter Fall von Schwangerschaft«, sagte der Arzt.

Durch das Fenster im dritten Stockwerk beobachtete Jenny die Gewitterwolken, die sich am Himmel mit großer Geschwindigkeit zusammenzogen und wie riesige fliegende Vögel in den Frühlingsnachmittag einfielen. Ihr erster freier Tag seit fast drei Monaten, und es würde Regen geben.

»Hab ich's mir doch gedacht«, erwiderte sie.

Nachdem sie sich wieder angezogen hatte, saß Jenny mit dem Arzt im Sprechzimmer zusammen, um die Daten zu berechnen, jeder seinen Terminkalender zu Rate ziehend wie zwei gegnerische Anwälte, die einen Termin für eine außergerichtliche Anhörung festzulegen hatten. Es gab wenig zu spekulieren. Jenny konnte an zwei Händen abzählen, wie oft sie mit Dan zusammen gewesen war, und ihre gesamte Affäre hatte sich in einem Zeitraum von zwei Wochen Ende Januar abgespielt. Also Ende Oktober, kamen sie überein.

Auf ihrem Weg aus der Praxis wurde ihr von der Arzthelferin ein Paket überreicht, das Reklamehefte für Babynahrung und Broschüren von Abtreibungsberatungsstellen enthielt. Hier wurde nichts Wichtiges ausgelassen, eine Geburtshilfepraxis mit komplettem Service.

Draußen blähten sich die Wolken am Himmel auf wie schwarzer Rauch. Während der Stunde, die sie in der Klinik verbracht hatte, waren die Temperaturen um acht Grad gefallen, und ein plötzlicher Windstoß fegte ihr unter den Rock, als sie zu ihrem Auto eilte. Kaum war sie eingestiegen, als die Himmel sich auftaten und es in Strömen zu gießen begann.

Ende des dritten Monats, dachte sie, während sie in den strömenden Regen starrte, der auf ihre Windschutzscheibe niederging. Lächerlich spät, um einen Schwangerschaftstest durchführen zu lassen, wo heutzutage jede Frau einen Schnelltest machen konnte, noch bevor sie sich aus dem Bett rollte. Peinlich spät für eine, die immer Klassenbeste gewesen war. Tja, offenbar war sie einfach nicht mehr so schlau. Sie war eine siebenundzwanzigjährige Anwältin, und sie hatte einen Fehler gemacht, den die meisten Sechzehnjährigen zu vermeiden wußten.

Sie ließ den Motor an, schaltete die Scheibenwischer ein und beobachtete, wie sie immer wieder von neuem zwei saubere Bögen zogen, bevor die nächste Kaskade ihr die Sicht wieder nahm. Leslie war auf Hochzeitsreise auf Hawaii und würde sich im Moment nicht gerade über diese Neuigkeit von Jenny freuen, wenn überhaupt. Wen konnte sie sonst noch anrufen? Jedenfalls nicht ihre Mutter, die strenge Moralvorstellungen und ein schwaches Herz hatte, und auch nicht ihre Schwester, die nicht widerstehen können würde, es ihrer Mutter zu erzählen. Und all ihre Busenfreunde und Seelenverwandten ihrer Jugend hatten sich irgendwie zu Weihnachtskarten- und Cocktailpartybekannten entwickelt; es gab keinen Menschen auf der Welt, den sie anrufen konnte, um sich trösten zu lassen.

Jenny fuhr von dem Parkplatz und auf die Autobahn, die auf die Schnellstraße führte. Trotz des Wetters herrschte der gleiche Verkehr wie immer. Sie schaltete ihre Scheinwerfer ein und hielt sich auf der rechten Spur, aber andere Autos überholten sie mit einer Geschwindigkeit von hundertzwanzig Stundenkilometern, und riesige LKWs mit Anhängern wirbelten im Vorbeifahren Wassermassen auf, die Jenny jegliche Sicht nahmen und sie jedesmal in Panik versetzten.

Sie fragte sich, ob das wohl ihre Strafe war – nicht dafür, daß sie mit Dan geschlafen hatte, das würde sie niemals bereuen – sondern für ihre neuerlich begangenen Sünden. Wie eine Litanei sagte sie sich immer wieder, daß sie nicht die Jury war, es war nicht ihre Aufgabe zu entscheiden, wer log und wer die Wahrheit sagte. Sie war eine Anwältin. Sie vertrat die Position ihres Mandanten. Die Juroren wußten das, sie wußten, daß es ihnen oblag, darüber zu befinden, welche Position die richtige war. Wenn sie die falsche Entscheidung trafen, dann sollte das nicht Jennys Gewissen belasten.

Doch jedesmal, wenn sie die Augen schloß, sah sie Cynthia Lehmanns Gesicht vor sich, in dem Augenblick, als das Urteil verkündet wurde. Es konnte kein eindeutigeres Indiz geben: Sie war gefickt worden, und zwar zweimal.

Tränen stiegen ihr in die Augen, und sie wußte kaum, für wen sie sie vergoß, für Cynthia Lehmann, für sich selbst oder für das unschuldige Kind, dessen Herzschlag immer noch in ihrer Erinnerung widerhallte. Aber am Ende wußte sie, was die Tränen verursacht hatte. Sie fuhr den nächsten Rastplatz an, parkte ihren Wagen und rannte durch den prasselnden Regen zur Telefonzelle.

»Büro Casella«, meldete sich seine Sekretärin.

Jenny hielt den Hörer fest umklammert. »Hallo Betty«, sagte sie, bemüht, ihre Stimme unter Kontrolle zu halten. »Hier spricht Jennifer Lodge. Bitte, ist er zu sprechen?«

Es entstand eine kurze Pause. »Oh, hallo. Ja, warten Sie bitte einen Augenblick.«

Bettys Stimme klang kühl. Jenny hatte im Büro Klatschgeschichten gehört, nach denen Ken Stiveley der Kanzlei Foster,

Bell das Geschäft mit Tramco gestohlen und daß sie, Jenny, ihm angeblich dabei geholfen hatte. Wenn das so war, dann hatte sie das damals nicht gewußt; sie war davon ausgegangen, daß er Tramco als seinen legitimen Anteil mitgenommen hatte.

Während sie darauf wartete, daß Dan das Gespräch annehmen würde, überlegte sie, ob sie ohne Umschweife mit ihrer Neuigkeit herausrücken oder ob sie es ihm allmählich beibringen sollte. Wahrscheinlich würde es ihr leichterfallen, sich zu entscheiden, wenn sie wüßte, welche Reaktion sie von ihm erwartete, aber sie wußte noch nicht einmal, wie sie selbst reagieren sollte, jedenfalls nicht, bevor sie seine Stimme gehört hatte.

Ein kleiner grüner Sportwagen hielt neben ihrem Auto auf dem Parkplatz, und durch den strömenden Regen konnte Jenny erkennen, daß der Fahrer regungslos hinter seinem Steuer sitzen blieb. Es sah so aus, als beobachtete er sie. Sie wandte ihm den Rücken zu und preßte den Telefonhörer an ihr Ohr.

»Tut mir leid, Miss Lodge«, meldete sich Betty schließlich. »Er ist nicht abkömmlich.«

Jenny wurde schwindlig, und sie lehnte sich gegen die Wand der Zelle, um nicht umzufallen. Dan hatte sich *geweigert*, ihren Anruf entgegenzunehmen. Wenn er tatsächlich *nicht abkömmlich* war, hätte Betty das wie immer gewußt, als sie ans Telefon ging. Aber vielleicht meinte Betty das ja ganz anders – Dan war nicht abkömmlich, er war vielleicht mit einer anderen Frau zusammen, fest liiert, lebte mit ihr zusammen.

»Möchten Sie eine Nachricht hinterlassen?« fragte Betty.

Ja, sagen Sie ihm bitte, seine jämmerliche Exgeliebte hat plötzlich festgestellt, daß sie schwanger ist, und läßt nun nachfragen, ob er so nett sein würde, seine derzeitige Geliebte fallenzulassen und an ihre Seite zu eilen und ihre Hand zu halten.

»Nein, keine Nachricht«, sagte sie.

Der Hörer fiel ihr aus der Hand und drehte sich wie wild an seinem Kabel, bis sie ihn schließlich zu fassen bekam und einhängte. Als sie sich umdrehte, sprach der Fahrer des Sportwagens gerade in sein Autotelefon und starrte sie nun unverkennbar an.

Jenny rannte zu ihrem Auto, schwang sich hinter das Steuer und verriegelte die Türen von innen. Regenwasser lief ihr übers Gesicht, tropfte von ihren Haaren auf ihre Schultern und in ihren Schoß. Sie ließ den Motor an und warf einen kurzen Blick zur Seite. Der Sportwagenfahrer hatte seinen Wagen nicht verlassen. Irritiert und verunsichert atmete Jenny tief durch und fuhr auf die Schnellstraße zurück.

Ein heftiger Wind war aufgekommen, der den Regen vor sich hertrieb, und ein tiefes Donnergrollen ertönte, fünf Sekunden bevor ein Blitz den Himmel aufriß. Jenny umklammerte ihr Steuerrad so fest, daß ihre Hände ganz taub wurden. Sie mußte an einen anderen Sturm denken, an eine andere verzweifelte Heimfahrt und an Dans Stimme, die sagte: »Das schaffe ich nie«, und ihre eigene Stimme, die antwortete: »Kommen Sie doch herein.«

Sie schüttelte den Kopf, um die Erinnerungen zu vertreiben, und konzentrierte sich auf den Verkehr. Im Rückspiegel war ein kleiner grüner Sportwagen zu erkennen.

Sie schaltete das Radio ein und versuchte, den Wagen zu ignorieren, aber eine Minute später war er immer noch da, fuhr unbeirrbar, in zwei Autolängen Entfernung, hinter ihr her.

Jenny trat das Gaspedal durch und wechselte ohne zu blinken auf die Überholspur. Jetzt waren es ihre Reifen, die das Wasser aufwirbelten, aber sie gab weiter Gas, überholte zwei, drei und schließlich vier Autos, bevor sie sich unvermittelt wieder in die rechte Spur einfädelte.

Ihr Blick schoß in den Rückspiegel, gerade in dem Augenblick, als der grüne Wagen sich wieder hinter ihr einreihte.

Ein Schluchzen entrang sich ihrer Brust, aber sie biß sich auf die Lippen und starrte auf die Straße. Vor ihr verlangsamte ein Auto seine Fahrt und bog rechts in eine Abfahrt ein. Der grüne Sportwagen war ihr immer noch dicht auf den Fersen, weniger als eine Wagenlänge hinter ihr. Ein Lastwagen überholte auf der linken Spur, schleuderte ganze Kaskaden erst auf ihre, dann auf die Windschutzscheibe ihres Verfolgers, und in dem Augenblick, als dieser für einen kurzen Moment durch das Wasser geblendet war, riß sie ihr Steuer nach rechts und schlingerte über den Seitenstreifen und das Gras, bis sie am Ende der Ausfahrt zum Stehen kam. Voller Panik wandte sie sich nach der Schnellstraße um und sah gerade noch, wie das grüne Auto bremste, jedoch zu spät, um die Abfahrt noch zu erwischen.

Sie begann, laut zu heulen, trotz ihrer gelungenen Flucht immer noch voller Angst und Schrecken. Sie bog rechts ab, dann bei der nächsten Gelegenheit wieder links und nach einer Meile nach rechts in eine schmale Landstraße, und erst als sie weit und breit kein anderes Auto mehr sah, fühlte sie sich einen Augenblick lang erleichtert.

Doch dann wurde ihr klar, daß sie keine Ahnung hatte, wo sie sich befand.

Zu beiden Seiten der Straße war nichts als dichter Wald, und soweit sie das durch den strömenden Regen erkennen konnte, führte die Straße nur noch tiefer in den Wald hinein. Sie verlangsamte ihr Tempo und versuchte zu wenden.

Doch die Straße war zu schmal und der Seitenstreifen nicht befestigt. Ihr rechtes Vorderrad versank in der vom Regen aufgeweichten Erde, und als sie versuchte, ihren Wagen wieder zurück auf die Straße zu manövrieren, rutschte das rechte Hinterrad ebenfalls in den Schlamm. Sie legte den Rückwärtsgang ein und versuchte zurückzusetzen, aber die Reifen drehten durch. Sie riß das Steuer scharf nach links herum, dann nach rechts, aber alles, was sie tat, schien sie nur noch tiefer im Schlamm versinken zu lassen.

Schließlich hatte sie keine Kraft mehr, ihre panische Angst zu beherrschen. Hemmungslos schluchzend brach sie über dem Steuerrad zusammen. Sie hatte sich verirrt, sie war schwanger und ungeliebt, vielleicht wurde sie verfolgt, oder, noch schlimmer, vielleicht hatte sie sich das alles nur eingebildet. Mit ohrenbetäubendem Lärm trommelte der Regen auf das Dach und auf die Kühlerhaube, und Jenny weinte laut und unkontrolliert, wie sie seit ihrer Kindheit nicht mehr geweint hatte.

Plötzlich hörte sie jemanden in nächster Nähe hupen.

Einen Aufschrei unterdrückend fuhr sie herum. Ein weißer Volvo-Kombi hatte neben ihr gehalten, und der Mann am Steuer kurbelte gerade sein Fenster herunter.

Jenny wischte sich mit dem Ärmel die Tränen aus dem Gesicht und öffnete ihr Fenster einen Spalt breit. In dem strömenden Regen war der Mann kaum erkennbar, aber sie konnte blondes Haar und ein Lächeln ausmachen. Er sagte etwas zu ihr, was jedoch im Prasseln des Regens unterging, und sie schüttelte den Kopf. Mit einer Hand hielt er sein Autotelefon hoch und legte die andere an den Mund. »Soll ich einen Abschleppwagen rufen?« rief er.

Sie nickte eifrig. »Ja, bitte!«

Beide drehten ihre Fenster wieder hoch, und Jenny sah ihm zu, wie er die Nummer in die Tasten eingab und dann zu sprechen begann. Eine Minute später öffnete er sein Fenster erneut, und auch Jenny kurbelte ihres wieder herunter, öffnete es diesmal ganz und lehnte sich zurück, um nicht naß zu werden.

»Sie sagen, es dauert etwa eine halbe Stunde«, rief er.

Sie nickte. »Danke!«

»Am besten warte ich so lange«, schrie er. »Um sicher zu gehen, daß man Sie nicht vergißt!«

»Nein, das ist nicht nötig –« begann sie, aber er hatte sein Fenster bereits wieder geschlossen.

Plötzlich fiel ihr auf, daß ihr Motor immer noch lief, und sie drehte den Zündschlüssel herum. Der Lärm war nun nicht mehr so ohrenbetäubend, und ihre Panik begann nachzulassen. Sie trocknete ihre Augen und lehnte ihren Kopf zurück. Die Welt mochte voller Enttäuschungen und Gefahren sein, aber solange es noch die Freundlichkeit von Fremden gab, war nicht alle Hoffnung verloren.

Die halbe Stunde verging, und der Himmel hellte sich ein wenig auf, und der Regen ließ schließlich nach. Jenny riskierte einen Blick zu dem Volvo hinüber. Des Gesicht des Mannes war jetzt zu erkennen. Jenny sah, daß er sich die Zeit mit Zeitunglesen vertrieb, und als er eine Seite umblätterte, erkannte sie Scott Sterling.

6

Verblüfft wandte sie sich wieder nach vorne, aber er hatte ihren Blick bemerkt und lächelte ihr zu, bevor er sich wieder seiner Zeitung widmete. Einen Augenblick später zog er die Stirn kraus, ließ die Zeitung sinken und starrte Jenny an. Er kurbelte sein Fenster abermals herunter, und Jenny tat es ihm nach.

»Es ist mir gerade erst klar geworden«, sagte er entschuldigend. »Sie werden sich nicht an mich erinnern, aber wir sind uns schon einmal begegnet, und zwar im vergangenen Winter. Ich bin –«

»Scott Sterling«, sagte sie.

Er strahlte sie an, als hätte sie ihm soeben ein lang ersehntes Geschenk überreicht. »Und Sie sind die Anwältin, die Ballett tanzt. Oder die Ballerina, die als Anwältin arbeitet.«

»Nur daß ich inzwischen keine Ballerina mehr bin.«

»Was sagt man dazu?« sagte er lachend. »Und ich bin kein Anwalt mehr.«

Es entstand ein verlegenes Schweigen, das Scott schließlich beendete. »Die neue Frisur hat mich wahrscheinlich zunächst in die Irre geführt. Aber sie gefällt mir.« Jenny fuhr sich unsicher durch ihr Haar, aber er hatte sich bereits abgewendet und deutete auf die Straße. »Komisch, daß ich Ihnen ausgerechnet hier begegne.«

Ihr Blick folgte seiner Geste. Sie betrachtete die Straße, die beiden Autos, den Schlamm und den Regen, und plötzlich wurde ihr bewußt, was für ein glücklicher Zufall diese Begegnung für sie war. »Ein Glück für mich, daß Sie hier vorbeigekommen sind«, sagte sie.

»Noch nicht«, erwiderte er. »Der Abschleppwagen hätte längst hier sein müssen. Ich rufe am besten noch mal an.«

Nachdem er telefoniert hatte, wandte er sich wieder Jenny zu. »Sie sind unterwegs.«

»Sie brauchen wirklich nicht zu warten«, sagte Jenny.

»Es macht mir überhaupt nichts aus.«

»Aber ich möchte Ihre Zeit nicht in Anspruch nehmen –«

»Das einzige, von dem ich mehr als genug habe«, unterbrach er sie, »ist Zeit.«

Sie wußte nicht, was sie sagen sollte. Ihre Augen wanderten ins Leere.

»Wie steht's denn so bei Foster, Bell?« erkundigte er sich und riß sie aus ihren Gedanken.

»Ich bin nicht mehr bei der Kanzlei.«

Er sah sie überrascht an. »Wie kommt's?«

Jenny zuckte die Achseln. »Ich hab einen blöden Fehler gemacht.«

»Hey, was sagt man dazu? Ich auch.«

Ihre Blicke trafen sich, und wieder spürte sie den Funken Seelenverwandtschaft, wie damals, als sie ihn an einem Januarabend in einem überfüllten Konferenzsaal zum erstenmal gesehen hatte.

Er legte seinen Ellbogen aus dem Fenster und lehnte sich ein Stück weit vor. »Arbeiten Sie jetzt in einer anderen Kanzlei?«

»Ja, bei Jackson, Rieders.«

»Gute Adresse. Ich wünschte, ich könnte mich ebenso schnell von meinem Fehler erholen.«

»Die Konsequenzen, die ich mir mit meinem Fehler eingebrockt habe, kommen erst noch auf mich zu.«

»Was sagt man dazu?« sagte er noch einmal, und diesmal mußte er lachen. »Meine auch.«

Ausschluß aus der Anwaltschaft, Verurteilung, Gefängnis – ernüchternde Gedanken, die er alle mit seinem warmen Lachen zerstreute.

»Sagen Sie mir, wenn Sie lieber nicht darüber reden möchten«, begann Jenny. »Aber wie entwickelt sich Ihr Fall?«

»Welcher denn? Wissen Sie, es gibt vier verschiedene.« Ein Windstoß fegte ihm den Regen ins Gesicht, und er zog lachend seinen Kopf zurück. »Hey, was halten Sie davon, diese Unterhaltung in dem einen oder anderen Auto fortzusetzen?«

Jenny zögerte nur eine Sekunde lang. »Ich komme rüber«, sagte sie, stieg aus ihrem Wagen und lief hinten um seinen herum. Es war ein Familienauto, vollgestopft mit lauter Dingen, die von Eltern und Kindern, Haus- und Gartenarbeit zeugten. Auf dem Rücksitz war immer noch ein Kindersitz eingebaut, und Jenny mußte an das kleine Mädchen mit dem sonnengebräunten Gesicht denken. Sterling lehnte sich über den Beifahrersitz hinweg, um ihr die Tür aufzuhalten, und sie schlüpfte in den Wagen. Er war mit Khakihose und Baumwollpullover bekleidet, und an den Füßen trug er ein Paar Docksiders, die typische Kleidung eines Mannes an seinem freien Tag.

»Jetzt können wir uns etwas entspannter unterhalten«, sagte er, wirkte jedoch eher angespannter als vorher.

»Vier Fälle, sagten Sie?«

»Yeah. Zunächst einmal das Disziplinarverfahren, und das läuft ganz gut. Die werden mich ruck zuck von der Anwaltschaft ausschließen.«

»Oh, Scott, das tut mir leid.«

»Wissen Sie, was das Merkwürdige an diesem Fall ist? Sie fragen mich andauernd, ob ich unter Einfluß von Alkohol oder Drogen gestanden hätte. Wenn das nämlich der Fall wäre, dann würden sie mir eine Entziehungskur verpassen, und ich würde mit einer Suspendierung davonkommen. Aber für mein Problem gibt es kein Entziehungsprogramm.«

Jenny sah ihn unsicher an.

»Na los, fragen Sie nur.«

»Okay. Was ist denn Ihr Problem?«

»Ich wollte Anerkennung gewinnen«, sagte er. »Und zwar allzusehr, schätze ich.«

Jenny nickte, denn sie glaubte, ihn zu verstehen. Sie dachte an ihre eigene Schulzeit, erinnerte sich daran, wie sie wild mit dem Arm in der Luft herumgefuchtelt hatte, um die Aufmerksamkeit der Lehrerin zu erheischen, verzweifelt auf eine Gelegenheit hoffend, die richtige Antwort zu geben, zu gefallen und zu beeindrucken. Zwanzig Jahre später war ihr Verhalten Dan

Casella gegenüber kaum anders gewesen. War es Dan gewesen, der einmal von Scott gesagt hatte, er giere nach Anerkennung wie ein Süchtiger? Die Worte trafen ebenso auf sie zu.

Scott wandte sich ab und starrte abwesend durch die Windschutzscheibe. »Dann läuft noch der Prozeß mit Onkel Curt, er hat mich ebenso wie die Kanzlei Harding & McMann auf Schadensersatz verklagt«, sagte er. »Diesen Fall verfolge ich nicht so genau. Mein ganzes Geld geht an meinen Strafverteidiger.«

»Wer vertritt Sie denn?«

»Bill Lawson.«

Jenny kannte den Namen und auch den Ruf des Mannes. Lawson war einer von den hochbezahlten Verteidigern in Sachen Wirtschaftskriminalität, der sich darauf spezialisiert hatte, Kompromisse mit der Regierung auszuhandeln. Kein Mensch konnte sich erinnern, wann er jemals mit einem Fall vor Gericht gegangen wäre. »Und wie läuft dieser Fall?« erkundigte sie sich.

Er schüttelte den Kopf. »Den verfolge ich eigentlich auch nicht so genau. Ich habe Bill nur gebeten, mir rechtzeitig Bescheid geben, wann das Urteil verkündet wird, damit ich Zeit habe, mein Rasierzeug einzupacken, bevor die Bullen kommen und mich abführen.«

Es gelang Jenny kaum, den Schauer zu verbergen, der ihr über den Rücken lief.

»Und schließlich habe ich noch den Sorgerechtsprozeß am Hals.«

»Ihre kleine Tochter?«

»Meine kleine Extochter, wenn Val ihren Willen durchsetzt. Wenn ich nicht geeignet bin, um als Anwalt tätig zu sein, bedeutet das anscheinend zwangsläufig, daß ich auch als Vater ungeeignet bin.«

»Es tut mir so leid«, sagte Jenny zum zweiten Mal, was die Worte noch hilfloser klingen ließ. Er wirkte so verletzlich und so sympathisch. Ruhig, verläßlich, darauf bedacht, anderen zu gefallen – genau die Sorte Mann, von der sie geglaubt hatte, sie existierte nicht mehr.

Er sah sie an und schüttelte freundlich lächelnd den Kopf. »Das braucht es nicht«, sagte er. »Ich bin für das verantwortlich, was ich getan habe. Niemand hat mich zu seinem Opfer gemacht. Es wäre ein Leichtes zu behaupten, ich sei das Opfer gewesen, aber ich habe nicht vor, die Geschichte so herumzudrehen. Ich muß die Verantwortung für das, was ich getan habe, auf mich nehmen, und genau das werde ich tun. Und wer weiß? Vielleicht stellt sich am Ende heraus, daß es das Beste war, was ich je in meinem Leben getan habe. Vielleicht ist das eine richtige Charakterschule, wie Vater sich ausdrücken würde.«

Er hatte die letzten Sätze scherzhaft gesagt, aber seine Worte trafen sie ganz nüchtern und öffneten ihr die Augen, und mit einem Mal wußte Jenny, daß alles, was ihr früherer Seelenverwandter sagte, noch viel mehr auf sie selbst zutraf. In diesem Augenblick traf sie ihre Entscheidung, und kaum war sie gefallen, fühlte sie sich beglückt und von tausend Lasten befreit. Und sie wußte, daß sie die Wahl, die sie in diesem Augenblick vollkommener Klarheit getroffen hatte, in ihrem ganzen Leben niemals bereuen würde.

»Na, das wurde aber auch Zeit«, sagte Scott, als der Abschleppwagen herantuckerte.

Scott setzte seinen Wagen zur Seite, dann stiegen sie beide aus und sahen vom Straßenrand aus zu, wie der Fahrer des Abschleppwagens die schweren Ketten an Jennys Auto befestigte.

Etwas ging flatternd neben ihnen auf dem Feld nieder. Es war ein Vogel, der wild torkelnd in Deckung zu gehen versuchte. Scott lief zu ihm hinüber und hockte sich ins Gras. Als er sich erhob, hielt er den flatternden Vogel in den Händen.

»Sie hat einen gebrochenen Flügel.« Er strich die grauen Federn des Vogels glatt und redete leise auf ihn ein, bis er sich beruhigte.

Jenny betrachtete das Tier. »Was ist das für ein Vogel?«

»Eine Wildtaube. Der Sturm muß sie gegen einen Baum oder sonst etwas Hartes geworfen haben.« Vorsichtig schob er seine Finger unter den Flügel. »Wissen Sie was? Ich glaube, das kann ich richten.«

Sie folgte ihm bis zur Heckklappe seines Wagens und öffnete sie für ihn. Er setzte den Vogel sanft auf eine gefaltete Decke. Die Taube flatterte kurz mit dem gesunden Flügel, aber Scott streichelte ihre Federn, bis sie ihren Schnabel auf die Brust legte und still in dem behelfsmäßigen Nest saß.

»Ich habe Heftpflaster, aber ich brauche etwas Stabiles, um den gebrochenen Flügel zu schienen«, sagte er. »Haben Sie vielleicht ein paar alte Eisstäbchen?«

Jenny schüttelte den Kopf und überlegte, was sie ihm statt dessen anbieten konnte. »Wie wär's mit ein paar Nagelfeilen aus Pappe?«

»Perfekt.«

Ihr Wagen war inzwischen aus dem Graben gehievt worden. Jenny bezahlte den Fahrer und holte ihre Handtasche aus dem Auto.

»Es fühlt sich so an, als ob es ein glatter Bruch wäre«, sagte Scott, nachdem er die Nagelfeilen mit Hilfe von Kreppband an dem Flügel befestigt hatte. »Das müßte ganz gut heilen.«

»Bestimmt?«

»Ich bin jetzt ihr Arzt, und Ärzte können sowas beurteilen.«

Jenny lachte. »Und wie sieht die weitere Behandlung aus, Herr Doktor?«

»Ich würde sie am liebsten mit nach Hause nehmen und sie füttern, um ihre Kräfte zu schonen, bis sie wieder fliegen kann.« Er kaute auf seiner Unterlippe, schüttelte jedoch schließlich den Kopf. »Es geht nicht. Ich wohne zur Zeit bei meinen Eltern. Und das letzte, was mein Vater sich wünscht, ist noch ein kranker Vogel, der in sein Haus kommt, um seine Wunden zu pflegen.«

Jenny empfand erneut Mitleid für ihn, aber diesmal hatte sie etwas Besseres zu bieten, als nur »Es tut mir leid« zu stammeln.

»Ich werde sie mit zu mir nach Hause nehmen, wenn Sie mir sagen, was ich mit ihr machen soll.«

Gemeinsam setzten sie die Taube mitsamt der Decke in einen Karton auf Jennys Rücksitz, und nachdem Scott ihr alle Anweisungen bezüglich korrekter Pflege und Ernährung gegeben hatte, die ihm einfielen, setzte Jenny sich hinter ihr Steuer.

»Ich weiß gar nicht, wie ich Ihnen für Ihre Hilfe danken soll«, sagte sie. Er stand neben ihrem Wagen und beugte sich zu ihr hinunter. »Sie haben mir regelrecht das Leben gerettet.« Er wies mit einer Kopfbewegung zu der Taube auf dem Rücksitz. »Jetzt sind Sie die Lebensretterin.«

Sie wollte die Tür zuziehen, aber er hielt sie mit einem verlegenen Lächeln fest. »Es ist mir wirklich peinlich«, sagte er. »Ich habe Ihren Namen vergessen.«

»Jennifer Lodge«, erwiderte sie.

»Jenny«, sagte er.

7

Es war schon fast zehn, als Jenny am Montag morgen den Aufzug zu ihrem Büro nahm. Noch nie in ihrem Leben war sie so spät zur Arbeit gekommen. Aber dies war der erste Tag ihres Lebens nach Intellitech, und sie fand, sie hatte es sich verdient. Die Kollegen grüßten sie aus ihren Büros, als sie an den offenen Türen vorbei den Korridor entlang in ihr eigenes Büro ging. Sie war nicht länger die unbekannte Neue. Möglich, daß Bill Moran sich in irgendeinem Hinterzimmer damit vergnügte, ihr Bild mit Pfeilen zu bewerfen, aber jetzt war er es, der unbekannt war. Ihr Stern war aufgegangen und leuchtete hell am Horizont.

Auf ihrem Tisch stand ein aufwendiges Blumenarrangement mit einer Glückwunschkarte der Kanzlei. Daneben stand eine Vase mit einem Dutzend roten Rosen von Gordon St. James, die sie umgehend zu ihrer Sekretärin hinübertrug.

»Danke«, sagte Marilyn. »Hier. Dieses Memo ist gerade für Sie abgegeben worden.«

Es war von Art Lessin. Offenbar hatte sie sich noch mehr verdient, als das Recht, etwas später zur Arbeit zu erscheinen. Man hatte sie von der Mitarbeit an dem Sparkassenbetrugsfall erlöst;

von jetzt an konnte sie selbst entscheiden, an welchen Fällen sie arbeiten wollte. Sie nahm sich vor, ihre Entscheidung sehr sorgfältig und nicht überstürzt zu treffen. Selbst die besten Anwälte der Stadt waren froh, wenn sie einen großen Fall im Jahr gewannen. Sie hatte den ihren bereits gehabt, und nach ihrer Einschätzung war ein Jahr genau die Zeit, die sie brauchen würde.

Das Telefon klingelte, und Jenny nahm ab.

»Aloha!«

»Leslie! Du bist zurück?«

»Braungebrannt und glücklich.«

»War es schön?«

»Ooooh«, seufzte Leslie. »Besser als in meinen wildesten Träumen.«

»Und natürlich habt ihr alle Museen besucht und Fotos von sämtlichen historischen Sehenswürdigkeiten gemacht?«

»Aber selbstverständlich«, kicherte Leslie.

»Könnt ihr rüber kommen und mir eure Souvenirs vorführen?« fragte Jenny. »Wie wär's mit einem Brunch am Sonntag?«

»Ja, das wäre wunderbar!« Leslies Stimme nahm einen koketten Tonfall an. »Ist es in Ordnung, wenn wir jemanden mitbringen?«

»Wen denn?«

»Ach, ich weiß nicht. Vielleicht einen von Bruce' Freunden.«

»Klar. Sagen wir, gegen elf?«

»Okay. Wir sehn uns am Sonntag.«

Marilyn stand wartend in der Tür, als Jenny auflegte. »Mr. Boenning bittet Sie zu einer Besprechung im Konferenzraum. Er möchte Sie einer seiner Mandantinnen vorstellen.«

»Wozu?«

»Um mit Ihnen anzugeben, nehme ich an«, sagte Marilyn. »Mit sowas müssen Sie von jetzt an rechnen.«

Marilyn führte sie zu einem Konferenzraum am Ende des Korridors, und Walt Boenning riß die Tür auf, als sie klopfte. Er war weißhaarig mit einem ebenso weißen Schnurrbart und so beleibt, daß er die Person hinter ihm verdeckte.

»Ah, Jennifer. Danke, daß Sie gekommen sind. Darf ich Ihnen –«

Eine Frau erhob sich vom Tisch hinter ihm, eine elegante Blondine in einem pinkfarbenen Chanelkostüm. »Guten Tag, ich bin Cassie vonBerg.«

»Ich bearbeite eine kleine Sache für Mrs. vonBerg«, sagte Boenning.

»Er meint meine Scheidung«, sagte die Frau und rümpfte ihre klassisch geformte Nase. »Er ist nur zu galant, um die Sache beim Namen zu nennen.«

»Cassies Mutter war über lange Jahre eine meiner Mandantinnen«, erklärte Boenning.

»Guten Tag«, sagte Jenny und streckte an Boenning vorbei ihre Hand aus.

»Vielen Dank, daß Sie mir diesen improvisierten Termin gewähren«, sagte Cassie, während sie Jenny eine schmale, blasse Hand reichte. »Ich habe gerade schon Walter gegenüber meine Bewunderung dafür zum Ausdruck gebracht, mit welcher Bravour Sie diesen Fall für Gordon St. James gewonnen haben.«

»Wollen wir uns nicht lieber setzen?« sagte Boenning.

Die Frau brachte es fertig, mit einer so unglaublichen natürlichen Grazie auf einem der Stühle Platz zu nehmen und die Beine übereinanderzuschlagen, daß Jenny, durch zwanzig Jahre Ballett geschult, ihre Bewegungen unwillkürlich nachahmte.

»Sie haben den Prozeß verfolgt?« fragte Jenny, während sie den Stuhl ihr gegenüber nahm. Boenning plazierte sich am Kopf des Tisches, doch es bestand kein Zweifel daran, daß er bei diesem Gespräch die Rolle des Zuschauers übernehmen würde.

»Ob ich ihn verfolgt habe? Ich habe ihn verschlungen! Ich war fürchterlich beeindruckt. Und zwar so sehr, daß ich Sie selbst engagieren möchte.«

Jenny warf Boenning einen verwirrten Blick zu. »Ihre Scheidung?«

»Nein, nein, das nicht«, brummte Boenning.

»Ich möchte, daß Sie meinen anderen Fall übernehmen«, sagte Cassie. »Ich bin um zwei Millionen Dollar erleichtert worden. Das heißt, sie wurden aus dem Treuhandfonds meiner Mutter gestohlen.«

Die Namen und Details wirbelten durch Jennys Kopf und landeten schließlich an der einzigen Stelle, die in Frage kam. Sie lehnte sich abrupt in ihrem Stuhl zurück.

»Sie sind Catherine Chapman.«

Cassie neigte leicht den Kopf.

Die Nichte von Curtis Mason und das Opfer von Scott Sterling, verwickelt in Dan Casellas großen Fall. Jenny fühlte sich, als ob die Welt über ihr zusammenzubrechen drohte.

»Ich fürchte, ich kann Ihnen nicht helfen, Mrs. vonBerg«, sagte sie. »Da besteht ein Interessenkonflikt.«

»Was soll das heißen?« brauste Boenning auf.

»Bevor ich in Ihre Kanzlei eintrat, habe ich bei Foster, Bell & McNeil gearbeitet. Diese Kanzlei vertritt die Firma Harding & McMann, und ich habe eine Zeitlang an genau diesem Fall gearbeitet.«

»Das ist doch kein Interessenkonflikt«, sagte Cassie. »Es gibt Ihnen lediglich einen Vorsprung in bezug auf die notwendigen Fakten.«

»Sie möchten, daß ich eine Partei verklage, die einmal meine Mandantin war.«

Die Spur eines Lächelns breitete sich auf Cassies Gesicht aus. »Sie haben mich mißverstanden. Ich möchte, daß Sie Curtis Mason vor Gericht bringen.«

»Ah.« Jenny hatte nicht vergessen, wie Mason Dan angeblafft hatte: »Wer soll mich denn wohl wegen Veruntreuung verklagen? Reese? Catherine? Das glauben Sie doch selbst nicht.« Und sie erinnerte sich noch daran, wie Reese Chapman gemurmelt hatte: »Curt hat sich schon immer um Catherines Interessen gekümmert. Ich bin sicher, er wird es auch in diesem Fall tun.« Keiner von beiden hatte damit gerechnet, daß Catherine ihre Angelegenheiten selbst in die Hand nehmen würde.

»Curtis hat mit diesem Betrug zu tun, ich weiß es«, sagte Cassie. »Ich will, daß er mir diese zwei Millionen Dollar zurückerstattet, und ich will, daß er als Treuhänder ersetzt wird. Er hätte nie in dieser Funktion eingesetzt werden dürfen.«

»Warum nicht?«

Cassie richtete sich kerzengerade auf, als sie sich über den Tisch lehnte. »Der Fonds enthält das größte Wertpapierpaket aus dem Aktiendepot von Macoal. Das gesamte persönliche Vermögen meines Onkels steckt als Firmenkapital in dem Unternehmen Macoal. Alles, was mit meinen Aktien geschieht, hat direkte Auswirkungen auf Masons Eigenkapital. Um welche Interessen ist er also besorgt, um seine oder meine?«

»Ihre Mutter muß das doch gewußt haben.«

»Sie wußte es. Aber sie hätte es *besser* wissen müssen. Und sie verfügte über eine perfekte Alternative. Mein Vater ist ein Börsengenie.«

Jenny hatte Reese Chapman als einen extravaganten Tunicht-gut in Erinnerung, ein Image, das kaum zu der Beschreibung seiner Tochter zu passen schien. »Warum hat sie ihn dann nicht als Treuhänder eingesetzt?«

Cassie machte eine wegwerfende Handbewegung. »Die Ehe meiner Eltern war zerrüttet«, sagte sie. »Und meine Mutter gönnte ihm schließlich nicht mehr das Schwarze unterm Fingernagel. Aber ich habe dieses Problem nicht. Also, was sagen Sie?«

»Es gibt möglicherweise noch einen weiteren Interessenkonflikt«, sagte Jenny. »Ich bin mit Scott Sterling bekannt.«

»Meine Güte, wer ist das nicht?« rief Cassie aus. »Ich kenne ihn schon seit ich laufen lernte. Oder zumindest reiten. Deswegen weiß ich auch, daß Curtis hinter der Sache stecken muß. Scott hätte das niemals allein durchziehen können.« Sie verschränkte ihre Hände ineinander und legte sie vor sich auf den Tisch. »Also. Werden Sie den Fall für mich übernehmen?«

Jenny stand auf und stützte sich mit den Händen auf die Stuhllehne. Boenning beobachtete sie, und sie spürte, wie er allmählich ungeduldig wurde.

»Es wäre mir eine Ehre, Sie zu vertreten, Mrs. vonBerg«, sagte Jenny schließlich. »Ich denke jedoch, daß es ein Fehler wäre, Curtis Mason zum jetzigen Zeitpunkt zu verklagen.«

Cassies Züge blieben so ebenmäßig wie die seidigen Strähnen ihres Nackenknotens, aber ihre grauen Augen verdüsterten sich.

»Es steht bereits ein Prozeß zwischen Mason und Harding & McMann bevor«, erklärte Jenny. »Das Ergebnis dieses Prozesses wird für Ihren Fall von entscheidender Bedeutung sein. Erstens ist es durchaus möglich, daß Mason freigesprochen wird; das würde natürlich Ihre Position schwächen.«

»Und wenn nicht?« fragte Cassie ungehalten.

»Wenn nicht«, sagte Jenny, »wäre er gut beraten, freiwillig zurückzutreten. Sollte er sich weigern, wäre Ihr Fall bereits gewonnen.«

Cassie hatte verstanden. Ihre klassischen Züge entspannten sich, und sie nickte langsam.

»Ich werde mir Kopien der Schriftsätze und Abschriften der Protokolle der außergerichtlichen Anhörungen besorgen«, sagte Jenny. »Und ich werde als Beobachterin an dem Prozeß teilnehmen. Dann können wir uns für eine Strategie entscheiden.«

Boenning sah sie zweifelnd an. Jenny nahm an, daß er gerade ausrechnete, wieviel der Kanzlei an Honorareinnahmen entgehen würde, wenn sie einen Prozeß beobachtete, anstatt selbst einen zu führen.

»Cassie?« drängte Boenning.

»Tun Sie es«, sagte sie zu Jenny.

»Ich werde eine Akte anlegen«, sagte Boenning.

8

Am Sonntag morgen war Jenny in ihrem Zimmer im ersten Stock, als der Hund begann, einen Lastwagen anzubellen, der von der Coventry Road her den Hügel hinaufrumpelte. Sie öffnete das Fenster und lehnte sich hinaus, um ihn zu schelten. Der Hund sollte sich mittlerweile an die Baufahrzeuge gewöhnt haben, die nun regelmäßig an der Remise vorbeifuhren. Seit das Wetter wärmer geworden war, schwärmten Bauarbeiter wie Termiten über das alte Anwesen. Doch diesmal war es ein weißer Lieferwagen, und er parkte gerade in Jennys Hof. Die Beifahrertür schwang auf, und Leslie hüpfte heraus.

»Hallo! Was wollt ihr denn mit dem Lieferwagen?« fragte Jenny.

Leslie legte ihren Kopf in den Nacken, um unter der breiten Krempe ihres Strohhuts hinweg sehen zu können. »Hallo!« sagte sie und winkte Jenny zu.

Bruce stieg an der Fahrerseite aus. »Wir dachten, wenn wir schon einmal hier sind, können wir gleich den alten Schrank mitnehmen«, rief er.

»Wunderbar! Kommt nur rein, ich bin gleich unten.«

Jenny war nicht sonderlich überrascht, als sie beim Herunterkommen Scott Sterling zwischen Leslie und Bruce entdeckte, die beide ein Gesicht machten wie zwei Katzen, die denselben Kanarienvogel gefressen hatten.

»Hallo Scott, schön, dich zu sehen«, sagte Jenny.

»Hallo Jenny, wie geht's?«

Leslie fiel die Klappe herunter. »Ihr *kennt* euch?«

»Klar«, sagte Jenny. »Wir sind beide Ornithologen.«

»Apropos – wie geht's denn unserer Patientin?« erkundigte sich Scott.

»Komm und sieh's dir selber an.«

Sie überließ Leslie und Bruce ihrer Verwirrung und bedeutete Scott, ihr in den Vorratsraum zu folgen. Kaum hatten sie die Tür hinter sich geschlossen, brachen sie in herzhaftes Gelächter aus. »Du hast ihnen nichts verraten?« fragte Jenny.

»Nee. Nicht, nachdem mir klar wurde, daß du ihnen auch nichts gesagt hattest.«

»Damit sind wir also zwei Verschwörer.«

Der Hund hatte sich hinter ihnen durch die Tür gedrückt, und Scott kniete sich neben ihn. »Wer ist das denn?« fragte er und legte ihm einen Arm um den Hals.

»Ich nenne ihn Sam.«

»Hey, Sam«, sagte Scott freundlich. Der Hund blickte ihn treuherzig an und begann, ihm das Gesicht abzulecken.

»Du kannst gut mit Tieren umgehen«, stellte Jenny fest.

Scott erhob sich achselzuckend. »Ich mag sie einfach, das ist alles.«

Jenny führte ihn zu der Holzkiste, die sie zu einem Taubennest umfunktioniert hatte. Die Taube gurrte leise, als Scott über den Rand der Kiste lugte. »Sieht gut aus. Das Nest ist ja richtig komfortabel.« Er hielt seine Hand hinein, und der Vogel hüpfte ohne zu zögern auf sein Handgelenk.

»Wow«, sagte Jenny voller Bewunderung.

»Das liegt nicht an mir, das liegt an der Umgebung. Sie scheint sich hier sicher zu fühlen.« Er betrachtete erst die Kiste und dann den ganzen Raum.

»Ich glaube, das liegt an dir. Sie sollten ab und zu Hausbesuche machen, Herr Doktor.«

Scott sah Jenny an. »Keine schlechte Idee.« Sie sahen sich einen Moment lang in die Augen, bevor er die Taube wieder in ihre Kiste zurück setzte.

Jenny machte eine Kopfbewegung in Richtung Wohnung. »Wir sollten vielleicht besser wieder hineingehen und die beiden nicht dumm sterben lassen.«

Er wackelte schelmisch mit den Augenbrauen. »Nicht, bevor wir unsere Alibis verglichen haben. Was hältst du von folgender Geschichte: Wir haben uns bei einer ornithologischen Exkursion in den Rockies kennengelernt –«

»Und da haben wir einen Adler entdeckt, der diese hilflose Taube in den Klauen hatte und sie hinauf –«

»Auf die Spitze von Pike's Peak bringen wollte. Und wir beide haben uns freiwillig gemeldet, um ihr das Leben zu retten. Also haben wir uns angeseilt –«

»Und sind auf den Berg gekraxelt. Dann hat es angefangen zu schneien, aber wir sind weitergeklettert, bis unsere Hände taubgefroren und aufgesprungen waren –«

»Und wir erreichten den Adlerhorst gerade in dem Augenblick, als der Adler seine Reißzähne in die Taube graben wollte –«

»Haben Adler Reißzähne?« fiel Jenny ihm ins Wort.

»Nein, aber Bruce und Leslie haben doch keine Ahnung von sowas.«

Jenny lachte entzückt, hakte sich bei Scott ein, und sie gingen zurück in das Haus.

Nach dem Essen machten Bruce und Scott sich daran, den Schrank in den Lieferwagen zu laden, während Leslie und Jenny nach oben gingen, um sich ungestört unterhalten zu können. Wie in alten Tagen lümmelten sie sich auf Jennys Bett herum, und Jenny ließ sich von Leslie mit Geschichten von endlosen weißen Stränden und romantischer Inselmusik ergötzen und den kleinen Laden beschreiben, in dem Leslie einen wunderschönen Sarong entdeckt und von dem sie weitere hundert Stück für ihre neue Winterkollektion bestellt hatte.

Als Leslie schließlich nichts mehr zu erzählen wußte, fragte sie: »Und was gibt's Neues bei dir? Wie läuft dein Prozeß?«

»Er ist vorbei«, sagte Jenny, ohne auf weitere Einzelheiten einzugehen.

Leslie sah sie mit zusammengezogenen Augenbrauen an. »Was hat sich an dir geändert?«

»Wie meinst du das?«

»Irgendwas ist anders«, sagte sie, und diesmal klang sie äußerst mißtrauisch.

»Na ja, ich hab tatsächlich eine Neuigkeit für dich.«

»Also?« sagte Leslie herausfordernd.

»Ich bin schwanger.«

Leslie sperrte Mund und Augen auf. »O mein Gott, Jenny!« rief sie aus und sprang vom Bett. »Weiß er es?«

»Wieso ist das die erste Frage, die dir einfällt?«

»Herrje, du hast es ihm nicht gesagt?«

»Es geht ihn nichts an.«

»Aber er ist dafür verantwortlich –«

»Ich bin dafür verantwortlich!«

»Okay, okay«, sagte Leslie und warf resigniert die Arme in die Luft, als sie sich wieder auf das Bett fallen ließ. »Ende der Debatte. Aber laß mich wenigstens mit dir gehen. Wann hast du deinen –«

Jenny stand auf und stützte sich auf ihre Kommode. »Eigentlich«, sagte sie, »habe ich mich entschlossen, es zu behalten.«

Hinter ihr herrschte atemlose Stille. Als sie sich umdrehte, saß Leslie wie erstarrt auf dem Bett. Dann begann sie den Kopf zu schütteln, erst ganz langsam und dann immer schneller und eindringlicher.

»Nein«, sagte Leslie. »Nein! Das kannst du dir nicht antun! Du bist erst siebenundzwanzig. Deine biologische Uhr hat doch noch nicht mal zu ticken angefangen. Du hast überhaupt keinen Grund, dein Leben auf ewig zu ruinieren.«

»Ich werde mein Leben auf ewig ruinieren, wenn ich dieses Baby nicht bekomme.«

»Das ist doch lächerlich!«

»Leslie, ich hatte die Liebesaffäre meines Lebens, und sie hat ein unglückliches Ende genommen, ein schrecklich unglückliches Ende. Aber begreifst du denn nicht? Wenn ich dieses Baby abtreibe, dann wird das Ende zu einer Tragödie. Es wäre ein Unglück für mich, das ich nie wieder ungeschehen machen könnte.«

»Glaubst du etwa, ein uneheliches Kind zu bekommen bedeutet ein Happy End? Das kann doch nicht funktionieren, Jenny!«

»Das wird es«, beharrte Jenny. »Dafür werde ich schon sorgen. Ich werde aus meiner unglücklichen Liebe das Beste machen, was mir je im Leben passiert ist.«

Leslie kniff ihre Lippen zusammen. »Wann?«

»Ende Oktober.«

Leslies Miene verfinsterte sich, während sie ihre Kopfrechnung durchführte. »Du bist also schon über den dritten Monat«, knurrte sie. »Eigentlich ist es dann sowieso zu spät, dir das auszureden.«

»Eigentlich ja.« Jenny wandte sich wieder dem Spiegel zu und nahm ihre Haarbürste in die Hand.

Leslie schüttelte hilflos den Kopf, bis ihr ein neuer Gedanke kam. »Wenn du es bekommst, dann *mußt* du es ihm sagen.«

»Muß ich nicht.« Jenny bürstete ihr Haar mit kurzen, energischen Strichen.

»Das ist, als ob du es ihm stiehlst.«

Jenny sah ihr Spiegelbild erbleichen. Genau das war es, was sie tat; es war Diebstahl, nicht weniger, als wenn sie sich nachts an ihn herangeschlichen und ihm im Schlaf eine Locke von seinem Haar gestohlen hätte. Aber wenn es denn ein Verbrechen sein sollte, so war Jenny davon überzeugt, daß es gerechtfertigt war. Er mochte die Macht besessen haben, ihr das Herz zu brechen, aber sie würde ihm nicht die Macht zugestehen, eine nie wieder gutzumachende Tragödie über ihr Leben zu bringen.

Leslie stand auf. »Wir müssen langsam los. Bruce hat versprochen, den Lieferwagen spätestens heute mittag wieder zurückzubringen.«

Unglücklich folgte Jenny ihr die Treppe hinunter. Entweder hatten sie sich zuviel oder zu wenig gesagt, jedenfalls war klar, daß dies vorerst und vielleicht für lange Zeit das Ende ihres Gesprächs bedeutete.

Die Männer hatten den Schrank auf der Ladefläche des Lieferwagens verstaut und schlugen gerade die Türen zu, als Jenny und Leslie in den Hof traten. Leslie zog Bruce zur Seite und flüsterte ihm etwas zu. Bruce nickte.

»Fahren wir?« fragte er Scott.

»Jetzt schon?«

Scott sah zu Jenny hinüber, und sie schüttelte den Kopf.

»Vielen Dank für das leckere Brunch«, rief Bruce, als er und Leslie in den Lieferwagen stiegen.

Scott nahm Jennys Hand. »Vielen Dank für die Gastfreundschaft«, sagte er. »Du kannst dir nicht vorstellen, wie nötig ich es hatte, dem Haus meiner Eltern zu entkommen und ein paar Stunden unter freundlichen Gesichtern zu sein.«
»Fühlst du dich nicht wohl bei ihnen?« fragte Jenny leise.
Er zuckte die Achseln. »Mein Vater spricht nicht mit mir. Er wirft mich nicht raus, aber er will auch nicht mit mir reden.«
Bruce hupte ungeduldig, aber Jenny hielt Scotts Hand noch einen Augenblick lang fest. »Wann werden Sie denn Ihren ersten Hausbesuch machen, Herr Doktor?«
Sein Gesicht hellte sich auf. »Morgen abend?«
»Abgemacht.«
Er stieg in den Lieferwagen, und Bruce ließ den Motor an.
»Beinahe hätte ich's vergessen«, sagte Leslie und lehnte sich über ihn hinweg aus dem Fenster. »Ich hab vielleicht einen neuen Mitbewohner für dich. Ein Kollege von mir hat eine Schwester –«
»Ist schon gut, danke«, sagte Jenny. »Ich hab beschlossen, es allein durchzustehen.«
Leslies Mund wurde hart. »Ich glaube, du machst einen großen Fehler.«
Sie zog ihren Kopf zurück, und der Lieferwagen fuhr ab, und nur Scott Sterling winkte zum Abschied.

9

»Er war wie ein Sohn für mich!«
Curtis Masons Aussage bestand aus mit donnernder Stimme vorgetragenen Erklärungen, jede mit einem Ausrufezeichen betont. Er saß etwa einen Meter von Dan entfernt, nur durch die polierte Mahagoniplatte des Konferenztischs von ihm getrennt. Die Protokollführerin saß am Kopfende des Tischs,

ihre Stenomaschine vor sich auf einem Dreifuß. Neben Mason saß Robert Perlman.

Dans erster Blick auf Perlman, als dieser am Morgen eintraf, bestätigte ihm, daß er richtig gehandelt hatte, als er den Termin für die außergerichtliche Anhörung auf Montag früh festgesetzt hatte. Es wurde gemunkelt, daß Perlman in letzter Zeit zu viele Partys feierte, und er hatte prompt seinen Wochenendkater mitgebracht.

Aber neben Perlman saß dessen neuer Assistent Jerry Shuster, und dem entging nichts. Ständig wurden Notizzettel zwischen den beiden hin- und hergereicht, und Perlman nahm jede einzelne Notiz ernst. Dan nahm Shuster ebenfalls ernst. Er war Reserveoffizier, dessen Einheit während des Golfkriegs einberufen worden war. Bei der Befreiung Kuweits war er an Kampfhandlungen beteiligt gewesen, die ihn einen Arm gekostet hatten. Als er nach Philadelphia zurückgekehrt war, verlor Perlman keine Zeit und warb ihn bei seinem früheren Arbeitgeber ab. Obwohl er erst im dritten Jahr Anwalt war, besaß er eine Präsenz, die Jahre tatsächlicher Erfahrung im Gerichtssaal aufwog.

Dan wünschte, er hätte auch einen jungen Kollegen neben sich, jemanden, der Dinge mitbekam, die ihm vielleicht entgingen. In diesem Fall konnte er sich keine Fehler leisten.

Seine Glückssträhne bei Foster, Bell war gerissen, seit er das Geschäft mit Tramco verloren hatte. Es war mehr als nur der Verlust eines wichtigen Mandanten. Zu viele seiner Partner runzelten die Stirn über Jennifers Rolle in dem ganzen Schlamassel und fragten sich, ob Dan dafür verantwortlich war. Er mußte seinen guten Ruf schleunigst wiederherstellen, und das ließ sich am schnellsten bewerkstelligen, indem er diesen Fall gewann.

»Inwiefern war Scott Sterling wie ein Sohn für Sie?«

»Ich hab ihn aufwachsen sehen. Er ist mir ans Herz gewachsen. Er hatte ein einnehmendes Wesen. Er war stets begierig, etwas Neues zu lernen, und bereit, hart zu arbeiten.« Mason schnaubte verächtlich. »Natürlich wissen wir, daß das alles nur Schau war. Er hat von Anfang an vorgehabt, mich reinzulegen.«

»Wann war der Anfang?«

Dan hatte sich schon den ganzen Tag auf solche unpräzisen Fragen verlegt. Mit Mason hatte er einen ungezügelten Zeugen erwischt, ein seltener Fund. Jeder gute Anwalt präparierte seine Mandanten vor einer außergerichtlichen Anhörung, und sie wurden immer auf dasselbe Schema gedrillt: Beantworten Sie Fragen wahrheitsgemäß, aber beantworten Sie nur das, wonach gefragt wird; geben Sie niemals freiwillig Informationen preis, gehen Sie niemals ungefragt ins Detail. Perlman mußte Mason dieselben Instruktionen erteilt haben, aber Mason hatte ein loses Mundwerk und war nicht zu bremsen. Auch wenn das bedeutete, daß Dan sich Masons endlose eigennützige Ausführungen anhören und sich am Ende mit einem Protokoll herumschlagen mußte, das dreimal so lang war wie nötig, so bedeutete es auch, daß Mason früher oder später zu viel sagen würde.

»Ich schätze, es hat letztes Jahr auf der Party bei Ed und Margie angefangen. Muß im Mai gewesen sein. Draußen auf ihrer Farm in Chester Springs.«

»War Scott auf der Party?«

»Yeah. Er hat mich im Billardzimmer aufgespürt. Hat mir erzählt, wie leid es ihm tat, als er von Doodys Tod gehört hat. Der hinterhältige kleine Bastard! Ich hab ihn einfach nicht durchschaut. Er war immer so ein höflicher Junge. Höflich! Er war ein erstklassiger Süßholzraspler!

Dann hat er über seinen Job gesprochen. Hat mir erzählt, er würde bei Harding & McMann bald zum Partner aufsteigen und er hätte sich auf Vermögensrecht spezialisiert hätte, was mir völlig neu war. Ich hatte angenommen, er würde sich mit Wirtschaftsrecht befassen, wo Ed doch dick bei Phoenix Pharmaceuticals mit drin ist. Es muß Ed ganz verrückt gemacht haben zu erleben, daß sein einziger Junge Anwalt wird und sich dann auf ein juristisches Gebiet verlegt, wo er den ganzen Tag irgendwelchen alten Damen Händchen halten muß!

Mir ist gleich aufgefallen, wie Ed mit Scotty umging, hat ihn mehrmals eiskalt abblitzen lassen. Und Scotty! Der machte jedesmal ein Gesicht, als hätte ihm einer ein Messer in den

Bauch gerammt. Das ist schon immer so gewesen zwischen den beiden. Ich sage Ihnen, die können sich einfach nicht ausstehen.

Sie halten mich vielleicht für einen weichherzigen Trottel, aber der Junge hat mir leid getan mit seiner Scheidung und überhaupt. Und eh ich mich versah, hab ich ihn gefragt, ob er Lust hätte, die Verwaltung von Doodys Treuhandfonds zu übernehmen.«

»Hatten Sie bereits einen juristischen Berater für die Verwaltung des Fonds?«

»Klar, Dickinson Barlow. Er wickelt alle meine Geschäfte für mich ab.«

»Wie haben Sie ihm erklärt, das sie die Verantwortung für den Treuhandfonds an Sterling übergaben?«

Shuster begriff, worauf Dan mit seiner Frage hinauswollte, und er wußte, daß ihm keine Zeit blieb, um einen Zettel zu schreiben. Er beugte sich zu Perlman hinüber und flüsterte ihm etwas zu. Aber im gleichen Augenblick find Mason an zu reden.

»Ich hab ihm gesagt, ich bräuchte jemanden, der die Arbeit machte, für die er keine Zeit hatte, der sich um den täglichen Kleinkram kümmerte, sich mit dem Broker auseinandersetzte, Schecks ausstellte.«

»Dickinson Barlow war nicht bereit, sich tagtäglich um die Verwaltung des Treuhandfonds zu kümmern, ist das richtig?«

»Einspruch«, sagte Perlman schnell, um Mason zuvorzukommen. »Aussageverweigerungsrecht des Anwalts, Anweisung an den Mandanten, diese Frage nicht zu beantworten.«

»Er hat die letzte Frage beantwortet, Bob, damit ist dieses Recht verwirkt«, sagte Dan, und als Shuster Perlman kopfschüttelnd ansah, gab er sich geschlagen. »Würden Sie Mr. Mason die Frage noch einmal vorlesen, Beverly?«

Sie zog das Papier aus ihrer Maschine und las die Frage mit der tonlosen Stimme vor, die jedem guten Protokollführer eigen ist, um Neutralität zu demonstrieren. Mason lauschte mit geschlossenen Augen, offenbar eine Falle witternd, schien jedoch keine herauszuhören.

»Korrekt«, antwortete er.

»Und auch Sie waren nicht bereit, sich um die tägliche Kleinarbeit zu kümmern, die die Verwaltung des Treuhandfonds erfordert, ist das richtig?«

»Himmel, ich hab nun mal keine Zeit für solchen Kleinscheiß.«

»Aber Scott Sterling *war* bereit, sich täglich um die Verwaltung zu kümmern, ist das richtig?«

»Na klar, war er das!« rief Mason. »Genau so hatte er schließlich vor, an mein Geld zu kommen!«

Es folgte ein weiterer Vortrag Masons zu seinen Gunsten, nach dessen Beendigung Dan eine Pause anberaumte.

Als die Anhörung wieder aufgenommen wurde, wirkte Perlman wesentlich wacher, und Dan nahm an, daß er sich sein Gesicht mit kaltem Wasser erfrischt hatte. Er hatte außerdem den Eindruck, daß Perlman sich seinen Mandanten während der Pause noch einmal zur Brust genommen hatte, denn Mason starrte wütend vor sich hin, als er wieder Platz nahm.

»Wurden alle Aktivposten des Fonds auf dem Konto bei Connolly & Company verwaltet?«

»Richtig.«

»Gehörten zu den genannten Aktivposten auch Akten der Macoal Corporation?«

»Ja.«

»Gab es im Sommer 1994 einen Aktionär, der einen größeren Anteil an Aktien der Macoal Corporation hielt als der Treuhandfonds von Elizabeth Mason Chapman?«

»Nein.«

»Gehörten zu den Aktivposten des Fonds noch weitere Wertpapiere?«

»Ja.«

»Und Bargeld, richtig?«

»Richtig.«

»War es möglich, mit Schecks von dem Konto Bargeld abzuheben?«

»Ja.«

»Konnten ebenfalls Schecks ausgestellt werden über den Verkaufswert der Wertpapiere, die auf diesem Konto verwaltet wurden?«

»Ja, aber das hätte bedeutet, die Wertpapiere zu beleihen. Das kostet jedesmal Zinsen, wenn man das macht.«

»Wertpapiere zu beleihen, war also etwas, das Sie vermeiden wollten?«

Mason schenkte Dan einen gequälten Blick. »Mr. Casella, Doodys Fonds hatte einen Wert von zehn Millionen Dollar. Wir haben nur zwanzigtausend pro Monat an Reese ausgezahlt und gewöhnlich noch weniger an Catherine. Es gab überhaupt keinen Grund, die Wertpapiere zu beleihen und Zinsen auflaufen zu lassen.«

»Wie wurde das Geld an Mr. Chapman und seine Tochter ausgezahlt?«

»Per Scheck natürlich.«

»Zu Lasten des Kontos bei Connolly, ist das richtig?«

»Richtig.«

»In wessen Händen waren vor Mai letzten Jahres die Schecks von Connolly & Company?«

Mason sah Dan argwöhnisch an. »In meinen.«

»Wann haben Sie sie Scott Sterling übergeben?«

Mason blickte zu Perlman hinüber, erhielt jedoch kein Zeichen. »Ich weiß nicht«, sagte er achselzuckend. »Irgendwann in dem Sommer.«

»Im Sommer 1994?«

»Richtig.«

»Welche Anweisungen haben Sie Scott bezüglich der Schecks gegeben?«

Es war die erste unpräzise Frage seit der Pause, und Mason hatte nur darauf gewartet. »Hören Sie«, sagte er. »Ich weiß, worauf Sie hinauswollen! Sie versuchen mir klarzumachen, ich hätte meine treuhänderischen Pflichten verletzt, indem ich es Scott überlassen habe, die Schecks auszustellen.«

Perlman legte ihm eine Hand auf den Arm, um ihn zurückzuhalten, aber Mason schüttelte ihn ab. »Hören Sie zu. Ich habe fünfzehn Jahre lang eins der größten Unternehmen dieses Landes geleitet, und zwar nicht etwa, indem ich jeden Handgriff eigenhändig durchgeführt hätte, sondern indem ich alles mögliche delegiert habe. Ich hatte Assistenten und Vizepräsidenten und Manager, die die Detailarbeit für mich erledigt haben. Wir wären niemals in der Lage gewesen, Zenco Gas aufzukaufen, wenn mein Schreibtisch mit Details übersät gewesen wäre. Wir wären nicht in der Lage gewesen, Jack Stengels aggressive Übernahmestrategie abzuwehren, wenn ich die Detailarbeit hätte selbst machen müssen.

Doody kannte meine Arbeitsmethoden. Sie wußte, daß ich die Detailarbeit delegieren würde, wenn sie mich als Treuhänder einsetzte. Aber sie hat mich trotzdem eingesetzt. Also sparen Sie sich die Mühe, Casella, da gibt's nichts zu holen!«

Dan wiederholte: »Welche Anweisungen haben Sie Scott Sterling bezüglich der Schecks gegeben?«

Mason traten fast die Augen aus dem Kopf, und wieder legte Perlman ihm eine beruhigende Hand auf den Arm.

»Also gut«, sagte Mason und atmete wütend aus. »Ich habe ihm gesagt, er soll die Rechnungen bezahlen. Den Steuerberater, Harding & McMann, die zwanzigtausend an Reese und an Catherine, was immer sie brauchte.«

»Haben Sie Sterling Kontovollmacht erteilt?«

»Ich habe ihn bevollmächtigt, die Schecks zu unterschreiben, selbstverständlich.«

»Mit welchem Namen haben Sie ihn bevollmächtigt zu unterschreiben, Mr. Mason?«

»Mit meinem.«

Dan legte einen anderen Gang ein. »Haben Sie Scott Sterling außerdem bevollmächtigt, mit gewissen Wertpapieren aus dem Fonds zu handeln?«

»Klar. Ein bestimmter Anteil an Wertpapieren mußte gekauft und wieder verkauft werden, damit immer genug Bargeld zur Verfügung stand, um die Auszahlungen zu tätigen.«

»Der Broker hat also auf Sterlings Geheiß Aktien gekauft und wieder abgestoßen?«

»Sie brauchten eine Handlungsvollmacht für ihre Akten. Also hab ich eine unterschrieben.«

Dan zog ein Dokument aus seiner Akte. »Bezeichnen wir dieses Schriftstück als D-21«, sagte er zu der Protokollführerin.

Mason schielte über den Tisch hinweg nach dem Papier und versuchte, die Schrift auf dem Kopf zu lesen. Nachdem das Dokument als Beweisstück gekennzeichnet worden war, reichte Dan es an Perlman, aber Mason riß es seinem Anwalt aus der Hand, um es als erster zu lesen.

»Ist D-21 eine Kopie der Handlungsvollmacht, die Sie unterzeichnet haben?«

»Ja.«

»Mr. Mason, ich interessiere mich besonders für die mit der Schreibmaschine hinzugefügte Klausel unten auf dem Vordruck. Sie beginnt mit den Worten: ›Mit der Einschränkung, daß ...‹. Sehen Sie diese Klausel?«

»Klar. ›Mit der Einschränkung, daß Sterling nicht bevollmächtigt ist, mit Aktien der Macoal Corporation zu handeln.‹«

»Wessen Idee war es, diese Klausel hinzuzufügen?«

»Meine natürlich. Die Kontrolle über die Aktienmehrheit von Macoal ist für meine ganze Familie von größter Wichtigkeit. Da wollte ich kein Risiko eingehen.«

Um drei Uhr wurde die Anhörung erneut unterbrochen, und Dan hörte die Nachrichten auf seinem Anrufbeantworter ab. Der Wirtschaftsprüfer hatte um zwei angerufen und wollte so bald wie möglich in Dans Büro kommen, um ihm etwas zu zeigen. Dan drückte die Taste der Gegensprechanlage. »Betty, rufen Sie Larry Biggs zurück und sagen Sie ihm, er soll um halb fünf in mein Büro kommen, wenn er sich kurz fassen kann. Ich muß um fünf weg, wenn ich Tonys Spiel nicht verpassen will.«

Dans erste Frage nach der Pause lautete: »Warum haben Sie ihre Telefongespräche mit Sterling aufgezeichnet?«

Mason lächelte schwach und straffte seine Schultern. Auf diese Frage war er vorbereitet. »Reine Glückssache. Ich habe die Gespräche auf meinem Anrufbeantworter aufgenommen, damit ich sie später Dorrie vorspielen konnte.«

»Wieso?«

»Scotty war auch für sie wie ein Sohn, erinnern Sie sich? Sie freute sich darüber, daß er seine Sache für uns so gut machte. Aber sie wollte die Gespräche nicht von ihrem Apparat aus mithören, um ihm nicht das Gefühl zu vermitteln, wir hingen ihm alle im Nacken. Also hab ich die Telefonate aufgenommen und ihr später das Band vorgespielt.«

»Warum haben sie die Aufnahmen nicht gelöscht, nachdem Mrs. Mason sie gehört hatte?«

»Das ist die Glückssache, die ich eben erwähnte«, sagte Mason. »Ich habe nie richtig kapiert, wie man das verdammte Gerät bedient. Ich dachte, ich hätte das Band jedesmal zurückgespult, aber jetzt stellt sich eben heraus, daß ich es vorgespult hab, und so sind alle Gespräche erhalten geblieben.«

»Und wie sind Sie auf diesen glücklichen Zufall gestoßen?«

Mason war Dans Sarkasmus nicht entgangen, er ging jedoch nicht darauf ein. »Nachdem dieser ganze Schlamassel aufgeflogen war, hab ich über all die Lügengeschichten nachgedacht, die er mir aufgetischt hat, und da bin ich auf die Idee gekommen, daß ein Teil davon immer noch auf dem Band sein könnte. Also hab ich das ganze Band noch mal ablaufen lassen, und bei Gott, sie waren alle noch da!«

»Sie haben drei verschiedene Wohnsitze, ist das richtig, Mr. Mason?«

»Richtig.«

»An welchem Ihrer Wohnorte befindet sich der Anrufbeantworter?«

Mason zuckte leicht zusammen. »Hier«, sagte er. »In Devon.«

Dan sah, wie Shuster etwas auf seinen Notizblock kritzelte. Mindestens einer der Anrufe war von Maine aus geführt worden. Hinzu kam, daß Mason sich in Florida aufgehalten hatte, als der Betrug aufgeflogen war, und er war an dem Tag nach Hause geflogen, als Perlman die Existenz der Bänder erwähnt hatte.

»Wer hat die monatlichen Beträge festgelegt, die Catherine jeweils ausgezahlt wurden?«

»Ich.« Mason lehnte sich zurück und verschränkte seine

Hände vor der Brust. Er wußte, daß die Anhörung nur noch etwa eine Stunde dauern würde, und die Aussicht, daß dieser Tag bald beendet sein würde, ließ ihn sich entspannen.

»Sie haben Sterling also jeden Monat angerufen und ihm den Betrag genannt, den er an Catherine auszahlen sollte?«

»Nein. Er hat mir gesagt, wieviel sie jeweils verlangte, und ich habe entweder ja oder nein gesagt.«

»Bevor oder nachdem die Schecks ausgestellt wurden?«

»Also, woher soll ich das denn wissen?« fragte Mason ungeduldig.

»Sie wußten nicht, ob Sterling den Scheck für Catherine bereits ausgestellt hatte oder nicht?«

»Das scheint mir doch die logische Folge zu sein.«

»Ja oder nein, Mr. Mason.«

»Nein.«

»Und Sie wußten ebenfalls nicht, ob Sterling sich an Ihr Ja oder Nein hielt, wenn er den Betrag für Catherines Schecks festlegte?«

»Natürlich wußte ich das.«

Dan zögerte, bevor er »Woher?« fragte, denn er wußte, was folgen würde: »Ich habe Scott vertraut, er war für mich wie ein Sohn, ich habe ihm geglaubt, er arbeitete schließlich für eine renommierte Kanzlei.« Es war dieselbe Leier, die Mason den ganzen Tag zum Besten gab, und Dan war sich nicht sicher, ob er sie noch einmal hören wollte.

»Woher wußten Sie das?« fragte er dennoch.

»Na, es stand eben auf den Kontoauszügen, die Connolly jeden Monat für mich ausspuckte. Da konnte ich genau ablesen, wieviel Catherine jeden Monat ausbezahlt bekam.«

Shuster zog die Luft durch die Zähne ein.

Mit ausdrucksloser Stimme fragte Dan: »Sie haben von Connolly & Company Kontoauszüge des Treuhandvermögens erhalten?«

»Klar«, sagte Mason achselzuckend und warf noch einen Blick auf seine Uhr.

Als Dan am Ende des Tages allein in seinem Büro saß, verpaßte er seinem eigenen Hochgefühl einen Dämpfer. Es war immer noch nicht auszuschließen, daß Mason sich nicht richtig erinnerte. Sterling hatte behauptet, die Auszüge seien an ihn geschickt worden, addressiert an Curtis Mason, zu Händen von Scott Sterling. Vielleicht hatte Mason irrtümlich von seinen persönlichen Kontoauszügen gesprochen. Es gab eine Möglichkeit, das herauszufinden, dachte Dan, nahm den Hörer vom Telefon und wählte die Nummer von Brian Kearney bei Connolly & Company.

»Brian«, sagte er, nachdem seine Sekretärin ihn verbunden hatte. »Kurze Frage. Vielleicht können Sie einfach Ihren Bildschirm einschalten und mir folgendes sagen: Wohin wurden die Auszüge von dem Konto des Chapman-Treuhandfonds geschickt?«

»Moment. Ja, hier hab ich's: Curtis Mason, Treuhänder zu Händen von Scott Sterling, Harding & McMann, und so weiter. Ich nehme an, das haben Sie gewußt, was?«

»Ich hab sowas läuten hören.«

»Dann ist hier noch eine Markierung«, sagte Kearney.

»Was?«

»Das Konto hat eine Markierung, die besagt, daß von jedem Auszug ein Duplikat ausgestellt werden soll. Diese Duplikate gingen an Curtis Mason, Treuhänder, One Gladding Lane, Devon.«

Dan setzte sich kerzengerade auf. »Seit wann?«

»Mal sehen. Die Markierung wurde an dem Tag eingefügt, als Sterlings Name eingetragen wurde. Juni 1994.«

»Und es gibt Unterlagen, die das bestätigen, Brian?«

»Darauf können Sie sich verlassen.«

Als Dan auflegte, summte die Gegensprechanlage, und Bettys Stimme meldete sich: »Mr. Biggs ist da.«

»Führen Sie ihn in den Konferenzsaal. Und Betty – setzen Sie sich zu uns. Ich brauche Sie vielleicht zum Protokollieren.«

Larry Biggs war jünger als Dan, fast völlig kahl und einer der besten Wirtschaftsprüfer der Stadt. Er hatte seine Tabellen und Ergebnisanalysen vor sich auf dem Tisch ausgebreitet, als Dan den Raum betrat.

»Tag, Larry, was gibt's Neues?«

»Zunächst einmal dieses Bankkonto«, sagte Biggs, während seine Finger über die Papiere spazierten.

»Was ist das?«

»Sie wissen doch, daß wir alle Eingänge auf Sterlings Konto bei der Savers Bank zurückverfolgt haben?«

»Ja, klar, um herauszufinden, wieviel von dem Geld aus dem Treuhandfonds kam und wieviel ihm legal selbst gehörte.«

»Nun, wir sind auf eine Einzahlung gestoßen, die im Dezember 1993 per Scheck auf das Konto eingegangen ist. Dieser Scheck hat uns zu einem anderen Konto bei einer Bank in Atlantic City geführt.«

»Und?« fragte Dan. Aber er hatte auf der Tabelle bereits den Weg entdeckt, den das Geld genommen hatte, und er wappnete sich innerlich für das, was Biggs als nächstes sagen würde.

»Es stellte sich heraus, daß dieses Konto ebenfalls Sterling gehört. Und es weist –«

»Bareinzahlungen auf«, sagte Dan, während er mit dem Finger über die Tabelle fuhr. »Mehr als zehntausend Dollar pro Einzahlung. Insgesamt – wieviel kommt da zusammen, Larry?«

»Einhundertzwanzigtausend Dollar«, sagte der Wirtschaftsprüfer. »In nicht nachvollziehbaren Bareinzahlungen.«

Dan richtete sich langsam auf und sah erst den Wirtschaftsprüfer und dann Betty an. »Das bleibt unter uns«, sagte er.

10

Jenny hatte einen leichten Tag im Büro gehabt, und doch war sie erschöpft, als sie zu Hause ankam. Es war eine so abgrundtiefe Müdigkeit, die sie überkam, daß sie sich am liebsten in einer Ecke zusammengerollt und für den Rest ihres Lebens geschlafen hätte. »Ihr Körper spricht mit Ihnen«, hatte der Arzt gesagt. Das Problem war nur, daß Jenny zu müde war, um zu antworten.

Scotts Auto stand im Hof, und trotz des langen Tages munterte es sie auf zu wissen, daß er zu Hause war. Weiße und rosafarbene fleißige Lieschen blühten in den Beeten rechts und links der Eingangsstufen, und an der Haustür glänzten neue Messingschlösser. Obwohl die alte Remise schon in wenigen Monaten abgerissen werden sollte, hielt Scott das Haus in Schuß, als sei es für die Ewigkeit bestimmt. Das mochte so dumm und kurzsichtig und unangebracht sein wie aus dem Fenster geschmissenes Geld, aber seine Zuversicht wirkte ansteckend.

»Hallo?« rief sie. Der Duft von Brathähnchen erfüllte das Haus, und auf dem Tisch stand eine Vase mit frischgeschnittenen Pfingstrosen. Jenny atmete tief und zufrieden ein. Scott in Leslies ehemaligem Zimmer wohnen zu lassen, war die beste Entscheidung, die sie seit langem getroffen hatte.

Von draußen war ausgelassenes Lachen zu hören, und als Jenny sich umdrehte, sah sie Scott und den Hund wie zwei Bärenjunge im Garten balgen. Er tollte wie ein kleiner Junge mit diesem Hund herum, und Jenny mußte beim Anblick der beiden lächeln. Sie trat hinaus auf die bröckelnde Terrasse. Die Taube hockte in einem Baum ganz in der Nähe. Ihr Flügel war geheilt, sie konnte wegfliegen, wann immer sie wollte. Sie zog es vor zu bleiben.

»Hi!« Scott rollte sich auf die Füße und klopfte sich seine Hose ab. »Wie war dein Tag?«

»Gut. Schön, daß du zu Hause bist. Ich habe die ›Pro se‹-Schriftstücke für dich fertig zur Unterschrift.«

Augenblicklich verdüsterte sich seine Miene. »Heißt ›Pro se‹ nicht, daß ich das eigentlich selbst machen müßte?«

»Ach was, komm rein.«

Jenny öffnete ihre Aktenmappe auf dem Tisch und breitete die Papiere aus: Antwort des Beklagten Scott M. Sterling auf die Klageschrift des Klägers; Erwiderung des Beklagten Scott M. Sterling auf den Antrag des Klägers, Auskunftserteilung zu erzwingen; Erwiderung des Beklagten Scott M. Sterling auf den Antrag des Klägers, den Prozeß zu beschleunigen. Jedes Schriftstück wies eine gepunktete Unterschriftslinie auf, und darunter stand Scott M. Sterling, in eigener Sache.

Scott setzte sich und begann zu lesen. »Bist du sicher, daß du deswegen keine Schwierigkeiten bekommst?«

»Ich vertrete dich doch nicht. Ich helfe lediglich einem Freund.«

»Vielleicht sollte ich nichts davon einreichen.« Er stützte den Kopf in seine Hände und massierte sich die Stirn. »Soll Onkel Curt doch ein Versäumnisurteil gegen mich erwirken. Auch wenn er einen Titel gegen mich durchsetzt, bei mir ist sowieso nichts mehr zu holen.«

»*Scott* –« Manchmal konnte Jenny seine Naivität nicht fassen. »Ein Rechtstitel kann auf ewig bestehenbleiben. Mason könnte dir jeden Pfennig abnehmen, der in Zukunft auf dein Konto fließt – zum Beispiel das Vermögen, das auf deinen Namen übergeht, wenn du fünfunddreißig bist.«

»Na und?«

»Scott«, sagte sie bestimmt. »Wenn du schon nicht an dich selbst denkst, dann denk wenigstens an deine kleine Tochter.«

Der Hund schlich sich an Scotts Seite und legte ihm seine Schnauze auf den Schoß. Scott streichelte ihn abwesend. »Vielleicht hast du ja recht«, sagte er.

»Hier mußt du unterschreiben.« Sie deutete auf die letzte Seite der einzelnen Dokumente.

»Muß ich auch jede Seite mit Initialen versehen?«

»Sei nicht albern«, lachte sie. »Das sind doch keine Testamente. So, und morgen bringst du sie ins Büro des Gerichtsassistenten. Weißt du, wo du hingehen mußt? Gerichtsgebäude, Ecke Sixth- und Marketstreet, zweite Etage.«

»Und was ist das hier?« fragte er, als er beim letzten Schriftstück angekommen war.

»Perlman hat beantragt, den Prozeßtermin vorzuverlegen. Das ist dein Einspruch dagegen.«

»Aber ich möchte dagegen keinen Einspruch einlegen. Je eher ich das hinter mir habe, um so besser.«

»Dein Rechtsanwalt glaubt, daß der Bezirksstaatsanwalt den Prozeß gegen dich erst eröffnen will, wenn der Zivilprozeß abgeschlossen ist. Je länger du die Verhandlung also hinausschiebst, um so länger bist du ein freier Mann.«

»Ist das denn wichtig?«

Jenny hatte seine endlosen Selbstgeißelungen satt. »Mir ist es wichtig«, fuhr sie ihn an.

Wortlos unterschrieb er die letzte Seite.

Sie aßen gemeinsam auf der Terrasse zu Abend, während die Dämmerung sich über die Hügel legte und die Lichter in den Bauwagen angingen. Der Rohbau zweier Häuser war bereits fertiggestellt, und ihre nackten Mauern ragten wie Skelette in den Abendhimmel. Jenny fand es schrecklich, Tag für Tag den Fortschritt zu sehen, den die Baustelle machte. Je näher der Bezugstermin für die Häuser des Wohnparks rückte, um so näher rückte ihr notgedrungener Auszugstermin aus der Remise.

»Hast du dir schon überlegt, wo du hinziehen wirst?« fragte Scott, ihre Gedanken erratend.

Sie schüttelte den Kopf. »Es gibt so viele Dinge, die ich planen muß, ich weiß gar nicht, wo ich anfangen soll.«

Er sah ihr zu, wie sie ihr Hähnchen aß. »Hast du in letzter Zeit noch mal mit Leslie gesprochen?«

»Nein, warum?«

»Ich weiß nicht, ich dachte nur, daß du in so einer Situation eine Freundin gebrauchen könntest.«

Sie fragte sich, was er meinte, und einen Augenblick später wußte sie es auch schon. Sie sank auf ihrem Stuhl zurück. »Du weißt es?« fragte sie entgeistert.

Er zog eine Grimasse und nickte.

»Woher?«

»Du hast gesagt, du hättest einen Fehler gemacht, dessen Konsequenzen noch auf dich zukommen würden, und das war der einzige, den ich mir bei dir vorstellen konnte. Und seitdem sind mir auch noch andere Anzeichen aufgefallen. Ich hab das schon mal erlebt, weißt du.«

Jenny stand auf und ging an den Rand der Terrasse. Das hohe Gras der Felder war bis auf Stoppeln abgemäht worden. Die Landschaft veränderte sich so schnell, daß sie gar nicht mehr mit der Entwicklung mitkam.

Scott sagte: »Ich weiß, das Leslie lange nicht mehr hier gewesen ist –«

»Sie hält meine Entscheidung für falsch.«

»Welche?«

»Das Baby zu bekommen und großzuziehen.«

Eine Brise ging über die Felder, und die Sträucher erzitterten, und die Blütenblätter fielen wie Schneeflocken auf die Ziegelsteine der Terrasse. Scott trat hinter Jenny und legte die Arme um ihre Schultern. Er wiegte sie sanft, und sie ließ es geschehen, und es war, als trieben sie zu zweit allein auf dem Meer.

»Du bist eine tolle Frau«, sagte er leise.

Sie wandte sich zu ihm um. »Hältst du mich nicht für verrückt?«

Die Taube flog quer über die Terrasse, ließ sich flügelschlagend auf dem Tisch nieder und pickte an den Resten des Abendessens.

»Was soll denn daran verrückt sein, ein Baby zu bekommen? Es ist das Schönste, was es auf der Welt gibt.«

Jenny sah in seine leuchtenden Augen und entdeckte ihr eigenes Spiegelbild in ihnen. Sie waren wie zwei verwundete Tauben, sie und Scott – besudelte obendrein –, die auf den nächsten Sturm warteten, der sie irgendwohin treiben würde.

»In einem Punkt irrst du dich«, sagte Jenny.

»Und in welchem?«

»Ich brauche keine Freundin.« Sie schlang ihre Arme um ihn und legte ihren Kopf an seine Brust. »Ich habe einen Freund.«

11

»Los, beeil dich«, rief Dan aus der Diele. »Wir kommen zu spät zum Essen.«

»Ich komme!« rief Tony zurück.

Er kam aus seinem Zimmmer in übergroßen Jeans, die ihm tief um die Hüften schlabberten, einem T-Shirt, das er linksherum übergezogen hatte, und Hightops mit offenen Schnürsenkeln. Dan verzog das Gesicht, sagte jedoch nichts. Er hatte in den letzten Monaten gelernt, sich sehr gut zu überlegen, wann es sich mit Tony zu streiten lohnte. Im großen und ganzen spielte es keine allzu große Rolle, was Tony bei einem Besuch bei ihrer Mutter trug, Hauptsache, er machte ein freundliches Gesicht, und da zeichneten sich keine Probleme ab.

Sie fuhren aus der schwach beleuchteten Tiefgarage in einen strahlenden Frühlingsnachmittag, an den kunstvoll bepflanzten Blumenbeeten am Washington Square vorbei in die Betonwüste südlich der South Street, wo die Jahreszeiten sich nur noch an den Transparentbildern in den Fenstern der Reihenhäuser ablesen ließen.

»Wir sind schon lange nicht mehr hiergewesen«, bemerkte Dan, nachdem er den Wagen geparkt hatte und sie die zwei Blocks zum Haus ihrer Mutter gingen.

Tony warf im Vorbeigehen einen kurzen Blick auf sein Spiegelbild in einem Schaufenster und rückte unauffällig seine Baseballmütze zurecht. »Yeah, stimmt.«

Bis auf ein paar flüchtige Stippvisiten waren sie seit Januar überhaupt nicht mehr zu Hause gewesen. Irgendwann hatte Tony es aufgegeben, um Besuche bei ihrer Mutter zu betteln;

Dan machte sich seine Gedanken darüber, hatte es jedoch vorgezogen, das Thema nicht anzusprechen.

Mike diMaio öffnete die Tür auf Dans Klopfen.

»Sind Sie hier eingezogen, oder was, diMaio?«

»Hey, ich hab direkt neben der Tür gesessen. Soll ich Ihre Mutter vielleicht von der Küche bis hier rennen lassen?«

Teresa tauchte hinter ihm auf. »Kümmere dich einfach nicht um ihn, Michael. Er zieht bloß mal wieder eine Schau ab, damit keiner mitkriegt, daß er eine Viertelstunde zu spät kommt.« Sie warf Dan einen tadelnden Blick zu.

»Das ist Tonys Schuld«, sagte Dan. »Er hat so lange gebraucht, um sein Outfit zusammenzustellen. Stimmt's, Tony?«

»Ihr könnt euch ohne mich streiten. Ich verzieh mich. Mom?« rief er.

»Hier hinten, Baby!« rief Mary aus der Küche.

»Ihr beiden habt bestimmt noch einiges zu bequatschen«, sagte Teresa und folgte Tony in die Küche.

Dan und Mike beäugten sich gegenseitig. »Ich würde Sie ja gern bitten, Platz zu nehmen«, sagte Mike. »Aber das hier ist nicht mein Haus.«

»Setzen Sie sich, Mike.«

Mike ließ sich auf dem Sofa nieder und verzichtete auf den Ehrenplatz im Sessel, noch bevor Dan ihn beanspruchte. »Der Junge macht einen guten Eindruck«, sagte er.

»Er macht tolle Fortschritte«, sagte Dan. »Sein Halbjahreszeugnis war perfekt. Wenn er so weitermacht, kommt er bis zum Jahresende auf einen Schnitt von B plus oder sogar A minus.«

»Freut mich, das zu hören. Er geht also regelmäßig zur Schule, ja?«

»Yeah, und er hat keinerlei Kontakte zu irgendwelchen Gangstern«, sagte Dan gereizt. »Wer hat Sie eigentlich zu seinem Bewährungshelfer bestimmt, diMaio?«

Mike hob abwehrend seine Hände. »Okay, okay. Vergessen Sie, daß ich nachgefragt habe.«

Teresa kam mit einem Bier für jeden und kuschelte sich neben Mike auf das Sofa.

»Haben Sie die Abschriften der Protokolle von Masons Anhörung erhalten, die ich Ihnen geschickt habe?« erkundigte sich Dan.

»Yeah, danke. Interessante Lektüre.«

»Interessante Erfahrung. Ich habe noch nie mit einem Zeugen zu tun gehabt, der so unkontrolliert drauflosquatscht wie Mason. Manche von seinen Antworten waren zwei Seiten lang. Perlman hat fast 'n Anfall gekriegt.«

»Dieser Junge, Scotty – wenn man Mason glaubt, ist der Mann der reinste Schlangenbeschwörer.«

»Ganz genau«, sagte Dan. »Scott ist ein Schlangenbeschwörer, und Mason ist eine Schlange.«

Mike zuckte die Achseln. »Seine Geschichte klingt überzeugend.«

Streitigkeiten gehörten zu Dans Leben, an ihnen verdiente er seinen Unterhalt, aber er hätte nicht erwartet, in seinem eigenen Wohnzimmer damit konfrontiert zu werden. »Für Sie mag sie vielleicht überzeugend klingen«, sagte er. »Und wissen Sie auch, warum? Weil Mason genauso denkt wie ein Bulle.«

Mike lachte. »Und wie ist das? Arm und müde?«

»Was tun Sie als erstes, wenn Sie einen Verdächtigen auf frischer Tat ertappen?«

Mike ließ sich nicht dazu verleiten, den Köder anzunehmen, und sah Teresa kopfschüttelnd an.

»Ich sag's Ihnen«, erklärte Dan. »Sie gehen all Ihre ungelösten Fälle durch und hängen ihm alles an, was sie können. Wenn er sich einer Sache schuldig gemacht hat, gehen Sie davon aus, daß Sie der Jury die anderen Vergehen ebenfalls verkaufen können.«

Mike schüttelte abermals den Kopf, und diesmal verdrehte er auch noch die Augen.

»Hier haben wir also Sterling«, sagte Dan. »Er wird in flagranti mit der Hand in der Kasse des Treuhandfonds erwischt. Auf der anderen Seite haben wir Mason, der von einem schlechten Aktiengeschäft ins nächste schlittert. Warum also nicht gleich alles Scotty anhängen?«

Mike dachte einen Moment lang über Dans Argumente

nach, dann lehnte er sich vor und stützte sich mit den Ellbogen auf seine Knie. »Ich sage Ihnen, warum. Weil ich Mason diese Vater-Sohn-Geschichte abkaufe.«

»Welche Geschichte?« fragte Teresa.

»Mason behauptet, Scott sei für ihn wie ein Sohn gewesen«, erklärte Mike. »Er hat keine eigenen Kinder, und Scotty und sein alter Herr können nichts miteinander anfangen. Also haben Mason und Scotty sich sozusagen kurzgeschlossen.«

»Das behauptet Mason«, fiel Dan ein. »Und es ist eine sehr willkommene Erklärung dafür, daß er Dinge geschluckt hat, die kein vernünftiger Mensch jemals für bare Münze nehmen würde.«

»Wenn dieser Typ wie ein Sohn für ihn gewesen ist, dann muß er sich wirklich verraten fühlen«, sagte Teresa. Mike legte seinen Arm um ihre Schultern, und sie lächelte und kuschelte sich noch näher an ihn.

Dan gab es auf, sich mit diMaio zu streiten. Er lehnte sich zurück und trank einen Schluck von seinem Bier.

»Apropos Scotty«, sagte Mike. »Sieht so aus, als ob sein alter Herr ihn vor die Tür gesetzt hätte. Ich hab gehört, er wohnt jetzt bei seiner Freundin irgendwo außerhalb der Stadt.«

»Wo?«

»Radnor, glaub ich.«

»Das Essen ist fertig«, rief Mary. »Kommt und setzt euch an den Tisch.«

»Besorgen Sie mir doch mal die Adresse, ja?« sagte Dan, als sie ins Eßzimmer hinübergingen. »Mütze ab«, sagte er zu Tony.

Nachdem der Tisch abgeräumt worden war, saßen Mike und Teresa händchenhaltend am Tisch. Sie hielten ihre festverschlungenen Hände unter dem Tisch und zwischen ihren Stühlen versteckt, aber Dan bemerkte es trotzdem, und es irritierte ihn, wenn er auch nicht hätte sagen können, warum. Seit Jahren hoffte er, Teresa würde einen netten Mann kennenlernen, und nun hatte sie einen. Über Nacht war sie eine glückliche Frau geworden.

»Also Tony«, sagte sie, während sie den Nachtisch aßen. »Erzähl uns ein bißchen von Lacrosse.«

Selbst Tony schien sich von ihrem neuen Glück anstecken zu lassen. »We're four and one for the season«, verkündete er, die Ellbogen auf den Tisch gestützt. »Morgen spielen wir gegen die Gruppenersten vom letzten Jahr, und they're four and one, too. Aber wir haben die bessere Tordifferenz, wir haben also eine echte Chance, den Titel zu holen. Die allergrößte Chance, hat der Coach gesagt.«

Dan stubste ihn in die Seite. »Erzähl ihnen, wer in dieser Saison die meisten Tore in der Gruppe gemacht hat.«

»Ich«, sagte Tony mit einem verlegenen Grinsen.

»Tony, das ist ja phantastisch!« rief Teresa aus, und Mary umarmte ihn überschwenglich.

»Als ich noch in der Schule war, war Lacrosse ein Mädchensport«, sagte Mike. »Die Jungs spielten Baseball.«

»Das ist doch total langweilig im Vergleich zu Lacrosse«, sagte Tony. »Da steht man doch die ganze Zeit nur rum. Bei Lacrosse ist man die ganze Zeit in Bewegung.«

»Na, hör mal«, stichelte Mike. »Baseball ist ein großartiger Sport. Wenn man das Spiel beherrscht.«

»Was Sie selbstverständlich tun«, sagte Dan sarkastisch.

Teresa stöhnte.

»Allerdings«, sagte Mike.

Dan schob sein Kinn vor. »Tony, geh nach oben und hol deinen Schläger.«

»Was – soll das etwa eine Kraftprobe werden?« fragte Mike lachend.

»Ein kleiner Wettstreit unter Freunden«, sagte Dan. »Auf Paulies Parkplatz an der Ecke.«

»Also los!« rief Tony und rannte die Treppe hinauf.

Dan und Mike starrten einander an, ihre Mundwinkel zuckten vor Anstrengung, ein Grinsen zu unterdrücken. Teresa verdrehte die Augen.

»Hey!« rief Tony, dessen Stimme im Treppenhaus widerhallte. »Wer hat denn hier angestrichen? Das sieht ja toll aus!«

Teresa lächelte. »Das war Michael. Er hat auch oben eine Lampe aufgehängt.«

»Das Treppenhaus sieht aus wie neu!« sagte Mary.

Mike zuckte die Achseln.

Dan spürte, wie etwas ihm einen Stich versetzte, und zu seiner eigenen Verblüffung mußte er sich eingestehen, daß es Eifersucht war. Das war es, das Problem, das er die ganze Zeit mit diMaio hatte, dem letzten Menschen auf der Welt, auf den er jemals geglaubt hatte, eifersüchtig sein zu können.

Tony kam langsamer die Treppe herunter, als er hinaufgegangen war. Am Fuß der Treppe blieb er stehen. »Wer ist in meinem Zimmer gewesen?«

Dan blickte zu ihm auf. Der Ton in seiner Stimme hatte sich geändert, wie Saiten auf einem Instrument, die zu stramm aufgezogen waren.

»Ich«, sagte Mary und starrte auf ihren Teller. »Ich hab Frühjahrsputz gemacht.«

Tony stand immer noch am Fuß der Treppe und starrte auf seine Schuhspitzen, die nervös auf dem Teppich scharrten. Dan betrachtete zuerst das bleiche Gesicht seines Bruders und dann das rote Gesicht seiner Mutter, und er begriff, daß sie etwas gefunden haben mußte. Sie stand abrupt vom Tisch auf und trug ihren Teller in die Küche.

»Wo ist dein Sportzeug?« fragte Dan.

»Ich konnte den Ball nicht finden.«

»Na, dann lauf doch zu Paulies Parkplatz rüber, meistens hängen noch ein paar in den Sträuchern.«

»Okay.«

Er wandte sich um und lief zur Haustür hinaus.

»Mom, komm setz dich zu uns an den Tisch«, rief Teresa in Richtung Küche. »Laß das Geschirr stehen, ich spüle später ab.«

»Mach ich. Nur noch ein oder zwei Minuten«, rief Mary zurück.

Sie mußte Pornohefte gefunden haben, dessen war Dan sich sicher, und seiner Meinung nach gab es keinen Grund, sie noch mehr in Verlegenheit zu bringen, indem er sie darauf ansprach. Auch Tony wollte er weitere Peinlichkeiten ersparen.

»Teresa, Schätzchen«, flüsterte Mike. »Ich hab mit Dan was Geschäftliches zu besprechen. Würde es dir was ausmachen –«

»Natürlich nicht«, sagte sie und strahlte ihn an. »Laß nur, Mom«, rief sie noch einmal, während sie sich vom Tisch erhob. »Ich komme dir helfen.«

»Was gibt's?« fragte Dan. »Wenn Sie bei mir um ihre Hand anhalten wollen, die Antwort ist nein.«

Mike machte eine Kopfbewegung in Richtung Wohnzimmer. Dan folgte ihm, irritiert über Mikes Geheimnistuerei.

»Eigentlich soll ich Ihnen das gar nicht erzählen«, begann Mike.

»Dann lassen Sie es.«

»Der Strafprozeß gegen Sterling wird vorrangig behandelt«, sagte er. »Wir haben Anweisung erhalten, die Sache voranzutreiben und noch vor dem Ende des Sommers Anklage gegen ihn zu erheben.«

Dan starrte ihn entgeistert an. »Verdammt! Der früheste Termin, den wir für den Zivilprozeß kriegen können, ist September. Und das letzte, was ich gebrauchen kann, ist Sterling mit Handschellen und in einem gestreiften Anzug im Zeugenstand.«

»Ich weiß.«

»Da steckt 'ne ganze Menge mehr hinter, als auf den ersten Blick zu sehen ist. Bis ich Mason ins Kreuzverhör nehmen kann, kann niemand sicher sein –«

»Mason ist der Grund für die Vorrangigkeit. Er behauptet, er hätte Morddrohungen erhalten.«

Dan starrte ihn an, dann mußte er lachen. »Das soll doch wohl –«

»Zwei Drohungen per Telefon«, fiel Mike ihm ins Wort. »Männliche Stimme, stark verstellt. Lassen Sie die Klage fallen und treten Sie als Treuhänder zurück, oder Sie sind ein toter Mann.«

»Mein Gott«, sagte Dan, immer noch lachend. »Morddrohungen in einem Fall von Veruntreuung? Und was kommt als nächstes? Annullieren Sie den Testamentsnachtrag, oder wir brechen Ihnen die Beine?«

»Alles, was wir wissen, ist das, was Mason uns erzählt«, sagte Mike. »Er kam mit Perlman an, mit schlotternden Knien und fuchsteufelswild. Wir haben ihm angeboten, eine Fangschaltung zu legen, aber das hat er abgelehnt – Verletzung der Privatsphäre, meinte er. Wir haben seine Leitung aber trotzdem angezapft. Er behauptet, er hat am Donnerstag abend noch einen Anruf erhalten. Dieselbe Stimme, dieselbe Drohung.«

»Jetzt erzählen Sie mir bloß noch, Sie haben den Anruf bis zu Sterling verfolgt.«

»Telefonzelle in Camden.«

»Ach, hören Sie doch auf«, sagte Dan entnervt. »Sehen Sie denn nicht, worauf er aus ist?«

»Der Captain nimmt die Sache jedenfalls ernst. Erinnern Sie sich noch an den Vorfall mit dem Hund? Das letzte, was wir brauchen, ist, daß Mason ins Gras beißt, während wir uns in der Nase bohren.«

Dan trat an das Fenster zur Straße. Durch die Lamellen der Jalousie sah er Tony an die Ecke des gegenüberliegenden Hauses gelehnt stehen, offenbar bemüht, sich lange genug draußen herumzutreiben, um später behaupten zu können, er sei bis zu Paulies Parkplatz und zurück gelaufen.

»Sterling wird sich schuldig bekennen. Das wissen Sie genau«, sagte Dan.

»Möglich.«

»Sein Schuldbekenntnis ist zulässig als Beweismittel in dem Zivilverfahren gegen Harding & McMann. Das kommt einem Geständnis gleich.«

»Ich habe keinen Einfluß mehr darauf.«

Dan atmete tief aus. Auch Krisen gehörten zu seinem Leben, und er verdiente seinen Lebensunterhalt damit, sie zu meistern. Er mußte irgendeinen Weg finden, um den Termin des Zivilprozesses auf ein möglichst frühes Datum zu legen und die Verhandlung hinter sich zu bringen, bevor Sterling vor einem Strafgericht der Prozeß gemacht wurde.

»Vielen Dank für den Tip, Mike.« Dan machte sich auf den Weg in die Küche. »Hey, Teresa, leg dein Geschirrtuch weg«, rief er. »Im Wohnzimmer ist so ein häßlicher Typ, der dich sprechen will.«

Teresa warf ihm einen finsteren Blick zu, als sie an ihm vorbeieilte. Dan riß ihr das Geschirrtuch aus der Hand und nahm es mit in die Küche.

Mary stand an der Spüle, die Arme bis zu den Ellbogen im Spülschaum. Sie hatte Rückenprobleme, und sie stand mit hochgezogenen Schultern und gekrümmtem Rückgrat da, eine Haltung, die ihre Schmerzen erkennen ließ. »Mom, setz dich«, sagte Dan. »Ich mach das fertig.«

»Ha«, sagte sie, ihm immer noch den Rücken zukehrend. »Was verstehst du denn schon vom Geschirrspülen, Mister Schnellimbiß?«

»Das ist nicht fair. Wir essen richtige Mahlzeiten. Zeug, das sogar du essen würdest.«

»Schön und gut«, sagte sie. »Der Junge muß noch wachsen, weißt du. Du mußt ihn gut ernähren. Ich weiß noch, wie du warst, als du so alt warst wie er. Ich wußte überhaupt nicht, wie ich dich satt kriegen sollte. Du hast immer vor dem offenen Kühlschrank gestanden und einen Liter Milch ausgetrunken, ohne zwischendurch Atem zu holen.«

Dan faßte sie an den Schultern und drehte sie von der Spüle weg. Sie sah ihn verblüfft an, dann senkte sie den Blick und konzentrierte sich darauf, sich den Schaum von den Händen zu trocknen.

»Mom, was hast du in Tonys Zimmer gefunden?«

Sie holte tief Luft, stockte und schluchzte kurz auf. »Danny, ich weiß nicht, was –! Er ist ein guter Junge, ich weiß es ganz genau, und er macht sich so gut bei dir. Ich weiß, daß er nichts Schlimmes tut –«

»Mom, sag's mir.«

Sie ging zu der Schublade neben der Besteckschublade, die sie immer die Müllschublade genannt hatten, als sie noch Kinder waren, wo Schnürsenkel und Drachenschnur und lose Schrauben und Nägel aufbewahrt wurden. Sie öffnete sie und holte von ganz hinten einen Umschlag hervor.

Augenblicklich fühlte Dan sich erleichtert. Er hatte schon das Schlimmste befürchtet und geglaubt, sie hätte noch eine Waffe gefunden, eine weitere von der Sorte der Achtunddreißiger, die er im Januar in den Fluß geschmissen hatte. Aber es waren nur schmuddelige Fotos, und es tat ihm leid, daß er es angesprochen hatte.

»Unter seinem Bett ist eine lose Diele«, sagte Mary. »Ich bin aus Versehen auf das eine Ende getreten, und das andere sprang auf. Und das hab ich darunter gefunden.« Sie hielt Dan den Umschlag hin.

»Ich werde mit ihm darüber reden«, sagte er und griff nach dem Umschlag. »Mach dir keine Sorgen. Das ist ganz normal, es ist wirklich –«

Der Umschlag fühlte sich komisch an. Er öffnete ihn und zuckte zusammen.

»Mehr als zweitausend Dollar«, flüsterte Mary.

12

Tony wußte, daß Dan im Bilde war. Wortlos schlurfte er aus dem Aufzug und den Flur entlang bis vor die Wohnungstür und holte tief Luft, als Dan die Tür aufschloß. Er wußte ebensogut wie Dan, daß der Augenblick der Wahrheit gekommen war.

Dan drückte die Tür auf und packte Tony mit derselben Handbewegung am Kragen. Er rammte ihn gegen die Wand, während er die Tür mit einem Fußtritt ins Schloß knallte. Tonys Kopf schlug gegen die Wand, und seine Augen tränten, aber er sagte kein Wort. Er wußte Bescheid.

»Es gibt nur zwei Möglichkeiten, wie ein Vierzehnjähriger an soviel Geld kommt«, brachte Dan mühsam durch seine zusammengebissenen Zähne heraus. »Entweder indem er Drogen verkauft oder indem er seinen Körper verkauft. Also, was ist es, Tony? Bist du ein kleiner Straßendealer? Oder läßt du dir von alten Schwulen einen blasen?«

»Weder noch«, keuchte Tony.

»Was dann? Hast du es geklaut?«

»Nein! Ich schwör's!«

Dan schlug ihn mit der offenen Hand ins Gesicht, und Tony glitt an der Wand entlang zu Boden. Dan packte ihn an seinem T-Shirt und zerrte ihn wieder auf die Beine, sein Gesicht dicht vor Tonys. »Sag's mir, verdammt noch mal! Woher hast du das Geld?«

Tony rang nach Luft, während ihm Tränen aus den Augen quollen. »Waffen«, preßte er hervor. »Ich hab Waffen verkauft.«

Dan spürte, wie ihm beinahe das Herz stehenblieb.

»Aber ich hab sie nicht geklaut!« beeilte Tony sich hinzuzufügen, so als ob das einen Unterschied machte. »Dieser Typ – er hat ein paar Kisten gefunden, die jemand auf dem Verladedock vergessen hatte. Er hat die Seriennummern abgefeilt, und ich und noch ein paar andere Kids haben sie verkauft, und er hat das Geld mit uns geteilt.«

»Wem hast du sie verkauft?« flüsterte Dan.

»An Kids in der Schule.«

»Wie viele?«

Tony zuckte die Achseln. »Zehn oder zwölf. Vielleicht auch fünfzehn.«

Dan packte ihn mit beiden Händen im Nacken. Seine schlimmste Befürchtung war gewesen, daß Tony kleine Tütchen mit Marihuana verkaufte. Das würde er inzwischen hinnehmen, ohne mit der Wimper zu zucken. Die Pistole, die er Tony im Januar abgenommen hatte, war kein einmaliger Ausrutscher gewesen; das war Tonys Handelsware.

»Hast du überhaupt eine Ahnung, was du da getan hast?« brüllte er. »Schußwaffen töten! Eines Tages ist einer von den Jungs in der Schule sauer auf einen Kumpel, und anstatt ihm die Fresse zu polieren, zieht er die Pistole, die du ihm verscheuert hast, und bläst ihm das Gehirn weg. Und dann bläst er sein eigenes Hirn weg, wenn ihm klar wird, was er angerichtet hat. Zwei tote Kids, nur damit du die dicke Kohle unter deinem Bett horten kannst.«

»Keiner würde sowas tun«, sagte Tony, der langsam erbleichte. »Ich meine, die Kids wolln sich doch nur selbst schützen, weißt du?«

Dan hatte schon immer gewußt, daß Tony ein Straßenjunge war, aber jetzt wußte er, daß er zur schlimmsten Sorte gehörte. Die Sorte, die sich auf Gaunereien verlegte und ihr Geld an der Schwäche anderer verdiente. Dans Bemühungen, einen Musterschüler und Starathleten aus ihm zu machen – sie waren einfach lächerlich.

»Du hast die ganze Zeit bloß eine Schau abgezogen, stimmt's?« sagte er bitter. »Die guten Noten, der Sport, die Nummer vom guten amerikanischen Jungen. Ein Riesenwitz, nicht wahr?«

»Das ist doch genau das, was du wolltest«, sagte Tony. »Ich hab nie so getan, als ob ich was anderes wäre, als ich bin.«

»Du hast deine Chance gehabt«, sagte Dan, ohne Tonys Worte zu hören. »Eine größere Chance, als ich je hatte. Und du hast sie dir selbst versaut.«

»Yeah, vielleicht bin ich eben nicht du«, rief Tony. »Hast du dir das schon mal überlegt?«

Aber das war es, das war das Problem. Tony war alles, was Dan war – man brauchte nur an Dans Oberfläche zu kratzen, dann kam Tony zum Vorschein. Das war das Gefährliche, das war es, was er ausmerzen mußte.

»Wer ist der Typ, der dir die Pistolen gegeben hat?« fragte Dan, während er Tony schüttelte. »Wie heißt er? Wo wohnt er?«

Tony schüttelte den Kopf. »Ich weiß es nicht. Ich hab es nie gewußt.«

»Und wo hast du dich dann mit ihm getroffen?«

»Er hat sich mit mir getroffen! Wenn er mich sehen wollte, hat er mich gefunden.«

»Du lügst!«

»Nein!«

Dan ließ Tony mit einem Ruck los und rammte seine Hände in seine Hosentaschen, aus Angst vor dem, was er er als nächstes mit Tony machen würde. Er ging mit schnellen Schritten von ihm weg und trat an die Fenster am anderen Ende des Zimmers. Die Fenster, von denen aus man Südphiladelphia überblicken konnte. Irgendwo da draußen war der Mann, der für das hier verantwortlich war, der Mann, der seinen kleinen Bruder zum Gangster gemacht hatte.

Tony stand immer noch an die Wand gelehnt. Tränen liefen ihm übers Gesicht. Dan fuhr wütend herum. »Entweder du sagst mir, wer es ist, oder du hast das letzte Mal mit deinem Team gespielt.«

Tonys Gesicht wurde noch bleicher, bevor er es in seinen Händen vergrub.

Morgen begannen die Play-off-Spiele; Tony konnte sich unmöglich jetzt noch disqualifizieren. Dan wartete ab. Er roch den Sieg so deutlich, wie er ihn hundertmal in leeren Gerichtssälen gerochen hatte, während man auf die Rückkehr der Jury wartete.

Aber diesmal trog ihn sein Geruchssinn. Als Tony seine Hände sinken ließ, war sein Gesicht ausdruckslos. Er hatte seinen Panzer wieder angelegt, und in diesem Augenblick wußte Dan, daß alles, wofür er in den letzten Monaten gearbeitet hatte, und alles, was er mit Tony erreicht hatte, umsonst gewesen war.

Das Telefon läutete. Tony ging an dem Apparat vorbei in sein Zimmer. Dan nahm den Hörer ab.

»Dan, hier ist Mike.«

Einen Augenblick lang wurde Dan von Panik ergriffen, fürchtete, daß Mike alles wußte und Tony holen wollte. »Yeah, was gibt's?« fragte er.

»Ich hab die Adresse, die Sie haben wollten.«

»Wovon reden Sie, diMaio?«

»Hab ich Sie aus dem Bett geholt, oder was?« fragte Mike. »Sie haben mich gebeten rauszufinden, wo Sterling sich eingenistet hat. Ich hab's rausgefunden. Wollen Sie nun die Adresse oder nicht?«

»Tut mir leid.« Mit seiner freien Hand fuhr Dan in seinen Nacken und versuchte, seine Erschöpfung wegzumassieren. »Das hatte ich ganz vergessen. Was haben Sie denn rausgefunden?«

»339 Coventry Road, Radnor. Es ist so eine Art alte Scheune mitten auf einer Baustelle, wo ein Wohnpark entsteht. Hey, sind Sie noch da?«

»Yeah«, sagte Dan nach einem Augenblick verblüfften Schweigens. »Yeah, vielen Dank, Mike.«

Er legte auf und starrte das Telefon an. Der Druck, der sich die ganze Zeit in ihm aufgebaut hatte, machte sich schließlich Luft. Er riß das Telefon aus seiner Halterung und schleuderte es gegen die Wand.

13

Scott stand in Boxershorts in der Küche, als Jenny am nächsten Morgen nach unten kam. Er stieß einen Pfiff aus, als er sie erblickte, und erntete ein dankbares Lächeln von ihr. Sie trug ein kremfarbenes Seidenkleid, das weich von ihren Schultern fiel. Rund und hart unter der weichen Schicht aus Haut und Fett wölbte sich ihr Bauch inzwischen unübersehbar vor. Heute war die Mitte ihrer Schwangerschaft erreicht, und zum ersten Mal trug Jenny ein Umstandskleid. Die Leute, für die es wichtig war, hatte sie bereits über ihren Zustand informiert, aber von heute an würde es jeder wissen.

»Morgen«, sagte Scott und küßte sie auf die Wange. Es war ein trockener, flüchtiger Kuß, harmlos. Eine Erektion zeichnete sich unter seinen Boxershorts ab. Jenny schaute weg. Es hatte nichts zu bedeuten – selbst die platonischsten Freunde hatten wohl hin und wieder ihre morgendlichen Erektionen.

Das Telefon läutete, und Jenny nahm ab.

»Ist Scott da?«

Es war eine Männerstimme, die Autorität ausstrahlte, so daß Jenny befürchtete, der Anruf komme von der Staatsanwaltschaft. »Mit wem spreche ich, bitte?«

Scott sah mit besorgt zusammengezogenen Augenbrauen zu ihr hinüber.

Jennys Augen weiteten sich, als sie die Antwort auf ihre Fra-

ge erhielt, und sie hatte einen Kloß im Hals, als sie Scott den Hörer hinhielt. »Scott, es ist dein Vater.«
Er sprang auf und eilte ans Telefon. »Vater?«
Jenny eilte nach oben, damit er ungestört telefonieren konnte, und während sie die Treppe hinaufging, überkam sie ein Glücksgefühl, so sehr freute sie sich für ihn. Ohne Kontakt zu seinen früheren Freunden und Kollegen, ganz zu schweigen von seiner kleinen Tochter in Florida, wäre es allzu hart für ihn, wenn auch seine Eltern sich von ihm entfremdeten.
»Okay«, hörte sie ihn murmeln. »Das klingt gut.«
Sie holte ihre Aktenmappe aus ihrem Zimmer, und als sie in die Küche zurückkehrte, telefonierte er immer noch. Auf dem Weg zur Tür hinaus winkte sie ihm kurz zum Abschied zu.

Eine Stunde später saß sie an ihrem Schreibtisch, vor sich eine Tasse koffeinfreien Kaffee. Sie detzte sich vor ihren Computer und schaltete sich in den Zentralrechner des Gerichts ein, um die Tagesordnung im Harding-&-McMann-Verfahren einzusehen. Bisher hatte sie das Verfahren verfolgen können, ohne eine der beiden Parteien über ihre Rolle zu informieren, hauptsächlich, indem sie einfach die Dokumente las, welche die Kontrahenten dem Gericht vorlegten. Doch die meisten Unterlagen, die während der nicht öffentlichen Verhandlungen vor dem eigentlichen Prozeß eingereicht wurden, waren nur den jeweiligen gegnerischen Parteien zugänglich. Scott Sterling als Mitbewohner zu haben, hatte sich als wahrer Glücksfall erwiesen. Er gehörte, zumindest nominell, zu den Prozeßbeteiligten, und gewöhnlich wurde einmal pro Woche eine Aktenmappe mit Papieren entweder von Perlmans oder Casellas Büro an die Adresse seiner Eltern zugestellt und zu ihnen in die Coventry Road weitergeschickt.
Das Inhaltsverzeichnis auf dem Bildschirm enthielt eine Liste aller Dokumente, die bisher in der Gerichtsakte eingetragen worden waren. Erleichtert stellte Jenny fest, daß Scott es endlich geschafft hatte, zum Gericht zu gehen und seine eigenen Schriftsätze einzureichen. Es hatte Wochen gedauert, aber sie waren da: seine Klageerwiderung, sein Schriftsatz gegen

den Antrag, Auskunftserteilung zu erzwingen, und seine Erwiderung auf Perlmans Antrag auf Beschleunigung des Verfahrens.

Aber Jenny entdeckte noch etwas: Zustimmung des Beklagten Harding & McMann zu dem Antrag des Klägers auf Beschleunigung des Verfahrens. Das war eine Überraschung. Eine der Regeln, die Dan ihr beigebracht hatte, lautete: Als Kläger versucht man, ein möglichst frühes Datum für einen anstehenden Prozeß durchzusetzen, als Beklagter dagegen ist einem jede Verzögerungstaktik recht. Sie fragte sich, was ihn dazu gebracht haben konnte, seine eigene Strategie umzuwerfen.

Was immer es sein mochte, sein Wunsch wurde erfüllt. Der letzte Eintrag im Inhaltsverzeichnis war die Festlegung des Prozeßtermins durch das Gericht, und Jenny biß sich auf die Lippen, als sie das Datum las. Der Prozeß sollte am 14. August eröffnet werden.

Die Zeit wurde knapp für Scott. Am 5. September konnte er bereits in dem Strafverfahren angeklagt sein; am 6. September würde er sich schuldig bekennen.

Für Cassie vonBerg, die es kaum erwarten konnte, selbst vor Gericht zu gehen, waren das gute Neuigkeiten.

Jenny ließ sich in ihrem Stuhl zurücksinken und versuchte, ihrer widersprüchlichen Gedanken Herr zu werden. Bei ihrer ersten Begegnung mit Cassie war sie umsichtig genug gewesen, sie darüber zu informieren, daß sie schon einmal mit dem Fall zu tun gehabt hatte, aber seitdem hatte Jenny sich mit der Hauptperson dieses Falls angefreundet, ohne dies auch nur mit einem Wort erwähnt zu haben. Keine der Regeln für professionelles Verhalten schien auf die Situation zu passen, es handelte sich nicht um einen echten Interessenkonflikt, und doch bestand kein Zweifel daran, daß Jenny ihre Konflikte damit hatte.

Marilyn meldete sich über die Gegensprechanlage. »Mrs. vonBerg ist hier«, sagte sie. »In Konferenzraum 33C.«

Jenny sah auf ihre Uhr. Pünktlich auf die Minute. Zu Anfang hatte Jenny noch geglaubt, Cassie sei nichts als eine reiche Müßiggängerin aus den Kreisen der oberen Zehntausend, war jedoch schon bald eines Besseren belehrt worden. Cassie kümmerte sich höchstpersönlich um ihre geschäftlichen Angelegenheiten, und wie auch immer sie ihre Abende verbringen mochte, ihre Tage jedenfalls verbrachte sie in Gesellschaft von Rechtsanwälten, Steuerberatern, Brokern und Sachverständigen. Sie hatte ein lebhaftes Interesse an dem Verfahren gegen Harding & McMann an den Tag gelegt und war sehr darum bemüht, mit Jenny zusammenzuarbeiten. Diese Besprechung am Montag morgen hatte sich mittlerweile zu einem festen Termin entwickelt.

Cassie blätterte gerade in dem gebundenen Exemplar der Abschrift eines Anhörungsprotokolls, als Jenny den Konferenzraum betrat. Sie blickte auf und sah Jenny über ihre Lesebrille hinweg mit zusammengezogenen Augenbrauen an.

»Gilt dieser finstere Blick etwa mir?« rief Jenny aus.

»Nein«, erwiderte Cassie lachend. »Ich habe nur gerade noch einmal die Aussage meines lieben Onkels überflogen. Dieses Geschwafel darüber, er hätte sein Herzblut in Macoal gesteckt, und er würde niemals wagen, meine Aktien aufs Spiel zu setzen – das ist eine Unverschämtheit!«

Jenny nahm ihr gegenüber Platz. »Das ist doch genau das, was Sie vorgebracht haben, als Sie mir erklärten, daß Sie ihn als Treuhänder für ungeeignet hielten. Damit gibt er ja zu, daß er kein unabhängiger Treuhänder ist, wenn es um Ihre Aktienanteile bei Macoal geht.«

»Das hilft uns also, richtig?«

»Allerdings.«

Cassie klappte das Protokoll zu und sah Jenny interessiert an, bevor sie ihre Brille abnahm. »Sie sehen verdammt gut aus, heute«, gurrte sie.

Jenny murmelte ein flüchtiges »Danke« und schob ein paar Dokumente über den Tisch, aber Cassie war mit dem Thema noch nicht fertig.

»Verzeihen Sie, wenn ich indiskret erscheine«, sagte sie vorsichtig. »Aber sind Sie schwanger?«

Jenny blickte auf und machte sich bereit. »Ja.«

»Wann ist es denn soweit, wenn ich fragen darf?«

»Ende Oktober. Was aber in keiner Weise mit dem Verfahren gegen H & M kollidieren wird, denn, wie ich gerade erst erfahren habe, soll der Prozeß am 14. August eröffnet werden. Und sollten wir uns dann entschließen und Mason wegen Veruntreuung verklagen, dann wird das im September sein, lange bevor –«

Cassie hob beide Hände. »Jenny, hören Sie auf!« sagte sie lachend. »Ich verlasse mich darauf, daß Sie das alles unter Kontrolle haben. Ich habe nur gefragt, weil ich Ihnen gratulieren wollte!«

Jenny lächelte verlegen. »Tut mir leid. Ich nehme an, Sie haben bemerkt, daß ich ein bißchen empfindlich auf das Thema reagiere.«

»Weil Sie es allein machen?« riet Cassie, und Jenny nickte. »Sie brauchen sich nicht zu verteidigen. Sie sind niemandem Rechenschaft schuldig.«

»Sie arbeiten nicht für diese Kanzlei.«

Cassie, die plötzlich kerzengerade saß, wirkte wie die Arroganz in Person. »Nein. Diese Kanzlei arbeitet für mich. Und ich werde nicht zulassen, daß man Sie hier schlecht behandelt.«

Jenny war zunächst verblüfft und dann nur noch überwältigt. »Cassie, wie nett von Ihnen, so etwas zu sagen.«

»Überhaupt nicht. Das ist der reine Egoismus. Ich brauche Sie in dieser Sache, wobei mir einfällt, daß ich noch einen Fall für Sie habe.«

»Bitte sagen Sie nicht, Ihre Scheidung.«

»Nein, die ist bei Walter in guten Händen. Dieser Fall hat mit Macoal zu tun.«

»Inwiefern?«

»Früher oder später werde ich das größte Aktienpaket dieser Firma halten, das heißt, je eher, um so lieber. Ich möchte wissen, wie die Dinge stehen. Ich möchte über Pläne informiert sein, bevor sie ausgeführt werden. Ich möchte wissen, wohin das Geld fließt und welche Möglichkeiten es gibt.«

Jenny nickte. »Wir haben Kollegen, die sich auf Wirtschaftsrecht spezialisiert haben. Da fällt mir zum Beispiel John Cushman ein und vielleicht Vanessa Gold –«

»Ich weiß, ich kenne die beiden«, unterbrach Cassie sie.

»Aber Sie haben mich nicht richtig verstanden. Ich möchte nicht irgendeinen Kollegen aus der Kanzlei. Ich will Sie.«

Jenny fühlte sich zugleich geschmeichelt und eingeschüchtert. »Das ist eine Nummer zu groß für mich. Ich bin Prozeßanwältin, Cassie. Sie brauchen jemanden, der in diesen Dingen Erfahrung –«

»Sie können so viele Fachleute einstellen, wie sie brauchen, ich gebe Ihnen unbeschränkte Vollmacht. Worauf es mir ankommt, ist, daß ich Ihnen vertrauen kann. Kommen Sie, Jenny, sagen Sie ja. Es wird für uns beide von Vorteil sein.«

Jenny hörte gar nicht mehr zu, nachdem die Worte »unbeschränkte Vollmacht« gefallen waren. In Gedanken taten sich ungeahnte Möglichkeiten vor ihr auf. Sie zögerte nur einen kurzen Augenblick lang. »Einverstanden.«

Jenny verbrachte den Rest des Tages damit, sämtliche ihr zur Verfügung stehenden Informationsquellen abzugrasen, um die Nummer ausfindig zu machen, aber am frühen Abend hatte sie es geschafft. Sie wählte die Nummer und hoffte inständig, daß das Büro noch nicht Feierabend gemacht hatte – oder auch, daß es überhaupt noch existierte, denn ihre Quellen hatten ihr außerdem gesagt, daß das Geschäft schlecht lief.

Das Gespräch wurde entgegengenommen. »Lehmann Consulting.« Die Stimme klang energisch, professionell, und es war unverwechselbar die von Cynthia Lehmann.

»Ich würde gern mit Ms. Lehmann sprechen.«

»Am Apparat.«

»Oh, schön, daß ich Sie zu so später Stunde noch erreiche. Ich würde Sie gern als Beraterin beauftragen.«

Die Stimme der Frau nahm einen enthusiastischen Ton an. »Aber gern. Um was geht es denn?«

»Eine Unternehmensanalyse der Macoal Corporation.«

Einen Augenblick lang herrschte mißtrauisches Schweigen. »Mit wem spreche ich?« fragte Cynthia scharf.

»Jennifer Lodge.«

Ein wütendes Schnauben war am anderen Ende der Leitung zu hören. »Wie können Sie es wagen –«

»Wie ich schon sagte, ich möchte Sie beauftragen.«
»*Sie* wollen *mich* einstellen?« wiederholte Cynthia.
»Im Auftrag meiner Mandantin.«
»Und wer ist das?«
»Catherine Chapman vonBerg, wirtschaftliche Eigentümerin des größten Aktienpakets von Macoal.«

Erneut entstand ein Schweigen, während Cynthia diese Information verdaute.

»Wie habe ich das zu verstehen?« fragte sie schließlich. »Soll das eine Art Wiedergutmachung sein? Wollen Sie vielleicht Ihr Gewissen reinigen?«

»Ganz genau«, sagte Jenny. »Aber machen Sie keinen Fehler, dies ist eine schwierige Aufgabe. Sie werden ohne jegliche internen Auskünfte auskommen und Ihre Recherchen ausschließlich auf Informationen stützen müssen, die öffentlich bekannt sind, und auf Dinge, die Sie auf diskrete Weise selbst herausfinden. Ich brauche jemanden für den Job, der über viel Phantasie und Talent verfügt. Ich hatte angenommen, daß Sie die Richtige für diese Aufgabe wären.«

Schweigen.

»Cassie vonBerg will soviel wie möglich über Macoal wissen. Sie wird eines Tages die Leitung dieser Firma übernehmen.«

»Tatsächlich?« fragte Cynthia, und Jenny spürte, wie sie in Gedanken ihre Möglichkeiten durchspielte.

»Ich möchte, daß Sie nur mir persönlich Bericht erstatten«, sagte Jenny. »Aber alles, was meine Zustimmung findet, geht unter Ihrem Namen an Cassie.«

»Ich bin teuer«, warnte Cynthia.

»Ich werde ein Auge auf Sie haben.«

Jenny wurde von Gewissensbissen geplagt, als sie an jenem Abend ihr Büro verließ und sich auf den Weg in die Tiefgarage machte. Wahrscheinlich gab es hundert Leute in der Stadt, die für diesen Auftrag besser geeignet waren als Cynthia Lehmann – ihr Fachgebiet waren Bankgeschäfte, nicht Energiekonsortien.

Jenny ging die spiralförmig angelegte Betonrampe hinauf zu ihrem Wagen. Die Luft war heiß und stickig, es roch nach auslaufendem Motoröl und Abgasen, und ihr wurde übel vor lauter Selbstvorwürfen. Aus purem Egoismus hatte sie Cynthia diesen Auftrag erteilt, um ihre Schuld zu tilgen, die sie mit dem Intellitechprozeß auf sich geladen hatte, aber falls Cynthia schlechte Ergebnisse lieferte, dann würde Cassie den Schaden haben.

Wie ein staubiges, blaues Schimmern im Halbdunkel der Tiefgarage tauchte ihr Auto vor ihr auf. Weiter unten auf der Rampe waren Schritte zu hören. Jenny begann, in ihrer Handtasche nach ihrem Schlüsselbund zu fischen und beeilte sich, zu ihrem Wagen zu kommen. Sie hatte gerade den Schlüssel in das Schloß der Fahrertür gesteckt, als sie von hinten angesprochen wurde.

»Jennifer.«

Sie fuhr herum und unterdrückte einen Aufschrei.

Dan Casella stand neben ihr, im Halbdunkel der Tiefgarage kaum mehr als ein Schatten. Er war in Hemdsärmeln und hatte in der Hitze seine Krawatte gelockert.

Sie ließ sich mit klopfendem Herzen gegen ihr Auto sinken. »Was machst du denn hier?«

Er trat einen Schritt näher, so daß er im Licht stand. Sein Gesicht wirkte abgespannt, und dunkle Ränder hatten sich unter seinen Augen gebildet. »Ich muß mit dir reden«, sagte er.

»Worüber?« Jennys Hände zitterten so heftig, daß ihr Schlüsselbund klapperte, und sie ballte sie krampfhaft zu Fäusten.

Dan kam so nah an sie heran, daß sie beide dieselbe Luft atmeten, und er legte seine Hände über die ihren und hielt sie, bis sie aufhörten zu zittern. Irgendwo wurde ein Motor gestartet, und von einer anderen Ebene der Garage drangen Gesprächsfetzen zu ihnen herüber, die vom anderen Ende der Welt zu kommen schienen.

»Jennifer«, flüsterte er und beugte sich zu ihr.

Jenny stockte fast der Atem, sie wollte schon entsetzt zurückweichen, doch einen Augenblick später gab sie sich seinem Kuß hin. Sein Geschmack und sein Geruch und sein Körper unter ihren Händen – all das stürmte gleichzeitig auf sie ein. Wie in Trance preßte sie sich an ihn, und ihre Hände glitten zu seinen Schultern hinauf. Sie fühlte sich schwach in seinen Armen, so schwach, daß es eine Weile dauerte, bis sie ihre Fassung wieder gewann und sich an ihren Entschluß erinnerte. »Nie wieder«, hatte sie sich geschworen, und mit einem Ruck löste sie sich aus seiner Umarmung.

»Worüber mußt du mit mir reden?« fragte sie nach Luft ringend.

Der Bann war gebrochen. Dan hob seinen Kopf und packte sie fest an den Armen. »Jennifer, was zum Teufel denkst du dir bei dem, was du tust?«

Fieberhaft ging Jenny in Gedanken alle Fehler durch, die sie gemacht hatte, von dem Mandat, das sie für Catherine Chapman übernommen hatte, bis zu dem Baby, das sie bekam, aber all das konnte er nicht wissen. »Wovon redest du?« fragte sie, die Schuldgefühle ins Gesicht geschrieben.

»Scott Sterling«, raunzte er. »Was um alles in der Welt hast du mit ihm vor?«

Auch das war etwas, von dem er nichts wissen konnte. »Spionierst du mir etwa nach?« rief sie aus.

»Das tue ich erst, seitdem du dich mit dem Typen zusammengetan hast, dem ich nachspioniere. Was geht da vor? Nimmst du immer noch herrenlose Kreaturen auf, oder hast du tatsächlich ein Verhältnis mit ihm?«

»Das geht dich nichts an! Ich arbeite nicht mehr für dich.«

»Bist du verrückt oder einfach nur blöd? Scott Sterling ist ein Topgangster, und du läßt ihn glatt bei dir einziehen.«

»Gangster?« wiederholte Jenny. »Du hast doch immer gesagt, er sei Masons Opfer und nicht umgekehrt.«

»Es gibt eine Menge Dinge, die du nicht weißt.«

»Wie zum Beispiel?«

»Zum Beispiel, daß er während der letzten fünf Jahre mysteriöse Einzahlungen auf sein Bankkonto gemacht hat. Einhundertzwanzigtausend Dollar in bar.«

»Und was hat das mit Mason zu tun?«

»Es ist ein Muster, das ist alles. Und ich kann dir sagen, was das mit Mason zu tun hat. Er hat Morddrohungen erhalten.«

»Von Scott?« Jenny mußte laut lachen.

Seine Augen verfinsterten sich, und sein Griff wurde härter. Er drückte sie mit seinem ganzen Körper gegen die Tür ihres Wagens und preßte seine Lippen auf ihren Mund.

Die Heftigkeit, mit der er sie nahm, verriet ihr seine Absicht. Er wollte sie mit seinen Händen und mit seinen Lippen und mit seinen Lenden bezwingen. Genau wie damals, als er versucht hatte, sie zu Lassiter & Conway abzuschieben, wollte er Kontrolle über sie ausüben. Sie schüttelte den Kopf, aber er preßte seine Lippen noch fester auf ihre und seine Erektion gegen ihren Bauch. Sie schob ihre Hände auf seine Brust und drückte ihn so lange von sich weg, bis ihre Lippen sich trennten.

»Laß mich los!«

Er ließ seine Arme sinken und trat einen Schritt zurück, aber in seinem Gesicht lag keine Spur von Reue. »Wirf ihn raus«, sagte er.

Jennifer reckte ihr Kinn vor. »Nein, das werde ich nicht tun.«

»Herrgott noch mal!« schrie Dan, und seine Stimme hallte gespenstisch in dem Betonbau wieder. »Liegt dir so viel an seinem Stammbaum, daß es dir nichts ausmacht, ob er ein Dieb und Lügner ist?«

Jenny zog wütend ihre Augen zusammen. »Sein ›Stammbaum‹ bedeutet mir überhaupt nichts!«

»Und was zum Teufel bindet dich dann an ihn?«

»Wir bekommen ein Baby!«

Die Worte waren heraus. Dans Augen weiteten sich, und sein Blick richtete sich auf die Wölbung ihres Bauchs unter ihrem Umstandskleid. Als er wieder aufblickte, lag grenzenloser Schmerz in seinen Augen. »Du bist schwanger?«

»Ja«, sagte Jenny mit erstickter Stimme.

»Wann?« fragte er atemlos.

»Dezember«, erwiderte sie, zwei Monate hinzufügend. Sie sah, wie auch er die Kopfrechnung durchführte, und der

Schmerz in seinen Augen wurde noch größer. »Du wirst also einsehen, daß ich Scott kaum hinauswerfen werde, bloß weil dir seine Kontoauszüge nicht gefallen.«

»Jennifer!« Die Verzweiflung in seiner Stimme hätte ihren Widerstand gebrochen, hätte er nicht weitergesprochen. »Bist du so abgefuckt, daß du nicht mehr weißt, was du tust?«

Sie preßte ihre Lippen zusammen, öffnete die Wagentür und setzte sich hinters Steuer.

Dan riß ihre Tür wieder auf. »Du hast gesagt, daß du mich liebst«, sagte er heiser.

»Mein Fehler«, gab sie zurück und schlug die Tür zu.

14

In jener Nacht herrschte eine brütende Hitze in Jennys Schlafzimmer, und der Mond vor ihrem offenen Fenster leuchtete so hell wie eine Straßenlaterne. Ihre zerwühlten Laken waren verschwitzt, und Jenny warf sich die ganze Nacht hindurch in ihrem Bett hin und her, abwechselnd im Halbschlaf und von fiebrigen Träumen geschüttelt.

Sie hatte die Szene mit Dan noch hundertmal in Gedanken durchgespielt, und mit jeder Wiederholung wurde sie schlimmer. Sie hatte ihm die Wahrheit vorenthalten wollen, aber sie hatte nie vorgehabt, ihn zu belügen. Jetzt glaubte er, sie und Scott seien ein Paar, und das schon seit Monaten. Jetzt glaubte er, sein Baby sei das Kind eines Mannes, den er verachtete. Jetzt konnte sie ihm die Wahrheit nicht mehr sagen, selbst wenn sie es wollte; er würde ihr nicht mehr trauen, er würde verletzt und wütend sein.

Man mußte für jede Lüge im Leben bezahlen – davon war Jenny fest überzeugt –, und sollte Dan jemals die Wahrheit erfahren, würde sie einen hohen Preis zu zahlen haben. Es war eine spontane Lüge gewesen, in einem Augenblick der Wut und

Verzweiflung herausgerutscht, aber jetzt hatte sie ein Eigenleben entwickelt, auf das Jenny keinen Einfluß mehr hatte.

Sie warf sich im Bett auf die andere Seite und versuchte, die Stunden, die sie mit Dan darin verbracht hatte, zu vergessen, aber auch diese Szenen gingen ihr wieder und wieder durch den Kopf, und es gab nur eine Möglichkeit, dem ein Ende zu setzen.

Die Uhr zeigte halb fünf. Sie stand auf, noch erschöpfter als vor dem Schlafengehen, und zog Shorts und ein T-Shirt über.

Auf der Terrasse sah Jenny eine Zigarette rot aufglimmen, und einen Augenblick später erkannte sie Scott. Neben ihm saß der Hund, der wie er den Mond anstarrte.

»Was machst du denn hier draußen?« fragte Jenny, als sie die Tür öffnete.

Er fuhr zusammen. »Oh, Jenny. Tut mir leid, hab ich dich geweckt?«

Sie ging zu ihm hinaus. »Nein, ich konnte nicht schlafen.«

»Ich auch nicht.« Er zog an seiner Zigarette.

»Ich wußte gar nicht, daß du rauchst.«

Mit einem beinahe überraschten Blick schaute er auf die Zigarette in seiner Hand, dann ließ er sie auf die Terrasse fallen und trat sie aus. »Eigentlich hab ich nach dem Studium aufgehört«, sagte er. »Aber alle meine schlechten Angewohnheiten scheinen mich wieder einzuholen.«

»Mir ist bisher keine aufgefallen«, sagte Jenny. »Außer vielleicht Großzügigkeit und Mitgefühl. Wirklich üble Angewohnheiten.«

Er lachte kurz auf. Der Mond ging langsam unter, und die nahende Dämmerung färbte den Himmel schmutziggrau.

»Bist du schon lange hier draußen?«

»So ziemlich jede Nacht«, gestand er.

»Oh, Scott«, seufzte Jenny. »Ich wünschte, ich könnte dir sagen, daß alles gut wird.«

»Das wünsche ich mir auch.«

Lange saßen sie schweigend da, zu zweit und doch allein mit ihren Selbstvorwürfen und Sorgen. Trotzdem hatte es etwas Tröstliches, so gemeinsam dazusitzen, während die Nacht allmählich zu Ende ging.

»Laß uns einen Spaziergang machen«, schlug Scott unvermittelt vor.
»Im Dunkeln?«
»Wir können vom Hügel aus den Sonnenaufgang beobachten.«
»Ach, Scott, ich –«
»Komm schon! Es macht bestimmt Spaß.« Leise fügte er hinzu: »Wer weiß, wann wir noch mal Gelegenheit dazu haben werden.«
Jenny blickte zu ihm auf, und ihr Herz zog sich zusammen bei dem Gedanken, daß ein Mensch mit einem so sonnigen Gemüt irgendwo in einer Zelle verkümmern sollte. »Okay«, sagte sie.

Sie gingen durch das Wäldchen den Hügel hinauf. Die Vögel, die in ihren Nestern erwachten, erfüllten den Morgen mit ihrem Gezwitscher. Auf der Lichtung oben auf dem Hügel angekommen, blieben sie stehen und schauten nach Osten, und nach wenigen Minuten tauchte die Sonne wie ein kleiner orangefarbener Halbkreis am Horizont auf. Sie sahen zu, wie die Sonne allmählich immer höher stieg und heller wurde und goldene und amethystfarbene Streifen am Himmel bildete. Die Landschaft am Fuß des Hügels wurde in fahles Morgenlicht getaucht, hier und da waren die roten Wimpel der Landvermesser zu erkennen, und die halb ausgehobenen Baugruben gähnten wie Krater im Erdreich. Auf einer anderen Baustelle standen mehrere Bagger. Mit ihren auf dem Boden ruhenden Schaufelarmen sahen sie aus wie Stahlsaurier, die friedlich nebeneinander grasten.
Das alte Herrenhaus der Dundees hatte einst auf diesem Hügel gethront. Jetzt war es verschwunden, der Schutt war beseitigt worden, aber im Gras war der ehemalige Grundriß des Gebäudes immer noch zu erkennen, wie die Umrisse, die die Polizei mit Kreide um ein Mordopfer zog. Scott ging langsam zwischen den Linien umher und sah Jenny mit einem versonnenen Lächeln an. »Ich kann mich noch gut an die Glanzzeiten dieses Hauses erinnern.«

»Du bist hier gewesen?«

»Ganz oft. Die Dundees haben große Partys gegeben, als ich noch klein war. Dann stand die ganze Einfahrt voller Luxuslimousinen, und irgendwo spielte stets ein Orchester, und Kellner schlängelten sich mit Tabletts voller Canapés durch die Menge.« Er blieb stehen und blickte zu den Baustellen hinüber. »Jetzt ist nichts mehr davon übrig.«

Jenny kannte die Geschichte des Anwesens. Die Kosten für den Betrieb und die Instandhaltung des Familiensitzes zusammen mit den Steuern waren selbst für Leute wie die Dundees schließlich nicht mehr tragbar gewesen, und so war am Ende alles den Bulldozern zum Opfer gefallen. Doch wie Scott so dastand, eine einsame Gestalt auf den gespenstisch anmutenden Überresten des Herrenhauses, kam es Jenny fast so vor, als habe eine geheimnisvolle Tragödie dieses Haus und seine Bewohner ereilt. Sie ging zu ihm hin und nahm seine Hand.

Er riß sich von seinen Träumereien los und legte ihre Hand in seine Armbeuge, eine Geste, die Jenny als liebenswürdig altmodisch empfand. »Komm mit. Ich will dir etwas zeigen.«

Auf der anderen Seite des Hügels breiteten sich grüne Wiesen aus. Jenny war noch nie auf dieser Seite des Hügel gewesen, aber Scott führte sie zielstrebig durch das hohe, taunasse Gras. Sie gelangten an einen Pfad, der durch ein kleines Eichenwäldchen führte, Überreste eines alten Waldes, der vor hundert Jahren gerodet wurde, um Platz für Weideland zu schaffen. Die Äste der Bäume wölbten sich über ihnen zu einem Blätterdach, das die Morgensonne kaum noch durchdrang.

»Ich hatte immer das Gefühl, eine Kirche zu betreten, wenn wir diesen Pfad entlanggeritten sind«, sagte Scott. »An dieser Stelle sind wir jedesmal verstummt und haben nur noch auf die Geräusche in den Bäumen gelauscht, bis wir zu der Scheune kamen.«

Von irgendwoher verströmten Geißblattranken einen süßen, betörenden Duft. »Hier seid ihr entlanggeritten?« fragte Jenny.

»Ganz oft. Die Dundees haben fast jedesmal, wenn der Reitclub zur Jagd eingeladen hat, als Gastgeber fungiert.«

»Sieh mal, ich wußte doch, daß ich Geißblatt gerochen hatte«, sagte Jenny, und Scott stapfte durch das Unterholz in die Richtung, in die Jenny gedeutet hatte. Er kam zurück mit einem kleinen Zweig, den er ihr ins Knopfloch steckte. »Da. Ein Sträußchen für den Tanz.«

Sie lachte und schnupperte an den Blüten.

»Komm«, sagte er, nahm sie an der Hand und zog sie mit sich.

Von da ab, wo die Bäume aufhörten, standen zu beiden Seiten des Pfades graue, von Wind und Wetter geschundene hölzerne Gatter, die früher einmal weiß angestrichen gewesen waren. Taglilien wuchsen in kleinen Grüppchen unter dem untersten Gatterbalken, und Clematis rankten an den Pfosten hoch. Jenny und Scott gingen etwa hundert Meter an dem Gatter entlang, das, eine Kurve beschreibend, zu einem langen, mit einem Blechdach versehenen Stallgebäude führte, das hinter einer fünfzig Jahre alten Buchsbaumhecke versteckt lag.

»Ich wußte gar nicht, daß es hier einen Stall gibt«, rief Jenny aus.

Scott lehnte sich mit den Armen auf das Gatter. »Ich war mir nicht sicher, ob er immer noch da sein würde. Die Dundees haben ihre Pferde schon seit zwanzig Jahren in Chadds Ford untergebracht. Komm, laß uns hineingehen.« Er trat auf den untersten Gatterbalken und schwang sich hinüber.

»Reitest du immer noch?« fragte Jenny, während sie etwas vorsichtiger hinter ihm herkletterte.

»Nein, ich hab einen schlimmen Sturz gehabt, als ich zwölf war.« Er ging voraus in den Stall und öffnete die Haspe an der quergeteilten Tür. »Danach wollte mein Vater mich nicht mehr reiten lassen.«

Im Innern des Stalls herrschte nur schwaches Licht. Scott drückte auf den Lichtschalter neben der Tür, doch nichts geschah. Er klemmte ein Stück Holz in die Tür, so daß sie offen blieb und Licht hereinfiel. Zur Linken war ein leerer Raum zu erkennen, in dem einmal das Sattelzeug gehangen hatte, und zur Rechten ein Dutzend Pferdeboxen.

»Riechst du das?« fragte Scott, während er übertrieben

heftig die Luft durch die Nase einsog. »Nach zwanzig Jahren riecht es immer noch nach Pferd.«

»Alles Gute bleibt bestehen, was?« scherzte Jenny, doch er ging an den Boxen entlang, ohne sie zu hören. Am hinteren Ende des Stalls zog sich ein Heuboden quer unter den Dachsparren entlang, von wo aus das unverwechselbare Rascheln von Nagetieren zu vernehmen war.

Scott blieb vor einer der Boxen stehen und starrte hinein. Jenny versuchte, sich ihn als Zwölfjährigen vorzustellen, wie er in Zylinder und Reitstiefeln ein Pferd in dieser Box sattelte. Sie sah ihn vor sich, sorglos und unbefangen, an nichts anderes denkend als das nächste Reitturnier.

Er hob den Kopf und ließ seinen Blick zuerst über den gesamten Komplex schweifen und dann wieder in die leere Box. »Das ist er«, sagte er plötzlich. »Das ist der Ort, an dem mein Alptraum spielt.«

»Was meinst du damit?«

»Ich habe jede Nacht denselben Alptraum.« Er sprach sehr leise, so daß Jenny näher zu ihm hingehen mußte, um ihn zu verstehen. »Ich bin in einem Stall. Es ist dunkel, und jemand schubst mich an den Boxen entlang. Ich stehe bis zu den Knöcheln in Pferdemist. Ich versuche verzweifelt, in der Dunkelheit etwas zu erkennen, und allmählich tauchen kleine, weiße Punkte in den Boxen auf. Es sind Augen, die mich beobachten, während ich an ihnen vorbeigeschoben werde. Ich strenge meine Augen noch mehr an, und dann erkenne ich Gesichter, die zu den Augen gehören. Es sind keine Pferde, sondern Menschen. Ich fange an zu rennen, aber meine Füße bleiben in dem Mist stecken, und plötzlich gehen alle Boxen gleichzeitig auf, und all diese Männer kommen raus und gehen auf mich los und –«

»Was?« flüsterte Jenny.

Scott atmete tief aus. »Und in diesem Augenblick rettest du mich, Jenny.«

Sie tastete nach seiner Hand und bekam sie zu fassen.

»Ha! Da braucht man kein Freud zu sein, um die Symbolik in diesem Traum zu interpretieren!«

»Schsch«, sagte Jenny und drückte seine Hand.
Er schüttelte hilflos den Kopf. »Die Warterei macht mich verrückt. Jetzt sind es schon sechs Monate! Wenn ich ein wertloses Auto geklaut hätte, wäre ich innerhalb von vierundzwanzig Stunden hinter Gittern gelandet. Ich hab zwei Millionen Dollar geklaut und bin immer noch auf freiem Fuß. Das soll ein Mensch kapieren.«
»Aber du hast es nicht geklaut«, erinnerte Jenny ihn.
Doch er hörte nicht, was sie sagte. Er wandte sich um und sah sie mit Tränen in den Augen an. »Wie lange dauert es, bis ein Mensch mit seiner eigenen Blödheit nicht mehr leben kann?«
»Nein, Scott, sag sowas nicht. Es wird schon irgendwie wieder werden. Du wirst schon sehen.«
Sie nahm ihn in die Arme, und einen Augenblick später drückte auch er sie an sich. Das Sträußchen in ihrem Knopfloch wurde zwischen ihnen zerdrückt und verströmte einen noch intensiveren Duft als zuvor.
»Ach, Jenny«, stöhnte er und drückte seine Lippen auf ihren Mund.
Diesmal war es kein flüchtiger Kuß, und Jenny ließ vor Überraschung ihre Arme sinken.
»Ich liebe dich«, hauchte er.
Sie lehnte sich gegen die Stallwand und starrte ihn entgeistert an. »Scott, ich –«
»Ich weiß.« Ganz vorsichtig, als fürchte er, sie könne sich in Luft auflösen, berührte er ihre Wange. »Du liebst ihn immer noch, nicht wahr?«
»Ich komme nicht dagegen an. Es ist einfach –« Sie rang nach Worten. »Ich weiß einfach nicht, wie man sich entliebt. Wenn ich mich einmal verliebe, dann bleibe ich verliebt.«
Er fuhr mit seinen Fingern langsam und nachdenklich durch ihr Haar. »Ich wünschte, wir beide könnten uns verlieben und für immer verliebt bleiben«, flüsterte er. »Ich weiß, daß es unmöglich ist, daß ich das nicht erhoffen darf, aber –«
»Nein, Scott, das stimmt nicht. Ich hoffe es auch.«
Mit einem Mal glühten seine Wangen. Er zog sie an sich und

drückte ihr einen leichten Kuß auf die Lippen. »Mehr Hoffnung brauche ich nicht. Jetzt kann ich das alles durchstehen, ich weiß es.«

Er langte in seine Hosentasche und holte etwas Glitzerndes hervor. »Eine Zeitlang hab ich gedacht, sie funktioniert nicht mehr.« Es war die alte Taschenuhr mit dem sich aufbäumenden Pferd. Er warf sie in die Luft und fing sie grinsend wieder auf. »Aber sie ist immer noch mein Glücksbringer.«

15

Es schien Dan hundert Jahre her zu sein, seit er das letzte Mal aus der Stadt nach Radnor hinausgefahren war, und nichts kam ihm bekannt vor, als er in die Coventry Road einbog. Damals war es Winter gewesen, und Jennifer war seine Geliebte. Jetzt herrschte eine Hitzewelle, und Jennifer gehörte nun zu Scott Sterling. Alles um ihr Haus herum war mit Schnee bedeckt gewesen, doch nun war die Landschaft grün und saftig und so fruchtbar, wie Jenny sich mit Sterling erwiesen hatte.

Das Kopfsteinpflaster im Hof strahlte die Hitze ab wie ein Backofen, als Dan an der Tür klopfte. Jennifer machte auf. Damit hatte er gerechnet, und doch war er nicht auf den Schock gefaßt gewesen, den es ihm bereitete, sie an dieser Türschwelle wiederzusehen, wo sie sich früher in die Arme gefallen waren. Sie öffnete die Tür nur einen guten Spalt breit und blockierte den Eingang mit ihrem Körper. Obwohl er darauf bedacht war, seinen Blick auf ihr Gesicht gerichtet zu halten, konnte er die Wölbung ihres Bauchs unter ihrem Baumwollhemd erkennen.

»Hallo Jennifer. Ich bin gekommen, um mit Scott zu sprechen.«

»Ich weiß. Er hat's mir gesagt«, erwiderte sie, ihre Stimme so abweisend wie ihre Haltung.

»Und deswegen bist du mitten an einem normalen Arbeitstag zu Hause?«

»Du dürftest dich nicht mit ihm treffen.«

»Ich habe das mit seinem Anwalt geklärt. Und ich habe es mit Scott geklärt. Was geht hier vor, Jennifer? Vertrittst du ihn etwa neuerdings?«

»Es hat keinen Sinn, seine Aussage vorzubereiten. Er kann sowieso nicht aussagen.«

»Das würde ich gern von ihm selbst hören.«

»Das hättest du am Telefon haben können, dann hättest du dir die Fahrt gespart.«

»Ich bin schon immer gern hierhergefahren«, sagte Dan, doch als Jennifer errötete, tat ihm seine anzügliche Bemerkung leid.

Scotts Gesicht tauchte hinter Jennifer auf. »Jenny, was machst du denn da? Laß ihn rein.«

Jennifer wandte sich ab, und Scott riß die Tür auf. Er trug nichts als Bluejeans und ein Hemd, das er gerade zuknöpfte, so als habe er sich eben noch mit Jenny in ihrem Messingbett getummelt.

»Entschuldigen Sie«, sagte Scott. »Sie ist mir gegenüber manchmal ein bißchen überfürsorglich. Kommen Sie rein.«

Jennifer ging steif ins Wohnzimmer voraus, und Scott bugsierte Dan hinterher und bot ihm einen Sessel an, als sei er der Hausherr. »Kann ich Ihnen eine Tasse Kaffee anbieten?« fragte er. »Ich habe gerade frischen gebrüht.«

»Ja, bitte«, sagte Dan in der Hoffnung, eine Minute mit Jennifer allein zu gewinnen.

»Ich nehme auch eine Tasse«, sagte Scott.

Jennifer verschwand in der Küche. Dan klappte seine Aktentasche auf und zählte in Gedanken langsam bis zehn, während er so tat, als suche er nach seinen Papieren. Er ärgerte sich ebensosehr über sich selbst wie über Scotts besitzergreifende Haltung gegenüber Jennifer. Er war in einer beruflichen Angelegenheit hier und nicht, um eine Frau zurückzuerobern, die er längst verloren hatte.

»Am Montag ist Prozeßbeginn«, sagte Dan.

»Ja, ich weiß.«

Jennifer kam zurück und brachte für jeden eine Henkeltasse. Sie setzte sich am anderen Ende des Raums in einen Sessel, die Arme fest unter der Brust und über ihrem schwangeren Bauch verschränkt. Ihr Haar war wieder etwas länger, und sie trug einen weniger strengen Haarschnitt. Durch das offene Fenster hinter ihr fielen Sonnenstrahlen in den Raum und hüllten sie in dunstiges Licht. Dan nippte an seinem Kaffee. Schwarz, ohne Zucker. Sie hatte es nicht vergessen.

»Ich habe gehört, Perlman hat Ihnen eine Vorladung geschickt.«

Scott nickte. »Ich hatte eigentlich nicht vor, zu der Verhandlung zu kommen, aber ich schätze, er will sicherstellen, daß ich aussage.«

»Falsch«, sagte Dan. »Das letzte, was er will, ist, daß Sie aussagen.«

»Was?« sagte Scott, und aus dem Augenwinkel konnte Dan erkennen, daß Jennifer ebenso irritiert war wie er.

»Perlman rechnet fest damit, daß Sie von Ihrem Aussageverweigerungsrecht Gebrauch machen. Er braucht die richterliche Bestätigung der Nichtbewertung Ihrer früheren Aussage.«

Scott begriff immer noch nicht, im Gegensatz zu Jennifer, die ihm erklärte: »Wenn du aufgrund möglicher Selbstbelastung die Aussage verweigerst, wird der Richter die Jury darüber informieren, daß deine Aussage sowohl deinen als auch den Interessen deines Arbeitgebers geschadet hätte.«

Scott sah erst Jennifer und dann Dan an. »Das heißt also, wenn ich nicht aussage, wird H & M in die Pfanne gehauen.«

»Sie haben es erfaßt.«

»Ach du Scheiße.« Er trank einen großen Schluck von seinem Kaffee und schüttelte den Kopf.

»Er hat gar keine andere Wahl«, beharrte Jennifer. »Jedenfalls nicht, solange er das Strafverfahren nicht hinter sich hat. Und darüber haben wir bisher noch nichts gehört.«

Mit äußerstem Mißfallen registrierte Dan, daß sie »wir« gesagt hatte. »Darüber werdet ihr überhaupt nichts hören. Nicht, bevor der Zivilprozeß gelaufen ist.«

»Woher willst du das wissen?«

»Ich habe den Bezirksstaatsanwalt dazu überredet, vorher keine Klage zu erheben.«

Jennys Augen weiteten sich. »Wie hast du das denn geschafft?«

»Ich habe ihm genau das gezeigt, was ich Scott jetzt zeigen werde.« Er legte seine Beweisstücke in zwei Stapeln auf den Tisch. »Das sind die Auszüge von dem Konto bei Connolly. Das hier«, Dan legte seine Hand auf den ersten Stapel, »sind die Auszüge von Masons persönlichem Konto. Und das hier«, seine Hand wechselte zu dem zweiten Stapel, »sind die Auszüge, die Mason von dem Konto des Treuhandfonds erhalten hat.«

Jennifer löste ihre Arme.

»Moment mal«, sagte Scott. »Die Auszüge von dem Treuhandkonto sind an mich gegangen, nicht an Onkel Curt.«

»Das haben *Sie* gedacht«, erwiderte Dan. »Aber das Konto war mit einem Vermerk versehen, der besagte, daß von jedem Auszug eine Kopie angefertigt werden sollte. Also ging regelmäßig jeden Monat ein Auszug an Sie und einer an Mason.«

»Aber das kann gar nicht sein! Er hat mir nie gesagt – Was hat Onkel Curt dazu zu sagen?«

»Er sagt, er hat sie sich nie angesehen. Er hat sich da ganz auf Sie verlassen.«

»Yeah, okay«, sagte Scott. »Ich schätze, so könnte es gewesen sein.«

Aber Jennifer hatte ihre Zweifel. »Es ist schwer zu glauben, daß er sich niemals auch nur einen einzigen angesehen haben soll.«

»Er hat sich nie besonders für die Verwaltung des Treuhandfonds interessiert«, erklärte Scott.

»Aber ein Aspekt des Treuhandfonds hat ihn sehr wohl interessiert, nicht wahr?« insistierte Dan.

»Die Macoal-Aktien«, sagte Jennifer.

Dan nahm einen der Auszüge zur Hand und reichte ihn Scott. »Das ist der Novemberauszug von dem Treuhandfonds. Um den 5. Dezember ist eine Kopie an Mason gegangen. Am 7. hat er Brian Kearney angerufen.«

Scott fuhr auf. »Onkel Curt hat Kearney direkt angerufen?«

»So ist es. Und Kearney hat das Gespräch nicht nur in seinem Telefonprotokoll verzeichnet, sondern er erinnert sich auch noch sehr deutlich an die Unterredung mit Mason, weil dieser am Telefon getobt hat wegen der Zahlen, die sich auf die Macoal-Aktien bezogen.«

Scott überflog die Seiten, bis er den Eintrag entdeckte. »Daran erinnere ich mich auch. Macoal hat im November durch Kapitalerhöhung neue Bezugsrechte geschaffen und dadurch den Aktienkurs beeinflußt. Es hat damals einige Verwirrung über den neuen Aktienpreis gegeben.«

»Er hat sich das von Kearney auf den Penny genau ausrechnen lassen«, sagte Dan. »Als er ihn anrief, hatte er den Auszug vor sich. Kearney ist bereit, das zu beschwören.«

»Möglich«, sagte Scott. »Aber ich sehe nicht –«

»Sehen Sie sich die nächste Transaktion an«, versuchte Dan nachzuhelfen. »Direkt unter dem Eintrag für Macoal.«

Scott entdeckte die Stelle und verstummte.

»Was steht denn da?« fragte Jennifer.

»Scheck Nummer 233«, las Scott langsam vor. »Bar an Empfänger. Betrag $249.875,00.«

»Ist das einer von –«

»Ja, das ist eine von meinen Fälschungen.«

»Also hat er es gesehen«, sagte Jenny.

Scott schüttelte ungläubig den Kopf.

»Hören Sie«, mischte Dan sich ein. »Den Eintrag genau darüber läßt er sich auf den Penny genau erklären. Glauben Sie, daß er dann eine Barauszahlung von einer Viertelmillion Dollar übersieht?«

»Vielleicht hat er gedacht, es sei eine legitime Auszahlung gewesen. Aus dem Auszug geht schließlich nicht hervor, wer der Empfänger war.«

Dan nahm einen anderen Auszug zur Hand. »Sehen Sie sich das mal an«, sagte er. »Das ist Masons persönlicher Auszug aus demselben Monat. Am selben Tag abgeschickt.«

»Ist die Einzahlung darauf vermerkt?« fragte Jennifer.

»Bareinzahlung«, las Dan vor. »Betrag $249.875,00.«

Scott schüttelte immer noch den Kopf.

»Hören Sie sich das an.« Dan langte noch einmal in seine Aktentasche und brachte einen Cassettenrecorder zum Vorschein. Das Band war bereits eingelegt und bis zu der entsprechenden Stelle vorgespult. Er drückte auf die Abspieltaste.

»Scotty, mein Junge.«

Scott erbleichte, als er Masons herzlichen Tonfall vernahm, doch Jennifer lehnte sich mit gespannt leuchtenden Augen vor.

»Ich habe gerade meinen Auszug von Connolly erhalten.«

»Sieht gut aus, was?« erwiderte Scotts Stimme.

»Gut? So gute Resultate hab ich noch nie zu Gesicht bekommen, mein Sohn! Zweihundertneunundvierzigtausendachthundertfünfundsiebzig. Phantastisch!«

Dan schaltete das Gerät ab. Es war plötzlich so still im Raum, daß er die Vögel draußen zwitschern hörte.

»Ich kapier's nicht«, sagte Scott schließlich.

»Und das alles hast du dem Bezirksstaatsanwalt vorgelegt?« Jenny wandte sich an Scott. »Begreifst du denn nicht, Scott? Sie glauben, daß Mason die ganze Zeit Bescheid gewußt haben muß. Vielleicht halten sie dich für unschuldig!«

Genau das war es, was Dan Scott beibringen wollte, aber es versetzte ihm einen Stich, es Jenny so hoffnungsvoll sagen zu hören. Sie wollte, daß Scott freigesprochen wurde. Sie wollte die drohende Gefängnisstrafe von ihm abgewendet wissen, damit er in Ruhe hier sitzen und mit ihr zusammen auf das Baby warten konnte. Dan mußte daran denken, wie er an den Wochenenden mit Jennifer Familie gespielt hatte. Jetzt war sie hier mit Scott, und zwischen den beiden war es kein Spiel mehr.

Scott starrte gedankenverloren aus dem offenen Fenster. »Ich muß darüber nachdenken«, sagte er schließlich.

Dan machte sich bereit zu gehen. Scott erhob sich ebenfalls und begleitete ihn zur Tür, doch Jennifer rührte sich nicht. Dan warf einen letzten Blick zurück. Sie saß da, von Sonnenlicht umflutet, ihr Gesichtsausdruck im Gegenlicht nicht zu erkennen.

»Falls Sie sich entschließen auszusagen«, sagte Dan, »würde ich vorher gern die Einzelheiten mit Ihnen durchgehen.«

»Lassen Sie mich noch einmal darüber schlafen. Ich werde Ihnen morgen Bescheid geben. Nein, morgen ist Samstag –«
»Ich werde im Büro sein«, sagte Dan. »Rufen Sie mich dort an.«

16

Es war bereits vier Uhr nachmittags, als am nächsten Tag das Telefon in Dans Büro klingelte. Hastig griff er nach dem Hörer, doch es war nur der Wachmann aus der Lobby im Erdgeschoß.
»Mr. Casella, Sie haben Besuch«, sagte er. »Michael diMaio und – Wie war noch Ihr Name? Teresa. Sie sagt, Sie wüßten Bescheid.«
»Ja, ich weiß Bescheid. Schicken Sie sie rauf.«
Er hörte ihre fröhlichen Stimmen, als sie aus dem Aufzug traten und den Korridor entlang auf sein Büro zukamen. Wahrscheinlich wollten sie am Samstag abend groß ausgehen, dachte Dan und beschloß spontan, sich ebenfalls einen netten Abend zu gönnen. Er kritzelte eine Notiz auf einen Zettel: »Lisa anrufen.«
Als er sich von seinem Schreibtisch erhob, standen sie bereits erwartungsvoll lächelnd in der Tür. »Hey, was habt ihr denn –«
Die Frage blieb ihm im Halse stecken. Mike trug seinen besten Anzug, und Teresa ein blaues Chiffonkleid, das er noch nie zuvor gesehen hatte. Sie hielt ihm ihre linke Hand hin. Ein Ring glitzerte an ihrem Finger.
»Ich werd verrückt«, sagte Dan.
»Na, das ist ja 'ne nette Art, seiner einzigen Schwester zur Verlobung zu gratulieren.« Teresa kam mit ausgebreiteten Armen auf ihn zu.
»Ihr wollt heiraten?«

»Nein, wir haben uns nur verlobt, weil wir miteinander gehen wollen«, erwiderte sie und klopfte ihm auf den Arm.

»Was wird Mom dazu sagen?«

»Im Moment müßte sie mit meinem Alten zusammen bei der zweiten Flasche Sekt angekommen sein«, sagte Mike. »Die beiden amüsieren sich königlich.«

Dan blickte von Mike zu Teresa. Sie nickte eifrig und sah ihn mit leuchtenden Augen an. Dan begann herzhaft zu lachen und nahm sie fest in die Arme. »Du Mistkerl«, sagte er und klopfte Mike auf den Rücken, während sie sich die Hände schüttelten. »Ich wußte, daß ich dir nicht trauen konnte, schon als du mir zum erstenmal unter die Augen gekommen bist. Wann ist denn der große Tag?«

»Am Samstag vor Weihnachten«, sagte Teresa. Sie faßte ihn an den Ellbogen und sah ihm forschend in die Augen. »Du freust dich doch für mich, nicht wahr, Dan?«

Er umarmte sie noch einmal. »Ich freue mich noch mehr für diMaio«, brummte er. »Er ist derjenige, der in dieser Sache den Vogel abschießt. Kommt, setzt euch, erzählt mir von euren Plänen.« Er schob Teresa einen Sessel hin, und Teresa setzte sich mit einem Lächeln, das zeigte, daß sie für mehr als den Sessel dankbar war. »Habt ihr eine Hochzeitsreise geplant?«

»Nur eine kurze«, sagte Mike. »Und wir verraten dir nicht, wohin.«

»Mom möchte, daß wir bei ihr im Haus wohnen«, sagte Teresa. Dan ließ sich auf seiner Schreibtischkante nieder. »Michael hat eine schöne Wohnung, aber wir finden, wir sollten bei Mom bleiben. Die Gegend hat sich sehr verändert, seit du weggezogen bist, weißt du. Wir meinen, sie sollte nicht allein dort wohnen.«

Dan wandte seinen Blick ab. Schon wieder sprang Mike für etwas ein, das eigentlich seine Aufgabe gewesen wäre. Erst hatte er das Treppenhaus angestrichen, und nun war er drauf und dran, die Rolle als Mann im Haus zu übernehmen.

»Ich finde, das ist eine großartige Idee«, sagte er.

Mike und Teresa strahlten sich an und faßten sich an den

Händen. »Dann ist da noch etwas«, sagte Teresa. »Es geht um Tony.«

Dans Gesichtsausdruck verhärtete sich. Er ging hinter seinen Schreibtisch und setzte sich. »Was ist mit ihm?«

»Er sollte jetzt wieder nach Hause kommen.«

»Nein.«

»Komm schon, Dan«, sagte Mike. »Du hast dir alle Mühe gegeben. Es hat nicht funktioniert. Schick ihn wieder nach Hause.«

»Habt ihr schon vergessen?« fragte Dan, sah jedoch nur Teresa an. »Den Schlag in dein Gesicht?« Und die Pistole, hätte er noch gern hinzugefügt, wollte sie jedoch nicht vor Mike erwähnen.

»Mike wird damit fertig«, sagte Teresa.

Es war klar, was sie damit sagen wollte. Mike war besser geeignet als Dan, seinen kleinen Bruder großzuziehen. »Nein«, sagte er noch einmal.

»Danny, du mußt doch einsehen, daß er sich nicht wohlfühlt.«

»Ach, auf einmal soll ich ihn also glücklich machen?«

»Im letzten Halbjahr hat er in drei Fächern die erforderlichen Leistungen nicht erbracht und drei Sechser auf dem Zeugnis gehabt.«

»Er macht Sommerkurse, um das wieder wettzumachen. Ihr seht also – ich habe alles unter Kontrolle.«

»Danny«, sagte Teresa. Diesmal versuchte sie es in einem etwas sanfteren Ton. »Am Montag fängt ein wichtiger Prozeß für dich an. Du wirst rund um die Uhr arbeiten müssen. Dann mußt du dir doch nicht das Leben noch zusätzlich schwermachen. Laß ihn nach Hause kommen.«

»Nein.«

Mike mischte sich ein. »Du kannst eben einfach nicht verlieren, was, Casella?«

»Michael –«

Dan bezwang seinen Ärger. »Hört zu«, sagte er, sehr darum bemüht, vernünftig zu klingen. »Ihr beide werdet ein frisch vermähltes Paar sein. Ihr habt es verdient, ein glückliches, unbeschwertes Zuhause vorzufinden, wenn ihr abends von der Arbeit kommt. Laßt die Sache laufen.«

Teresa wandte sich seufzend an Mike und nahm wieder seine Hand. »Okay.«

»Aber denk dran«, wandte Mike ein, der nicht so schnell aufgeben wollte. »Wenn es irgendwelche Schwierigkeiten gibt, kannst du ihn jederzeit nach Hause schicken.«

Teresa erhob sich. »Und jetzt«, sagte sie und strahlte Dan von neuem an, »geh mit uns aus. Laß uns zur Feier des Tages ein Glas zusammen trinken.«

»Tut mir leid.« Dan schüttelte den Kopf in der Hoffnung, daß es bedauernd wirkte. »Ich warte auf einen Anruf.«

»Ach, komm doch«, drängte Teresa und schmollte.

»Von Sterling?« riet Mike, und als Dan nickte, sagte er: »Wir können das ja ein andermal nachholen. Aber erzähl mir, was er zu sagen hat.«

»Okay. Ich ruf dich an.«

Er begleitete sie zum Aufzug, wo sie sich gutgelaunt von ihm verabschiedeten, und als er in sein Büro zurückkehrte, starrte sein Notizzettel ihn vom Schreibtisch aus an. »Lisa anrufen.« Er strich Lisa durch und schrieb Elaine hin, dann strich er auch Elaine durch und versuchte, sich an den Namen der Frau zu erinnern, die Ed O'Reilly ihm vor ein paar Wochen vorgestellt hatte. Schließlich nahm er den Hörer ab und wählte seine eigene Nummer.

»Yeah«, meldete sich Tony.

»Ich bin's.«

»Yeah«, sagte Tony noch einmal. Es war schon fast drei Monate her, seit das Geld unter Tonys Bett aufgetaucht war, und sein Panzer war seitdem nicht einen Zentimeter verrutscht.

»Teresa und Mike haben sich heute verlobt.«

»Yeah, sie haben mich angerufen.«

»Ach ja?« Dan ärgerte sich, war sich jedoch nicht sicher, was ihm mehr gegen den Strich ging – daß Tony die Neuigkeit als erster erfahren hatte oder daß sie ohne sein Wissen mit ihm telefoniert hatten. »Haben sie sonst noch irgendwas gesagt?«

»Zum Beispiel?«

»Nichts. Also, ich werde ungefähr in einer Stunde zu Hause sein.«

Tony quittierte die Ankündigung mit Schweigen. Während der drei oder vier guten Monate hatte es Zeiten gegeben, da hätte er Essenswünsche geäußert oder mit Dan um ein Video oder einen Kinoabend verhandelt. Doch neuerdings gab er sich die größte Mühe, Dan spüren zu lassen, daß er sich überhaupt nichts wünschte. Das Ironische daran war, daß Dan sich um so mehr von Tony wünschte, je weniger dieser von ihm wissen wollte – etwas Gesellschaft nach einem langen Arbeitstag, ein paar heitere Stunden, die unbefangene Zuneigung, die sich eine Zeitlang zwischen ihnen entwickelt hatte. Manchmal mußte Dan sich mit Gewalt daran erinnern, daß das alles nicht durch seine, sondern durch Tonys Schuld verlorengegangen war.

Das rote Lämpchen von Dans zweitem Anschluß begann zu blinken, was ihm einen Vorwand gab, das Schweigeduell zu beenden. »Tony, ich hab noch ein Gespräch auf der anderen Leitung.« Er drückte auf die entsprechende Taste. »Dan Casella.«

»Hier spricht Jennifer Lodge.«

Die Erwähnung ihres Nachnamens beinhaltete einen Hinweis, der ebenso abweisend war wie der unterkühlte Ton in ihrer Stimme. Dan antwortete in demselben Tonfall. »Hallo Jennifer.«

»Scott hat über alles nachgedacht und mit seinem Anwalt gesprochen, und er hat sich entschlossen, nicht auszusagen.« Sie hatte sehr schnell gesprochen, es klang wie auswendig gelernt, möglicherweise sogar abgelesen.

»Warum erfahre ich das von dir?«

»Es ist ihm unangenehm«, sagte sie und geriet ins Stottern, da sie diesen Teil nicht einstudiert hatte. »Er – ich weiß nicht – ich schätze, er schämt sich.«

Dan kritzelte auf seinem Notizblock herum, wobei er die Namen der Frauen, die er sich notiert hatte, unleserlich machte. »Ich habe den Eindruck, daß du dich noch mehr davor scheust, mit mir zu reden, als er.«

»Es gibt nichts, dessen ich mich schämen müßte!« fauchte sie.

Er nahm seine Brille ab und rieb sich die Augen. »Das kann ich von mir nicht behaupten.«

Sie antwortete nicht. Er wünschte, sie säße ihm gegenüber an seinem Schreibtisch, wo er ihre Gefühle an ihrem Gesichtsausdruck ablesen konnte. Vielleicht bedeutete ihr Schweigen, daß sie anfing nachzugeben oder daß sie sich mit all der Inbrunst ihrer ersten Verliebtheit nach ihm verzehrte. Oder es hatte die gleiche Bedeutung wie Tonys Schweigen, nämlich, daß sie überhaupt nichts mehr von Dan wollte.

Es hatte keinen Zweck, darüber Spekulationen anzustellen. Sie gehörte jetzt zu Sterling, und das hatte Dan sich selbst zuzuschreiben. Er hatte die beiden zusammengebracht, er hatte Jennifer genötigt, sich in genau diesen Sessel zu setzen und Sterlings Nummer zu wählen. »Mit Ihnen wird er reden«, hatte er insistiert, als sie sich anfänglich gesträubt hatte. Was Dan nicht ahnen konnte, war, daß Sterling nicht mehr aufhören würde zu reden.

»Richte Scott etwas von mir aus«, sagte er schließlich. »Er soll sich das lieber noch mal gut überlegen, sonst wird er sein Baby nur durch eine Glasscheibe bewundern können, und ich meine nicht die auf der Entbindungsstation.«

Sie atmete hörbar ein, bevor sie auflegte.

Dan arbeitete noch bis spät in die Nacht, alle Pläne, sich einen netten Abend zu gönnen, waren vergessen. Er trug seine Unterlagen in den Konferenzsaal am Ende des Korridors und breitete sie auf dem vier Meter langen Tisch aus. Einige Stunden später jedoch starrte er nur noch gedankenverloren auf das Spiegelglasfenster.

Das war der Konferenzsaal, in dem er und Jennifer in der Nacht des Schneesturms gearbeitet hatten. An jenem Abend war er in Hochstimmung gewesen, denn seine Erkenntnisse und seine Verteidigungsstrategie hatten allmählich begonnen, Formen anzunehmen. Und als er sich umgedreht und Jennifers Gefühle in ihren Augen gelesen hatte, waren ihm regelrecht

Flügel gewachsen. Doch dann hatte sich herausgestellt, daß ihre Gefühle ebenso transferierbar waren wie Ken Stiveleys Honorarvolumen, und sie hatte sie eingepackt und Dan weggenommen.

Der Fernseher lief, und alle Lampen brannten, als Dan spät in jener Nacht zu Hause eintraf. Das kühle weiße Licht mischte sich mit dem gespenstischen blauen Leuchten der Mattscheibe und warf silbrige Schatten auf Tony, der schlafend auf dem Sofa lag. Dan wollte etwas sagen, schaltete jedoch zuerst den Fernseher aus. Tony rührte sich, wachte aber nicht auf, und Dan sagte schließlich doch nichts und ließ sich in den Sessel neben ihm sinken.

Tony schlief, wenn Dan morgens das Haus verließ, und er schlief, wenn Dan abends heimkehrte. Dan hatte keine Ahnung, wie er seine Tage verbrachte oder was sich in seinem Leben abspielte, außer, daß er die Wohnung täglich zu den verabredeten Zeiten verließ und wieder zurückkehrte. Er wußte nicht, was er für Freunde hatte, vermutete jedoch, daß er keine hatte. Er hätte inzwischen von der Augustsonne braungebrannt sein müssen, doch statt dessen war er käsebleich, und im Gegensatz zum Frühjahr, als er noch regelmäßig Sport getrieben hatte, war er überhaupt nicht mehr in Form. In drei Fächern hatte er das Klassenziel nicht erreicht, obwohl er wenige Wochen vor den Zeugnissen noch einen guten Durchschnitt gehabt hatte; seine Lehrer hatten Dan erklärt, er hätte auch keine schlechteren Ergebnisse erzielen können, wenn er es darauf angelegt hätte durchzufallen.

Zum erstenmal fiel Dan der dunkle Flaum über Tonys Oberlippe auf. Meine Güte, seit wann hatte er den schon? Wenn es irgendeine Vaterfigur im Leben des Jungen gegeben hätte, würde er sich schon rasieren.

Er stand auf, holte eine Decke aus dem Wäscheschrank, deckte den Jungen sorgfältig damit zu. Tony murmelte etwas im Schlaf und drehte seinen Kopf auf der Sofalehne um, wachte aber immer noch nicht auf.

Er brauchte Freunde, frische Luft und eine männliche

Bezugsperson. In seiner alten Schule hatte er Freunde, dort war seine ihm vertraute Umgebung und dort war Mike diMaio, der nun zur Familie gehörte, und all das zusammen übertraf alles, was Dan ihm zu bieten hatte. Mikes Vorwurf war durchaus berechtigt gewesen. Einzig Dans Weigerung, sich seinen Mißerfolg einzugestehen, hinderte ihn daran, Tony dahin zurückzuschicken, wohin er gehörte.

Die Sommerkurse waren fast zu Ende. Sobald er sie hinter sich hatte, würde er Tony nach Hause zurückbringen und seiner Liste von gescheiterten zwischenmenschlichen Beziehungen eine weitere Person hinzufügen.

TEIL DREI
DER PROZESS

1

Die Hitzewelle endete Sonntag nacht mit einem zuckenden Blitz, gefolgt von einem fürchterlichen Donnergrollen. Als Jennys Taxi am Montag morgen am Gerichtsgebäude vorfuhr, prasselte der Regen immer noch auf das Pflaster. Auf dem Gehweg wimmelte es von bunten Regenschirmen, deren einzelne Farben, durch den Regenschleier auf den Autofenstern betrachtet, ineinander zu verlaufen schienen. Vor dem Taxi stand der weiße Kastenwagen des örtlichen Fernsehsenders geparkt, und vor dem Eingang des Gerichtsgebäudes machte sich ein Kamerateam bereit. Wahrscheinlich wurde heute das Urteil gegen irgendeinen Politiker oder Mafioso erwartet. Jenny fragte sich, ob die Kameras wohl ebenso auf Scott gerichtet sein würden, wenn der Tag kam, an dem das Urteil gegen ihn verkündet wurde. Nach dem Gesicht zu urteilen, das er am Frühstückstisch gemacht hatte, hätte man meinen können, der Tag sei bereits gekommen.

Jenny fuhr mit dem Aufzug in den zehnten Stock und öffnete vorsichtig und mit einem Kloß im Hals die Tür zum Gerichtssaal, in dem Richter Steuben den Vorsitz führte. Eine Frau mittleren Alters, die dabei war, Karaffen mit Trinkwasser auf den Tischen der Anwälte zu verteilen, blickte auf, als Jenny den Saal betrat.

»Sind Sie hier wegen der Mason-Verhandlung?« fragte sie.

»Ja.«

»Kommen Sie mit. Der Richter hat alle Anwälte in das Anwaltszimmer gebeten.«

»Nein, ich komme nur als Zuschauerin.«

Die Frau verschwand durch die Tür hinter der Richterbank. Jennys Blick wanderte von den leeren Zuschauerbänken bis an die Saaldecke, sieben Meter über ihr. Im Gerichtssaal herrschte eine fast andächtige Stille wie in einer Kirche. In der Mitte vor der Richterbank, in respektvoller Entfernung, stand das Pult, an dem die Anwälte zu stehen hatten, wenn sie das Wort ergriffen, und hinter dem Pult standen rechts und links die Tische für die gegnerischen Anwälte. Als Verteidiger des Beklagten würde Dan an den Tisch auf der rechten Seite verbannt werden, den Tisch, der am weitesten von der Jury und dem Zeugenstand entfernt stand. Jenny nahm auf der linken Seite Platz.

Die rückwärtigen Türen des Gerichtssaals gingen krachend auf, und zwei Männer schoben auf kleinen Wagen Kisten mit Prozeßakten herein. Eine geschäftig dreinblickende junge Frau eilte an ihnen vorbei und wies ihnen den Weg zum Tisch des Anwalts des Beklagten. Jenny erkannte sie als eine der Anwaltsgehilfinnen von Foster, Smith, anscheinend Dans neueste Flamme. Die Kisten wurden abgeladen, geöffnet und in der richtigen Reihenfolge aufgestellt. Die Männer verließen den Saal, und fünf Minuten später wurde dieselbe Prozedur mit einer neuen Besetzung wiederholt, als die Unterlagen von Perlman eintrafen.

Ein dunkler, untersetzter Mann kam herein und setzte sich in die Mitte der ersten Reihe. Als die Türen sich das nächste Mal öffneten, marschierte Curtis Mason mit finsterer Miene herein. Der erste Mann erhob sich bei Masons Eintreten. »Detective«, sagte Mason, ohne seinen Schritt zu verlangsamen. Ein großer, breitschultriger Mann ging hinter Mason her.

»Wen haben Sie denn da mitgebracht?« fragte der Detective.

»Meinen Bodyguard«, blaffte Mason, während er an Perlmans Tisch Platz nahm. »Die Polizei scheint ja nicht in der Lage zu sein, mich zu beschützen.«

»Sie erfreuen sich immer noch guter Gesundheit, Mr. Mason«, versetzte der Detective ungerührt.

Masons einzige Reaktion war ein ärgerliches Schulterzucken.

Wenige Minuten später traf Charlie Duncan ein. Seine Augen schossen zu Mason hinüber, doch als dieser sich nicht zu einem

Gruß hinreißen ließ, eilte er zu seinem Platz in einer leeren Reihe.

Das Ensemble war komplett versammelt – die gegnerischen Parteien, die Anwaltsgehilfen, ein Leibwächter, ein Detective und Jenny. Jetzt war es Zeit, daß die Hauptdarsteller die Bühne betraten, doch lange Minuten des Wartens zogen sich hin, ohne daß ein Zeichen von ihnen zu sehen war.

Jenny begann heimlich zu hoffen, sie würden überhaupt nicht erscheinen. Vielleicht wurde im Anwaltszimmer ein Vergleich ausgehandelt – Mason würde von seinem Posten als Treuhänder zurücktreten und das Geld zurückzahlen; man würde Scott vergeben und ihn vergessen; sie würde Dan nie wieder gegenübertreten müssen. Aber das waren vergebliche Hoffnungen. Mason würde die Kontrolle niemals aus der Hand geben; Scott würde dem Tag der Abrechnung nicht entgehen; und eines Tages würde unausweichlich auch für Jenny der Tag der Abrechnung kommen.

Endlich öffnete sich die Tür des Anwaltszimmers. Bob Perlman trat als erster heraus, den Kopf geneigt und mit einem jungen Mann, der einen leeren Jackettärmel an die Schulter geheftet trug, ins Gespräch vertieft. Er grinste Mason schon von weitem aufmunternd an, bevor er auf ihn zutrat und die beiden die Köpfe für eine kurze Unterredung zusammensteckten.

Dan kam als letzter durch die Tür, und Jennifer war die erste und einzige, die er wahrnahm. Ihr Anblick löste eine Welle der Freude in ihm aus, augenblicklich gefolgt von einer Wut über sich selbst, die ihm die Kehle zuschnürte. Charlie Duncan erwartete offenbar ein paar beruhigende Worte von ihm, und Dan ging als erstes zu ihm hinüber.

»Wie ist es denn da drin gelaufen?« flüsterte Duncan.

»Keine Überraschungen.«

»Was ist mit den Bändern?«

»Sie werden als Beweismaterial zugelassen.«

Duncan ließ seine Schultern sinken. Dan hatte ihn nicht davon überzeugen können, daß diese Beweisstücke die Dinge zu ihren Gunsten würden wenden können. Das einzige, was er auf den Bändern gehört hatte, war ein bei Harding & McMann angestellter Anwalt, der das Blaue vom Himmel herunterlog.

Dan rutschte auf die Bank neben Mike diMaio und machte eine Kopfbewegung in Richtung des Schwarzen. »Wer ist denn der Muskelmann?«

»Masons Leibwächter.«

Dan schenkte Perlmans Rücken einen abschätzenden Blick. Seine Taktik würde nach hinten losgehen, sobald Scott Sterling seinen Auftritt hatte. Man konnte der Jury eine Menge Dinge über Scott verkaufen, aber nicht, daß er eine physische Bedrohung für Mason darstellte.

»Sieht so aus, als ob ich meinen Pflichten nicht zur Genüge nachkomme«, sagte Mike.

»Da du im Moment nur hier herumsitzt, bin ich geneigt, dir recht zu geben.«

»Hey, ich warte darauf, daß du und Bobby mir meinen Fall zurechtschneidern.« Mike deutete mit seinem Kinn zum hinteren Ende des Gerichtssaals und raunte: »Wer ist denn die Kleine, die anscheinend von niemandem bemerkt zu werden wünscht?«

Dans Züge verhärteten sich. »Die hat mal für mich gearbeitet.«

»Und was hat sie nun hier zu suchen?«

»Keine Ahnung.«

Er erhob sich und wandte sich um. Jennys Augen weiteten sich, als er auf sie zuging, was ihn nur noch wütender machte. Früher war ihr Gesicht bei seinem Anblick aufgeleuchtet, doch nun sah er nichts als Angst und Verachtung in ihren Augen.

»Was tust du hier, Jennifer?«

»Ich nehme als Zuschauerin an einer öffentlichen Verhandlung teil.«

»Du bist seinetwegen hier, stimmt's? Du vertrittst ihn jetzt.«

Sie schüttelte den Kopf, nicht gewillt, ihm eine Antwort zu geben.

»Wenn *ich* dich geschwängert hätte, dann würdest du vielleicht *mir* gegenüber diese dumme, blinde Loyalität an den Tag legen«, sagte er angewidert.

»Du bist selbst mindestens ebenso dumm und blind«, gab sie wütend zurück.

»Erheben Sie sich«, sagte er Gerichtsdiener.

Dan starrte sie an, bevor er sich auf dem Absatz umdrehte und zu seinem Tisch zurückkehrte.

»Der Ehrenwerte Richter Gerald Steuben übernimmt den Vorsitz.«

Der Richter trat aus der Tür hinter der Richterbank. Er hatte sein Amt erst kürzlich angetreten, war jünger als die meisten seiner Kollegen und versuchte, seinem Ruf als politischer Stümper mit regelmäßigen Kostproben seines Scharfsinns zu begegnen. Als er seinen Platz einnahm, stand ihm der Unmut über jeden ins Gesicht geschrieben, der es wagte, die Zeit des Gerichts mit seinen lächerlichen Klagen zu verschwenden.

Sein Gerichtsassistent erhob sich von seinem Stuhl unterhalb der Richterbank und flüsterte ihm etwas zu. Dem Flüstern folgte ein Blatt Papier.

»Wo ist Scott Sterling?« bellte der Richter.

Perlman erhob sich. »Euer Ehren, er wurde vorgeladen und hält sich zur Verfügung.«

»Na, das wäre schön und gut, wenn er nur ein Zeuge wäre, Mr. Perlman, aber zufällig gehört er zu einer der beteiligten Parteien. Wer vertritt ihn?«

»Er vertritt sich selbst, Euer Ehren«, sagte Dan, der sich ebenfalls erhoben hatte.

»Das ist richtig«, sagte der Richter, während er in seiner Akte blätterte. »Er hat eine Klageerwiderung eingereicht. Er hat sogar dem Antrag auf Beschleunigung des Verfahrens zugestimmt. Und jetzt erscheint er nicht zur Verhandlung?«

Der Richter fixierte die Frau, die anfangs die Wasserkaraffen verteilt hatte. »Rufen Sie ihn an, und sagen Sie ihm, ich gebe ihm genau dreißig Minuten, um zu erscheinen, andernfalls fangen wir ohne ihn an.« Sie flüsterte ihm etwas zu, dann fragte der Richter ins Publikum: »Kennt irgend jemand seine Telefonnummer?«

Dan erhob sich und sagte sie auswendig auf, und Jenny blieb

fast das Herz stehen, als der Gerichtsassistent die Nummer wählte.

»Keine Antwort«, sagte er nach einer Weile.

Der Richter ließ seinen Blick durch den Gerichtssaal schweifen und zuckte dann die Achseln. »Dann werden wir also auf seine Gesellschaft verzichten müssen, bis Ihre Vorladung wirksam wird, Mr. Perlman. Also gut – nehmen Sie sich die Geschworenenliste vor und stellen Sie die Jury zusammen. Und ein bißchen Tempo, Gentlemen«, sagte er, während er mit zusammengezogenen Augenbrauen auf die Anwälte hinabstarrte. »Ich möchte gleich nach der Mittagspause ihre Eröffnungsplädoyers hören, und spätestens um drei wird der erste Zeuge vereidigt.«

Das Gericht zog sich zurück, und die Anwälte schoben ihre Stühle auf die andere Seite der Tische, um die Geschworenen auf ihre Eignung zu überprüfen.

Jenny verließ den Gerichtssaal und ging in ein leeres Anwaltszimmer am Ende des Korridors. Irgend etwas verwirrte sie. Der Richter hatte gesagt, Scott hätte dem Antrag auf Beschleunigung des Verfahrens zugestimmt, aber sie wußte, daß er genau das Gegenteil getan hatte, denn sie hatte sein Erwiderungsschreiben aufgesetzt und gesehen, wie er es unterzeichnet hatte. Sie öffnete ihren Aktenkoffer und blätterte ihre Kopie der Prozeßanträge durch. Da. Im Juni hatte Perlman die Beschleunigung des Verfahrens beantragt. Zehn Tage später hatte Dan dem Antrag zugestimmt. Der nächste Eintrag in der Akte war Scotts Erwiderung auf den Antrag.

Der erste Satz des Dokuments lautete: »Der Beklagte Scott Sterling stimmt dem Antrag des Klägers auf Beschleunigung des Verfahrens zu.«

Jenny las ihn noch einmal. Das Schreiben war auf einem hochmodernen Laserdrucker produziert worden, aber der Schrifttyp stimmte nicht mit dem aus Jennys Büro überein. Sie blätterte bis zur letzten Seite vor. Da war Scotts Unterschrift. Sollte es ein Fälschung sein, war sie so gut wie das Original.

Sie lehnte sich in ihrem Stuhl zurück. Zunächst begriff sie nicht, doch im nächsten Augenblick war ihr alles klar, und

Scott tat ihr von neuem leid. Er hatte sie nur beruhigen wollen, als er nachgegeben und den Zurückweisungsantrag unterschrieben hatte, den sie für ihn aufgesetzt hatte. Irgendwie hatte er sich Zugang zu einem Computer verschafft und seinen eigenen Antrag formuliert, den er dann statt dessen eingereicht hatte. Er hatte gesagt, er wolle dieses Verfahren hinter sich bringen, und er stand zu seinem Wort.

2

Dan bemerkte nicht, wie Jenny am Nachmittag in den Gerichtssaal zurückkehrte. Inzwischen konzentrierte er sich nur noch auf drei Dinge, die Jury, den Richter und den Anwalt der Gegenpartei, in absteigender Ordnung.

Die Mitglieder der Jury waren ausgewählt und vereidigt worden und hatten auf der Geschworenenbank Platz genommen. Fünf Männer, drei Frauen; sechs Weiße, zwei Schwarze. Ein Steuerberater, ein Rentner, der mit Aktien spekulierte, und drei Arbeiter, die niemals glauben würden, daß jemand zu beschäftigt sein konnte, um sich um einen Treuhandfonds von zehn Millionen Dollar zu kümmern. Normalerweise wäre Dan mit der Zusammenstellung recht zufrieden gewesen, wäre Perlman nicht offensichtlich ebenso zufrieden gewesen, was wieder einmal bewies, daß kein Mensch wußte, wie solche Fakten auf eine Jury wirkten.

Zu Beginn faßte der Richter den Sachverhalt kurz und gut verständlich für die Geschworenen zusammen, und nachdem er selbst ein paar belanglose Fragen an die Jury gerichtet hatte, erteilte er den Anwälten das Wort, um die Vorvernehmung der Juroren vorzunehmen. Erst als die Geschworenen den Raum verlassen hatten, ließ er sich seine Gereiztheit anmerken. Es ärgerte ihn, daß die Parteien nicht zu einer Einigung gelangt waren. Wie viele Richter war er der Ansicht, daß Geschworene nur in Verhandlungen zu gebrauchen waren, in denen es um Unfallentschädigung und Schmerzensgeld ging, und es widerstrebte ihm, sie mit einem komplizierten Fall von Wirtschaftskriminalität zu belasten. Dan versuchte, aus der Verärgerung des Richters Kapital zu schlagen, und legte noch einmal alle Vergleichsangebote dar, die er bereits im Anwaltszimmer gemacht hatte. Perlman konterte nur schwach, so daß Steuben, zumindest für den Augenblick, seinen Mißmut gegen Perlman richtete.

Aber um Perlman kleinzukriegen, brauchte es mehr als einen gereizten Richter. Dan fragte sich, ob Perlman das Wochenende in einem Dampfbad verbracht hatte, wo er jeden einzelnen Tropfen Alkohol aus seinem System geschwitzt und sogar seine Wampe um ein paar Pfund erleichtert hatte. Wie auch immer, er war in Topform heute. Und sein junger Kollege mit dem militärischen Gehabe und dem leeren Ärmel – die Juroren konnten ihre Augen gar nicht von ihm lassen.

»Mr. Perlman, Sie haben das Wort«, sagte Steuben.

Perlman erhob sich und trat an das Stehpult, das man inzwischen vor der Geschworenenbank plaziert hatte.

»In diesem Fall geht es um Vertrauen«, begann er, ohne die üblichen Präliminarien. »Vertrauen: der Glaube an die Ehrlichkeit und Integrität eines anderen Menschen.«

Er pflanzte seine Ellbogen auf das Pult und lehnte sich vor. »Glaube«, sagte er betont. »Zutrauen. So steht es im Lexikon erklärt, und die Beweise werden Ihnen zeigen, daß Vertrauen genau das beinhaltet.

Wer sind die Menschen, denen Sie vertrauen? Ihre Familie, vielleicht Ihr Pfarrer, Ihr Anwalt, falls Sie jemals einen brauchen.

Curtis Mason brauchte einen. Er hatte eine Schwester, Elizabeth, liebevoll Doody genannt, seine einzige Schwester, die im letzten Jahr verstorben ist. Das war ein schwerer Verlust für ihn. Und er hatte eine schwere Last zu übernehmen. Sehen Sie, Doody hat ein beachtliches Vermögen hinterlassen, zehn Millionen Dollar als Treuhandfonds für ihre Tochter angelegt, und sie wollte, daß Mr. Mason diesen Fonds verwaltete. Soviel Geld zu verwalten ist eine komplizierte Angelegenheit. Es müssen Steuern gezahlt werden, es gibt Aktien und Wertpapiere sowie verschiedene andere Dinge, um die man sich kümmern muß. Also tat Mr. Mason, was jeder umsichtige Mensch getan hätte. Er besorgte sich professionelle Hilfe. Er stellte einen Steuerberater ein. Er engagierte einen Broker. Und er zog einen Anwalt hinzu. Das heißt, eigentlich eine ganze Kanzlei, nämlich Harding & McMann.«

Dan hielt die Geschworenen im Visier, doch aus dem Augenwinkel konnte er sehen, wie Perlman die Verteidigung mit einem bösen Blick bedachte.

»Mr. Mason hat der Kanzlei Harding & McMann das Geld seiner Schwester zu treuen Händen übergeben. Ladies und Gentlemen, Sie werden von meinen Kollegen dort auf der anderen Seite noch eine Menge darüber zu hören bekommen, um was für eine renommierte und hochangesehene Kanzlei es sich bei Harding & McMann handelt. Nun, dem haben wir nichts entgegenzusetzen. Aus welchem Grund sollte Mr. Mason sonst alle irdischen Hinterlassenschaften seiner geliebten Schwester in ihre Obhut geben? Selbstverständlich sind sie eine renommierte und hochangesehene Kanzlei! Er hat darauf *vertraut*, daß sie gute Arbeit leisten würden. Ehrliche Arbeit.«

Perlman verlagerte sein Gewicht von einem Fuß auf den anderen und dann vor und zurück. Wie Dan war er es gewohnt, sich während seines Eröffnungsplädoyers frei im Raum zu bewegen, und er empfand das Stehpult als unangenehme Einschränkung. Dan wußte, ihm würde es mit dem Pult nicht anders ergehen, andererseits brachte es eine gewisse Unruhe in Perlmans Eröffnungsrede, was er zu vermeiden beabsichtigte, das nahm er sich fest vor. Wenn es sein mußte, würde er Jerry Shusters Haltung nachahmen, der stets dastand, als hätte er einen Stock verschluckt, aber er würde auf jeden Fall stillstehen.

»Eine Zeitlang ging alles gut«, fuhr Perlman fort. »Harding & McMann machten alles genauso, wie man es von ihnen erwartete. Sie verdienten sich Mr. Masons Vertrauen, und er schenkte es ihnen. Er übergab ihnen mehr und mehr Vollmachten über den Treuhandfonds. Sie verhandelten mit dem Steuerberater. Sie verhandelten mit dem Broker. Sie bezahlten die anfallenden Rechnungen, und sie führten die regelmäßigen Auszahlungen an Doodys Erben durch. Das waren die Aufgaben, die Mr. Mason Harding & McMann anvertraute, und er vertraute darauf, daß sie sie auf ehrliche Weise erfüllten.

Wie die sprichwörtliche Schnauze des Kamels haben sich Harding & McMann immer weiter in das Zelt von Mr. Masons Gutmütigkeit hineingemogelt. Und zwar so weit, daß er ihnen schließlich auch noch einen Teil seines privaten Vermögens anvertraute. ›Wir werden Ihr Geld gut für Sie anlegen‹, sagten sie. ›Wir werden dafür sorgen, daß es sich vermehrt.‹

Und wie gehabt, legten Harding & McMann bald Ergebnisse vor. Sie investierten Mr. Masons Geld. Sie verdoppelten es, sie verdreifachten es. Er war begeistert. Nun, wer von uns wäre das nicht?

Aber, Ladies und Gentlemen, *es war alles nur vorgetäuscht.* Im letzten Winter stellte Mr. Mason eines Tages fest, daß es gar keine Profite aus Investitionsgeschäften gab. Es hatte nie welche gegeben. Harding & McMann hatten sein Geld verspekuliert, bis auf den letzten roten Penny.

Okay, so etwas kann vorkommen, auf dem Aktienmarkt gibt es keinerlei Garantien. *Aber sie haben ihn belogen.* Sie haben ihm vorgegaukelt, er hätte mit seinen Wertpapiergeschäften ein Vermögen verdient. Und wie haben sie das gemacht? Sie haben zwei Millionen Dollar auf sein Konto eingezahlt. Zwei Millionen Dollar, die er für Gewinne aus Investitionsgeschäften hielt.

Und woher kamen die Millionen? Sie kamen aus dem Treuhandfonds seiner toten Schwester, daher kamen sie! Zwei Millionen Dollar aus dem Vermögen abgezweigt, das ihnen zu treuen Händen übergeben worden war! Vertrauen? Sie haben sein Vertrauen auf jede nur denkbare Weise mißbraucht.«

Es dauerte noch weitere zehn Minuten, bis Perlman wieder Platz nahm, und der Name Scott Sterling war nicht einmal über seine Lippen gekommen. Dan wußte, was er für ein Spiel spielte. Ein Urteil gegen Sterling war wertlos. Um einen wirklichen

Sieg zu erringen, mußte Perlman H & M die Verantwortung für Sterlings Schuld zuschreiben. Die Beweise würden mit der Zeit deutlichmachen, daß Sterling der einzige war, der sich an dem Geld vergriffen hatte, daß Sterling als einziger Mason etwas vorgegaukelt hatte, doch die Richtung war vorgegeben – die Kanzlei trug die Schuld an dem Vergehen, und die Kanzlei würde die finanziellen Konsequenzen zu tragen haben.

Jenny hatte sich während Perlmans Plädoyer ausführliche Notizen gemacht, aber als er sich setzte, begann ihre Hand zu zittern. Ein erwartungsvolles Raunen ging durch den Gerichtssaal. Die Köpfe der Geschworenen wandten sich Dan zu, und als er sich ihrer ungeteilten Aufmerksamkeit sicher war, erhob er sich und trat an das Pult.

Seine Stimme hatte eine beinahe elektrisierende Wirkung, als er zu sprechen begann.

»In diesem Fall geht es tatsächlich um Vertrauen. Es geht um den Glauben an die Ehrlichkeit eines anderen. Aber, Ladies und Gentlemen, fragen Sie sich doch einmal: Wem hat Curtis Mason denn vertraut? Oder hat er überhaupt jemandem getraut?

Sie werden keinerlei Beweise dafür erhalten, daß Curtis Mason der Kanzlei Harding & McMann vertraute. Harding & McMann bedeuteten ihm überhaupt nichts. Eine Kanzlei wie weitere fünf, sechs Kanzleien in der Stadt, nicht besser und nicht schlechter. Es gibt nur einen Unterschied. Scott Sterling.«

Einige der Geschworenen tauschten verwirrte Blicke aus. Sie hatten den Namen schon einmal gehört, als der Richter ihnen am Vormittag die Sachlage erläutert hatte, und während der Auswahl der Juroren hatte man ihnen eine lange Liste von Namen vorgelegt, darunter der Scott Sterlings, und sie gefragt, ob sie mit einer der genannten Personen bekannt seien. Aber die Erinnerung war inzwischen verblaßt.

»Merken Sie sich diesen Namen«, sagte Dan. »Mr. Perlman hat vergessen, ihn zu erwähnen. Scott Sterling. Der einzige Grund, der Mr. Mason dazu veranlaßte, der Kanzlei Harding & McMann die Verantwortung für die Verwaltung des Treuhandfonds zu übertragen. Um diesen Namen dreht sich dieser ganze Prozeß.

Scott Sterling. Mr. Mason kennt ihn schon seit seiner Geburt. Er ist mit Sterlings Vater zusammen zur Schule gegangen, und er ist Sterling in dessen Kindheit und Jugend eine wichtige Bezugsperson gewesen. Scott nannte ihn ›Onkel Curt‹. Mr. Mason nannte ihn ›mein Sohn‹.«

Eine ältere Dame in einem grauen Kostüm neigte ihren Kopf bei Dans letzter Bemerkung. Ihr Interesse war geweckt.

»Seine privaten Angelegenheiten ließ Mr. Mason von einer anderen Kanzlei betreuen. Das tut er heute noch. Und ein halbes Dutzend weiterer Kanzleien kümmert sich um die juristischen Belange seiner Firma, Macoal Corporation. Harding & McMann hat noch nie dazugehört. Der gute Ruf der Kanzlei ist Mr. Mason letztes Jahr zum erstenmal aufgefallen. Mr. Mason hat den Treuhandfonds nicht der Kanzlei Harding & McMann anvertraut. Er hat ihm Scott Sterling anvertraut. Seinem Ersatzsohn.«

Jenny hatte Stift und Notizblock vergessen. Dan stand reglos vor dem Pult, seine Stimme war sein einziges Instrument. Oder vielleicht war sie auch eine Waffe, denn jedesmal, wenn er den Namen »Scott Sterling« aussprach, fühlte Jenny sich wie von einem Messerstich getroffen.

»Er hat Harding & McMann keineswegs sein Vertrauen geschenkt. Er hatte über die Person Scott Sterlings hinaus überhaupt nichts mit der Kanzlei Harding & McMann zu tun. Seine Kontakte liefen ausschließlich über Scott.

Wenn Mr. Perlman also behauptet, die Kanzlei Harding & McMann habe den Treuhandfonds verwaltet oder Mr. Mason angeboten, Spekulationsgeschäfte für ihn zu tätigen, oder ihm Profite vorgegaukelt oder zwei Millionen Dollar aus dem Fonds unterschlagen, dann müssen Sie jedesmal für Harding & McMann den Namen Scott Sterling einsetzen.«

Dan hörte hinter sich jemanden schnauben; Perlman warf sich für die Jury in Positur.

»Falls Mr. Mason jemandem vertraut hat«, fuhr Dan fort, »dann war das Scott Sterling, nicht Harding & McMann.

Aber Sie haben gehört, daß ich ›falls‹ gesagt habe. *Falls* Mr. Mason jemandem vertraut hat. Denn das Beweismaterial wird Ihnen zeigen, daß er auch Scott Sterling nicht vertraut hat. Er hat alles angezweifelt, was Scott ihm erzählt hat. Ja, er mißtraute ihm so sehr, daß er seine Telefongespräche mit ihm heimlich aufgezeichnet hat.«

Einige der Geschworenen zogen die Augenbrauen hoch, und Dan vermutete, daß Charlie Duncan sich hinter ihm auf seinem Platz wand.

»Sie haben richtig verstanden«, sagte er. »Und wenn Ihnen gleich die Beweise vorgetragen werden, und vor allem, wenn man Ihnen die Bänder vorspielt, dann stellen Sie sich die Frage: Wieso sollte Mr. Mason die Gespräche mit diesem jungen Mann, der für ihn wie ein Sohn war, dem er so sehr vertraute, heimlich aufzeichnen? Die Antwort lautet: Er hat ihm gar nicht vertraut. Nicht im geringsten.

Aber ich habe Ihnen gesagt, daß es in diesem Fall um Vertrauen geht, und darum geht es tatsächlich. Ich spreche von dem Vertrauen, das Elizabeth Mason Chapman in ihren Bruder setzte, als sie ihn zum Verwalter ihres Vermögens bestimmte. Ich spreche von dem Vertrauen, das ihre Tochter Catherine in ihren Onkel legte, in der Erwartung, daß er ihr Erbe redlich verwalten würde. Über den Glauben und das Zutrauen, das sie beide zu der Annahme veranlaßte, er würde seine persönlichen Interessen gegenüber den Interessen des Treuhandfonds hintanstellen.

Das ist das Vertrauen, das hier gebrochen wurde. Denn auf irgendeine Weise hat Mr. Mason dafür gesorgt, daß zwei Millionen Dollar aus dem Treuhandfonds auf sein eigenes, privates Konto flossen. Zwei Millionen Dollar aus dem Vermögen seiner toten Schwester, aus dem Erbe seiner Nichte. Seine persönlichen Interessen waren ihm wichtiger als seine Schwester und seine Nichte. Und bis zum heutigen Tag, Ladies und Gentlemen, weigert er sich, dieses Geld zurückzuerstatten. Er versucht, Ihnen einzureden, die Kanzlei Harding & McMann sei für den Betrug verantwortlich. Er möchte, daß Sie eine Anwaltskanzlei, mit der er nie etwas zu tun gehabt hat, dafür zur Verantwortung ziehen, daß er das ihm anvertraute Vermögen veruntreut hat.

Hier wurde in der Tat Vertrauen mißbraucht. Das Vertrauen, das Mrs. Chapman in ihren Bruder setzte, als sie ihm das Geld ihrer Tochter zu treuen Händen übergab. Das Vertrauen, das Catherine ihrem Onkel entgegenbrachte, als sie sich darauf verließ, daß er ihr Vermögen ehrlich verwalten und ihre Interessen nach bestem Wissen und Gewissen wahren würde. Beide wurden verraten. Und, Ladies und Gentlemen, es war die schlimmste Form des Verrats, denn sie wurden von jemandem verraten, den sie liebten.«

Dan kostete den Moment des Schweigens aus, der sich im Gerichtssaal ausbreitete, dann drehte er sich um und ging an seinen Platz zurück. Sein Blick blieb kurz an Jenny hängen, bevor er sich setzte. Sie wurde gewahr, daß sie den Atem angehalten hatte, und fragte sich, wie lange schon.

3

»Kläger ruft Tucker Podsworth zum Kreuzverhör auf, Euer Ehren.«

Podsworth wurde vereidigt, was ihn äußerst zu verstimmen schien, und als er sich auf den Zeugenstuhl setzte, tat er das mit einem unwilligen Schulterzucken, so wie ein Huhn, das sich verstimmt aufplustert, weil man es zurück ins Nest scheucht.

Auf Perlmans Fragen hin erklärte er, er sei Partner bei Harding & McMann und Chef der Immobilienabteilung. Er bestätigte, daß Scott Sterling bis Januar dieses Jahres als Anwalt bei Harding & McMann tätig war. Zum besseren Verständnis der Geschworenen erläuterte er, daß Scott, im Gegensatz zu den Partnern, die Teilhaber der Kanzlei waren, lediglich den Status eines Angestellten innehatte. Er bestätigte, daß Sterling ihm gegenüber rechenschaftspflichtig gewesen war.

Er bestätigte weiterhin, von Sterlings Akquisition des Mandats für das Chapman-Vermögen gewußt zu haben, und er identifizierte Sterlings Bericht an ihn, in welchem dieser ihm den Umfang seines Auftrags dargelegt hatte. Er gab zu, daß Sterling später eine Akte für Mason angelegt hatte, die etwas mit Wertpapiergeschäften zu tun hatte. Er bestätigte, daß er, Podsworth, die Honorarnoten für Sterlings Tätigkeiten ausgestellt hatte.

Schließlich ließ Perlman ihn detailliert ausführen, wie er Sterlings Scheckfälschungen entdeckt und diesem sein Geständnis entlockt hatte.

Einmal mehr wurde Dan klar, daß man Bob Perlman niemals unterschätzen durfte. Podsworth zuerst aufzurufen anstatt Mason, was viel naheliegender gewesen wäre, war ein kluger Schachzug gewesen. Auf diese Weise hatte er drei Fliegen mit einem Zeugen geschlagen. Er hatte eine kurze und bündige Erklärung von Sterlings Machenschaften erhalten, er hatte bewiesen, daß die Kanzlei zumindest auf der Verwaltungsebene in die Sache verwickelt war, und, was das Schlimmste war, er hatte Podsworth als Verkörperung von H & M vorgeführt – aufgeblasen, grantig und arrogant – der letzte Kandidat, den Dan gewählt hätte.

Dan machte sich keine Illusionen über seine Aussichten, Podsworth bei seiner eigenen Befragung menschlicher erscheinen zu lassen, aber ein paar Punkte konnte er vielleicht gewinnen.

»Ist Mason jemals Mandant Ihrer Kanzlei gewesen«, fragte er, »bevor Sterling das Geschäft mit ihm akquiriert hat?«

»Nein«, erwiderte Podsworth, seinem eigenen Anwalt gegenüber keinen Deut freundlicher als dem der Gegenpartei.

»Ist irgendein anderes Mitglied der Familie Mason jemals Mandant Ihrer Kanzlei gewesen?«

»Nein.«

»Haben Sie Mr. Masons Firma, Macoal Corporation, jemals juristisch vertreten?«

»Nein.«

»Sind Sie mit Mr. Mason persönlich bekannt?«

»Ja, allerdings.«
»Seit wann?«
»Seit Jahren.«
»Seit wie vielen Jahren?«
Podsworth rieb sich das Kinn. »Mindestens zwanzig, würde ich sagen.«
»Wie haben Sie sich kennengelernt?«
»Lieber Himmel, das weiß ich nicht mehr. Wahrscheinlich bei irgendeinem gesellschaftlichen Ereignis.«
»Gab es viele gesellschaftliche Ereignisse, bei denen Sie sich begegnet sind?«
»Sehr viele.«
»Haben Sie viele gemeinsame Freunde?«
»Allerdings.«
»Sind Sie und Mr. Mason Mitglieder in denselben Clubs?«
»In der Tat.«
»Nennen Sie einige.«
»Der Merion Cricket Club, der Overbrook Golf Club, die Union League. Lassen Sie mich überlegen –«
»Danke, das reicht.«
Erster Punkt. Podsworth mochte ein arroganter Kotzbrocken sein, aber das war Mason nicht minder.
»War Mr. Mason bekannt, daß Sie sich als Anwalt auf Vermögensverwaltung und Immobilien spezialisiert haben?«
»Selbstverständlich. Wir haben uns häufig darüber unterhalten.«
»Haben Sie jemals versucht, ihn als Mandanten zu gewinnen?«
»Mit keinem einzigen Wort«, erwiderte Podsworth aufgebracht. »Das wäre ein grober Verstoß gegen die guten Sitten gewesen. Ich habe jedoch kein Hehl aus meiner Sachkenntnis und meiner Verfügbarkeit gemacht.«
»Aber obwohl Sie sich seit zwanzig Jahren kannten und obwohl er über Ihre Sachkenntnis und Verfügbarkeit im Bilde war, ist Mr. Mason niemals Mandant der Kanzlei Harding & McMann gewesen, bis Scott Sterling ihn als Mandanten gewinnen konnte, ist das richtig?«

»Richtig.«

Zweiter Punkt.

Den dritten gewann er ebenso mühelos. Scott Sterling war der einzige bei H & M, ob Anwalt oder Anwaltsgehilfen, der in irgendeiner Weise mit dem Chapman-Treuhandfonds oder der Akte Mason Securities Advice zu tun gehabt hatte. Als derjenige, der die ausgehenden Honorarnoten unterschrieb, erhielt Podsworth regelmäßig Computerausdrucke, auf denen detailliert aufgeführt war, wer welche Leistungen erbracht hatte. Sterlings Name war der einzige, der je auf den Ausdrucken auftauchte.

»Wie wurden die Honorarnoten Mr. Mason zugestellt?«

»Ich habe sie ihm mit der Post geschickt.«

»Haben Sie Begleitschreiben zu den Rechnungen verfaßt?«

»Selbstverständlich«, erwiderte Podsworth entrüstet.

Die Briefe wurden identifiziert und gekennzeichnet.

»Mr. Podsworth, ich stelle fest, daß jeder dieser Briefe, D-3 bis D-6, mit denselben Worten schließt, ist das richtig?«

»Ja.«

»Lesen Sie der Jury den Schlußabsatz vor.«

Mit einem äußerst gekränkten Gesichtsausdruck fischte Podsworth seine Lesebrille aus seiner Brusttasche und setzte sie sich auf die Nase. »›Sollten Sie bezüglich der aufgeführten Leistungen oder der dafür erhobenen Gebühren irgendwelche Fragen haben oder Kommentare zu machen wünschen, zögern Sie nicht, sich an mich zu wenden.‹«

»Hat Mr. Mason sich jemals mit einer Frage oder einem Kommentar zu den Rechnungen an Sie gewendet?«

»Nie.«

»Hat Mr. Mason sich jemals mit einer Frage oder einem Kommentar zu den von Scott Sterling in seinem Auftrag erbrachten Leistungen an Sie gewendet?«

»Na ja – er hat sich nie deswegen an mich gewendet, aber bei einer Gelegenheit haben wir über das Thema diskutiert.«

»Welche Gelegenheit war das?«

»Das war bei einer Weihnachtsfeier, zu der ein gemeinsamer Freund eingeladen hatte.«

»Was genau haben Sie mit Mr. Mason diskutiert?«

»Ach, wir haben uns über viele Dinge unterhalten. Aber auf jeden Fall habe ich mich bei ihm erkundigt, ob er mit Scotts Arbeit zufrieden sei.«

»Und was hat er Ihnen geantwortet?«

»›Mehr als ich mir je hätte träumen lassen‹, hat er gesagt.«

Perlman war nicht gewillt, den Zeugen nach dieser letzten Bemerkung, die immer noch in den Ohren der Geschworenen nachhallte, abtreten zu lassen. Er trat an das Pult, um ihn erneut zu befragen.

»Würden Sie bitte einen Blick auf Beweisstück D-2 werfen.«

Podsworth hantierte mit den Papieren, die er vor sich liegen hatte, bis er das entsprechende Blatt fand.

»Das ist die Auflistung aller Tagesgeschäfte der Mason-Securities-Akte, ist das richtig?«

»Richtig.«

»Alle Leistungen wurden von Scott Sterling erbracht, ist das richtig?«

»Ja.«

»Und die Leistungen, die an den jeweiligen Tagen ausgeführt wurden, sind auf Beweisstück D-2 aufgeführt, ist das richtig?«

»Ja.«

»Würden Sie bitte die aufgeführten Leistungen einmal durchlesen, Mr. Podsworth.«

Seine Federn erneut aufplusternd, setzte Podsworth seine Brille wieder auf. »Also, der erste Eintrag lautet: Telefongespräch mit Mandanten wegen Securities-Advice.«

»Und der nächste Eintrag?« wollte Perlman wissen.

»Telefongespräch mit Mandanten wegen Securities-Advice.«

»Ist es nicht so«, fuhr Perlman mit theatralisch erhobener Stimme fort, »daß jeder einzelne Eintrag gleich lautet?«

Langsam und umständlich blätterte Podsworth die Seiten um. Schließlich hob er den Kopf. »Nein«, sagte er süffisant.

Dan hatte mitgelesen und entdeckte den entsprechenden Eintrag. Er biß die Zähne aufeinander und hoffte inständig, daß Podsworth sich nicht als den Mistkerl bloßstellen würde, der er war. Perlman jedoch war davon überzeugt, daß er es tun würde. »Ich nehme an, Sie beziehen sich auf den einzigen Eintrag auf Seite drei, der lautet: ›Treffen mit Mandanten wegen Securities-Advice‹?« sagte er, vor Sarkasmus triefend.

»Richtig.« Einige der Geschworenen verdrehten die Augen.

»Eine ziemlich allgemein gehaltene Aussage, nicht wahr?« Podsworth zuckte die Achseln. »Ein bißchen.«

»Sind Sie je auf Sterling zugegangen und haben ihn gefragt, welcher Art genau die Ratschläge waren, die er Mr. Mason in bezug auf seine Wertpapiergeschäfte gab?«

»Nein«, gab Podsworth zu. Doch dann fügte er zu seiner Ehrenrettung hinzu: »Jeder Eintrag erfolgte aufgrund einer Rücksprache mit Mason selbst. Ich ging davon aus, daß er wußte, was Sterling tat, und daß er sich andernfalls an mich wenden würde, so wie ich es ihm angeboten hatte.«

»Keine weiteren Fragen«, sagte Perlman steif, wobei er mit seinem Ton und seiner Haltung zu verstehen gab, daß er Podsworth für einen wertlosen Zeugen hielt.

»Sind Sie fertig mit dem Zeugen, Mr. Perlman?« fragte der Richter. Perlman nickte. »Dann ist die Sitzung für heute geschlossen. Morgen machen wir weiter.«

4

Als Jenny am Abend nach Hause kam, wurde sie von Scott an der Tür erwartet. Bei Sandwiches und Salat rekapitulierte sie die Eröffnungsplädoyers und Podsworths Aussage, und Scott hörte mit geballten Fäusten zu.

Während er den Tisch abräumte, klingelte das Telefon. Jenny nahm ab.

»Ist Scott zu sprechen?« fragte die Stimme, die Jenny mittlerweile als die von Edgar Sterling erkannte. »Dein Vater«, bedeutete sie Scott, indem sie die Worte mit den Lippen formte. Er nickte und rannte die Treppe hinauf, und Jenny legte auf, als sie ihn »Hallo« sagen hörte. Sein Vater rief immer häufiger an, und Jenny hoffte, daß dies ein Zeichen dafür war, daß die beiden sich ausgesöhnt hatten.

Sie räumte die restlichen Sachen vom Tisch und spülte das Geschirr. Sie wäre gern nach oben in ihr Zimmer gegangen, um sich umzuziehen, doch es widerstrebte ihr, in Scotts Privatsphäre einzudringen. Also schenkte sie sich statt dessen ein Glas Limonade ein und ging nach draußen.

Es hatte inzwischen aufgehört zu regnen, aber das Gras war immer noch naß. Sie setzte sich auf die Terrasse und schaute in die Abenddämmerung. Die Bauwagen mit ihren schwach erleuchteten Fenstern wirkten wie Wachhäuschen am Fuß des Hügels. In den Wiesen zirpten Grillen, und je angestrengter Jenny lauschte, um so lauter schwoll das Zirpen an, bis Jenny die Ohren dröhnten und sie nichts anderes mehr hörte.

Sie fühlte sich, als sei sie in ein Theaterstück geraten, in dem sie zwei oder drei verschiedene Rollen spielen mußte, von denen keine ihrem wahren Ich entsprach. Den ganzen Tag lang saß sie im Gerichtssaal und spielte die neutrale Beobachterin. Dann kam sie nach Hause und spielte Scott etwas ganz anderes vor. Sie hatte Dan belogen, und sie schenkte Cassie vonBerg keinen reinen Wein ein. Das Theaterstück hatte ein Eigenleben entwickelt, und Jenny konnte die Bühnenausgänge nicht mehr finden.

Doch dann erinnerte sie sich an einen.

Sie ging ins Haus, nahm ihre Handtasche, kritzelte eine Nachricht für Scott und legte den Zettel auf die Küchenanrichte.

Cassie vonBergs Haus stand in Gladwyne auf einem Hügel mit Blick auf die Stadt. Der weitläufige, mit viel weißem Stuck und roten Dachziegeln verzierte Bungalow lag mitten zwischen den für die Gegend typischen, dreistöckigen Feldsteinbauten im Kolonialstil – eine mediterrane Villa im Herzen von Quäkerland.

Die Fenster waren hell erleuchtet, doch niemand machte die Tür auf. Jenny läutete noch einmal und lauschte angestrengt auf Schritte. Statt dessen hörte sie das Knirschen von Kies in der Einfahrt, eine Sekunde bevor die Lichtkegel von Autoscheinwerfern über sie hinwegglitten. Der Wagen hielt hinter ihr, und die Scheinwerfer wurden ausgeschaltet.

Es war eine schwarze Mercedeslimousine. Ein Chauffeur in Uniform stieg aus und richtete sich zu voller Größe auf. Er war etwa einsneunzig groß und hatte ein Kreuz wie ein Kleiderschrank; eine imposante, unwirklich anmutende Gestalt. Er drehte sich langsam um sich selbst, und als sein Blick schließlich auf ihr landete, wurde Jenny klar, daß er Haus und Grundstück einem Sicherheitscheck unterzog. Obwohl er ansonsten asiatische Züge hatte, waren seine Augen rund und blau. Er beobachtete Jenny genau, während er die hintere Wagentür öffnete und den Insassen ein paar Worte zuraunte.

»Es ist in Ordnung, Moi«, sagte eine lautere Stimme, und ein Mann mit graumeliertem Haar und Smoking entstieg dem Wagen. Der Chauffeur nahm Haltung an, während der Mann im Smoking um den Wagen herumging, um die andere hintere Tür zu öffnen. Er beugte sich leicht vor, und als er sich wieder erhob, führte er Cassie vonBerg am Arm.

Sie trug ein langes, schwarzes, schmalgeschnittenes Seidenkleid, und ihr blondes Haar hatte sie zu einer kunstvollen Hochfrisur aufgesteckt, so daß sie unwahrscheinlich groß, schlank und reich wirkte. Jenny wich zurück und verschränkte ihre Arme linkisch über ihrem Bauch, als sie sich auf den Weg Richtung Haustür machten.

»Jenny«, gurrte Cassie. »Was für eine Überraschung.«

»Verzeihen Sie, daß ich mich nicht telefonisch angemeldet habe. Ich wollte Sie nicht in Ihrem Privatleben stören. Ich werde Sie morgen früh anrufen, wenn es Ihnen recht ist.«

»Nein, nein, bleiben Sie doch. Ich hatte gehofft, heute abend von Ihnen zu hören.« Am Arm des Mannes schien sie fast über den Weg zu schweben. »Jenny, das ist Jack Stengel. Jack, das ist meine Anwältin, Jennifer Lodge.«

»Angenehm«, sagte er und zeigte sein makellos weißes Gebiß, während er ihr die Hand schüttelte. Seine Haut war braungebrannt, und er hatte volle Lippen.

»Hast du Lust, mit uns eine Tasse Kaffee zu trinken, Jack?«

Jenny fiel auf, wie geschickt sie ihn soeben zum fünften Rad am Wagen gemacht hatte, und auch ihm war es nicht entgangen. »Heute abend nicht, danke. Aber ich werde mich bald wieder bei dir melden.«

»Wunderbar.«

»Und da Sie Cassies Anwältin sind«, sagte er, an Jenny gewandt, »hoffe ich selbstverständlich, auch Sie bald wiederzusehen.«

»Hat mich gefreut, Sie kennenzulernen«, murmelte sie.

Er verabschiedete sich und gab Cassie noch einen Kuß auf die Wange, bevor er sich zum Gehen wandte. »Moi«, rief er, doch der Chauffeur hatte die Situation bereits erfaßt und stand neben dem Wagen, die Beifahrertür offenhaltend.

»Gott, welch ein perfektes Timing«, sagte Cassie, als der Mercedes sich in Bewegung setzte.

»Tut mir wirklich leid –«

»Nein, ich meine es ernst. Ihr Timing war perfekt. Noch zehn Minuten allein, und wir wären im Bett gelandet.« Cassie schloß die geschnitzte Holztür auf und öffnete sie schwungvoll.

»Ist das *der* Jack Stengel? Der Firmenaufkäufer?«

»Derselbe.« Cassie nahm ihre Diamantohrringe ab und ließ sie auf die Konsole in der Diele fallen. »Kommen Sie herein.«

Sie schüttelte ihre Schuhe ab und führte Jenny ins Eßzimmer, einen spärlich möblierten Raum, der ganz in verschiedenen Weißschattierungen gehalten war. »Was möchten Sie gern trinken?«

»Nichts, danke. Cassie, er hat letztes Jahr versucht, Macoal zu übernehmen.«

»Ich weiß«, sagte sie lachend. »Ist das nicht phantastisch?«

»Was ist phantastisch?«

Sie ließ sich auf das Sofa fallen. »Daß er mir den Hof macht. Er muß annehmen, ich hätte gute Chancen, Curtis die Verwaltung des Treuhandfonds zu entreißen. Warum sollte er sonst seine Zeit mit mir verschwenden? Ich kann ihm sowieso keine Aktien verkaufen.«

Jenny setzte sich auf eine elfenbeinfarbene wildlederbezogene Ottomane. »Führt er denn immer noch Kaufverhandlungen?«

»Ich glaube nicht.« Cassie zog ein paar Nadeln aus ihrer Frisur und schüttelte ihr Haar. »Jedenfalls nicht, solange Curtis die Majorität über die Aktien hat. Aber er hat eine Menge Andeutungen darüber fallen lassen, daß wir beide in der Zukunft gemeinsam Geschäfte machen könnten. Sie haben ja gehört, was er gesagt hat – als meine Anwältin hofft er, Sie bald wiederzusehen.«

»Würden Sie an ihn verkaufen, wenn Sie könnten?«

»Wahrscheinlich nicht. Aber wer weiß? Vielleicht könnten wir uns zusammentun und gemeinsam eine andere Firma aufkaufen!« Sie schwang ihre Beine auf das weiße Damastsofa. »So – erzählen Sie mal. Wie war's denn heute im Gerichtssaal?«

»Unentschieden, glaube ich«, sagte Jenny. »Beide Seiten haben ein paar Punkte gewonnen. Casella wird Mason vor Gericht bringen, das ist gar keine Frage, aber Perlman konnte ein paar gute Treffer gegen H & M landen.«

»Scott Sterling ist der Joker in diesem Spiel«, sagte Cassie.

Jenny stand auf, ging erst ans Fenster und dann an den Kamin. »Ich muß Ihnen etwas mitteilen.« Auf dem Kaminsims standen lauter gerahmte Fotos, Cassie als Debütantin im weißen Ballkleid, Cassie später in ihrem weißen Hochzeitskleid. »Etwas, das ich Ihnen schon früher hätte sagen müssen.« Auf einem anderen Bild war Reese Chapman zu sehen, wie er mit der einen Hand ein Pferd an den Zügeln hält und mit der anderen einen Pokal umklammert. Jenny betrachtete das Foto eingehend.

»Nun«, sagte Cassie und lehnte sich auf dem Sofa zurück. »Ich würde ja gern sagen, Sie spannen mich ganz schön auf die Folter, aber in Wahrheit fürchte ich, daß ich einschlafe, wenn Sie sich nicht bald entschließen, es auszuspucken.«

Jenny wandte sich um und sah sie an. »Ich habe eine Beraterin damit beauftragt, eine Finanzanalyse von Macoal durchzuführen –«

»Wunderbar. Ich habe Ihnen gesagt –«

»Sie ist eine sehr talentierte Frau, und ich denke, daß sie erstklassige Arbeit für uns leisten wird –«
»Sie brauchen sich nicht zu rechtfertigen –«
»Und ihr Name ist Cynthia Lehmann.«
Einen Moment lang starrte Cassie Jenny ausdruckslos an, bis ihr der Name wieder einfiel. »Ah. Die Frau aus der Firma von Gordon St. James.«
Jenny nickte. »Ich hoffe, daß Sie das nicht gegen sie einnimmt. Ich meine, ich finde die Umstände –«
»Sie brauchen mir die Umstände nicht zu erklären. Ich habe den Prozeß verfolgt. Mir war von Anfang an vollkommen klar, daß St. James das Blaue vom Himmel herunterlog.«
Jenny starrte sie an. »Sie wußten das, und trotzdem haben Sie mich als Anwältin genommen?«
Cassie zuckte gleichgültig die Achseln. »Ich bin nicht besser als andere Mandanten auch, nehme ich an. Ich wollte eine Anwältin, die skrupellos sein kann, genauso skrupellos wie Curtis. Ihre Integrität hat mich dabei weniger interessiert.«
Jenny zuckte zusammen. Sie fühlte sich von Cassies Urteil getroffen, vor allem, weil es zutraf. »Ich kann nicht behaupten, ich hätte gewußt, daß St. James log«, sagte sie. »Aber die Wahrheit ist, es war mir egal. Ich wollte nur gewinnen. Erst später ist mir klar geworden, daß der Preis zu hoch war.«
»Und deswegen haben Sie Cynthia Lehmann den Auftrag gegeben.«
»Kleine Wiedergutmachung.« Sie brachte ein schwaches Lächeln zustande. »Anscheinend bin ich also doch nicht ganz so skrupellos.«
»Das weiß ich inzwischen«, sagte Cassie. »Und wissen Sie was? Ich habe festgestellt, daß Integrität mir wichtiger ist, als ich gedacht hatte. Und ich bin froh, daß ich eine Anwältin gefunden habe, die noch ein Gewissen hat.«
Jenny wandte ihren Blick ab. Sie mochte vielleicht ein Gewissen haben, aber es war immer noch nicht beruhigt. Sie holte tief Luft, um sich für ihre nächste Eröffnung zu wappnen.
»Da gibt es noch etwas, Cassie. Scott Sterling ist ein Freund von mir.« Aber sie wußte, daß dieses Geständnis nicht voll-

ständig genug war. »Mehr als ein Freund. Er wohnt mit mir zusammen.«

Cassie schwang ihre Füße auf den Boden und starrte sie an. Jenny wartete auf den Zornesausbruch. Jetzt würde sie ihr das Mandat entziehen, genau wie sie es verdiente, und sie empfand gleichzeitig Zerknirschung und Erleichterung.

»Jenny, halten Sie das für klug?«

»Es geht um das, was *Sie* denken.«

»Nun, ich wüßte nicht, was mich das angehen sollte.«

»Natürlich geht Sie das etwas an! Er hat Ihr Geld veruntreut.«

»Curtis hat mein Geld veruntreut. Scott Sterling war nur sein Handlanger. Das glaube ich jedenfalls, und ich dachte, Sie glaubten das auch.«

Jenny setzte sich seufzend neben sie.

»Ist er –?« fragte Cassie und deutete auf Jennys Bauch.

»Nein! Es ist nichts dergleichen. Wir haben gemeinsame Freunde, und wir haben uns im Frühjahr zufällig kennengelernt. Er brauchte eine Wohnung, und ich brauchte einen Mitbewohner. So kam eins zum andern –«

»Stop«, sagte Cassie und hielt abwehrend eine Hand hoch. »Sie schulden mir keine Erklärung. Wenn Sie heute hergekommen wären, um mir zu sagen, daß Sie ein Verhältnis mit meinem Onkel Curtis hätten, dann würde ich mir über den Interessenkonflikt Sorgen machen. So wie die Dinge stehen, mache ich mir lediglich Sorgen um Sie. Es widerstrebt mir, Ihnen das zu sagen, Jenny, aber das Ganze hört sich an wie die klassische Beziehung ohne Zukunft.«

»Sie haben nichts dagegen einzuwenden, daß ich Sie weiterhin vertrete?«

»Ich hätte etwas dagegen einzuwenden, wenn Sie es nicht täten. Und wenn Sie mich bitten, mich nicht um Ihr Liebesleben zu kümmern, bitte sehr.«

»Cassie, ich danke Ihnen –«

»Aber tun Sie mir einen Gefallen«, fügte sie hinzu.

»Selbstverständlich.«

»Finden Sie alles über Jack Stengel heraus, was Sie können.«

»Schon notiert.«

5

Am Mittwoch wurde die Sitzung um halb fünf geschlossen, und als Dan um fünf an seinem Schreibtisch saß, war er so erschöpft, als wäre es bereits Mitternacht. Es war immer ermüdend, stundenlang aufmerksam zuzuhören und während der Beweisführung des gegnerischen Anwalts keine Gefühlsregung zu zeigen, aber noch nie hatte er es als so anstrengend empfunden wie in dieser Verhandlung. Perlman hatte nicht nur seine eigenen Zeugen befragt, sondern auch Dans Zeugen auseinandergenommen. Zuerst Tucker Podsworth, dann Scott Sterlings ehemalige Sekretärin und den halben Dienstag und den heutigen ganzen Tag lang Charlie Duncan.

Der arme Charlie. Die Geschworenen würden nie begreifen, daß seine hängenden Schultern und seine nervösen Blicke nicht von einem Mangel an Charakter und Pflichtbewußtsein herrührten, sondern daher, daß bei ihm beides besonders ausgeprägt war. Er hatte sich selbst und seine Kanzlei bereits aufgrund seiner eigenen hohen Ansprüche verurteilt; und die Schuld, die ihm ins Gesicht geschrieben stand, war die Schuld, die er sich selbst zugeschrieben hatte. Was die Sache noch schlimmer machte, war die Tatsache, daß ausgerechnet am heutigen Tag einige Partner aus Charlies Kanzlei der Verhandlung beigewohnt hatten. Dan hatte den ganzen Tag lang ihre prüfenden Blicke in seinem Rücken gespürt und dahinter, wie einen ständigen Schmerz, Jennifers Anwesenheit in der letzten Zuschauerreihe des Gerichtssaals.

Auf seinem Schreibtisch lagen ein Stapel Post und daneben ein Stapel mit telefonischen Mitteilungen. Dan nahm sich als erstes seine Post vor und überflog sie mit abwesendem Blick. Perlman hatte bei seiner Befragung von Charlie ein paar wichtige Punkte erzielt. H & M verfügte über einen Katalog mit schriftlichen Anweisungen und Ausführungsvorschriften, welche die Überwachung der Arbeit der angestellten Anwälte regelte, aber keine Kontrollmechanismen, die dafür sorgten, daß diese Vorschriften auch eingehalten wurden. H & M hatte während der letzten drei Jahre dreiundzwanzig Beschwerden von Mandanten erhalten, die ernst genug waren, um einen Beauftragten der Berufshaftpflichtversicherung auf den Plan zu rufen. Bei sieben dieser Beschwerden war es um die angebliche Veruntreuung von Treuhandfonds gegangen. In mindestens zweien dieser Fälle hatte sich herausgestellt, daß die Beschwerden zumindest teilweise berechtigt waren, doch in keinem Fall war der verantwortliche Anwalt gefeuert oder auch nur verwarnt worden. Tatsächlich wurde einer der betroffenen Anwälte sogar im folgenden Jahr zum Partner gewählt.

Diese Tatsachen hatten dem Verhör eine ganz neue Richtung gegeben, eine, die Dan besonders mißfiel, weil er sie nicht hatte kommen sehen.

»Wie lange dauert es gewöhnlich, bis ein typischer angestellter Anwalt zum Partner gewählt wird?« fragte Perlman.

Charlie hätte sich an dem Wort »typisch« stoßen und Dan hätte Einspruch erheben können, doch beide ließen es durchgehen. »Normalerweise etwa acht Jahre.«

»Aha«, sagte Perlman und wandte sich an die Geschworenen, um sicherzugehen, daß sie seiner Rechnung folgten. »Wann wäre Scott Sterling also demnach an der Reihe gewesen, zum Partner aufzusteigen – Ende des Jahres?«

Charlie rutschte auf seinem Stuhl herum, was verständlich war, nachdem er bereits den ganzen Tag dort gesessen hatte, aber es machte einen schlechten Eindruck. »Das ist richtig.«

»Wäre er gewählt worden?«

»Die Wahl findet erst nächsten Monat statt«, sagte Charlie. »Wir werden nie wissen, ob er gewählt worden wäre oder nicht.«

»Ich bitte Sie, Mr. Duncan«, sagte Perlman. »Sie wollen uns doch nicht erzählen, daß solche Entscheidungen spontan und in letzter Minute getroffen werden, nachdem jemand acht Jahre lang für Sie gearbeitet hat?«

»Na ja, also –«

»Es muß doch Bewertungskriterien geben, regelmäßige Beurteilungen?«

»Ja, unsere angestellten Anwälte erhalten jedes Jahr einen Bewertungsbogen.«

»Aha – und wie standen die Chancen für Scott Sterling?«

Charlie zögerte. »Er kam als Kandidat eigentlich nicht in Frage.«

»Haben Sie ihm das gesagt?«

»Ja.«

Dan war sich nicht sicher, was Perlman mit dieser Frage bezweckte oder ob sie überhaupt einen tieferen Sinn hatte – schließlich hatte Sterling die zwei Millionen nicht in die eigene Tasche gesteckt –, aber trotzdem ärgerte es ihn, daß er nicht auf diese Frage gekommen war, daß er noch nicht einmal auf die Idee gekommen war, sich danach bei Charlie zu erkundigen.

Es war acht Uhr, als er nach Hause kam, und Tony lümmelte sich auf der Couch und sah sich Rock-Videos an. »Hi«, sagte Dan.

»Hi.« Tonys Blick blieb auf den Bildschirm fixiert.

Dan nahm sich ein Bier aus dem Kühlschrank und schlug so heftig auf den Flaschenöffner, daß der Kronkorken über die Anrichte bis auf den Eßtisch flog. Er setzte sich die Flasche an den Hals und tat einen tiefen Schluck. Tony rührte sich nicht.

»Hast du keine Hausaufgaben auf?«

»Pfff.«

»Was soll das denn heißen?«

»Heute war der letzte Schultag.«

Dan sah auf dem Kalender in der Küche nach, um sich zu vergewissern. »Zeig mal dein Zeugnis.«

»Das wird zugeschickt.«

Dan nahm noch einen Schluck und überlegte, ob Tony die Wahrheit sagte. »Vielleicht sollte ich lieber mal in der Schule anrufen.«

Es war die Art Falle, die er gern einem Zeugen der Gegenseite stellte. Beobachte seine Reaktion, achte darauf, ob er nervös reagiert oder eine Ausrede vorbringt.

»Tu dir keinen Zwang an«, sagte Tony.

Dan zog seine Jacke aus. Sein Hemd war naßgeschwitzt, und er zog es ebenfalls aus. Er schaltete den Fernseher aus und setzte sich mit dem nackten Rücken gegen das kühle Leder seines Sessels. Tony sah ihn ohne jegliche Gemütsregung an, so als schaute er frischer Farbe beim Trocknen zu.

»Ich habe nachgedacht«, begann Dan. »Jetzt, wo die Sommerkurse zu Ende sind, gibt es nichts mehr, was dich hier bei mir hält. Wahrscheinlich wärst du zu Hause besser aufgehoben.«

Tony starrte ihn noch eine Minute lang mit ausdruckslosen Augen an, bevor er kurz auflachte. »Ich hab's gewußt!«

»Was?«

»Ich wußte, daß du es hinschmeißen würdest, sobald es dir lästig wird.«

»Ich will dir mal was sagen, es ist mir von Anfang an lästig gewesen.«

Tony stand wortlos auf und ging in die Küche. Er nahm eine Flasche Bier aus dem Kühlschrank.

»Was hast du vor?«

»Feiern.« Tony hob die Flasche wie zum Prosten. Der neutrale Gesichtsausdruck war verschwunden. Er grinste Dan frech an und gab sich alle Mühe, einen Streit vom Zaun zu brechen.

»Stell sie zurück, du Angeber.«

Tony öffnete die Flasche und führte sie zum Mund.

»Verdammt noch mal, ich hab gesagt, stell sie zurück.«

Tony setzte sich die Flasche an den Hals.

Bevor er den ersten Schluck tun konnte, war Dan aufgesprungen und stand vor ihm. Mit einer Hand entriß er ihm die Flasche und mit der anderen verpaßte er ihm einen Stoß in die Seite.

Tony wich zurück und starrte ihn mit wütenden, verletzten Augen an.

»Geh deine Sachen packen«, sagte Dan.

Er ging an die Anrichte, um das verschüttete Bier aufzuwischen. Er fühlte sich erschöpfter denn je. Tonys Schritte waren in der Diele zu hören, aber es dauerte einen Augenblick, bis Dan bemerkte, daß sie sich in die falsche Richtung bewegten. Und in diesem kurzen Moment hatte Tony die Tür geöffnet und rannte den Korridor hinunter.

»Hey, komm zurück!«

Dan stürzte hinter ihm her in Richtung Treppenhaus. Tony war bereits auf dem nächsten Absatz, und Dan galoppierte hinter ihm her über die harten Betonstufen. Auf dem nächsten Absatz hatte er ihn fast eingeholt, doch plötzlich packte Tony den Handlauf und sprang mit einem Satz über das Treppengeländer bis auf den nächsten Absatz, ein Manöver, das Dan ihm nicht nachmachen konnte. Bis zum Erdgeschoß waren es zwanzig Stockwerke, und mit jeder Etage geriet Dan ein bißchen mehr ins Hintertreffen. Als er endlich unten anlangte, wurde die Hintertür gerade zugeknallt.

Dan zerrte am Türknauf, aber die Tür gab keinen Milimeter nach. Da fiel es ihm ein. Sie konnte nur mit Hilfe eines Schlüssels geöffnet werden – und zwar mit dem, den er Tony gegeben hatte, damit er in die Wohnung kam. Das war also sein sorgfältig ausgeklügeltes Sicherheitssystem. Tony hatte es wahrscheinlich innerhalb von zwei Tagen geknackt.

Er fischte seinen eigenen Schlüssel aus seiner Hosentasche und stürzte durch die Tür. Tony lief in lockerem Trab Richtung Norden, und Dan rannte hinterher, was das Zeug hielt. Der Junge blickte über seine Schulter zurück, fiel in einen Sprint, doch Dan schaffte es, genug aufzuholen, um ihn mit einem Hechtsprung zu erwischen. Er bekam ihn um die Knie zu fassen, und Tony stürzte hart auf das Pflaster.

Dan rang keuchend nach Luft. Bis er wieder normal atmen konnte, hatte sich eine kleine Menschenmenge um sie gebildet, und die Leute redeten aufgebracht auf sie ein.

»Hey, lassen Sie den Jungen los!«

»Was glauben Sie eigentlich –«

»Hören Sie auf!«

»Jemand soll die Polizei rufen!«

Dan rappelte sich auf und zog Tony am Kragen auf die Füße. »Bist du okay –« setzte er an, doch dann sah er, daß der Junge weinte.

»Lassen Sie ihn los!« kreischte eine Frau, und ein ganzer Stimmenchor erhob sich.

»Hören Sie zu –« begann Dan, sehr darum bemüht, vernünftig zu klingen.

»Helfen Sie mir!« schrie Tony. »Der Typ ist hinter mir her! Er hat mich in seiner Wohnung eingesperrt und wollte mich nicht mehr weglassen!«

Dan starrte ihn mit offenem Mund an. »Was zum Teufel –«

»Perverses Schwein!« bellte jemand.

Dans Arme wurden von hinten gepackt, so daß Tony sich losreißen konnte.

»Hey!« rief Dan und versuchte, die klebrigen Hände von seiner nackten Haut abzuschütteln. Er warf einen Blick über die Schulter. Hinter ihm standen zwei Männer, von denen jeder einen seiner Arme fest im Griff hatte. »Er ist mein Bruder! Hören Sie, er ist abgehauen! Ich will ihn nur nach Hause bringen!«

»Das können Sie den Bullen erzählen«, knurrte einer der Männer.

Er wartete darauf, daß jemand die Ähnlichkeit zwischen ihnen auffallen würde, aber diesmal fiel sie niemandem auf.

»Tony!« brüllte Dan. Inzwischen war die Menge auf etwa zwanzig Personen angewachsen, und Tony war bereits dabei, sich an den Leuten vorbeizustehlen. »Geh nicht weg. Wir reden über alles, okay?«

»Da kommt ein Polizist«, sagte der andere Mann.

Mit einem Mal durchfuhr es Dan, wie er auf die Leute wirken mußte, ein erwachsener Mann ohne Hemd, der sich mit einem Halbwüchsigen auf der Straße prügelte. »Okay, okay«, sagte er, mit Mühe seine Wut beherrschend. »Würde einer von Ihnen vielleicht den Jungen festhalten, dann werden wir das ausdiskutieren, in Ordnung? Aber lassen Sie ihn nicht weglaufen.«

Tony schenkte ihm einen letzten Blick, bevor er sich

umwandte und davonrannte. Am Ende des Blocks bog er um die Ecke und war verschwunden, bevor der Polizist sich seinen Weg durch die Menge bahnte.

»Was ist hier los?«

»Halten Sie meinen Bruder auf –«

»Das ist ein Perverser!« schrie eine Frau. »Er war hinter dem Jungen her!«

»Er ist mein Bruder, er hat versucht, von zu Hause abzuhauen, und dank euch verdammten Idioten ist er jetzt weg!«

Mit einem letzten Aufschrei riß Dan sich los, aber es hatte keinen Zweck. Tony hatte bereits zuviel Vorsprung.

Schließlich kam der Wachmann aus dem Apartmenthaus und betätigte, daß Dan und der Junge Brüder waren und gemeinsam das Apartment zweitausendsechs bewohnten. Der Polizist zuckte die Achseln, die Menge löste sich auf, und die beiden Männer, die Tony hatten entkommen lassen, verschwanden.

»Er wird schon zurückkommen, wenn's dunkel wird«, sagte der Polizist.

Er versuchte nur, hilfsbereit zu sein, aber Dan ließ seine ganze Wut an ihm aus. »Was zum Teufel wissen Sie denn schon davon? Sie haben doch keinen blassen Schimmer, was mit ihm los ist, wohin er unterwegs ist oder was er vorhat!«

»Wollen Sie Meldung erstatten? Soll ich einen Streifenwagen losschicken und nach ihm suchen lassen?«

Dan zögerte. Wenn er Meldung erstattete, würde Mike es erfahren und zwangsläufig auch die Familie. »Nee, lassen Sie nur«, sagte er.

Dan suchte die nähere Umgebung ab, erst zu Fuß und später mit dem Auto, drehte jedesmal größere Kreise. Es wurde allmählich dunkel, und in dem schummrigen Zwielicht spähte er in jedes Gesicht, das ihm begegnete. Jedesmal, wenn er eine dunkelhaarige Gestalt entdeckte, die etwa Tonys Größe hatte, egal ob männlich oder weiblich, ging er hinunter auf Schrittgeschwindigkeit. Hinter ihm wurde ungeduldig gehupt.

Schließlich gab er seine Suche in der näheren Umgebung auf und fuhr zur Alexander School in der schwachen Hoffnung,

Tony auf dem Basketballplatz anzutreffen. Ein paar Jungs liefen mit Lacrosse-Stöcken über das Feld und spielten sich den Ball gegenseitig zu. Tony war nicht unter ihnen.

Das war sein Fehler gewesen, Tony aus der Mannschaft zu nehmen. Oder zumindest einer seiner Fehler. Ihm den Hintern versohlt zu haben, war wahrscheinlich auch ein Fehler gewesen. Oder daß er ihn zu viel allein gelassen hatte. Oder daß er sich nie mit ihm über wichtige Dinge unterhalten hatte. Hundert verschiedene Fehler konnten der Grund dafür sein, daß er heute abend ausgerissen war.

Aber warum ausgerechnet heute? Er hatte ihm doch gerade angeboten, ihn nach Hause zurückzubringen, wo er vor Dans Fehlern in Sicherheit war. Das war es, was Dan nicht in den Kopf wollte.

Um elf Uhr, nach drei Stunden vergeblicher Suche, fiel ihm ein Ort ein, an dem Tony sich vielleicht aufhalten könnte – zu Hause in der Gasker Avenue – eine Trotzreaktion, um Dan zu zeigen, daß er es nicht nötig hatte, sich von ihm dorthin bringen zu lassen. Dan bog in Richtung Süden ab. Doch er konnte unmöglich bei seiner Mutter an der Tür klopfen und sie fragen, ob sie Tony heute abend gesehen hätte. Er fuhr langsam am Haus seiner Mutter vorbei. Falls Tony zu Hause war, würde er wahrscheinlich in seinem Zimmer sein. Die Fenster waren dunkel, aber das hatte nichts zu bedeuten. Vielleicht lag er schon im Bett und schlief, oder er saß im Wohnzimmer und ließ sich alle Neuigkeiten der Familie berichten.

Je mehr er hoffte, Tony könne zu Hause sein, um so wahrscheinlicher erschien ihm diese Möglichkeit. Aber wenn es so war, dann hätte inzwischen irgend jemand bei ihm angerufen. Am Ende des Blocks angekommen, wendete er mit quietschenden Reifen und raste über die Broad Street Richtung Norden, dann nach Osten und zurück zu seiner eigenen Wohnung.

Doch das Signallämpchen an seinem Anrufbeantworter blinkte nicht. Niemand hatte angerufen.

Er preßte seine Stirn gegen die Wand, nahm den Hörer ab und wählte.

»Mike«, sagte er, als der Anruf entgegengenommen wurde. »Ich brauche deine Hilfe.«

6

Nachdem die Sitzung am Donnerstag geschlossen worden war, kehrte Jenny in ihr Büro zurück und setzte sich an ihren Computer, um ihre Notizen zu sortieren, die sie während der heutigen Verhandlung gemacht hatte. Perlman hatte am Vormittag seinen Experten in den Zeugenstand gerufen, einen Sachverständigen, der den Cashflow untersucht hatte. Anhand von graphischen Darstellungen, die an einem zwischen der Geschworenenbank und dem Zeugenstand aufgestellten Ständer befestigt worden waren, erläuterte er, wie die zwei Millionen Dollar ihren Weg aus dem Treuhandfonds bis zu Masons Konto gefunden hatten. Mit gefälschten Barschecks hatte Sterling das Geld zunächst von dem Treuhandkonto bei der Brokerfirma Connolly & Company abgehoben. Diese Schecks hatte er dann seinem eigenen Konto gutschreiben lassen. Anschließend hatte er das Geld von seinem Konto auf Masons Konto bei Connolly überwiesen. Diese letzte Transaktion hatte er mit Verrechnungsschecks durchgeführt, auf denen weder sein Name noch seine Kontonummer abgedruckt waren; Sterling hatte seine Kontonummer handschriftlich eingetragen und die Schecks mit einer vollkommen unleserlichen Unterschrift versehen. Dies, so erklärte der Zeuge, war der Umweg, den Sterling sich ausgedacht hatte, um die Tatsache zu verschleiern, daß er Geld aus dem Treuhandfonds auf das Konto von Mason transferierte.

Zwei Dinge hatten Jenny an diesem Verhandlungstag gestört, und eins davon war Dan. Irgend etwas bereitete ihm Kopfzerbrechen. Er war später als gewöhnlich im Gerichtssaal eingetroffen, und er wirkte abgespannt, von der Vitalität, die er sonst ausstrahlte, keine Spur. Er hatte ausgiebiger mit Mike diMaio getuschelt als mit Charlie Duncan und die Aussage des Experten fast apathisch über sich ergehen lassen. Sein Kreuzverhör hatte noch nicht einmal eine halbe Stunde lang gedauert.

Das Zweite, was sie gestört hatte, war wahrscheinlich dasselbe, das Dan beunruhigte. Irgend etwas stimmte nicht an der Folge der Geldbewegungen.

Jenny lehnte sich zurück und starrte ihre Zusammenfassung auf dem Bildschirm an. Der Cursor blinkte regelmäßig viermal in der Sekunde, während sie immer weiter starrte. Sie nahm sich ihre Notizen vor und ging sie noch einmal durch, dann überprüfte sie noch einmal den Bericht der Sachverständigen, von dem sie eine Kopie besaß.

Plötzlich wußte sie, was sie die ganze Zeit gestört hatte, und gleichzeitig kam ihr ein Gedanke, der so schrecklich war, daß sie ihn nicht in ihren Aufzeichnungen vermerkte. Scott hatte größte Mühen darauf verwendet zu verschleiern, daß das Geld, das er auf Masons Konto einzahlte, aus dem Treuhandfonds stammte. Aber die eingezahlten Beträge stimmten bis auf den Penny mit den Beträgen überein, die er von dem Treuhandkonto abgehoben hatte.

Wenn es ihm so wichtig war, daß der Cashflow nicht nachvollziehbar war, warum hatte er die Beträge auf den Verrechnungsschecks dann nicht geändert?

»Was gibt's Neues an der Front?« sagte eine Stimme hinter ihr. Jenny fuhr herum und sah die rundliche Gestalt Walter Boennings im Türrahmen stehen.

»Oh, hallo Walt.« Obwohl die Anwälte aus seiner Generation mit Computern nichts anzufangen wußten, schaltete Jenny sofort ihren Bildschirm aus. »Der Krieg geht weiter. Ich fasse gerade meine Aufzeichnungen für Cassie vonBerg zusammen.«

»Sie hat mich heute angerufen, um mir zu sagen, wie zufrieden sie mit Ihrer Arbeit ist.«

»Wie nett von ihr.«

Das Kompliment freute sie doppelt. Mehr als nur ein paar Leute hatten die Brauen hochgezogen, als Jennys Schwanger-

schaft schließlich nicht mehr zu übersehen gewesen war. Unter den älteren Anwälten hatten einige zu murren begonnen, aber Walt machte hiermit deutlich, daß er nicht dazugehörte.
»Ich denke, dieses Mandat wird uns einiges an Honoraren einbringen«, sagte er. »Eine Klage gegen Curtis Mason dürfte ein größerer Prozeß werden. Und diese Nachforschungen über Macoal, mit denen sie Sie beauftragt hat – das könnte der reinste Goldesel werden.«
Jenny quittierte seine Bemerkung mit einem unverbindlichen Achselzucken.
»Also, machen Sie weiter so«, sagte er in einem herzlichen Ton. »Wir wünschen, daß unsere Beziehung zu dieser Mandantin auf solidem Boden steht.«
»Ich werde mein Bestes tun.«
Als Marilyn neben Boenning in der Tür erschien, warf Jenny ihr einen erwartungsvollen Blick zu, doch es war ihr anderer Chef, den sie sprechen wollte. »Mr. Boenning«, sagte sie heiser. »Sie werden erwartet.«
Jennifer sah ihre Sekretärin fragend an. Ihre Augen waren rotgerändert; irgend etwas stimmte nicht.
Boenning drehte sich auf dem Absatz um und machte sich auf den Weg den Korridor hinunter, und Marilyn wollte schon an ihren Schreibtisch zurückkehren.
Jenny erhob sich. »Marilyn?«
Ohne sich umzudrehen, blieb Marilyn stehen und zögerte einen Augenblick lang, bevor sie in Jennifers Büro zurückging und die Tür schloß.
»Was ist passiert?«
»Sie zwingen ihn in den Ruhestand!« rief sie weinend aus und schlug sich beide Hände vors Gesicht.
»Wie ist das möglich? Er ist doch ein Partner.«
»Es sind die neuen Bestimmungen, die den Partnern vorschreiben, in einem bestimmten Alter in den Ruhestand zu treten«, brachte sie mühsam hervor. »Zuerst sah es so aus, als ob Mr. Boenning von der neuen Regelung ausgenommen werden sollte, und er hat die ganze Zeit um Stimmen geworben, aber es hat nicht gereicht. All diese jungen Partner.« Sie schniefte

verächtlich. »Sie können an nichts anderes denken als an die Höhe ihrer Gratifikationen für dieses Jahr. Es interessiert sie nicht, wer die Mandanten überhaupt in die Kanzlei gebracht hat, und sie denken auch nicht darüber nach, wer in Zukunft neue Mandanten an Land ziehen wird. Mr. Boenning hat sein Leben dieser Kanzlei geopfert, und das ist nun der Dank!«

»Vielleicht genießt er seinen Ruhestand«, sagte Jenny. »Vielleicht tut es ihm gut.«

»O nein«, sagte Jenny, ihre geröteten Augen weit aufgerissen. »Er wird sich nie zur Ruhe setzen. Er sagt, er lebt nur, wenn er arbeitet. Wenn er aufhören würde, als Anwalt tätig zu sein, würde er sterben.« Ihre Stimme wurde häßlich vor lauter Bitterkeit. »Aber das interessiert die einen Dreck!«

»Und was wird er jetzt tun?«

»Vielleicht gründet er eine eigene Kanzlei.«

»Allein?« Jenny sah Marilyn skeptisch an. Eine Ein-Mann-Kanzlei stand zu Recht in dem Ruf, der kürzeste Weg in die Pleite zu sein.

»Eine kleine Kanzlei vielleicht.« Marilyn warf Jenny einen durchtriebenen Blick zu. »Vielleicht würden Sie ja mit ihm gehen.«

Jenny schüttelte den Kopf. »Ich habe bereits einmal die Kanzlei gewechselt. Das mache ich nicht noch mal.« Plötzlich kam ihr ein schrecklicher Gedanke. »Würden Sie mit ihm gehen?«

Marilyn trocknete sich die Augen und erhob sich. »Selbstverständlich«, sagte sie, als hätte Jenny eine blöde Frage gestellt.

An jenem Abend nach dem Abendessen rief Scotts Vater wieder an, und während die beiden sich am Telefon unterhielten, ging Jenny nach draußen, um die Blumen zu bewundern, bevor die Sonne unterging. Die Rosen waren von einem Schädling heimgesucht worden, und obwohl Jenny sie regelmäßig abgewaschen hatte, waren sie gnadenlos zerfressen worden, die Knospen ruiniert, noch bevor sie sich geöffnet hatten.

Sie spazierte durch das Wäldchen zu den Wiesen, die nun in

rechteckige Grundstücke eingeteilt waren, auf denen Häuser in verschiedenen Stadien der Fertigstellung standen. Der dreckverkrustete Feldweg würde schon bald Canterbury Lane heißen und die Hauptstraße durch die Parzellen bilden. Die Häuser waren aus Feldsteinen erbaut und mit Stuck verziert, sie waren groß und so konstruiert, daß sie noch großzügiger wirkten, mit Foyers, die sich über zwei Geschosse ausdehnten und die die Maklerfirma als »Anwaltsfoyers« anpries. Seit Jenny das letzte Mal hierher spaziert war, war ein weiteres Haus verkauft worden, und auf dem frisch eingesäten Rasen prangte ein Schild mit der triumphierenden Aufschrift »verkauft«.

Die Fenster der Remise waren erleuchtet, als Jenny zurückkehrte, und sie konnte sehen, wie Scott mit dem Telefon am Ohr im Wohnzimmer auf und ab ging. Sie legte sich ins Gras, stützte sich auf einen Ellbogen und beobachtete ihn. Das Haus wirkte wie ein Freilichttheater mit Scott als Schauspieler im Rampenlicht. Doch Jenny konnte dem Stück nicht mehr folgen. Sie gab schließlich auf, es zu versuchen, streckte sich auf dem Rücken aus und betrachtete den Sternenhimmel.

Winzige Händchen und Füßchen bewegten sich in ihrem Innern. Jenny legte lächelnd die Hände auf ihren Bauch, wie um das ungeborene Baby in die Arme zu nehmen. Es bewegte sich wieder, drückte ein Füßchen oder vielleicht auch seinen kleinen Po in Jennys linke Seite. Sie drückte mit einer Hand auf die Stelle, und die Bewegung wiederholte sich als Antwort auf ihre Geste. Sie fuhr mit der Hand auf ihre rechte Seite und drückte dort und wurde wieder mit einem kleinen Tritt belohnt. Sie lachte lautlos, aber nicht über sich selbst.

Sie betrachtete das Baby nicht länger als ein Symbol ihres gebrochenen Herzens oder als von Dan gestohlenes Diebesgut. Es war nicht mehr Dans Baby und auch nicht Jennys. Es war einfach es selbst, und sie liebte es vollkommen, ohne auch nur einen Gedanken an die Vorstellung zu verschwenden, daß auch diese Liebe unerwidert bleiben könnte.

Scott legte das Telefon ab und ging von Fenster zu Fenster, um nach ihr Ausschau zu halten. Jenny stand auf, wischte sich ein paar Grashalme von den Kleidern und ging hinein. Sie machten es sich im Wohnzimmer für eine Stunde auf dem Sofa vor dem Fernseher bequem. Sie ließen sich von einem seichten Unterhaltungsprogramm berieseln, das jedoch ihre Aufmerksamkeit genug in Anspruch nahm, um kein Gespräch aufkommen zu lassen. Aber als sie schließlich das Licht löschten und sich auf den Weg nach oben machten, konnte Jenny die Frage, die sie schon den ganzen Abend beschäftigt hatte, nicht länger für sich behalten.

»Es gibt da etwas, das mir nicht in den Kopf will«, sagte sie. »Wieso hast du genau dieselben Beträge auf Masons Konto überwiesen, die du von dem Konto des Treuhandfonds abgehoben hast? Ich meine, das wäre doch eine offensichtliche Fährte für Mason gewesen, wenn er auch nur ein bißchen aufgepaßt hätte.«

»Ich weiß nicht«, sagte Scott. »Vielleicht hat Casella recht. Vielleicht hatte ich tatsächlich unbewußt das Bedürfnis, mich erwischen zu lassen.«

Jenny öffnete die Tür zu ihrem Schlafzimmer. Die Antwort stellte sie nicht zufrieden, aber sie wollte nicht weiter auf dem Thema beharren.

»Nein, ich weiß es jetzt wieder«, sagte er plötzlich. »Ich wollte nicht, daß auch nur ein Penny von diesem Geld bei mir hängen blieb. Wenn ich einen geringeren Betrag auf Onkel Curts Konto eingezahlt hätte, dann wäre ein Teil des Geldes aus dem Treuhandfonds immer noch auf meinem Konto. Und selbst wenn ich die Differenz bei der nächsten Überweisung ausgeglichen hätte, wären immer noch die Zinsen dagewesen. Deswegen hab ich das also gemacht. Glaube ich jedenfalls. Um die Wahrheit zu sagen, es fällt mir schwer, mich genau zu erinnern, was ich gedacht habe, während das alles geschah.«

Jenny nickte. Was er während jener Monate getan hatte, war alles andere als rational gewesen; es gab keinen Grund, präzise Erklärungen zu erwarten für die Art, wie er es getan hatte.

Er nahm sie in die Arme, um ihr einen Gutenachtkuß zu geben. Er hatte sich diese Geste zur Gewohnheit gemacht, und Jenny hatte sich daran gewöhnt, und doch warf sie jedesmal dieselbe unausgesprochene Frage auf.

»Gute Nacht«, flüsterte sie. Sie schenkte ihm ein resigniertes Lächeln, mit dem sie seine Enttäuschung einmal mehr hinnahm.

Sie schloß die Tür hinter sich. In Gedanken sah sie Dans Gesicht vor sich, und die Worte, an die sie sich mit einem Mal erinnerte, weckten neue und noch schlimmere Ängste in ihr. »Es sind größere Einzahlungen auf sein Konto eingegangen. Einhundertzwanzigtausend Dollar in bar, deren Herkunft nicht nachvollziehbar ist.«

7

Der Gebäudesicherheitsdienst war informiert, und fünfzig Streifenwagen fuhren mit einer Kopie von Tonys letztem Schulfoto auf dem Armaturenbrett herum. Dan ging am Donnerstag nachmittag vom Gerichtssaal direkt zu seinem Auto und fuhr bis spät in die Nacht durch jede düstere Straße, die er kannte. Bis elf Uhr gab es immer noch keine Spur von Tony. Er war bereits seit über vierundzwanzig Stunden verschwunden. Die zweite Nacht brach an, und der Himmel wußte, wo Tony sie verbringen würde.

Das Autotelefon klingelte, und Dan griff so hastig danach, daß er mit dem Reifen über den Bordstein fuhr. Aber es war nur Mike, der sich bei ihm meldete.

»Verdammt Mike, was machen deine Leute denn da draußen?« fuhr Dan ihn an. »Wie lange braucht ihr, um einen Jungen zu finden?«

»So lange, wie er es will, würde ich sagen.«

Das konnte noch ewig dauern.

»Hör zu, gib's auf für heute«, sagte Mike. »Unsere Jungs halten nach ihm Ausschau, und du hast morgen einen harten Tag vor dir.«

»Yeah.«

Dan parkte seinen Wagen in der Tiefgarage und sprach mit dem Wachmann in der Eingangshalle, erhielt jedoch dieselbe Antwort wie zuvor. »Wir halten unsere Augen offen, Mr. Casella, machen Sie sich keine Sorgen.«

Es gab nichts, was er noch hätte tun können. Er ging in seine Wohnung, goß sich einen Drink ein und ließ sich in seinen Sessel sinken.

Dan wurde von einem schrillen Klingeln aufgeschreckt. Er war mit dem Kopf auf dem Tisch neben dem Telefon eingenickt. Er griff nach dem Hörer und brüllte: »Yeah?«

Zunächst war nichts als Stille in der Leitung zu hören, und plötzlich waren Dans Sinne hellwach.

»Tony?«

Wieder Stille, dann ein Atemgeräusch, und es dauerte einen Augenblick, bis Dan es als ein unterdrücktes Schluchzen erkannte.

»Tony, wo bist du? Bist du verletzt?«

»Nein«, sagte er mit erstickter Stimme.

Dan atmete erleichtert auf. »Sag mir, wo du bist.«

»Ich weiß es nicht«, flüsterte er. »Ich bin in einem Haus, ich glaub in Manayunk. Ich will hier weg, aber die lassen mich nicht!«

Dans Erleichterung fand ein abruptes Ende. *Wer*, hätte er am liebsten gebrüllt, doch statt dessen fragte er: »Wo? Tony, wo ist das Haus?«

»Ich weiß es nicht! Ich glaub, sie haben was von Manayunk gesagt. Es ist eins von lauter Reihenhäusern, die Fenster sind alle eingeschlagen, und gegenüber ist so 'ne Bar, aber ich weiß nicht –«

»Tony, okay, hol erst mal Luft.« Dan erhob sich aus seinem Sessel und blieb angespannt stehen. »Sieh dich um. Sag mir, was du siehst. Bist du an einem Fenster?«

»Nein, ich bin in einer Kammer, ich will nicht, daß sie mich hören –«

»Wie heißt die Bar? Versuch, dich zu erinnern.«

Sekundenlang war nichts als Tonys angestrengtes Atmen zu

hören, bis er schließlich hervorstieß: »Bullfrog! Sie heißt Bullfrog, und über der Tür hängt ein Schild mit einem großen, grünen Frosch.«

»Ich werd sie finden. Du bleibst, wo du bist, klar? *Ich komme.*«

Dan ließ sich von der Telefonauskunft die Nummer des Bullfrog in Manayunk geben und rief anschließend in der Kneipe an.

»Wir haben geschlossen«, beschied ihn eine rauhe Stimme, als er sich nach der Adresse erkundigte.

»Ich plane gern im voraus«, sagte Dan gereizt. »Sagen Sie mir, wo ich Sie finde.«

Widerstrebend wurde ihm die Adresse mitgeteilt: 303 Mill Street.

Tony lebte, und Dan wußte, wo er war. Das war der einzige Gedanke, der ihm immer wieder durch den Kopf ging, während er in die Garage hinunterrannte, um sein Auto zu holen. Es regnete, als er durch die Ausfahrt fuhr, er schaltete die Scheibenwischer ein. Erst nachdem er zwei Blocks weit gekommen war, bemerkte er, daß er ohne Licht fuhr. Als er die Schnellstraße erreichte, trat er das Gaspedal durch. Das letzte, was er jetzt gebrauchen konnte, war, von der Polizei angehalten zu werden. Seine Augen waren blutunterlaufen, und er hatte eine Alkoholfahne, aber er beschleunigte seinen Wagen auf hundertzwanzig, dann auf hundertvierzig.

Nach fünfzehn Minuten erreichte er Manayunk. Er verließ die Schnellstraße und fuhr durch die Straßen des Viertels. Aber das hier war nicht sein Revier. Es war ein altes dichtbewohntes Arbeiterviertel, auf ein paar Hügeln am östlichen Ufer des Schuylkill River gelegen. Die Hauptgeschäftsstraße war zwar in den letzten Jahren zu einer besseren Adresse geworden, aber zu dieser Stunde waren die schicken Läden und Restaurants geschlossen, und die BMWs hatten sich alle auf die Innenstadt oder die Vororte verteilt.

Die Straßenschilder waren im Regen schwer zu erkennen, und Dan geriet in Panik, als ihm dämmerte, daß es die ganze Nacht dauern konnte, bis er die Mill Street gefunden hatte. Er bog von der Geschäftsstraße ab und verließ die bessere Wohngegend. Erst als er die schlimmsten Straßen des Viertels erreichte, begann er, nach Lebenszeichen Ausschau zu halten.

Er brauchte nicht lange zu suchen. Drei Jugendliche hatten sich vor dem Regen unter einer Unterführung in Schutz gebracht. Mißtrauisch beäugten sie den Jaguar, als Dan neben ihnen am Bordstein hielt. Er kurbelte sein Fenster herunter, und als er mit einer Zwanzigdollarnote wedelte, kam einer von ihnen mit großspuriger Miene auf den Wagen zu.

»Wir dealen nich, Mann«, sagte er in einem Ton, der nicht zu weiteren Verhandlungen ermunterte.

Dan zog einen zweiten Zwanziger hervor. »Wie komme ich zum Bullfrog auf der Mill Street?«

»Da is nix los«, raunzte er, während er nach den Geldscheinen griff.

Dan zog die Scheine zurück. »Erst sagst du mir, wo's langgeht.«

»An der Ampel rechts. Den Hügel runter, bis es nich mehr weiter geht, dann nach links«, sagte der Jugendliche, und als er diesmal nach dem Geld langte, ließ Dan die Scheine los.

Er folgte den Richtungsanweisungen, und Minuten später war er am Ziel. Auf der einen Straßenseite waren die Ruinen eines ehemaligen Hüttenwerks zu sehen, und auf der anderen Seite standen verrußte kleine Reihenhäuser, die früher von den Arbeitern bewohnt worden waren. Das Bullfrog lag am Ende der Straße. Dan parkte gegenüber der Bar und musterte die Häuserreihe auf der anderen Seite.

Die Fenster waren eingeschlagen, hatte Tony gesagt. Er entdeckte ein Haus, zu dem die Beschreibung paßte, ein zweistöckiges, schmales Haus mit zerbrochenen Scheiben und kaputten Fensterläden und einer Haustür, die nur noch in einem Scharnier hing und angelehnt war. Davor stand ein Lieferwagen mit geschwärzten Scheiben.

Dan nahm eine kleine Taschenlampe aus dem Handschuhfach und huschte durch den Regen bis unter das Vordach. Er lauschte angestrengt auf Lebenszeichen im Haus, hörte jedoch nichts als das Prasseln des Regens auf dem Verandadach. Vorsichtig packte er den Türknauf, hob die Tür vorsichtig an und schob sie gleichzeitig auf. Das eine Scharnier, das die Tür hielt, begann zu quietschen. Dan erstarrte. Doch das Prasseln des Regens, das die Geräusche aus dem Haus übertönte, verhinderte auch, daß er von drinnen gehört wurde.

Er trat in den Hausflur und schaltete seine Taschenlampe ein. Direkt vor ihm führte eine Treppe nach oben; zu seiner Rechten befand sich ein mit Müll übersäter Raum, der bis auf eine zerfetzte Matratze keine Möbel enthielt. Er ging die Treppe hinauf, und auf halbem Weg hörte er ein Schnarchen. Er folgte dem Geräusch bis zu einer offenen Tür und konnte seine Taschenlampe gerade rechtzeitig verdecken, bevor der Lichtkegel auf zwei schlafende Gestalten fiel, die ineinander verschlungen auf einer Matratze auf dem Boden lagen. Eine der Gestalten war männlich, die andere weiblich, keine davon war Tony.

Am anderen Ende des Flurs lag noch ein Zimmer. Dan schlich auf die Tür zu, seine Hand über der Taschenlampe, so daß sie nur einen ganz schwachen Schein verbreitete, gerade genug, um zu verhindern, daß Dan über den Schläfer stolperte, der auf der Türschwelle lag. In diesem Zimmer gab es keine Matratzen, doch der Boden war mit schlafenden Gestalten übersät. Eine der Gestalten setzte sich auf.

Dans Herz pochte im Takt mit dem Regen, aber er nahm seine Hand weg und richtete den Strahl der Taschenlampe in diese Richtung. Tonys bleiches Gesicht starrte ihn aus der Dunkelheit an.

Dan richtete die Taschenlampe auf sein eigenes Gesicht und legte einen Finger auf seinen Mund, dann trat er über den Schläfer auf der Türschwelle und streckte eine Hand aus. Tony packte mit kalten Fingern zu und stand auf.

»Was zum Teufel«, sagte eine Stimme, und im gleichen Augenblick ging das Licht im Zimmer an.

Ein Mann stand an den Türpfosten gelehnt. Er hatte fettiges Haar und einen unregelmäßigen Bart und leere Augen, die Dan schon einmal gesehen hatte. Die Gestalten auf dem Boden rührten sich, und ein halbes Dutzend halbwüchsige Jungs setzte sich auf.

Tony räusperte sich, und Dan schob ihn hinter sich.

»Tony, hast du vor, irgendwohin zu gehen?« fragte der Mann.

Dan war plötzlich klar, daß er dieses Gesicht auf dem Polizeifoto gesehen hatte, das Mike ihm gezeigt hatte. Es war Joey Ricci, der kleine Gangster, der eine Bande von Jungs anführte wie ein moderner Fagin. Hinter ihm tauchte das Mädchen auf, das zusammen mit ihm auf der Matratze gelegen hatte; sie war käsebleich und kaum älter als Tony.

»Tut mir leid, daß ich euch geweckt hab«, sagte Dan. »Wir machen, daß wir wegkommen, dann könnt ihr alle weiter schlafen.«

Ricci fixierte Dan mit seinen leeren Augen. Auf ein kurzes Signal von ihm standen alle Jungs auf und bildeten einen Kreis um sie herum.

»Tony, Tony«, sagte Ricci, der Dan immer noch anstarrte. »Wir sind schwer enttäuscht von dir, Mann.«

»Laß mich einfach gehen«, bettelte Tony.

»Du weißt, daß ich das nicht tun kann. Das wär doch nicht fair den anderen gegenüber – stimmt's Jungs? –, wenn ich dich laufen lassen würde, obschon du mir noch Geld schuldest.«

»Was soll das bedeuten?« mischte Dan sich ein.

Ricci grinste verschlagen. »Tony war vor kurzem im Besitz von etwas, das mein Eigentum war. Jetzt ist er mir was schuldig. Entweder er bezahlt, oder er arbeitet seine Schulden ab. So funktioniert das bei uns, stimmt's Jungs?«

Die Jungen im Zimmer verfolgten das Geschehen mit aufmerksamen Blicken. Es ging offenbar um mehr als den Streit mit Tony.

»Ich kann mich gut an dein Eigentum erinnern«, sagte Dan. »Es ist bei mir gelandet, also bin ich derjenige, der dir was schuldet. Und du hast recht, ich muß meine Schulden begleichen.«

Ricci schob sein Kinn vor. »Fünfhundert Dollar.«

Dan zuckte die Achseln. »Akzeptiert.« Er öffnete seine Brieftasche und nahm einen Scheck heraus.

»Dan –« flüsterte Tony.

»Schsch«, sagte Dan und kritzelte schnell etwas auf den Scheck. Er reichte ihn Ricci und steckte seine Hände in die Hosentaschen.

Ricci las mit flackernden Augen. Er blickte zu Dan auf und trat zur Seite. »Seht ihr?« sagte er zu den Jungs. »Ich verlange nicht mehr als das, was mir zusteht.« Mit einer auffordernden Kopfbewegung sagte er zu Dan und Tony: »Los, macht, daß ihr wegkommt.«

Dan packte Tony am Ellbogen und bugsierte ihn an Ricci vorbei, die Treppe hinunter und hinaus in den Regen. Als Tony das Auto erblickte, riß er sich los und rannte darauf zu.

Dan setzte sich hinter das Steuer. »Bist du okay?«

Tony wandte sich ab und starrte auf das Regenwasser, das an der Fensterscheibe hinunterlief. »Ich will nach Hause«, sagte er mit rauher Stimme.

In ihrer derzeitigen Situation war das ein zweideutiger Wunsch, aber sie hatten keine Zeit, um darüber zu diskutieren. Dan ließ den Motor an und fuhr los. Seine Reifen wirbelten hohe Fontänen auf, als er von der Mill Street abbog. Er raste durch die menschenleeren Straßen von Manayunk auf die Schnellstraße zu, die Auffahrt hinauf, und trat das Gaspedal durch. Es war drei Uhr morgens, und immer noch herrschte dichter Verkehr.

Plötzlich drosselte Dan sein Tempo, blinkte rechts und kam mit einer Vollbremsung auf dem Seitenstreifen zum Stehen. Der Fahrer hinter ihm, der zu einem riskanten Ausweichmanöver gezwungen wurde, hupte im Vorbeifahren, und Dan schaltete seine Warnblinkanlage ein.

Tony fuhr herum. »Was machst du?«

»Wir fahren nirgendwohin, bevor ich nicht ein paar Antworten von dir bekomme.«

»Ich weiß überhaupt nichts.«

Dan schaltete den Motor ab.

»Ich kann es dir nicht sagen!«

Dan lehnte sich gegen die Kopfstütze.

Tony sah sich in alle Richtungen um. Der Regen trommelte auf das Dach des Wagens. Zur Linken lagen vier Spuren dicht befahrener Schnellstraße, zur Rechten ein steiler, felsiger Abhang. Das Geräusch der vorbeifahrenden Autos schwoll an und ab und verursachte einen unheimlichen Dopplereffekt.

»Er heißt Joey Ricci«, stieß Tony hervor. »Er ist der Typ, der uns die Kanonen gegeben hat.«

»Fang ganz von vorne an.«

»Ein Typ aus der Schule, aus meiner alten Schule, der kannte Joey aus der Nachbarschaft«, sagte Tony atemlos. »Der hat mich mit zu ihm genommen, damit ich ihn kennenlernte. Joey hat mich gefragt, ob ich mir 'n paar Dollar verdienen wollte, und ich hab gesagt, klar. Ich hab mir gar nichts dabei gedacht, ich meine, was du damals über die Kanonen gesagt hast.«

»Yeah, ich weiß.«

»'n paar hab ich verhökert, wie ich's dir gesagt hab. Ich sollte das ganze Geld an Joey abdrücken, und er hat mich bezahlt. Aber diese letzte Knarre, die, die du mir abgenommen hast –«

»Ich erinnere mich.«

»Und vorgestern bin ich zu unserem alten Treffpunkt gegangen, um zu sehen, ob meine Kumpels noch da waren, und Joey war auch da, und er hat mich hierher gebracht und hat mir gesagt, ich würde nirgendwohin gehen. Und sobald ich konnte, hab ich dich angerufen.«

»Als du im letzten Winter in der Schule zusammengeschlagen worden bist«, sagte Dan, »war das Ricci?«

»Sag bloß Mike nichts davon!« rief Tony aufgebracht. »Wenn Joey das rausfindet, dann bringt er mich das nächste Mal um!«

»Der geht in den Knast, Tony, der wird keine Gelegenheit haben, dir oder sonstwem noch irgendwas zu tun. Wir müssen es Mike sagen.«

Tony biß die Zähne aufeinander und starrte auf die Windschutzscheibe, an der das Regenwasser in Schlieren herunterlief. Er schüttelte den Kopf.

Es herrschte immer noch unverminderter Verkehr auf der Schnellstraße. Jeden Augenblick konnte ein Streifenwagen neben ihnen halten, und dann würden Polizisten aussteigen und ihre Papiere verlangen.

Dan legte dem Jungen eine Hand in den Nacken. »Tony«, sagte er leise, »ich werde nicht zulassen, daß er dir noch einmal weh tut.«

Es entstand ein langes Schweigen, bis Tony schließlich nickte.

Er lehnte seinen Kopf zurück und schloß die Augen, während Dan Mikes Nummer wählte, und bis Dan sein Gespräch beendet hatte, war er fast eingeschlafen.

»Tut mir leid wegen neulich«, murmelte er verschlafen. »Ich glaub, ich wollte dir einfach 'ne Szene machen.«

»Vergiß es.«

»Ich bezahl dir das Geld zurück, das du Joey gegeben hast, ich schwör's.«

Dan grinste. Er war in Versuchung, noch einmal »Vergiß es« zu sagen. »Ich habe ihm kein Geld gegeben.«

»Aber –«

»Ich hab ihm eine kleine Nachricht aufgeschrieben, das ist alles.«

Tony setzte sich kerzengerade auf und sah Dan mit weitaufgerissenen Augen an. »Und was hast du ihm aufgeschrieben?«

»›Ich habe einen Pieper in meiner Tasche. Ich brauche nur draufzudrücken, dann sind die Bullen in neunzig Sekunden hier. Oder du läßt uns sofort gehen.‹«

Die Augen des Jungen wurden noch größer, und es dauerte eine geschlagene Minute, bis er schließlich sagte: »Das ist das Coolste, was ich je gehört hab.«

»Hör zu«, sagte Dan. »Du mußt mir versprechen, daß du dich in Zukunft weder mit ihm noch mit sonstigen Typen von seiner Sorte einläßt. Mit diesem Pack hast du nichts mehr zu tun, nie mehr. Kapiert?«

»Versprochen«, sagte Tony schläfrig. »Laß uns einfach nach Hause fahren, okay?«

Diesmal gab es keine Zweideutigkeit. Dan ließ den Motor an und fuhr nach Hause.

8

Am Freitag morgen war Dan der erste im Gerichtssaal. Zwei Stunden Schlaf kamen ihm vor wie zehn, und er war auf den heutigen Kampf vorbereitet. »Morgen, Bob«, sagte er, als Perlman mit seinem Mandanten erschien, und verwickelte ihn ein paar Minuten lang in eine lockere Plauderei über den neuesten Tratsch, was Mason offenbar zutiefst mißfiel.

Kurze Zeit später traf Mike ein und zeigte ihm einen triumphierend hochgereckten Daumen. Dan ging quer durch den Gerichtssaal zu ihm hin und raunte: »Hast du Ricci gefunden?«

»Die Jungs von der Staatspolizei haben ihn auf der Autobahn in seinem Lieferwagen kassiert. Der kriegt alles aufgebrummt, was das Gesetz hergibt. Schwere Körperverletzung bei Tony, vollendete Vergewaltigung bei dem Mädchen – bis heute mittag wird er wohl ausspucken, wer sein Lieferant ist. Wie geht's dem Jungen?«

»Der wird wahrscheinlich bis mittag schlafen, aber es geht ihm gut. Wenn ich das hier hinter mir hab –«, Dan machte eine Kopfbewegung in Richtung der Geschworenenbank, »dann fahren wir ein paar Tage weg. Vielleicht runter an die Küste.«

»Gute Idee«, sagte Mike.

Dan hatte in Mikes Worten weder einen kritischen Unterton oder ein Zeichen von Reserviertheit entdecken können, noch brachte Mike das Thema von Tonys Rückkehr nach Hause wieder auf. Vielleicht bedeutete seine Versöhnung mit Tony in der letzten Nacht, daß die Familie sich nun auch mit der Situation versöhnt hatte. Er klopfte Mike auf die Schulter und kehrte an seinen Platz zurück.

Die hintere Tür öffnete sich, und Brian Kearney betrat zögernd den Gerichtssaal. Er war ein freundlicher, an Tom Sawyer erinnernder junger Mann mit roten Locken und einem sommersprossigen Gesicht und einem Auftreten, das jede alte Dame dazu verleitet hätte, ihm mit Freuden die Ersparnisse ihres Lebens anzuvertrauen. Dan grüßte ihn von weitem, während Jerry Shuster gleich auf die Tür zuging, um ihn in Empfang zu nehmen und ihn auf die Seite der Verteidigung zu führen.

Als die Tür sich das nächste Mal öffnete, trat Jennifer Lodge ein. Ihr Anblick wirkte wie eine eiskalte Mahnung, die Dan durch Mark und Bein ging. Einen Augenblick lang hatte er sich der Illusion hingegeben, er hätte seine persönlichen Probleme restlos im Griff, aber als er sie sah, wurde ihm klar, daß er davon weit entfernt war. Ihre ständige Anwesenheit im Gerichtssaal machte ihn vollkommen verrückt. Den ersten Tag hätte er noch auf pure Neugier zurückgeführt, den zweiten vielleicht auch noch, aber nun hatte sie bereits eine komplette Arbeitswoche geopfert, um dem Prozeß beizuwohnen. Es war ein eindeutiger Beweis für ihre innige Verbundenheit mit Sterling, obwohl es kaum eines weiteren Beweises bedurft hätte: Nichts konnte diese Liebe besser verdeutlichen als das Baby, das sie trug.

Nachdem die Geschworenen Platz genommen hatten, erhob sich Jerry Shuster zum ersten Mal und rief Kearney in den Zeugenstand. Dan warf einen kurzen Blick auf die gegnerische Bank hinüber, aber Bob Perlman verfolgte das Geschehen mit wachen Augen und aufrechter Haltung. Shuster sprang nicht als Ersatzmann ein – dies war ein wohlüberlegter Schachzug.

Mit militärischer Präzision stellte Shuster fest, daß Kearney ein Angestellter der Brokerfirma Connolly & Company war und daß er sowohl das Privatkonto als auch das Treuhandkonto von Curtis Mason verwaltete. Kearny erklärte, es handle sich hierbei um Konten, die innerhalb der Firma unter der Bezeichnung »x-Konten« liefen – x stand für ECS, Extra Convenience and Service –, in denen sowohl Bargeld als auch Wertpapiere verwaltet wurden und die eine Scheckvollmacht beinhalteten.

Als Shuster die entsprechenden Beweisstücke vorlegte, tat er das mit berechnender Ungeschicklichkeit, um die Geschworenen darauf aufmerksam zu machen, daß er erst kürzlich seinen Arm verloren hatte. Kearney identifizierte sowohl die Eröffnungsanträge für die Konten als auch die ersten Kontoauszüge. Von einem der Auszüge war eine Vergrößerung angefertigt worden, die Shuster nun auf dem Ständer plazierte, um sich von Kearney jeden einzelnen Eintrag erläutern zu lassen.

»Wer hat die Investitionsentscheidungen getroffen, die über diese Konten abgewickelt wurden?«

»Zunächst Mr. Mason. Später Scott Sterling.«

Kopien der Handlungsvollmachten wurden gekennzeichnet. P-62 war die Vollmacht, die Scott Sterling berechtigte, mit dem Geld des Treuhandfonds zu spekulieren, und P-63 die, die sich auf Masons persönliches Konto bezog.

»Wurden über Mr. Masons Konto irgendwelche Spekulationsgeschäfte abgewickelt, nachdem er Sterling die Vollmacht erteilt hat?«

»Das kann man wohl sagen«, erwiderte Kearney, während einer der Geschworenen zu kichern begann.

»Beschreiben Sie genau, wie das vor sich ging.«

»Scott Sterling rief mich an und erteilte mir seinen Auftrag. Er nannte mir Namen und Anzahl der Aktien und sagte entweder kaufen oder verkaufen. Manchmal sagte er: Verkaufen Sie, wenn sie 97 Punkte erreichen, oder verkaufen Sie, wenn Sie unter 80 geht. Aber gewöhnlich hieß es einfach nur: Kaufen Sie hundert, verkaufen Sie fünfzig, und so weiter.«

»Hat er Sie jemals um Rat gefragt oder Empfehlungen von Ihnen erbeten?«

»Er wußte, was er wollte, noch bevor er den Hörer abnahm.«

»Haben Sie jemals versucht, ihm bestimmte Geschäfte auszureden?«

»Ja. Ich meine, lieber Himmel, ich habe mich oft genug am Kopf gekratzt und mich gefragt, ob er es darauf anlegte, Geld zu verlieren, oder was. Aber er sagte nur: Brian, ich hab hier ein festes Programm, und daran muß ich mich halten.«

»Mit seinem Programm hat er Geld verspekuliert, stimmt's?«

»Allerdings.«

Shuster befestigte eine Tabelle mit den Einzahlungen auf Masons Konto auf dem Ständer. Kearney verglich jeden Eintrag mit einer Einzahlung auf den Kontoauszügen und bestätigte, daß jeder Betrag per Scheck auf Masons Konto eingegangen war.

»Haben Sie die Kontoauszüge regelmäßig überprüft?«

»Die von Mr. Masons Konto habe ich mindestens einmal pro Woche überprüft, da so viele Buchungen stattfanden.«

»Was haben Sie gedacht, als Sie feststellten, daß diese Schecks auf Mr. Masons Konto eingingen?«

»Ich dachte, es seien Geldeinzahlungen erfolgt, um die Möglichkeit zu haben, mit neuen Geschäften die Verluste wieder wettzumachen.«

»Wußten sie, woher diese Schecks kamen?«

»Nein. Auf meinem Bildschirm sehe ich nicht mehr als Sie dort auf ihrer Tabelle.«

»Die Schecks, mit denen das Geld auf Masons Konto eingezahlt wurde, haben Sie nie zu Gesicht bekommen?«

»Nein«, sagte Kearny und erläuterte anschließend das Verfahren, nach dem Schecks auf x-Konten verrechnet wurden. »Die Bank, von der das Geld überwiesen wird, behält die Schecks, und ihr Computer sagt unserem Computer, welchem Konto wir das Geld gutschreiben beziehungsweise welches Konto wir belasten müssen«, faßte er zusammen.

»Das heißt, geplatzte Schecks wurden nie zurückgeschickt?«

»Nein.«

»Mr. Kearney«, begann Dan, als die Geschworenen ihre Plätze nach der Pause wieder eingenommen hatten. »Sie haben gesagt, Sie hätten versucht, Sterling einige der Spekulationsgeschäfte auszureden, mit denen er Sie beauftragt hat?«

»Ja, das ist richtig.«

»Weil Sie sie für Verlustgeschäfte hielten?«

»Das kann man wohl sagen.«

»Haben Sie Mr. Mason gewarnt?«

»Nein.«

»Warum nicht?«

»Er bekam jeden Monat seine Auszüge. Er konnte die Verluste genausogut sehen wie ich. Er hatte gesagt, er wollte Scott eine Chance geben, sich zu beweisen, und ich nahm an, daß sich das auf diese Geschäfte bezog.«

»Moment mal, gehen wir noch einmal zurück. Sie sagen, Mr. Mason erhielt jeden Monat seine Kontoauszüge?«

»Klar.«

»Ich dachte, die seien an Scott Sterling gegangen.«

»Mason erhielt Kopien. Es ist in unserer Firma normal, ein Konto, bei dem eine Handlungsvollmacht vorliegt, mit einer Markierung zu versehen, die bewirkt, daß von jedem Auszug eine Kopie angefertigt wird.«

Die entsprechenden firmeninternen Verfahrensvorschriften wurden gekennzeichnet. Dan nahm einen der bereits gekennzeichneten monatlichen Kontoauszüge von dem Tisch, auf dem die Beweisstücke lagen.

»Sehen wir uns zum Beispiel den Auszug vom Dezember an. Sind auf diesem Auszug irgendwelche Verluste aus Spekulationsgeschäften zu erkennen?«

»Ja«, erwiderte Kearney und wies auf eine Transaktion von zweitausend Xenon-Aktien hin. Sie waren am 6. Dezember für $ 98 gekauft und am 20. Dezember für $ 83 abgestoßen worden, was einen Verlust von dreißigtausend Dollar innerhalb von zwei Wochen ergab.

»Hat Mr. Mason Sie jemals angerufen, um sich nach den Verlusten auf seinen Auszügen zu erkundigen?«

»Er hat mich angerufen, aber nicht, um über irgendwelche Verluste zu diskutieren.«

»Weswegen hat er Sie angerufen?«

»Um sich über den Kurswert der Macoal-Aktien im Treuhandfonds zu beschweren.«

»Wann war das?«

Kearney kaute auf seiner Unterlippe. »Das war nach der Kapitalerhöhung bei Macoal – dürfte ich mal einen Blick auf die Auszüge des Treuhandkontos werfen?«

Dan reichte ihm den Stapel Papiere, und Kearney blätterte darin herum, bis er den Auszug fand, den er gesucht hatte. »Ja, hier ist er. Macoal hat im November eine Kapitalerhöhung durchgeführt, was auf dem Auszug vom Monatsende zu sehen ist. Mr. Mason war der Meinung, wir hätten den Preis der Aktien falsch emittiert, und deswegen hat er mich angerufen.«

»Woher wußte Mr. Mason, welchen Preis Sie angesetzt hatten?«

»Es stand hier drauf.« Er hielt das Beweisstück hoch.

»Das ist der Novemberauszug für das Treuhandkonto?«

»Genau.«

»Aber Moment mal, sind die Auszüge von dem Treuhandkonto nicht an Sterling gegangen?«

»Ja, und die Kopien gingen an Mr. Mason. Dieses Konto hatte ebenfalls eine Markierung.«

»Als Mr. Mason Sie angerufen hat, um den Wert der Macoal-Aktien in Frage zu stellen, hätte ihm da sowohl der Auszug aus dem Treuhandkonto als auch sein eigener vorliegen müssen?«

»Eigentlich ja. Ich weiß mit Sicherheit, daß er den Auszug aus dem Treuhandkonto hatte, denn er hat sich darauf bezogen, als wir uns um den Aktienpreis stritten.«

»Sehen wir uns den Novemberauszug des Treuhandkontos einmal genauer an.«

Dan wandte sich um und sah an Curtis Mason vorbei, der mit zusammengesunkenen Schultern und finsterem Blick dasaß. Seine Anwaltsgehilfin packte die Vergrößerung des Auszugs aus und reichte sie Dan, der sie auf dem Ständer befestigte.

»Ist dies der Aktienpreis, über den Sie mit Mr. Mason diskutiert haben?« fragte er und deutete gleichzeitig auf den entsprechenden Eintrag.

»Ja. Und das ist der Eintrag, der ihn dazu bewogen hat, mich anzurufen.«

»Und wie genau lautete die Frage, die Mr. Mason an Sie richtete?«

»Wir hatten den Bezugspreis der Aktien nach der Kapitalerhöhung mit 50 angegeben, und er war der Meinung, der Bezugspreis hätte 49,25 sein müssen.«

»Ein Unterschied von einem Dreiviertelpenny.«

»Richtig.«

Dan legte eine leuchtend bunte, durchsichtige Folie über den nächsten Eintrag auf dem Auszug.

»Das ist ein Betrag, der per Scheck von dem Konto abgebucht wurde«, sagte Kearney.

»Wohin ging die Überweisung?« fragte Dan, während er seinen Zeigestab aufwärts bewegte.

»Das war ein Barscheck.«

»Über welchen Betrag?«

»$ 249.875.«

»Wies das Treuhandkonto an dem Tag, als dieser Barscheck eingelöst wurde, ein Barguthaben von $ 249.875 auf?«

»Nein.«

»Wie war der Scheck dann gedeckt?«

»Aus einem Überziehungskredit von Connolly, der aufgrund der Aktien gewährt wurde, die als Sicherheit auf dem Konto lagen.«

»Werden auf solche Kredite Zinsen erhoben?«

»Selbstverständlich. Das sind Überziehungszinsen, und sie sind hier angegeben.« Er deutete auf einen Eintrag auf dem Auszug.

»Lassen Sie mich mal sehen, ob ich das richtig verstehe«, sagte Dan und trat an den Ständer. »Bis zum 30. November waren auf dem Treuhandkonto mehr als $ 10.000 Zinsen angefallen?«

»Ja.«

»Hat das irgend jemanden in Ihrer Firma aufgeschreckt?«

»Ja. Unseren Leuten aus der Revisionsabteilung ist das aufgefallen. Auf einem Konto von dieser Größe dürften nicht so hohe Zinsen anfallen.«

Dan kennzeichnete die beiden neuen Beweisstücke und reichte Kearney eins davon.

»Ja«, sagte Kearney, »das ist das Schreiben, das unsere Revisionsabteilung an Scott Sterling geschickt hat. Er wurde darin auf die ungewöhnlich hohen Zinsen hingewiesen und gebeten, sich mit der Abteilung in Verbindung zu setzen, um darüber zu diskutieren, wie solche hohen Zinsen zu vermeiden sind.«

»Hat er sich mit der Abteilung in Verbindung gesetzt?«
»Nein«, sagte Kearney lächelnd.
Dan reichte ihm das nächste Beweisstück.
»Ach ja«, sagte Kearney. »Das hätte ich beinahe vergessen.«
»Was ist es?«
»Dasselbe Schreiben, allerdings an Mr. Mason addressiert. Das Konto hatte, wie gesagt, eine Markierung, die bewirkte, daß Mason eine Kopie von allem erhielt.«
»Hat Mr. Mason Sie angerufen, um darüber zu diskutieren, wie solche hohen Zinsbeträge auf dem Treuhandkonto zu vermeiden wären?«
»Nein.«
»Hat Mr. Mason sich jemals bei Ihnen nach dem Barscheck über $ 249.875 erkundigt?«
»Nein.«
»Hat er sich jemals nach dem Betrag von $ 249.875 erkundigt, der im gleichen Monat auf seinem eigenen Konto eingegangen ist?«
»Nein, nie.«

9

Am Samstag morgen schlich Scott im Haus herum, ging von Fenster zu Fenster und spähte nach draußen, so als erwarte er, daß das Haus jeden Augenblick von der Polizei umstellt würde. Jenny beobachtete ihn besorgt vom Frühstückstisch aus. Gestern abend hatte er einen Anruf von Jerry Shuster erhalten, der ihm mitgeteilt hatte, daß er wahrscheinlich schon am Mittwoch vormittag vor Gericht geladen würde.

»Ruf Bill Lawson an«, drängte sie ihn, wie sie ihm schon am Abend geraten hatte.

»Was hat das für einen Sinn?« fragte Scott und wandte sich vom Fenster ab. »Er weiß, daß ich eine Vorladung bekommen habe. Er hat mir sogar die Zauberworte gesagt, mit denen ich die Aussage verweigern soll.«

»Vielleicht würdest du dich einfach besser fühlen, wenn er mit im Gerichtssaal wäre.«

Aber Scott schüttelte den Kopf. »Für tausend Dollar die Stunde? Ich schaff das auch ohne ihn.« Er sah sie liebevoll an. »Hauptsache, du bist da.«

»Ich werde da sein«, versicherte sie ihm.

Sie stand auf, um den Tisch abzuräumen, und er folgte ihr bis an die Spüle und umschlang sie von hinten mit seinen Armen. »Ich wünschte, du könntest heute zu Hause bleiben.«

»Nachdem ich die ganze Woche im Gerichtssaal verbracht hab, wird sich wohl im Büro die Arbeit haushoch auf dem Schreibtisch stapeln.«

Er legte sein Kinn auf ihren Kopf. »Würdest du mir denn morgen einen Gefallen tun?«

»Welchen denn?«

»Gehst du mit mir in die Kirche?«

Sie wand sich langsam aus seiner Umarmung. Sie wohnten nun schon seit vier Monaten unter einem Dach, und er hatte noch nie etwas davon erwähnt, daß er in die Kirche ging. Das heißt, einmal, als sie zum Stall hinüber spaziert waren, hatte er geflüstert: »Ich hatte immer das Gefühl, eine Kirche zu betreten«, als sie unter dem Blätterdach hergegangen waren.

»Wenn du willst«, sagte sie.

»Ich würde mich sehr freuen.«

Dan war am Samstag morgen schon früh in seinem Büro und stürzte sich in seine Arbeit. Er hatte Tony versprochen, mit ihm zum Mittagessen auszugehen und anschließend die Nachmittagsvorstellung von »*Stirb langsam III*« anzusehen, doch zuerst mußte er fünf Stunden Arbeit hinter sich bringen. Die Anwaltsgehilfin hatte dafür gesorgt, daß alle Kisten mit den Prozeßakten aus dem Gericht zurück in die Kanzlei transportiert wurden, und nun stapelten sie sich in Dans Büro. Er fand die Kiste mit der Aufschrift »Zeugenaussagen« und zog zwei

Aktenordner heraus. Der eine trug die Aufschrift »Curtis Mason« und der andere »Scott Sterling«.

Mason würde wahrscheinlich am Montag früh in den Zeugenstand treten. Perlmans erste Befragung würde wahrscheinlich den ganzen Tag in Anspruch nehmen, doch für den Fall, daß er schneller mit ihm fertig sein sollte, mußte Dan bereit sein, mit seinem Kreuzverhör zu beginnen. Dan gehörte zu der Sorte von Anwälten, die ohne Spickzettel arbeiteten; er betrat jedoch niemals den Gerichtssaal ohne sie. Sie waren wie das Netz unter dem Trapez; er war besser, wenn er wußte, daß sie da waren.

Er setzte sich an seinen Schreibtisch und öffnete die Akte Mason. Sie enthielt eine fünfzigseitige Zusammenfassung der fünfhundertseitigen Abschrift von Masons außergerichtlicher Aussage, gefolgt von Kopien der wichtigsten Dokumente, zu denen Dan ihn befragen wollte. Was in der Akte noch fehlte, war Dans Strategie für sein Kreuzverhör, und diese Strategie mußte er heute ausarbeiten.

Die beiden gebundenen Exemplare der Abschrift von Masons Aussage lagen vor ihm auf dem Tisch, mit hundert Klebezetteln, die die Seiten markierten, mit denen er sich noch einmal beschäftigen mußte. Daneben lag ein Stapel von Beweisstücken und Tabellen, und dahinter stand sein Cassettenrecorder, in den er die Cassette mit Sterlings Anrufen bereits eingelegt hatte.

Er nahm die Sterling-Akte zur Hand und blätterte in den wenigen Seiten, die sie enthielt. Es gab keine Zusammenfassung einer außergerichtlichen Aussage, weil Sterling nie eine gemacht hatte. Bob Perlman hatte anfangs einigen Wind darum gemacht, daß er Sterling mit einer Vorladung zu einer außergerichtlichen Aussage zwingen wolle, hatte das Vorhaben jedoch nicht weiter verfolgt, nachdem Bill Lawson klargestellt hatte, daß Sterling von seinem Aussageverweigerungsrecht Gebrauch machen würde. Die Akte enthielt eine Strategie, die Dan vor Wochen ausgearbeitet hatte, als er noch hoffte, Sterling würde aussagen. Jetzt war sie wertlos.

Hinter dem letzten Registerblatt in der Sterling-Akte befand sich ein zusätzlicher Aktenvermerk mit der Überschrift: »Was wirklich passiert ist« – Dans improvisierte Betrachtungen zu dem Fall, die er an einem langen Abend im Januar diktiert hatte, während es draußen schneite und Jennifer ihn mit tränenfeuchten Augen anstarrte.

Er schüttelte abrupt den Kopf, um die Erinnerung an diese Nacht zu verscheuchen. Dann trank er seinen Kaffee aus, krempelte die Ärmel hoch und machte sich an die Arbeit.

Zwei Blocks entfernt wühlte Jenny sich durch ihren Stapel Papiere. Sie hatte alle verfügbaren Daten über Jack Stengel angefordert, und die Ergebnisse lagen in Form eines sieben Zentimeter dicken Stapels von Computerausdrucken auf ihrem Schreibtisch.

Das meiste war altbekannt. Er hatte sich in den achtziger Jahren einen Ruf als Übernahmespezialist gemacht, und es gab an die hundert Zeitungsartikel über die typischen Folgeerscheinungen: Fabriken wurden geschlossen, Maschinen wurden verkauft, in Kleinstädten, in denen nur eine einzige Firma ansässig war, wurden die Arbeiter entlassen. Sowohl in Marktanalysen als auch in gesellschaftskritischen Veröffentlichungen wurde Stengel als einer der Schuldigen am Niedergang der amerikanischen Wirtschaft genannt. Gleichzeitig wurde er in Zeitschriften wie »Architectural Digest« und »Town & Country« für seine prächtigen Villen und rauschenden Partys gerühmt. Auf den Hochglanzfotos sah er genauso aus, wie Jenny ihn kennengelernt hatte, im Smoking und mit einem Millionen-Dollar-Lächeln.

Aus neueren Artikeln ging hervor, daß er seine Taktik geändert hatte. Die Achtziger waren vorbei, er hatte ein paar Rückschläge hinnehmen müssen, ein Demokrat war ins Weiße Haus eingezogen. Stengel sah sich nach neuen Möglichkeiten um, und die lagen alle im asiatischen Raum. Er hatte einen ganzen Stab von asiatischen Beratern angeheuert – einen Rechtsanwalt, einen Finanzexperten, sogar einen Berater in Sachen Kultur –, und er war an einem Dutzend Joint Ventures mit einem Dutzend Firmen im Fernen Osten beteiligt. Keine von seinen derzeitigen Aktivitäten erklärte sein erneutes Interesse an Macoal.

Doch nachdem Jenny Cynthia Lehmanns vorläufigen Bericht studiert hatte, kam sie zu dem Schluß, daß Macoal immer noch ein attraktives Objekt war. Seine Aktien waren drastisch unterbewertet, wahrscheinlich ein taktisches Manöver, um irgendwelche renitenten Familienmitglieder vom Verkauf ihrer Anteile abzuhalten, aber gleichzeitig eine Strategie, die die Firma reif für eine Übernahme machte.

Gegen Mittag legte Jenny eine Pause ein und verließ ihr Büro. Sie ging ins Summerhouse, eine Nobel-Cafeteria, wo zum Cheeseburger Evian serviert wurde, und ein beliebter Treffpunkt für Leute, die im Stadtzentrum arbeiteten und gern unter grünen Hängepflanzen speisten, um sich der Illusion hinzugeben, sie seien weiter als zwei Blocks und dreißig Stockwerke von ihrem Arbeitsplatz entfernt.

Jenny reihte sich mit einem Tablett in der Hand in die Warteschlange ein, sah dem Mann hinter dem Tresen dabei zu, wie er ihre Sandwiches belegte, bezahlte an der Kasse und ging an die Gewürztheke.

Plötzlich begann ihr Puls zu rasen, und ohne sich umzusehen, wußte sie, daß Dan in der Nähe war. Sie ließ ihren Blick über die Cafeteria schweifen, bis sie ihn in der Warteschlange entdeckte. Das Baby versetzte ihr einen Tritt, und Jenny versteckte sich hinter dem Getränkestand. Sie konnte nur seinen Rücken sehen, das einzige, was sie seit einer Woche von ihm gesehen hatte. Aber sie würde ihn überall wiedererkennen, auch wenn er, wie heute, mit Khakihosen und einem Sporthemd bekleidet war.

Er neigte seinen Kopf, um mit jemandem zu sprechen, und in diesem Augenblick sah Jenny den Jungen neben ihm.

Ihre Augen weiteten sich. Die Ähnlichkeit zwischen den beiden war so frappierend, daß sie auch den Jungen überall erkannt hätte, ohne Dan daneben. Er packte zwei Sandwiches auf sein Tablett und ging hinter Dan her zur Kasse, wo er an seinen Pommes Frites zu knabbern begann, während Dan seine Brieftasche zückte und bezahlte. Sie stand wie angewurzelt da und starrte diese jüngere Version Dans an, während das Baby in ihrem Bauch einen Purzelbaum schlug.

Dan nahm sein Tablett auf und wandte sich von der Kasse ab. Als er sie sah, blieb er abrupt stehen, so daß der Junge fast über ihn gestolpert wäre.

»Hi.«

Es war das erste freundliche Wort, das sie seit Monaten aus seinem Mund gehört hatte. »Hi«, sagte sie.

Der Junge trat mit einem fragenden Blick hinter Dan hervor.

»Jennifer, das ist mein Bruder Tony. Tony, Jennifer Lodge.«

»Dein Bruder«, wiederholte sie.

»Jennifer hat früher mit mir zusammen gearbeitet«, sagte Dan.

Der Junge starrte unverwandt auf ihren Bauch. »Sind Sie Anwältin?« fragte er ungläubig.

Dan stieß ihm einen Ellbogen in die Rippen. »Setz dich doch zu uns an den Tisch«, lud er Jenny ein.

Jenny nickte unwillkürlich und ging hinter ihnen her. Sie rückten die Stühle zurecht, und Dan und der Junge nahmen an einer Seite des Tisches Platz, Jenny an der anderen.

»Wohnst du hier in der Nähe, Tony?« fragte Jenny.

Er hatte bereits den Mund voll, und Dan antwortete für ihn.

»Er wohnt bei mir.«

Dann stimmte es also. Sie hatte sich geirrt, was den nichtexistenten Bruder betraf – und womöglich auch noch in anderen Dingen.

Sie fand keine Worte, um mit Dan zu reden. Statt dessen wandte sie sich an Tony. »Wo gehst du zur Schule?«

Diesmal gab Tony selbst die Antwort, kaute allerdings immer noch. »Alexander.«

»Ich war auch auf der Alexander School!« Sie sah Dan von der Seite an, als ihr wieder einfiel, daß er sie einmal um ihr Urteil über diese Schule gebeten hatte. »Erzähl mal«, sagte sie und lehnte sich zu Tony hinüber, »ist Miss Claybell immer noch da?«

Tony mußte plötzlich so lachen, daß ihm fast das Essen aus dem Mund fiel. »Haben Sie bei ihr Unterricht gehabt? Mein

Gott, die ist vielleicht ein Walroß! Und Mr. Diehl? Hatten Sie den auch?«

Jenny kicherte. »Hast du die beiden schon mal gesehen, wie sie sich im Flur gegenüberstehen?« Tony konnte sich kaum noch halten vor Lachen und schlug mit der Faust auf den Tisch. Jenny drehte sich zu Dan um, um ihn ins Bild zu setzen. »Miss Claybell ist gebaut wie ein Schlachtschiff und hat einen Brustumfang von ungefähr anderthalb Metern. Und Mr. Diehl –«

»Hat eine überdimensionale Wampe!«

»Und wenn sie sich gegenüberstehen, sehen sie aus wie zwei Puzzleteile, die genau zusammenpassen!«

Dan lächelte, doch sein Lächeln galt eher dem Anblick von Jennifer und Tony, die so unbeschwert miteinander lachten, als der Vorstellung von den beiden Lehrern. Vor langer Zeit hatte er sich einmal ausgemalt, wie sie zu dritt zusammen am Tisch sitzen und essen würden. Jennifer erkundigte sich bei Tony nach der neuen Sporthalle, und das brachte sie auf das Thema Schulsport, worüber die beiden sich weitere zehn Minuten lang angeregt unterhielten. Das Kleid, das sie trug, glich einem unförmigen Zelt, ihre Arme waren molliger als zuvor, und ihr Haar war inzwischen wieder so lang, daß sie es zu dem alten, vertrauten Zopf zusammenbinden konnte. Er fand sie wunderschön.

»Wie wär's mit Nachtisch?« fragte Dan, nachdem Tony seine beiden Sandwiches verschlungen hatte.

»Jennifer?« fragte der Junge und sprang auf. »Möchten Sie etwas?«

»Meine Freunde nennen mich Jenny«, sagte sie. »Und nein, danke. Ich bin satt.«

Sie sah ihm nach, bis er sich in die Schlange eingereiht hatte, und als sie sich wieder dem Tisch zuwandte, bemerkte sie, daß Dan sie beobachtete.

»Das wußte ich gar nicht«, sagte er.

»Was?«

»Daß deine Freunde dich Jenny nennen. Für mich bist du die ganze Zeit nur Jennifer gewesen.«

Tränen traten ihr in die Augen. Sie nahm ihr Glas und schaute zu Tony hinüber. »Was für ein netter Junge.«

»Er ist in Ordnung.«

»Ich hatte gedacht, du hättest ihn erfunden«, flüsterte sie.

Einen Augenblick lang herrschte betretenes Schweigen. »Was?«

»Als du mir einmal erzählt hast, wie kompliziert dein Leben sei –« Sie brach ihren Satz ab, starrte immer noch ans andere Ende der Cafeteria hinüber und spürte gleichzeitig, wie Dan sie ansah. »Weißt du noch, damals im Januar? Wie du gesagt hast, du könntest nicht frei über deine Zeit verfügen?«

»Ja.«

»Ich dachte – es gäbe eine andere Frau.«

»O Gott, Jennifer.« Eine Sekunde später sagte er: »Jenny.«

Sie schüttelte wortlos den Kopf. Tony war noch nicht an der Reihe, sie hatten noch ein paar Minuten für sich, aber sie wußte nicht, was sie sagen sollte.

»Es tut mir leid, daß ich dich neulich im Gerichtssaal so angefahren habe«, sagte er. »Es war einfach – ich weiß nicht –«

»Nein, ich muß mich entschuldigen«, sagte sie und blinzelte ihre Tränen weg, als sie sich ihm wieder zuwandte. »Ich hab dich angelogen. Ich war nicht nur als Zuschauerin dort. Ich vertrete Catherine Chapman. Ich sammle Munition für eine Anklage gegen Mason wegen Veruntreuung.«

Dan ließ sich auf seinen Stuhl zurücksinken. Tony kam auf den Tisch zu mit einem Eisbecher in der Hand, und Dan konnte seine Gedanken nicht schnell genug sortieren, um zu entscheiden, ob das gute oder schlechte Neuigkeiten waren. Es bedeutete, daß sie nicht wegen Sterling im Gerichtssaal gewesen war, aber sie war auch nicht seinetwegen dort gewesen. Es bedeutete, daß Mason wegen Veruntreuung verklagt werden würde, aber zu spät, um für H & M einen Nutzen daraus zu ziehen.

Tony wollte sich gerade hinsetzen, aber Dan schnappte ihm sein Eis weg. »Hol dir doch auch noch eine Portion«, sagte er mit einem Augenzwinkern.

Tony tat einen gespielt beleidigten Seufzer und machte sich auf den Weg zurück an das Büffet.

»Hat Scott bereits einen Anruf erhalten?«

»Gestern abend«, sagte Jenny. »Von Jerry Shuster. Er hat gesagt, er wird wahrscheinlich am Mittwoch in den Zeugenstand gerufen.«

»Klingt gut«, sagte Dan.

»Du machst das ganz großartig«, sagte sie. »Wenn ich dir zusehe, wünsche ich, ich wäre mit dir da vorne.«

»Das wünsche ich mir auch.«

Mit einem Kloß im Hals schob Jenny ihren Stuhl zurück und erhob sich unsicher. »Ich – ich muß zurück ins Büro.«

Dan erhob sich ebenfalls, und als Tony zurückkehrte, standen sie beide neben dem Tisch.

»Es hat mich gefreut, dich kennenzulernen«, sagte sie hastig zu Tony. »Dan, schön, dich noch einmal zu sehen.«

Sie reichte ihm die Hand, und er nahm sie und hielt sie eine Weile fest. »Laß noch mal von dir hören«, sagte er, bevor sie schließlich ihre Hand zurückzog und sich zum Gehen wandte.

Tony setzte sich und schob sich einen Löffel Eis in den Mund. »Eine Verflossene, was?«

10

Curtis Mason hatte sich bereits während der ersten Verhandlungswoche durch seine Körperhaltung verraten, und als er schließlich am Montag morgen seine Hand auf die Bibel legte, waren seine Wut und sein Abscheu nicht zu übersehen.

»Mr. Mason«, sagte Perlman, nachdem die Präliminarien erledigt waren. »Während der vergangenen Woche haben die Geschworenen erlebt, wie sehr dieser Prozeß Sie emotional aufwühlt. Wie kommt das?«

Kluger Schachzug, dachte Dan einmal mehr. Das Problem beim Schopf ergreifen und hinter sich bringen.

»Ich hab mich noch nie von jemandem verschaukeln lassen«, sagte Mason. »Ich habe eine große Firma geleitet. Ich hatte zweitausend Leute hier aus Philadelphia und Umgebung eingestellt. Ich hab es mit den gerissensten Geschäftsleuten aufgenommen und bin nie aufs Kreuz gelegt worden.«

»Und jetzt?«

»Und jetzt hab ich mich von einem Jungen, dem ich früher die Rotznase geputzt hab, zum Trottel machen lassen.«

»Von dem Jungen, der mittlerweile erwachsen ist und Scott Sterling heißt.«

»Ganz genau.«

»Erzählen Sie der Jury, wie Sie Scott Sterling kennengelernt haben.«

Auf ihrem Platz in der letzten Reihe hörte Jenny auf, sich Notizen zu machen, und konzentrierte sich auf Masons Aussage. Scott sprach nie von Mason, und doch hatte er ihn einmal Onkel genannt und war so begierig nach seiner Anerkennung, daß all das geschehen war. Sie wunderte sich darüber, daß Scott unter dem Verlust nicht besonders zu leiden schien, sagte sich jedoch, daß es offenbar zur Zeit noch schlimmere Verluste in seinem Leben gab, die seine Aufmerksamkeit in Anspruch nahmen.

Mason erzählte von seiner alten Freundschaft mit Edgar Sterling und der Freundschaft zwischen ihren Ehefrauen. Er berichtete, wie die beiden kinderlosen Paare über die Jahre immer wieder den Kontakt zueinander gesucht hatten und wie die Masons sich mit ihren Freunden gefreut hatten, als Scott geboren wurde. Sie hatten jeden Sommer zusammen in Bar Harbor Urlaub gemacht, und als einziges Kind unter ihnen hatte Scott sich stets der Aufmerksamkeit aller erfreut, einschließlich Masons.

Als Scott etwa zwölf oder dreizehn war, hatte sich eine besondere Beziehung zwischen ihm und dem Jungen entwickelt. Es war inzwischen ein offenes Geheimnis, daß Scott und Edgar nicht miteinander auskamen. Edgar betrachtete

Scott als eine Enttäuschung, während er in Masons Augen ein prächtiger Junge war. Er suchte seinen Onkel Curt häufig auf, um ihn um Rat zu bitten, sich mit ihm zu unterhalten oder auch nur, um einen Moment lang die Aufmerksamkeit zu genießen, die er von ihm erhielt.

Scott schrieb ihm lange Briefe aus dem College, in denen er ihm von seinen Zweifeln und Sorgen berichtete, die er seinem Vater nach Masons Meinung niemals anvertrauen würde. Hin und wieder hatte Mason ihn angerufen und dem Jungen ein paar gute Ratschläge für das Leben in der wirklichen Welt gegeben. Am meisten fürchtete sich Scott davor, daß er in der Geschäftswelt, für die er ausgebildet wurde, versagen könnte, woraufhin Mason ihm geraten hatte, Rechtsanwalt zu werden, wenn er glaube, daß er für die Geschäftswelt nicht geschaffen sei. Scott nahm den Vorschlag an, machte sein Juraexamen und wurde bei H & M eingestellt. Von da an war er mit seinem eigenen Leben beschäftigt, und Mason hörte lange nichts von ihm, bis sie sich im vergangenen Frühjahr wieder begegnet waren.

Als Mason die Party im Landhaus der Sterlings in Chester Springs beschrieb, sah Jenny sie so deutlich vor Augen, als sei sie selbst dort zu Gast. Brennende Fackeln säumten die Wege, Kellner im Smoking mit runden Tabletts, die sie auf weiß behandschuhten Händen balancierten glitten durch die Menge, ein unsichtbares Orchester spielte Musik, und die Luft roch leicht nach Holz und Pferd. Sie sah Scott vor sich, wie er die Gäste entzückt anstrahlte und gleichzeitig versuchte, während all der Festlichkeiten für einen kleinen Moment die Aufmerksamkeit seines Vaters zu erhaschen.

Mason war im Billardzimmer, wo er ein Spiel verfolgte und über das Segeln plauderte. Scott kam herein, um ihn zu begrüßen und ihm sein Beileid zu Doodys Tod auszusprechen. Mason erkundigte sich nach der Kanzlei, in der Scott angestellt war, und Scott berichtete ihm, er sei in der Immobilienabteilung tätig und arbeite hart, um im nächsten Jahr zum Partner gewählt zu werden.

Dabei wäre es wohl geblieben, hätte nicht in diesem Augenblick Edgar den Raum betreten.

»Vater!« rief Scott. »Ich möchte dir erzählen –«

Aber Edgar hatte sich auf dem Absatz umgedreht und das Billardzimmer verlassen.

Kurze Zeit später zog Scott sich zurück, aber Mason konnte seinen Gesichtsausdruck nicht vergessen. Der Gedanke daran nagte noch etwa eine Stunde lang an ihm, und schließlich machte er sich auf die Suche nach Scott.

Er fand ihn allein auf einer Gartenbank, wo er mit einem Drink in der Hand dem Orchester lauschte. Mason setzte sich neben ihn, erzählte ihm von Doodys Treuhandfonds und fragte ihn, ob er Lust hätte, den Fonds zu verwalten.

»Hat er das Angebot akzeptiert?«

»Ja.«

Mason erzählte, wie begierig Scott gewesen war, die alltägliche Kleinarbeit zu erledigen, die bei der Verwaltung des Fonds anfiel, und wie Masons Vertrauen in den Jungen allmählich gewachsen war. Mit der Zeit übernahm Scott mehr und mehr Aufgaben, bis Mason ihm schließlich fast die gesamte Verwaltung des Fonds übergab.

»Haben Sie ihm die Scheckhefte des Fonds übergeben?«

»Na klar!« rief Mason aus. »Er war bereit, sich um die Auszahlungen und die Rechnungen zu kümmern, und das geht am leichtesten, indem man die Schecks von Connolly benutzt. Es ist im Prinzip dasselbe, was ein Bankangestellter macht, der in der Treuhandabteilung beschäftigt ist, und das ist genau die Funktion, die Scott zu diesem Zeitpunkt ausübte.«

»Haben Sie ihm Zeichnungsberechtigung erteilt?«

»Normalerweise wäre das wohl die korrekte Vorgehensweise gewesen«, räumte er widerwillig ein. »Aber so wie ich das sah, wäre das nur wieder überflüssiger Papierkrieg gewesen. Also hab ich ihm gesagt, er soll einfach mit meinem Namen unterschreiben. Das war nichts Weltbewegendes. Hat mir Zeit und Mühe erspart, das ist alles.«

»Hat es Sie in irgendeiner Weise beunruhigt, Scott mit den Schecks freie Hand zu lassen?«

»Wenn die Rechnungen nicht bezahlt worden wären, hätte ich davon gehört. Wenn Catherine oder Reese ihre Schecks nicht pünktlich bekommen hätten, hätte ich davon gehört. Die Antwort lautet also nein, es hat mich nicht im mindesten beunruhigt. Scotty hat mir nie einen Anlaß gegeben, mir Gedanken zu machen. Alles, was er tat, hatte zur Folge, daß mein Vertrauen zu ihm noch größer wurde.«

»Und haben Sie ihm schließlich noch mehr anvertraut?«

»Ja, ich habe ihm mein persönliches Wertpapierkonto anvertraut.«

Obwohl fast sein gesamtes Vermögen in dem Familienunternehmen gebunden war, unterhielt Mason bei Connolly ein kleines Wertpapierkonto. Scotts Leidenschaft war der Aktienmarkt, und von Zeit zu Zeit bat Mason ihn um seine Meinung in bezug auf bestimmte Wertpapiere oder Strategien. Der Junge machte nie irgendwelche Angaben aus dem Stegreif wie manche von diesen Schaumschlägern auf dem Aktienmarkt, die sich nur auf ihren Instinkt verließen. Er sagte jedesmal, er werde sich die Sache zunächst genauer ansehen und ein paar verschiedene Möglichkeiten durchspielen. Am nächsten Tag rief er dann zurück und gab Mason einen Rat, der ihn überzeugte.

Scott begann, hypothetische Portfolios zusammenzustellen, in denen er andere Strategien verfolgte, die größere Profite abgeworfen hätten. Eines Tages sagte Mason: »Was hältst du davon, das für mich mit echten Wertpapieren zu machen?« Er verwandelte das Guthaben auf seinem Konto in Bargeld, ließ einen Betrag von hunderttausend Dollar stehen und unterschrieb eine Handlungsvollmacht für Scott.

Richter Steuben entzog Mason das Wort und unterbrach die Sitzung für eine Mittagspause. Die gegnerischen Parteien und ihre Anwälte hielten sich noch eine Weile im Gerichtssaal auf, so daß die Geschworenen als erste die Aufzüge besetzten, und Jenny blieb noch länger an ihrem Platz, denn sie war damit beschäftigt, eine kurze Zusammenfassung von Masons bisheriger Aussage zu machen, die sie hastig auf ihren Notizblock kritzelte.

Erneut gab es etwas, das sie irritierte. Scott war ein Börsengenie, hatte Mason gesagt, ein Experte, der den Aktienmarkt leidenschaftlich verfolgte, und wenn es nur auf dem Papier war. Dasselbe hatte Scott bei seiner außergerichtlichen Anhörung im Januar behauptet. Jenny hatte jedoch während der vier Monate, die sie nun zusammenwohnten, nicht ein einziges Mal erlebt, daß er das Wall Street Journal gelesen hatte. Wahrscheinlich gehörte das auch zu den Dingen, die er gern vergessen wollte, dachte sie.

Als die Verhandlung am Nachmittag wieder aufgenommen wurde, waren alle an ihren Plätzen, und Curtis Mason war wieder im Zeugenstand.

»Sie stehen immer noch unter Eid«, verkündete Steuben. Es war ein routinemäßiger Spruch, doch Mason warf ihm einen verächtlichen Blick zu.

»Erzählen Sie der Jury, was für Geschäfte Sterling mit dem Geld gemacht hat, das Sie bei Connolly angelegt hatten«, forderte Perlman ihn auf.

Von diesem Zeitpunkt an hatte Scott die Wertpapiergeschäfte dirigiert, erklärte Mason. Er gab seine Orders an Kearney und rief gewöhnlich später an, um Mason zu berichten, was für Transaktionen er durchgeführt hatte und warum. Bei diesen Anrufen machte er stets detaillierte Angaben über die Anzahl der Aktien, die er gekauft oder abgestoßen hatte, und den genauen Preis für jede Aktie. Als er dann später damit begann, Positionen zu schließen, las er Mason die Höhe der Profite am Telefon vor, wiederum bis auf den Penny genau. Die Resultate waren verblüffend gut.

Mason räumte ein, daß diese Resultate sich nicht immer auf den Auszügen von Connolly widerspiegelten, aber Scott erklärte ihm, die Brokerfirma hätte Probleme mit ihrer Computeranlage. Das hatte Mason nicht sonderlich überrascht, denn er hatte in der Vergangenheit mehr als einmal Auseinandersetzungen mit Banken gehabt, wegen Fehlern auf den per Computer erstellten Kontoauszügen. Was dieses Thema betraf, hatte er sich sogar schon einmal mit Kearney über den Wert der Macoal-Aktien gestritten, und Kearney hatte schließlich zugeben müssen, daß der Computer den Fehler verursacht hatte.

Scotty führte genau Buch über seine Geschäfte, und Mason vertraute darauf, daß er schon alles mit Connolly klären würde.

»Hatten Sie je Gelegenheit, Ihre Telefongespräche mit Sterling aufzuzeichnen?«

»Ja, ich habe mehrere aufgezeichnet.«

»Warum?«

»Ich war so stolz auf Scotty, ich wollte, daß meine Frau, Dorrie, sich anhörte, wie gut er seine Sache machte. Sie liebte ihn auch, wissen Sie. Also hab ich hin und wieder auf die Aufnahmetaste an unserem Anrufbeantworter gedrückt, damit ich Dorrie das Gespräch später vorspielen konnte.«

»Haben Sie Scott Sterling gesagt, daß Sie die Gespräche aufnahmen?«

»Nein. Ich wollte den Jungen nicht in Verlegenheit bringen. Das wäre so ähnlich gewesen, wie wenn ich sein erstes Rendezvous heimlich mit der Videokamera gefilmt hätte.«

»Haben Sie die Gespräche auf ihrem Anrufbeantworter in Ihrem Haus in Devon aufgenommen?«

»Die meisten, ja. Aber wir hatten auch einen Anrufbeantworter in unserem Ferienhaus in Maine, und eins der Gespräche wurde dort aufgenommen.«

»Wie sind Sie darauf gekommen, daß die Aufnahmen noch immer existierten?«

»Nach Mr. Casellas Anruf bin ich sofort hierhergeflogen, und nachdem ich an dem Abend mit Ihnen, Bob, telefoniert hatte, hab ich noch eine Weile an meinem Schreibtisch gesessen und das Telefon angestarrt, weil ich immer noch nicht begreifen konnte, was in aller Welt geschehen war, und an all das denken mußte, was Scott mir über meine Profite erzählt hatte. Da fiel mir plötzlich der Anrufbeantworter ein, und ich überlegte, ob vielleicht noch ein paar von den aufgezeichneten Gesprächen auf dem Band sein könnten. Ich hab das Band also zurückgespult, und siehe da, sie waren tatsächlich noch vorhanden.«

»Was ist mit dem Gespräch, das in Maine aufgezeichnet wurde?«

»Na ja, also, ich dachte, vielleicht ist es auf diesem Anruf-

beantworter dasselbe. Ich hab den Hausmeister angerufen und ihn gebeten, die Cassette aus dem Gerät zu nehmen und sie mir am nächsten Tag per Express zu schicken.«
»Wie viele Gespräche sind insgesamt aufgezeichnet worden?«
»Neun.«
»Sind das alle Gespräche, die Sie während der in Frage kommenden Zeit mit Sterling geführt haben?«
»Lieber Himmel, nein. Aber das sind die einzigen, die ich aufgenommen habe.«
»Warum haben Sie sie nicht alle aufgezeichnet?«
»Manchmal war ich nicht zu Hause, oder ich war an einem anderen Apparat, der nicht an den Anrufbeantworter angeschlossen ist. Manchmal hab ich auch einfach vergessen, die Aufnahmetaste zu drücken. Also hab ich nur neun Gespräche auf Band.«
»Mr. Mason, in wenigen Minuten werden die Geschworenen die Aufnahmen selbst hören, aber lassen Sie mich Ihnen noch eine Frage stellen. Haben Sie Ihre Gespräche mit Scott Sterling aufgezeichnet, weil Sie ihm mißtrauten?«
»Nein, natürlich nicht.«
»Haben Sie sie aufgezeichnet, weil Sie das, was er Ihnen erzählte, anzweifelten?«
»Keineswegs. Ich war stolz auf einen jungen Mann, der für mich immer wie ein Sohn gewesen war, und ich wollte meine Freude mit meiner Frau teilen, das ist alles.«

11

Scotts Stimme füllte den Saal nach der Pause. Die Bänder wurden von Anfang bis Ende abgespielt, und alle Beteiligten hatten das Transskript in gedruckter Form vor sich liegen, um jedes der neun Gespräche, die zwischen Januar und September stattgefunden hatten, genau verfolgen zu können. Nichts hatte das Interesse der Geschworenen bisher so gefesselt wie diese Tonbandaufnahmen. Sie hielten das erste Dokument, das ihnen zur Einsicht vorgelegt worden war, in den Händen, und zum erstenmal hörten sie Scott Sterlings Stimme.
»Ich möchte wirklich gute Arbeit für dich leisten, Onkel Curt.«
»Das weiß ich Scotty. Und es freut mich.«
»Du kannst dir nicht vorstellen, was das für mich bedeutet. Zum erstenmal habe ich die Chance zu beweisen, was ich kann, und ich werde nie vergessen, wie wichtig die Erfahrungen sind, die ich dadurch gewinne.«
Nicht ein einziges Mal ließ der Eifer in seiner Stimme während der Gespräche nach.

Perlman beendete seine Zeugenvernehmung am späten Nachmittag, und die Sitzung wurde vertagt. Jenny kehrte in ihr Büro zurück, um ihre Nachrichten durchzusehen und ihre Notizen zu sortieren. Sie hörte ein kurzes Klopfen an ihrer Tür, und als sie aufblickte, stand Walter Boenning vor ihr und strahlte sie an.
»Hab ich mir doch gedacht, daß ich Sie hier antreffen würde«, sagte er. »Wie läuft der Prozeß?«
»Mason hat heute ausgesagt.«
»Jetzt schon?«
»Endlich«, sagte Jenny. »Er konnte es die ganze Woche kaum abwarten.«

Aber Boenning interessierte sich nicht für den Gerichtssaalklatsch. Er hatte andere Neuigkeiten zu berichten. »Ich habe gestern abend mit Marvin Glasser zusammengegessen.«

Jenny schüttelte den Kopf; der Name sagte ihr nichts.

»Haben Sie noch nie von ihm gehört? Er leitet eine erfolgreiche Kanzlei an der Wall Street. Er vertritt die ganz großen Spekulanten aus der ganzen Welt. Einschließlich Jack Stengel.«

Jenny, die ihm bisher höflich zugehört hatte, wurde plötzlich aufmerksam. »Wie kam das denn, daß Sie mit ihm essen waren?«

»Er hat mich gestern angerufen, um mir zu sagen, er habe in der Stadt zu tun, und mir vorzuschlagen, mich mit ihm zu treffen.«

»Wieso?«

»Er sagt, Stengel steht in Verhandlungen mit Catherine von Berg. Er hatte gehört, daß wir sie vertreten, und war der Meinung, daß wir uns kennenlernen sollten.«

Jenny lehnte sich in ihrem Stuhl zurück, und zum ersten Mal machte es ihr etwas aus, wie ihr Bauch sich vorwölbte. »Walt, ich würde Cassie nicht raten, Geschäfte mit Jack Stengel zu machen.«

»Warum nicht?«

»Er ist ein rücksichtsloser Plünderer. Er fällt über diese Firmen her und macht sie dem Erdboden gleich.«

»Da ist er wohl kaum der einzige. Auf diese Weise wurden eben im letzten Jahrzehnt Geschäfte gemacht.«

»Ich weiß, aber –«

»Jennifer, wir sind Catherines Anwälte, nicht ihre Finanzberater«, sagte Boenning. »Sie entscheidet, welche Geschäfte sie machen will, und wir setzen die Verträge auf.«

»Ich weiß. Aber wir sind verpflichtet, dafür zu sorgen, daß sie weiß, was sie tut, wenn sie ihre Entscheidungen trifft.«

Er nickte nachdenklich. »Schicken Sie mir doch ein Memo, falls Sie irgendwelche Gefahrensignale entdecken. Dann können wir uns das Problem gemeinsam ansehen und entscheiden, was das Beste ist. Was halten Sie davon?«

Jenny hatte den Wink verstanden. Sie sollte Cassie gegenüber nichts Negatives über Jack Stengel verlauten lassen, solange Boenning nicht seine Zustimmung gegeben hatte.

»Ich werde selbstverständlich meine Pflicht erfüllen«, sagte sie.

Er verabschiedete sich mit einem Lächeln. Falls er ihren Wink ebenfalls verstanden hatte, so ließ er es sich nicht anmerken.

Als sie wieder allein war, fragte sie sich, warum sie sich überhaupt darauf eingelassen hatte, sich mit ihm anzulegen. Seine Tage in der Kanzlei waren gezählt; sie hatte keinen Grund, sich seinetwegen Gedanken zu machen. Aber ebensowenig hatte er einen Grund, sich um die Geschäfte zu kümmern, die Cassie mit Stengel machte, denn bis es soweit war, würde er nicht mehr in der Kanzlei sein.

Es sei denn, er hatte nicht vor, ihre Geschäfte in der Kanzlei abzuwickeln.

12

Dienstag war der achte Verhandlungstag, und die Gewohnheit, die sich mittlerweile eingeschlichen hatte, ließ alle Beteiligten erwarten, daß die Verhandlungen wie gehabt fortgeführt würden. Wenn etwas einmal geschah, war es Routine; geschah es zweimal, war es Gesetz. Die Geschworenen nahmen jeden Tag die gleichen Plätze ein, obwohl Steuben das nicht verlangte; die Anwälte und deren Mandanten behielten ihre Plätze bei, als seien sie ihnen zugewiesen worden; die Zuschauer waren jeden Tag dieselben: der Leibwächter, der Detective und Jenny.

Als sich also die hintere Tür des Gerichtssaals öffnete, nachdem alle außer dem Richter und den Geschworenen ihre Plätze eingenommen hatten, fuhren die Köpfe herum, als säßen sie auf frischgeölten Kugellagern.

»Was machst du denn hier?« fuhr Mason ihn an.

Es war Reese Chapman, der hinter seiner Brille nervös blinzelte, als er Masons Groll wahrnahm. Er trug ein hellblaues Jackett zu einer weißen Hose und weißen Wildlederschuhen und eine kleine Ledertasche mit Schulterriemen, ein auffallender Kontrast zu all den Männern in marineblauen Anzügen, die den Gerichtssaal bevölkerten.

»Ich fand, es war an der Zeit, mich mal blicken zu lassen«, murmelte er, während er sich eine Haarsträhne aus der Stirn strich.

Mason schüttelte geringschätzig den Kopf und drehte Chapman den Rücken zu, als die Tür zum Juryzimmer sich öffnete und die Geschworenen im Gänsemarsch in den Gerichtssaal kamen. Chapman schob sich in die Reihe vor Jenny und warf ihr ein freundliches Lächeln zu, bevor er sich setzte.

»Erheben Sie sich«, rief der Gerichtsdiener, und nachdem Steuben den Vorsitz übernommen und die Präliminarien erledigt hatte, erhob Dan sich von seinem Platz, trat an das Podium und wartete. Kurz darauf stand Mason auf und kehrte zurück in den Zeugenstand.

»Gehen wir noch einmal zurück zum Abend der Party bei Sterling im Mai letzten Jahres.«

Mason saß mit übereinandergeschlagenen Beinen und hochgezogenen Schultern da, seinen Körper eine Vierteldrehung von Dan abgewandt. »Ich wünschte, ich könnte zurückgehen«, raunzte er. »Ich würde den gleichen Fehler nicht noch einmal machen, das kann ich Ihnen sagen.«

»Sie folgten Scott aus dem Haus und in den Garten, bis Sie ihn auf einer Bank fanden, ist das richtig?«

»Richtig.«

»Was haben Sie zu ihm gesagt?«

»Wie ich bereits sagte«, erwiderte er, seinen wütenden Blick, der eigentlich Dan galt, auf die Jury gerichtet. »Ich erzählte ihm, daß ich als Treuhänder für Doodys Fonds eingesetzt worden war, und fragte ihn, ob er Lust hätte, den Fonds für mich zu verwalten.«

»Und wie hat er reagiert?«

»Wie ich bereits sagte«, wiederholte er durch zusammengebissene Zähne. »Er akzeptierte.«

»Aber was war seine *erste* Reaktion?«

Dan nahm das gebundene Exemplar von Masons außergerichtlicher Aussage zur Hand, und Mason wußte sofort, worauf er hinauswollte.

»Okay, zuerst tat er so, als wolle er das Angebot ablehnen. Wirkte verdammt echt.«

»Welchen Grund gab er für seine Ablehnung an?«

»Er meinte, ich hätte doch bereits Dickinson Barlow damit beauftragt, er wolle ihn nicht ausbooten, und so weiter und so fort.«

»Dickinson Barlow verwaltete den Fonds, ist das richtig?«

»Bis zu diesem Zeitpunkt, ja. Ich darf Sie daran erinnern, daß Doody kaum unter der Erde war.«

»Mr. Barlow kümmert sich um all Ihre persönlichen Finanzangelegenheiten, ist das richtig?«

»Richtig.«

»Aber Sie wollten einen Mann haben, der sich um den alltäglich anfallenden Kleinkram kümmerte, der sich im Zusammenhang mit dem Fonds Ihrer Schwester ergab.«

»Ich wollte jemanden, auf den ich mich verlassen konnte.«

»Lesen Sie die Frage noch einmal vor«, sagte Dan. Der Gerichtsstenograph zog das Band aus seiner Maschine und trug die letzte Frage noch einmal vor.

»Ja«, antwortete Mason diesmal.

»Sie betrachteten den alltäglichen Kleinkram als blöden Kleinscheiß, stimmt's Mr. Mason?«

Masons Gesicht lief tiefrot an. »Das tat ich keineswegs!« donnerte er.

»Darf ich an den Zeugen herantreten, Euer Ehren?« sagte Dan und reichte Mason eine Kopie seiner außergerichtlichen Aussage. »Erinnern Sie sich daran, daß Sie mir gegenüber im letzten Frühjahr eine außergerichtliche Aussage gemacht haben?«

»Ja.«

»Es war ein Gerichtsstenograph anwesend, der Ihre Aussage zu Protokoll nahm, und Sie schworen, die Wahrheit zu sagen, erinnern Sie sich daran?«

»Ich sage immer die Wahrheit.«

»Seite 243«, sagte Dan, an Perlman gerichtet. »Mr. Mason, Sie erinnern sich, daß ich Sie fragte, Zitat: Und auch Sie waren nicht bereit, sich um die tägliche Kleinarbeit zu kümmern, die die Verwaltung des Treuhandfonds erfordert, ist das richtig? Und Sie antworteten, Zitat: Himmel, ich hab nun mal keine Zeit für solchen blöden Kleinscheiß. Zitatende. Erinnern Sie sich daran, Mr. Mason?«

»Nein.«

»Aber Sie sehen es dort in der Abschrift, nicht wahr, und Sie sehen Ihre eigene Unterschrift auf der letzten Seite, mit der Sie bezeugen, daß die Abschrift korrekt ist, richtig?«

»Ich sehe es.«

»Haben Sie also damals gelogen, oder lügen Sie heute?«

»Einspruch!« rief Perlman.

»Zulässige Beschuldigung, Einspruch abgelehnt.«

»Weder damals noch heute«, sagte Mason. »Mit ›blöder Kleinscheiß‹ meinte ich lediglich, daß ich einfach keine Zeit für diese Art von Detailarbeit habe. Ich stelle Leute ein, die sich um solche Dinge kümmern.«

»Und Scott Sterling war derjenige, den Sie mit der Verwaltung des Treuhandfonds beauftragten?«

»Richtig.«

»Und er hat Ihr Angebot abgelehnt.«

»Das war doch nur Schau! Er wußte genau, daß ich darauf bestehen würde.«

»Scott hat also Ihr Angebot abgelehnt, aber Sie haben darauf bestanden, daß er es annimmt.«

Mason, der immer noch die Jury anstarrte, schüttelte den Kopf. »Nein, so war das nicht.«

»Auf jeden Fall haben Sie ihn eingestellt, damit er die Rechnungen bezahlt und die Auszahlungen vornimmt.«

»Ja.«

»Sie haben ihm die Scheckbücher des Treuhandfonds gegeben.«

»Das war die einfachste Lösung.«

»Wieso haben Sie ihm Handlungsvollmacht für den Treuhandfonds erteilt?«

»Fast alles Geld aus dem Fonds war fest angelegt. Von Zeit zu Zeit mußte Bargeld lockergemacht werden, damit die Auszahlungen durchgeführt werden konnten. Das bedeutete, daß Aktien verkauft werden mußten. Ich mußte ihm Vollmacht erteilen, um das zu tun.«

Dan nahm das Beweisstück zur Hand, das mit P-62 gekennzeichnet war. »Und das taten Sie, indem Sie dieses Formular ausfüllten und unterschrieben.«

»Das ist ein Standardformular von Connolly. Die werden dort täglich benutzt.«

»Haben Sie lediglich dieses Standardformular ausgefüllt?«

Mason nahm das Dokument entgegen und überflog es. »Äh, nein. Ich habe eine Klausel hinzugefügt.«

»Ist das die Klausel, die lautet: ›Die Aktien der Macoal Corporation sind jedoch von dieser Vollmacht ausgeschlossen‹?«

»Genau.«

»Sie wollten verhindern, daß Scott möglicherweise Aktien Ihres Familienunternehmens verkaufte, ist das richtig?«

»Richtig.«

»Weil Sie großen Wert darauf legten, die Aktienmehrheit von Macoal zu behalten?«

»Das tue ich immer noch.«

»Und da wollten Sie kein Risiko eingehen.«

»Selbstverständlich nicht.«

»Aber Sie waren bereit, den gesamten Rest des Treuhandfonds aufs Spiel zu setzen, indem Sie Scott Sterling zu seinem Verwalter machten?«

Mason sog die Luft durch seine Zähne ein. »Soviel ich damals wußte, gab es kein Risiko. Ich habe ihm vollkommen vertraut.«

»Aber warum haben Sie dann die Macoal-Aktien ausgenommen?«

»Das habe ich Ihnen bereits erklärt.«

»Weil Sie bezüglich dieser Aktien kein Risiko eingehen wollten?«

»Ja.«

»Also muß Scott Sterling doch ein gewisses Risiko dargestellt haben, Mr. Mason?«

»Ich war lediglich vorsichtig! Genau das wird schließlich von einem Treuhänder verlangt!«

»Aber Sie waren nur in bezug auf einen Aktivposten innerhalb des Fonds vorsichtig? Und dabei handelte es sich zufällig um den einzigen, der Ihr persönliches Vermögen beeinflußt?«

Mason schob sein Kinn vor. »Meine Vorsicht galt allem, was den Fonds betraf, Mr. Casella.«

»Die Handlungsvollmacht ermöglichte es Scott, genug Wertpapiere zu verkaufen, um die Auszahlungen aus dem Fonds zu tätigen, das haben Sie doch eben gesagt?«

»Ja.«

»Aber es war nicht nötig, irgendwelche Positionen abzustoßen. Er hätte auch über den Überziehungskredit von der Brokerfirma an Bargeld kommen können, ist das richtig?«

»Klar, aber diese Brokerfirmen verlangen horrende Zinsen für ihre Überziehungskredite. Doodys Fonds verfügt über einen Kapitalwert von zehn Millionen. Es gab gar keinen Grund, Kredite mit zweistelligen Zinsen auflaufen zu lassen.«

Von ihrem Platz in der hinteren Reihe aus riskierte Jenny einen Blick auf Reese Chapman. Er hörte leidenschaftslos zu, mit einem Gesichtsausdruck, der nicht erkennen ließ, ob er dem, was da vorne gesprochen wurde, überhaupt folgen konnte. Und Jenny dachte einmal mehr, wie unwahrscheinlich ihr Cassies Beschreibung von ihm als Börsengenie vorkam.

»Scott war also nicht berechtigt, einen Überziehungskredit in Anspruch zu nehmen?« wollte Dan von Mason wissen.

»Ganz gewiß nicht.«

»Wie reagierten Sie, als Sie die monatlichen Kontoauszüge des Fonds erhielten und feststellten, wie viele Zinsen aufgelaufen waren?«

»Darauf habe ich nie geachtet. Das war Scotts Job.«

»Wie reagierten Sie auf den Brief von Connolly & Company,

in dem Sie auf die ungewöhnlich hohen Zinsbeträge aufmerksam gemacht wurden?«

»Wie ich schon sagte, es war Scotts Aufgabe, sich um diese Dinge zu kümmern.«

»Mal sehen, ob ich Ihnen folgen kann. Es war Scotts Aufgabe, sich selbst bei etwas zu erwischen, wozu er nicht berechtigt war?«

»Ich bin nicht von der Annahme ausgegangen, daß er Transaktionen durchführen würde, zu denen er nicht berechtigt war! Ich habe darauf vertraut, daß er das Richtige tun würde!«

Auf diese Weise zog sich die Befragung über den ganzen Vormittag hin. Je mehr Dan ihn unter Druck setzte, um so reizbarer wurde Mason und um so mehr ging er in die Defensive. Perlman erhob sich einige Male, um Einspruch zu erheben, gab jedoch schließlich auf, als immer deutlicher wurde, daß Mason es vorzog, auf seine Weise Einspruch zu erheben, indem er scheinbar Dans Fragen beantwortete. Gegen Mittag hatte Mason sich heiser geredet, und er warf dem Richter einen dankbaren Blick zu, als dieser schließlich die Mittagspause ankündigte.

Mason verließ den Zeugenstand, und Dan ging an seinen Platz zurück und warf seine Unterlagen auf den Anwaltstisch. Die Anwälte und die gegnerischen Parteien erhoben sich und warteten, bis die Geschworenen den Saal verlassen hatten. Reese Chapman warf Jenny einen nervösen Blick zu und beeilte sich dann, ebenfalls aufzustehen.

Mason verließ den Saal mit seinen Anwälten und seinem Leibwächter gleich nach der Jury, während Dan noch kurz mit Mike diMaio tuschelte, bevor er sich mit Charlie Duncan auf den Weg machte. Jenny setzte sich wieder, um ihre Notizen zu vervollständigen. Als sie sich schließlich zum Gehen bereitmachte, bemerkte sie, daß Chapman immer noch in seiner Bank verharrte.

»Ein faszinierender Raum, nicht wahr?« sagte er, während er seinen Blick durch den Saal schweifen ließ. »Stellen Sie sich bloß vor, wieviel Geschichte hier geschrieben wurde – Ich meine natürlich nicht, in diesem einen Raum«, fügte er hinzu, als Jenny ihn verwirrt ansah. »Ich meine unser ganzes anglo-amerikanisches Justizsystem. In Gerichtssälen wie diesem haben sich schon manche Dramen abgespielt. Diese Vorstellung flößt einem doch eine gewisse Ehrfurcht ein.«

Jenny murmelte ein paar zustimmende Worte, zog es jedoch vor, ihn seiner Ehrfurcht zu überlassen. Als sie den Saal verließ, saß er immer noch auf seinem Platz und sah sich mit großen Augen um.

13

»Lassen Sie mich Ihnen eine Frage stellen«, begann Dan seine Befragung am Nachmittag. Bis auf Reese Chapman, der wahrscheinlich fand, er habe seiner Anteilnahme Genüge getan, waren alle wieder auf ihren Plätzen. »Wenn Scott als einziger für das verantwortlich war, was sich auf dem Treuhandkonto abspielte, warum haben Sie sich dann den Kontoauszug vom November so genau angesehen? Und warum haben Sie anschließend Ihren Broker angerufen, um sich über den Kurswert der Macoal-Aktien zu beschweren?«

»Ich bin jetzt schon fast mein ganzes Leben lang für Macoal verantwortlich, und ich hatte schließlich nicht vor, diese Verantwortung aufzugeben. Aber das war der einzige Teil des Fonds, um den ich mich gekümmert hab. Für alles andere war Scott verantwortlich.«

»Und das schloß ein, daß er die Macoal-Aktien beleihen durfte, um an Bargeld zu kommen?«

»Ich sagte Ihnen bereits, daß ich davon nichts gewußt habe.«

»Sehen wir uns noch einmal den Kontoauszug vom November an.«

Eine Anwaltsgehilfin brachte die Vergrößerung des Auszugs und befestigte sie an dem Ständer.

»Das können Sie sich sparen«, sagte Mason. »Ich hab gesehen, wie Sie diesen Trick mit Kearney vorgeführt haben. Die simple Antwort lautet: Ich habe mir den Preis für die Macoal-Aktien angesehen und nichts anderes.«

»Die Abbuchung von $ 249.875 haben Sie sich nicht angesehen?« fragte Dan, während er mit dem Zeigestab auf den Eintrag deutete. »Direkt unter dem Aktienpreis?«

»Ich sehe sie jetzt«, sagte Mason schmallippig. »Aber ich sage Ihnen, ich habe sie damals nicht gesehen.«

»Sie regen sich über einen Dreiviertelpenny auf und übersehen eine Viertelmillion Dollar gleich darunter?«

»Glauben Sie, was Sie wollen, Casella! Ich sage Ihnen, ich hab's nicht gesehen.«

Steuben nahm seinen Hammer zur Hand, legte ihn jedoch auf einen kurzen Blick von Dan hin wieder weg.

»Aber auf dem Auszug von Ihrem Privatkonto ist Ihnen eine Scheckgutschrift über den gleichen Betrag aufgefallen, nicht wahr?«

Mason konnte ihm offenbar nicht folgen und sah ihn mit zusammengekniffenen Augen an.

»Sehen wir uns einmal den Kontoauszug vom November an.«

Eine weitere Vergrößerung wurde auf dem Ständer befestigt, und Mason runzelte die Stirn, als er den Auszug studierte.

»Barscheckgutschrift, Betrag $ 249.875«, las Dan vor, während er den Eintrag mit einer farbigen Folie hervorhob. »Sehen Sie das, Mr. Mason?«

»Ja.«

»Wofür haben Sie das gehalten?«

»Für das, was Scott mir gesagt hatte. Profite aus Wertpapiergeschäften.«

»Mr. Mason, seit dreißig Jahren machen Sie Spekulationsgeschäfte an der Börse. Wann haben Sie schon einmal erlebt, daß Profite aus solchen Geschäften per Barscheck auf Ihr Konto eingezahlt wurden?«

»Darauf habe ich nie geachtet.«

Dan wandte sich an den Richter. »Euer Ehren, ich würde

gern noch einmal einen Teil von dem Band abspielen lassen, das wir gestern gehört haben.«

Perlman sprang auf. »Welchen Teil?«

»Sie haben gestern selbst das ganze Band vorspielen lassen, Mr. Perlman«, sagte Steuben. »Da können Sie wohl schlecht Einspruch gegen das Abspielen eines Auschnitts erheben.«

Mit einem Kopfnicken forderte Dan seine Gehilfin auf, das Cassettengerät einzuschalten. Im nächsten Augenblick ertönten die Stimmen vom Band.

»Scotty, mein Junge. Ich habe gerade meinen Kontoauszug von Connolly erhalten.«

»Sieht gut aus, nicht wahr?«

»Gut? So gute Resultate hab ich noch nie gesehen! Zweihundertneunundvierzigtausendundachthundertfünfundsiebzig. Phantastisch!«

Das Band wurde angehalten, und Dan sah Mason direkt ins Gesicht.

»Ich habe das nie mit dem Fonds in Verbindung gebracht!« rief Mason aus. »Was soll ich Ihnen denn noch erklären?«

Dan ließ sich Zeit. Er blätterte in seinen Unterlagen, sah zuerst die Geschworenen und dann wieder seinen Zeugen an. »Sie können mir erklären, warum Sie die Gespräche mit Scott heimlich aufgezeichnet haben.«

»Herrgott noch mal!« fuhr Mason auf. »Das hab ich Ihnen doch erklärt! Ich hab es gemacht, um Dorrie die Gespräche vorzuspielen. Ich wußte ja nicht mal, daß ich diese Bänder noch hatte, bis das hier aufgeflogen ist.«

»Das haben Sie aber schnell herausgefunden, nicht wahr? In weniger als vierundzwanzig Stunden haben Sie es fertiggebracht, aus Florida hierherzufliegen, Mr. Perlman dort drüben anzuheuern und diese Bänder in die Hände zu bekommen. Ach ja, und ein weiteres haben Sie sich aus Maine per Expreß zuschicken lassen.«

»Man hatte mir gesagt, daß im Fonds meiner Schwester zwei Millionen fehlten, und daß Sie mich für den Schaden aufkommen lassen wollten – und da habe ich schnell reagiert, da haben Sie verdammt recht.«

»Wo sind denn die zwei Millionen? Sind sie nicht auf Ihrem Konto, Mr. Mason?«

»Euer Ehren.« Perlman war aufgesprungen, einen gequälten Ausdruck im Gesicht. »Mr. Casella hat meinem Mandanten lange genug zugesetzt. Das ist jetzt reine Schikane.«

»Stattgegeben.«

Dan blätterte die nächste Seite in seinen Notizen um, bereit, seine Befragung fortzusetzen.

Aber Mason war nicht bereit, so schnell aufzugeben. »Ich sage Ihnen, wo die zwei Millionen hingeflossen sind – auf das Konto von Scott Sterling! Später hat er sie dann aus dem einzigen Grund auf mein Konto eingezahlt, um seine Lügen über meine angeblichen Profite aus den Wertpapiergeschäften zu vertuschen.«

»Ja, reden wir doch einmal über diese Profite. Scott hat Ihnen mitgeteilt, wie hoch sie waren?«

»Bis auf den Penny genau.«

»Aber seine Angaben stimmten nicht mit dem überein, was auf den Kontoauszügen von Connolly stand, richtig?«

»Oder umgekehrt.«

»Und seine Angaben stimmten nicht mit der Einnahmen- und Überschußrechnung überein, die Sie von Connolly erhalten haben. Aus dieser Rechnung ging hervor, daß Sie Verluste erzielt hatten, richtig?«

»Das weiß ich nicht, ich habe mir das nie angesehen. Das Zeug schicke ich alles meinem Steuerberater.«

»Aber Scotts Zahlen wiesen einen Profit aus – einen zweitausendprozentigen Gewinn in nur drei Monaten, ist das richtig?«

»Ich hab das nicht nachgerechnet.«

»Dann lassen Sie uns das jetzt tun.«

Dan trat an die Tafel und schrieb: zwei Millionen geteilt durch einhunderttausend gleich zwanzig gleich zweitausend Prozent. »Das wollen wir einmal annullieren«, sagte er, wischte das Ergebnis aus und schrieb: mal vier.

»Achttausend Prozent im Jahr«, sagte Dan. Er sah die Geschworenen an, Leute mit Sparbüchern, auf die sie zwei Prozent Zinsen erhielten, wenn sie Glück hatten.

»Das ist, was er mir gesagt hat«, insistierte Mason.
»Sie gingen davon aus, daß die Kontoauszüge von Connolly fehlerhaft waren, weil sie nicht mit Scotts Angaben übereinstimmten?«
»Das ist richtig.«
»Woher wußten Sie das?«
Mason sah ihn verständnislos an. »Was soll das denn heißen?«
»Woher wußten Sie, daß die Zahlen nicht übereinstimmten? Den Kontoauszug von Connolly hatten Sie vor sich liegen, aber von Scott hatten Sie keine Auszüge, nicht wahr?«
»Nein, aber er hat mir gesagt –«
»Detaillierte Zahlen, bis auf den Penny genau, richtig?«
»Ja.«
»Wie konnten Sie sich an diese genauen Zahlen erinnern, um sie mit denen auf Ihren Kontoauszügen zu vergleichen?«
»Also, ich –«
»Sie haben sich keine Notizen gemacht, das haben Sie bereits bei Ihrer außergerichtlichen Anhörung ausgesagt. Wie wollen Sie wissen, welche Zahlen Scott Ihnen genannt hat? Sie haben keine Auszüge, keine Notizen, nichts –«
»Verdammt noch mal!« brüllte Mason. »Ich hatte es doch auf Band, oder?«
Dan wartete einen Moment lang ab, um Masons Worte im Raum nachhallen zu lassen. »Das waren also Ihre Aufzeichnungen. Ihre heimlich und sorgfältig aufgezeichneten Telefongespräche.«
»Nein!«
»Keine weiteren Fragen.«

14

In jener Nacht hatte Scott wieder seinen Alptraum, denselben wie immer, doch die Gewöhnung konnte ihn nicht abhärten – er wachte jedesmal schweißgebadet auf.

Zum erstenmal seit Monaten trug er einen Anzug, als er die Treppe herunterkam. Als Jenny anerkennend pfiff, brachte er jedoch nur ein schwaches Lächeln zustande. Mit zitternder Hand hob er seine Kaffeetasse.

»Heute ist der Tag«, sagte er.

»Nein, das ist er nicht«, erwiderte Jenny. »Dein Tag kommt später. Du mußt nur den heutigen Tag hinter dich bringen, ohne Schaden für deinen Strafprozeß anzurichten. Hast du deinen Spickzettel?«

Scott zog ein zusammengefaltetes Blatt Papier aus seiner Brusttasche. »›Ich lehne es höflich ab, irgendwelche Fragen zu beantworten, um mich nicht möglicherweise selbst zu belasten‹«, rezitierte er. »Soll ich das wirklich vorlesen?«

»Es gibt keinen Grund, dich noch mehr unter Streß zu setzen, indem du versuchst, es auswendig zu lernen.«

»Werde ich dich sehen können?«

»Ich werde auf meinem üblichen Platz sitzen.«

»Setz dich doch heute ein bißchen weiter nach vorne.«

»Scott! Es wird schon alles gutgehen, jetzt hör auf, dich verrückt zu machen.«

Er lehnte sich zurück wie ein störrisches Kind und knabberte an seinem Toast. »Erzähl mir noch mal, was Onkel Curt gestern gesagt hat.«

Sie hatte die Situation schon zu oft durchlebt – einmal, als sie Scott nach ihrer Heimkehr davon berichtet hatte, dann noch einmal, als sie mit Cassie telefoniert hatte, und selbst Walter Boenning hatte noch spät abends unerwartet angerufen, um

sich nach Masons Aussage zu erkundigen. Sie stand auf und trat hinter ihn, um ihm die Schultern zu massieren. »Versuch, dich zu entspannen. Lies einfach deine Antwort vor, dann hast du's heute mittag hinter dir.«
»Ich fürchte, ich werd's wohl eher endgültig hinter mir haben.«

Als Dan die beiden in den Gerichtssaal kommen sah, wirkten sie wie zwei verängstigte Kinder, die zu einer Mußheirat geführt werden. Mike lehnte sich zu Dan vor. »Wieso ist die denn bei ihm?«
Dan wandte sich ab. »Sie wohnen zusammen.«
»Aber ich dachte, die hätte früher mal für dich gearbeitet.«
»Was glaubst du wohl, wie sie sich kennengelernt haben?«
Die Gerichtsdienerin betrat den Saal. »Gentlemen«, sagte sie erst einmal und dann etwas lauter, um die raunenden Stimmen zu übertönen. »Der Richter möchte die Anwälte in seinem Amtszimmer sprechen, bevor wir die Sitzung heute morgen eröffnen.«
Steuben saß in Hemdsärmeln an seinem Schreibtisch, als die drei Anwälte sein Zimmer betraten. Er bedeutete ihnen, auf den drei Stühlen, die in einem Halbkreis vor seinem Tisch standen, Platz zu nehmen.
»Heute ist bereits Mittwoch«, begann er ohne Umschweife, »der achte Verhandlungstag, und die Verteidigung ist noch immer nicht zu Wort gekommen. Ich habe einen Strafprozeß zu verhandeln, der am Montag beginnt, und für Freitag ist die Verhandlung über eine einstweilige Verfügung angesetzt. Also, wie sieht's aus? Wie lange brauchen Sie noch, Bob?«
»Wir werden heute vormittag unseren letzten Zeugen aufrufen«, sagte Perlman selbstzufrieden.
»Sterling?«
»Richtig, und mit dem werden wir vor Mittag fertig sein.«
»Sind Sie sicher, daß er die Aussage verweigern wird?«
»Sein Anwalt hat es mir gestern abend noch einmal bestätigt.«

Steuben wandte sich an Dan. »Wie lange wird die Verteidigung brauchen?«

»Ich habe zwei Zeugen. Beides Sachverständige.« Einer war ein Experte in Sachen Kanzleimanagement, der aussagen würde, daß die Arbeit der angestellten Anwälte bei H & M in einem angemessenen Rahmen kontrolliert wurde. Der andere war ein Börsenexperte, der bestätigen würde, daß kein noch so gutes Geschäft Mason die wundersamen Profitraten hätte bescheren können, die er angeblich gemacht haben wollte.

»Das ist ein Zeuge pro Tag«, murrte der Richter.

»Ich hätte liebend gern früher angefangen«, sagte Dan, um Perlman zu provozieren.

»Es sind doch Ihre Marathon-Kreuzverhöre, die uns aufhalten«, gab Perlman zurück.

Steuben erhob sich und hob eine Hand, um den Disput zu beenden. »Sehen wir einfach zu, daß wir die Sache hinter uns bringen, Gentlemen.«

»Der Kläger ruft Scott Sterling in den Zeugenstand.«

Die Geschworenen rutschten auf ihren Stühlen herum, lehnten sich vor, tuschelten miteinander. Endlich kam der Zeuge, auf den sie die ganze Zeit gewartet hatten. Sie reckten die Hälse, um ihn sehen zu können, und als er sich schließlich erhob und nach vorne ging, verstummte ihr Gemurmel. Wie gut er aussah, wie harmlos. Und diese hübsche junge schwangere Frau, über die sie sich bereits den Kopf zerbrochen hatten? Sie mußte seine Frau sein!

Perlman und Shuster gaben sich keine Mühe, ihre eigene Neugier zu verbergen. Auch sie bekamen Sterling zum ersten Mal zu Gesicht. Mason saß mit halb geschlossenen Augen neben ihnen.

Jenny wußte, daß Scott die Blicke aller Anwesenden auf sich spürte, als er auf den Zeugenstand zuging. Sie erinnerte sich, daß er schon einmal so im Mittelpunkt des Interesses gestanden hatte – im Konferenzsaal von H & M im Januar. Damals, als sie noch nicht geahnt hatte, in welcher mißlichen Lage er sich befand, hatte es sie abgestoßen zu sehen, wie er die ungewohnte Aufmerksamkeit scheinbar genoß. Diesmal sonnte er sich nicht in der allgemeinen Neugier.

»Schwören Sie, die Wahrheit zu sagen, die ganze Wahrheit und nichts als die Wahrheit?«

»Ich schwöre.«

Perlman war die Rechtschaffenheit in Person, als er auf das Podium trat. Diesmal arbeitete er mit einem schriftlich vorbereiteten Text. Da er keine Antworten erhalten würde, konnte er nur etwas gewinnen, indem er die richtigen Fragen stellte.

»Sie sind der Scott Sterling, der bei Harding & McMann angestellt war?«

Scott beugte sich zum Mikrophon vor: »Der bin ich.«

»Ist es richtig, daß Sie im letzten Januar von der Kanzlei gefeuert wurden?«

»Ja.«

»Ist es richtig, daß Sie gefeuert wurden, nachdem Sie zugegeben hatten, zwei Millionen Dollar aus dem Elizabeth-Mason-Chapman-Treuhandfonds veruntreut zu haben?«

Als Scott eine Hand hob, erwartete Jenny, daß er das vorbereitete Papier aus seiner Brusttasche ziehen wollte. Statt dessen faßte er jedoch das Mikrophon, um es näher an seinen Mund zu bringen. »Ja, Sir, ich fürchte, das ist richtig.«

Jenny biß sich auf die Lippe. Perlman hielt inne und starrte wie gebannt auf das Skript, von dem Scott abgewichen war. Zum erstenmal seit Beginn des Prozesses verlor Dan die Selbstbeherrschung und fuhr herum, um Jenny anzusehen. Sie erwiderte seinen Blick und schüttelte den Kopf.

Richter Steuben blickte verblüfft von einem Anwaltstisch zum anderen und wandte sich dann an den Zeugen. »Mr. Sterling, Sie haben das Recht, die Antwort auf Fragen, die Sie belasten könnten, zu verweigern. Ist Ihnen das bekannt?«

»Ja, Sir. Aber ich habe geschworen, die ganze Wahrheit zu sagen, und das will ich tun.«

Der Richter sah die Anwälte mit hochgezogenen Augenbrauen an.

»Einen Augenblick, bitte, Euer Ehren«, sagte Perlman und verließ das Podium, um mit Shuster zu tuscheln. Jenny versuchte verzweifelt, Scotts Blick zu erhaschen, aber als er endlich zu ihr herübersah, lächelte er nur.

Perlman kehrte mit neuem Elan auf das Podium zurück.

»Sie geben also zu, daß Sie das Geld aus dem Fonds veruntreut haben?«

»Ich kann es nicht leugnen«, sagte Scott. »Aber ›veruntreut‹ ist vielleicht das falsche Wort. Ich meine, ich habe ja nichts davon für mich behalten. Es war alles für Onkel Curt.«

»Sie wollten damit die Lügen vertuschen, die Sie Mr. Mason aufgetischt hatten, ist das richtig?«

»Ja, Sir. Jedenfalls wollte ich damit seine Verluste aus den Wertpapiergeschäften vertuschen. Das war das Wichtigste.«

»Denn wenn er die Verluste bemerkt hätte, wäre ihm klargeworden, daß Sie ihn die ganze Zeit belogen haben, stimmt's?«

Scott begann zu nicken, überlegte es sich dann jedoch anders und begann, auf seiner Unterlippe zu kauen. »Na ja, ich bin mir nicht sicher. Ich habe mir nur immer gesagt, daß Onkel Curt auf keinen Fall die Verluste sehen durfte.«

Perlman warf den Geschworenen einen wütenden Blick zu. »Und warum nicht?«

»Weil er immer und immer wieder zu mir sagte: ›Ich will auf diesem Konto niemals irgendwelche Verluste sehen. Es ist mir vollkommen egal, wie du das machst – Hauptsache, ich sehe keine Verluste.‹«

Perlman erstarrte erneut, während Mason Shuster etwas Unverständliches zubellte. Zur gleichen Zeit begannen Dan und Charlie Duncan miteinander zu tuscheln. Scott zeigte keinerlei Regung und wartete geduldig auf die nächste Frage.

»Euer Ehren, dürfen die Anwälte nach vorne kommen?« fragte Perlman.

Steuben, kaum überrascht, nickte und rollte seinen Stuhl ans Ende der Richterbank. Der Gerichtsschreiber zog mit seiner Maschine ebenfalls auf die andere Seite um, weg von den Geschworenen und dem Zeugen. Die drei Juristen gruppierten sich um ihn herum.

»Euer Ehren«, flüsterte Perlman, »ich hatte erwartet, daß er die Aussage verweigern würde.«

»Das haben Sie mir bereits im Richterzimmer erklärt«, erwiderte Steuben. »Aber das hat er nicht getan.«

»Das ist eine unfaire Überrumpelung«, sagte Perlman. »Ich beantrage eine Unterbrechung der Verhandlung, um eine außergerichtliche Anhörung durchzuführen, bevor dieser Prozeß fortgeführt wird.«

»Der Kläger hätte während der Ermittlungsphase die Gelegenheit gehabt, eine außergerichtliche Anhörung durchzuführen«, warf Dan ein. »Er hat nie eine beantragt.«

»Wir wußten, daß er die Aussage verweigern würde.«

»Sieht so aus, als hätten Sie sich geirrt«, sagte der Richter.

»Euer Ehren, ich habe meinen ganze Fall auf dieser Annahme aufgebaut!«

»Mr. Perlman, ich kann ihn kaum dazu zwingen, die Aussage zu verweigern.«

»Aber ich weiß nicht, was er aussagen wird! Ich muß auf einer außergerichtlichen Anhörung bestehen.«

»Abgelehnt, aus zwei Gründen. Erstens, Sie haben vor Prozeßbeginn auf dieses Vorrecht verzichtet. Zweitens, wie ich Ihnen bereits im Richterzimmer erklärt habe, stehen zwei wichtige Verhandlungen auf meinem Terminplan. Es bleibt keine Zeit für eine Unterbrechung.«

»Was soll ich denn tun?«

»Sie haben einen Zeugen im Zeugenstand. Verhören Sie ihn, oder lassen Sie ihn gehen.«

Perlman und Shuster steckten die Köpfe zusammen und unterhielten sich noch einige Minuten lang flüsternd. Schließlich kehrte Perlman auf das Podium zurück und starrte Scott ins Gesicht. Er schüttelte den Kopf. »Keine weiteren Fragen.«

Die Blicke der Geschworenen folgten ihm zurück an seinen Anwaltstisch. Sie waren irritiert und verärgert.

»Mr. Casella?« sagte Steuben.

»Ich habe ein paar Fragen«, sagte Dan und erhob sich. »Das heißt, eigentlich eine ganze Reihe.«

Die Geschworenen rückten sich auf ihren Plätzen zurecht, die Show konnte beginnen.

Dan trat auf das Podium. »Erzählen Sie der Jury genau, was Mr. Mason Ihnen über Verluste auf seinem Konto gesagt hat.«

»Wie ich schon sagte«, erwiderte Scott. »Er wollte auf keinen Fall welche zu sehen bekommen. Er wollte das Konto auflösen, falls ich jemals mit einem Geschäft Verluste erzielte. Und das wollte ich verhindern.«

»Wann hat er Ihnen das gesagt?«

»Als er mir die Handlungsvollmacht erteilt hat. Und während der darauffolgenden Monate vielleicht noch ein halbes Dutzend mal.«

»Konzentrieren wir uns auf diese späteren Gelegenheiten. Wie kam er damals darauf, das Thema Verluste anzusprechen?«

»Ich weiß es nicht«, sagte Scott kopfschüttelnd. »Eigentlich nichts, das ich konkret benennen könnte –«

»Versuchen Sie, sich zu erinnern, Mr. Sterling. Gab es bei diesen späteren Gelegenheiten irgendwelche Transaktionen auf dem Konto, die ihn auf das Thema Verluste hätten bringen können?«

Scott schüttelte ratlos den Kopf.

»Ich möchte Ihnen diese Kontoauszüge geben. Nehmen Sie sich eine Minute Zeit, sie durchzublättern, um zu sehen, ob irgend etwas Ihre Erinnerung wachruft.«

Scott nickte gehorsam und begann, die Dokumente durchzusehen. Bei einer Seite zögerte er kurz, blätterte weiter und dann wieder zurück. »Mann, das ist mir ja bisher noch nie aufgefallen«, sagte er.

»Was?«

»Einmal hat er mir richtig ins Gewissen geredet, bloß keine Verluste zu erzielen. Das war im November. Das weiß ich noch so genau, weil ich dachte, er wollte mich zu einem Thanksgivingessen einladen, als er anrief. Aber statt dessen redete er nur davon, daß er keine Verluste auf seinem Konto sehen wollte.«

Dan hielt den Atem an, als er die nächste Frage stellte.

»Waren auf dem Auszug vom Oktober irgendwelche Verluste zu sehen?«

»Ja«, sagte Scott und senkte den Kopf. »In diesem Monat hatte ich einen Verlust von fünfundachtzigtausend erzielt.«

»Haben Sie ihm damals zum erstenmal gesagt, es gebe Probleme mit dem Computer bei Connolly?«

Jenny konnte nicht länger stillsitzen. Sie sprang auf und zog nicht nur Scotts Blick, sondern auch den des Richters und der Geschworenen auf sich. Diesmal schüttelte Scott den Kopf und forderte sie mit einer kurzen, bestimmten Handbewegung auf, sich wieder zu setzen.

»Nein«, sagte er. »Das war einen Monat vorher. Und eigentlich war es Onkel Curt, der das aufbrachte.«

»Was genau hat er gesagt?«

»Er sagte: ›Dieser Auszug muß falsch sein, denn letzten Monat hab ich doch Profite erzielt, nicht wahr?‹ Und ich sagte: ›Genau‹, und er sagte: ›Das muß ein Computerirrtum sein. Sieh zu, daß du das mit Connolly klärst.‹«

»Hat er Ihnen gesagt, wie Sie das klären sollten?«

»Nur, daß ich dafür sorgen sollte, daß die Ergebnisse stimmten.«

»War das am Telefon?«

»Ja. Onkel Curt hatte keine Lust, in mein Büro zu kommen. Fast alle unsere Gespräche liefen über das Telefon.«

»Wie oft haben Sie miteinander telefoniert?«

»Mindestens einmal pro Woche.«

»Über welchen Zeitraum?«

»Ungefähr fünf Monate.«

»Wollen wir mal sehen«, sagte Dan. »Fünf Monate lang etwa einmal pro Woche? Das wären ungefähr zwanzig Telefonate.«

Scott nickte. »Mindestens.«

»Sie wissen, daß Mr. Mason neun Ihrer Gespräche aufgezeichnet hat?«

Scotts Kinn begann zu zittern. Er holte tief Luft, um seine Fassung wiederzugewinnen. »Jetzt weiß ich es.«

»Aber Sie haben den Geschworenen gerade gesagt, daß ungefähr elf Gespräche fehlen?«

»Das ist richtig.«

»Und in einem dieser Gespräche kam Mr. Mason selbst auf die Idee, daß es sich um einen Computerirrtum handeln könnte?«

»Einspruch, Suggestivfrage«, sagte Perlman.

»Das ist ein Kreuzverhör«, fuhr Dan ihn an.

»Tatsächlich?« gab Perlman zurück.

»Einspruch abgelehnt«, sagte Steuben. »Beantworten Sie die Frage.«

»Ja, das ist richtig«, sagte Scott.

»Haben Sie geahnt, daß Mr. Mason Ihre Gespräche aufzeichnete?«

»Nein! Ich dachte, Onkel Curt vertraute mir! Das hat er jedenfalls immer gesagt.«

»Hat er Ihnen jemals gesagt, er vertraue Ihnen, daß Sie das Geld im Fonds seiner Schwester gut verwalteten?«

»Na ja, ich erinnere mich, daß er einmal gesagt hat, er vertraue darauf, daß ich das Richtige mit dem Geld aus dem Fonds tun würde.«

»Das hat er gesagt?« Dan warf erst Scott und dann den Geschworenen einen lauernden Blick zu. »Und was glaubten Sie, meinte er damit?«

»Ich weiß es nicht. Ich nehme an, er meinte, daß ich das Konto ordnungsgemäß führte und so.«

»Aber das machte die Brokerfirma bereits, nicht wahr?«

»Klar.«

»Wann genau hat Mr. Mason Ihnen gesagt, Sie sollen das Richtige mit dem Geld aus dem Fonds machen?«

»Das weiß ich nicht mehr.«

»Was hat er sonst noch über das Geld gesagt?«

»Eigentlich nicht viel.«

Dan machte eine Pause und wartete vergeblich auf neue Inspirationen. Er probierte es noch einmal mit derselben Frage. »Versuchen Sie, sich an alles zu erinnern, was er Ihnen über das Geld in dem Fonds gesagt hat.«

Scott kniff die Augen zusammen, und eine lange Minute verging. »Ich erinnere mich, daß er einmal über die Höhe des

Fondsvermögens gesprochen hat. Er sagte: ›All das Geld, daß da herumliegt, bis –‹« Scott unterbrach sich abrupt.

»Bis was?«

Scott wand sich auf seinem Stuhl, wie ein kleiner Junge, der gezwungen ist, einen schmutzigen Ausdruck zu wiederholen. »Na ja, er sagte: ›Bis dieser verdammte Reese Chapman stirbt.‹«

Vom Tisch des Klägers ertönte ein kaum unterdrückter Aufschrei.

»Wann hat er das gesagt? War das bei derselben Gelegenheit, als er sagte, er wolle keine Verluste auf seinem Konto sehen?«

»Ja. Ja, ich glaube, das war bei dieser Gelegenheit.«

»War es bei derselben Gelegenheit, als er sagte: ›Sieh zu, daß die Resultate so aussehen, wie ich mir das vorstelle‹?«

Plötzlich machte Scott ganz große Augen. »Ich weiß, worauf Sie hinauswollen«, rief er aus. »Aber so war das nicht. Diese ganze Sache war meine Idee, nicht die von Onkel Curt!«

»Beantworten Sie die Frage«, sagte Dan mit erhobener Stimme. »War es bei derselben Gelegenheit, als Mr. Mason Ihnen sagte, Sie sollten zusehen, daß sein Konto in Ordnung blieb und daß das ganze Geld des Fonds nur herumlag, bis Mr. Chapman stirbt, und daß Sie das Richtige mit dem Geld machen sollten?«

»Ja, aber so hat er das nicht gemeint. Er wollte mich damit nicht dazu auffordern, das zu tun, was ich getan habe.«

»Weil es allein Ihre Idee war, richtig?«

»Ja!«

»Und er hat nie den geringsten Verdacht geschöpft, richtig?«

»Richtig.«

»Und warum hat er dann Ihre Gespräche aufgezeichnet?«

Von der hintersten Reihe im Gerichtssaal aus konnte Jenny sehen, wie Scotts Augen sich mit Tränen füllten. Nur mit Mühe konnte sie seine geflüsterte Anwort verstehen. »Ich weiß es nicht.«

Dan setzte sich. »Keine weiteren Fragen.«

»Ihr Zeuge, Mr. Perlman.«

Es entstand ein langes Schweigen im Gerichtssaal, während

Perlman dasaß und grübelte. Er starrte zum Zeugenstand hinüber, und als Scott einen Arm hob, um sich mit dem Ärmel die Tränen abzuwischen, erhob er sich.

»Keine Fragen.«

»Nächster Zeuge.«

»Keine weiteren Zeugen, Euer Ehren.«

»Ist die Verteidigung bereit, Mr. Casella?«

Dan hatte zwei Zeugen, die er nur per Telefon zu bestellen brauchte, und fünfzig Seiten Notizen für ihre Befragung. Er hatte einen Aktenordner voll mit Aktienkursen, und er hatte Scott Sterling, der weinend im Zeugenstand hockte.

»Die Verteidigung verzichtet auf Zeugen, Euer Ehren.«

Charlie Duncan schnappte nach Luft. Perlman wandte sich um und starrte in Richtung Jury.

»Die Verhandlung wird kurz unterbrochen, bevor wir die Schlußplädoyers hören. Mr. Sterling, Sie sind entlassen.«

Scott trat vom Zeugenstand herunter und machte sich auf den Weg zum Hinterausgang. Als er am Tisch des Klägers vorbeiging, sprang Mason auf und stieß Scott seinen Zeigefinger in die Brust.

»Das wirst du mir büßen!« brüllte er, während der Hammer des Richters niederging und Masons Anwälte versuchten, ihn auf seinen Platz zurückzuzerren. »Dafür wirst du in der Hölle braten!«

15

Eine Stunde nachdem die Geschworenen zurückgekehrt und ihr Urteil verkündet hatten, stieg die Siegesparty bei Harding & McMann. Dan nahm ein Glas Champagner, verspürte jedoch wenig Grund zum Feiern. Er hatte kaum eine Minute Zeit gehabt, den Urteilsspruch auszukosten, als Mike diMaio ihm auch schon auf die Schulter klopfte und sagte: »Siehst du,

ich hab doch gewußt, daß du mir meine Arbeit abnehmen würdest. Jetzt kann ich meine Akte zuklappen.«
»Es steht immer noch ein Strafprozeß aus.«
Aber Mike hatte abgewehrt. »Nee, nee. Wir würden nie ein Urteil gegen Sterling durchkriegen. Dieser Mason gehört in den Knast.«

Dan hatte sich bei seinem Kreuzverhör von Sterling völlig auf sein Improvisationstalent verlassen müssen, aber irgendwie war alles so glattgelaufen, als hätten sie nach dem gleichen Drehbuch gespielt. Die Geschworenen waren nur eine halbe Stunde draußen gewesen, gerade mal lange genug, um einen Sprecher zu wählen und einmal kurz abzustimmen. Ihr Urteil lautete: Mason hatte Sterling manipuliert und ihn dazu gebracht, die Transaktionen durchzuführen, und er war so geschickt vorgegangen, daß Sterling bis heute noch nicht wußte, wie ihm geschah.

Dan fand Charlie Duncan in einem der Konferenzsäle vor, die für die Party geöffnet worden waren. Charlie, mittlerweile bei seiner zweiten Flasche Schampus, unterhielt seine Partner mit einer Imitation von Perlman, wie er sich am Ende mit Mason abgeplagt hatte.

Dan zog ihn kurz zur Seite. »Ich muß weg«, sagte er, »wir unterhalten uns später.«

»Sie können doch nicht Ihre eigene Party verlassen!«

»Das ist Ihr Abend, Charlie. Genießen Sie ihn.«

Dan ließ sich gegen die Wand des Aufzugs sinken. Er war es gewohnt zu gewinnen, aber er hatte in seiner beruflichen Laufbahn genug Fälle verloren, um zu wissen, wie eine Niederlage sich anfühlte, und genauso fühlte er sich heute. Er hatte zwar seinen Mandanten gerettet, aber dadurch war auch Scott Sterling aus dem Schneider. Jetzt konnte Sterling seine Wiederzulassung als Anwalt durchsetzen, mit etwas Unterstützung von seinem alten Herrn eine eigene Kanzlei gründen, Jenny heiraten und bis ans Ende seiner Tage glücklich und zufrieden leben. Und das alles dank Dans Bemühungen.

Eigentlich hätte er es verdient, Jennys Brautführer und auch noch Pate ihres Kindes zu werden.

TEIL VIER
DAS URTEIL

I

Ein heißer Windstoß fegte über den Heliport und erfaßte Jenny, die in der Nähe stand und wartete, er peitschte ihr das Haar ins Gesicht und blähte ihr Kleid auf, so daß sie sich ducken mußte, um sich in Sicherheit zu bringen. Hinter ihr stand die Mercedeslimousine geparkt und daneben, in Habachtstellung und unbeeindruckt von dem heftigen Luftzug, Stengels asiatisch-stämmiger Chauffeur Moi.

Das Knattern der Rotorblätter zerschnitt die Luft und ebbte erst langsam ab, als der Hubschrauber gelandet war. Cassie vonBergs lange, graziöse Beine stiegen die Stufen herab. Hinter ihr tauchte Jack Stengel aus der flimmernden Luft auf.

Jenny strich sich ihr Haar mit den Händen glatt, während sie am Rand des Landefelds auf die beiden wartete. Stengel hatte seinen Arm um Cassies Taille gelegt. Cassie winkte Jenny überschwenglich zu.

»Hallo Jenny! Vielen Dank, daß Sie kommen konnten.«

»Freut mich, Sie wiederzusehen«, sagte Stengel mit einem perfekten Lächeln, die Hand ausgestreckt, lange bevor er sie erreichte.

»Mr. Stengel.«

»Bitte, nennen Sie mich Jack. Wir werden uns wohl noch häufiger begegnen.«

Cassie drehte sich in Stengels Arm. »Jack, vielen Dank fürs Mitnehmen.«

»Die hübscheste Tramperin, die ich je aufgelesen habe.« Er neigte seinen Kopf, um ihr einen Kuß zu geben, und sie fuhr ihm mit den Fingern über den Rücken, bis sie sich voneinander lösten. Stengel winkte Jenny kurz zum Abschied zu und schritt über die Landefläche auf seine Limousine zu. Der Chauffeur beugte sich vor, um mit ihm zu reden, und die beiden standen immer noch ins Gespräch vertieft da, als Jenny und Cassie vom Parkplatz fuhren.

»Was hat er denn damit gemeint?« fragte Jenny, als sie die Straße erreichten, »daß wir uns wohl noch häufiger sehen würden?«

»Ach Gott«, seufzte Cassie glücklich und lehnte sich gegen die Kopfstütze. »Er hat so viele Pläne, ich weiß gar nicht, wo ich anfangen soll. Erstens ist Jack dabei, ein Konsortium zu gründen, um ein Ölbohrprojekt im Golf von Tonkin zu initiieren.«

»In *Vietnam?*«

»Mhmm. Mit japanischen Partnern. Jack hat schon einige von ihnen als Investoren gewonnen, und ich könnte auch in das Projekt einsteigen.«

»Mit welchem Kapital?«

»Na, ich besitze schließlich zehn Millionen Dollar, Herrgott nochmal.«

»Als Treuhandfonds«, erinnerte Jenny sie.

Cassie schloß zufrieden lächelnd die Augen. »Nicht mehr lange.«

Macoal unterhielt in einem von fünf Bürogebäuden, die mitten in einer gepflegten Landschaft außerhalb der Stadt in unregelmäßigen Winkeln zueinander errichtet worden waren, ein Büro, das Curtis Mason seit seiner Pensionierung zur Verfügung stand. Im Eingangsbereich gab es weder einen Portier noch einen Sicherheitsdienst, aber auf einem blankgeputzten Messingschild prangte Masons Name neben einigen Versicherungsgesellschaften und Steuerberaterbüros.

Jenny hörte, wie sich jemand räusperte. Als sie sich umdrehte, sah sie Walter Boenning auf sich zukommen. »Tag, Ladies«, begrüßte er sie.

»Walt, was machen Sie denn hier?« fragte Jenny.

»Catherine hat mir von Ihrer heutigen Besprechung erzählt, und da dachte ich, ich sollte besser daran teilnehmen.« Er lächelte Cassie an. »Sollen wir?«

Cassie machte sich sofort auf den Weg die marmornen Stufen hinauf, aber Jenny blieb stehen und faßte Boenning am Ellbogen, um ihn noch zurückzuhalten.

»Ich halte das für keine gute Idee, Walt«, sagte sie leise. »Das letzte, was wir wollen, ist Mason auf die Palme zu bringen. Wenn wir jetzt da reingehen wie ein Trupp Sheriffs –«

Cassie wandte sich um, um zu sehen, was die beiden aufhielt und hörte, wie Boenning Jenny gerade ins Wort fiel.

»Ich denke, daß ich etwas mehr Erfahrung als Sie darin habe, wie man mit Männern von Masons Statur umgeht.« Er war so höflich wie immer, aber zum ersten Mal wurde Jenny klar, daß diese ausgesuchte Höflichkeit zu nichts anderem diente, als zu verschleiern, wie er anderen Menschen seinen Willen oktroyierte.

Er eilte die Treppe hinauf und ließ Jenny stehen. Da Cassie immer noch zuhörte, sagte Jenny kühl: »Ich rate davon ab. Wenn Mason sich in die Ecke gedrängt fühlt, wird er kämpfen, und dann werden wir jahrelang gegen ihn prozessieren müssen. Wir haben nur dann eine Chance, ihn dazu zu bringen, daß er seinen Posten freiwillig aufgibt, wenn ich das allein mache.«

Ohne ihre Worte zu beachten, stieg Boenning weiter die Stufen hinauf. Cassie sah Jenny an und zuckte die Achseln; sie wußte nicht, welche Entscheidung die richtige war, oder vielleicht maß sie der Sache auch nicht genug Bedeutung bei, um sich darum zu streiten. Jenny biß die Zähne zusammen und folgte den beiden.

Die Wände des Empfangsbereichs im ersten Stock waren mit Portraits von verstorbenen Mitgliedern der Familie Mason geschmückt. Cassie durchquerte den Vorraum, ohne die grauhaarige Empfangsdame, die sie hinter ihrem Tisch mit einem frostigen Gesichtsausdruck erwartete, eines Blickes zu würdigen. Als ihr die Namen der Besucher genannt wurden, verzogen sich die Mundwinkel der Frau noch weiter nach unten, und sie verschwand augenblicklich in Masons Büro. Einen Augenblick später trat sie ebenso mißmutig wieder aus der Tür und bedeutete ihnen einzutreten.

Mason erhob sich von seinem Sessel. Auf seinem Schreibtisch stand eine aus glänzendem Anthrazit gehauene abstrakte Skulptur, eine Hommage an den Ursprung des Familienreichtums.

»Cassie«, sagte er, seinen Blick jedoch auf Walter Boenning gerichtet.

»Onkel Curtis.« Sie ging um den Schreibtisch herum, um einen flüchtigen Kuß auf die Wange zu drücken. Er neigte höflich seinen Kopf, obwohl er vor Wut schäumte. »Das sind Walter Boenning und Jennifer Lodge.«

Boenning trat mit ausgestreckter Hand auf ihn zu, doch Mason wandte sich ab und drückte eine Taste an seiner Gegensprechanlage. »Schicken Sie ihn rein«, bellte er, und im gleichen Augenblick öffnete sich die Seitentür, und Robert Perlman trat ein.

»Mein Anwalt, Bob Perlman. Du siehst«, sagte er mit lauerndem Blick zu Cassie, »ich bin auf deine kleine Nummer vorbereitet.«

»Das kann man wohl kaum eine Nummer nennen.« Cassie nahm unaufgefordert Platz. »Ich bin eine junge Frau ohne Erfahrung in geschäftlichen Dingen. Mit einem alten Hasen wie dir, Onkel Curtis, kann ich unmöglich allein verhandeln.«

»Über was verhandeln?« fragte Perlman. Er blieb stehen, während alle anderen sich setzten.

»Fangen wir mit der Tatsache an, daß zwei Millionen Dollar aus Catherines Vermögen auf Mr. Masons Konto liegen.« Boenning lehnte sich in seinem Sessel zurück und schlug die Beine übereinander, ein Abbild gelassenen Selbstvertrauens.

Die Adern an Masons Hals schwollen an. »Sie meinen, ich hatte sie auf meinem Konto. Sie wurden von Harding & McMann veruntreut, wie Sie sich erinnern werden.«

»Die Geschworenen waren anderer Meinung«, erwiderte Boenning.

»Es befinden sich immer noch eins Komma sieben fünf Millionen auf Ihrem Konto«, sagte Jenny.

Mason warf ihr an der Kohleskulptur vorbei einen kurzen, irritierten Blick zu.

»Wir gehen in Berufung«, sagte Perlman. »Wir werden dieses Urteil zu Fall bringen.«

»Die Verhandlung war ein einziges Fiasko«, krächzte Mason. »Sterling und Casella steckten unter einer Decke, das war wohl kaum zu übersehen.«

»Wir waren als Prozeßbeobachter im Gerichtssaal«, sagte Boenning. »Und wir sehen die Sache ganz anders. Wir fordern von Ihnen, das Geld umgehend in den Fonds zurückzuzahlen. Sollten Sie den Berufungsprozeß gewinnen, werden Sie die Summe von Harding & McMann zurückerhalten. Aber es gibt keinen Grund, warum der Fonds in der Zwischenzeit keine Erträge erwirtschaften sollte.«

»Er enthält immerhin das größte Aktiendepot von Macoal.«

»Was uns zu unserer zweiten Forderung bringt«, sagte Boenning. »Ihren sofortigen Rücktritt als Treuhänder.«

Mason lachte hämisch und machte eine Vierteldrehung mit seinem Sessel. Jenny kannte diese Haltung; wie bei Gericht, im Zeugenstand, wandte er sich körperlich von allem ab, was ihm mißfiel. Doch das war nicht das einzige, was sie an ihm beobachtet hatte. Er konnte niemals zugeben, daß er im Unrecht war, und jede Andeutung darauf, daß er seine Pflichten als Treuhänder nicht erfüllt hatte, würde ihn nur noch weiter in die Defensive treiben. Sie hatte sich so sorgfältig darauf vorbereitet, diese Reaktion zu vermeiden, und alles war umsonst gewesen. Angesichts eines arroganten Vorgesetzten und einer gleichgültigen Mandantin war ihre Strategie wertlos.

»Legen Sie Ihren Posten nieder und zahlen Sie, und wir ziehen alle unsere Forderungen zurück«, sagte Boenning. »Andernfalls verklagen wir Sie wegen Veruntreuung, und dann sehen wir uns vor Gericht.«

Mason schwang zurück und starrte Cassie wütend an. »Ich werde bezahlen. Punkt. Aber solange die Firmenaktien in dem Fonds sind, werde ich niemals als Treuhänder zurücktreten. Kein Banker wird sich so um diese Aktien kümmern, wie ich das tue.«

»Ich bin auch nicht an einem Banker interessiert«, sagte Cassie. »Ich bin jetzt ein großes Mädchen, Onkel Curtis. Ich brauche keine Babysitter mehr.«

»Du hast mein Angebot gehört, junge Dame. Nimm es an oder verzieh dich.«

»Na, dann verziehe ich mich doch lieber.«

Sie erhob sich, und Boenning und Jenny ebenfalls.

»Moment!« Masons Gesicht war hochrot angelaufen. »Du hast ja keinen Schimmer, auf was du dich einläßt, wenn du mich verklagst. Unterhalte dich lieber zuerst mal mit Reese, dann wirst du feststellen, daß er dir einiges zu sagen hat.«

»Sag's mir doch selbst, wenn es so wichtig ist.«

Mason zögerte und warf Perlman einen kurzen Blick zu.

»Das dachte ich mir«, sagte Cassie verächtlich. »Daddy und ich haben keine Geheimnisse voreinander. Du kannst mir nichts sagen, was ich nicht bereits weiß.«

»Er ist eine alte Schwuchtel, wußtest du das?« blaffte Mason.

Plötzlich kam Bewegung in den Raum. Boenning riß die Tür auf, Jenny warf Cassie besorgte Blicke zu, Perlman brüllte alle an, sie sollten sich wieder setzen, während Cassie in dem allgemeinen Tumult ungerührt stehen blieb. Langsam breitete sich ein Lächeln auf ihrem Gesicht aus.

»Falls du damit sagen willst, daß er homosexuell ist, natürlich weiß ich das. Aber was hat das mit meinem Fonds zu tun?«

»Das werd ich dir sagen«, schnappte Mason. »Falls du versuchen solltest, mich zu verklagen, wird Reese' kleines Geheimnis keins mehr sein.«

Cassie zog die Augenbrauen hoch. »Du willst mich erpressen, Onkel Curtis? Möchtest du die Familie noch mehr in Verlegenheit bringen, als du es schon getan hast?« Mason sah sie wütend an. »Wenn ich bisher noch nicht davon überzeugt gewesen wäre, daß du nicht geeignet bist, mein Geld zu verwalten, dann würde ich es spätestens jetzt glauben.« Sie wandte sich an Boenning und Jenny. »Ich denke, wir sind hier fertig. Gehen wir?«

Boenning hielt ihr die Tür auf.

»Einen Augenblick noch«, sagte Mason, der hinter seinem Schreibtisch aufgesprungen war.

»Wie heißt es doch?« sagte Cassie, während sie durch die Tür glitt. »Wir sehen uns vor Gericht.«

Gemeinsam stiegen sie die Treppe zur Eingangshalle hinunter. Cassie zog die Nadeln aus ihrem Knoten und schüttelte ihr Haar, und als sie bei ihrem Wagen ankamen, lehnte sie sich gegen die Kühlerhaube und seufzte.

»Wir werden die Klageschrift bis morgen fertig haben«, versicherte ihr Boenning.

Aber sie schüttelte den Kopf. »Reichen Sie noch keine Klage ein, bis Sie von mir hören. Ich muß mit Daddy reden.«

2

Am Freitag abend hatte Jenny die Klageschrift fertig: Catherine Chapman vonBerg gegen Curtis Mason. Verletzung von Verpflichtungen aufgrund einer Vertrauensstellung, Unterschlagung, Veruntreuung von Geldern aus dem Fonds, Betrug, jedes einzelne Klagebegehren, das Jenny einfiel. Sie erinnerte sich, wie Dan Perlman mit den Worten geködert hatte: »Was, kein Verstoß gegen das Kartellgesetz?« Der Gedanke versetzte ihr einen Stich.

Marilyn brachte den Entwurf in Boennings Büro eine Tür weiter. Nach ihrer gescheiterten Meuterei gestern war Jenny bei Boenning in Ungnade gefallen. Gleichwohl war der Entwurf, als er wieder auf ihrem Schreibtisch landete, mit einem Kommentar versehen, der nur aus einem einzigen, in roter Tinte geschriebenen Wort bestand: »In Ordnung.«

Das Telefon läutete, und Jenny nahm den Hörer ab.

»Ein Telegramm für Ms. Jennifer Lodge«, sagte eine männliche Stimme.

»Am Apparat.«

»Abendessen heute abend um acht. Stop. Im besten Restaurant der Stadt. Stop.«

Jenny verdrehte die Augen. »Hallo, Scott.«

»Nein, hier steht: ›Unterzeichnet, Scott.‹ Und ich habe den Auftrag, Ihre Antwort abzuwarten.«

Dann mußte er lachen. Er war wieder der Goldjunge, nichts erinnerte mehr an den zerknirschten Mann, der noch vor zwei Tagen im Zeugenstand gesessen hatte.

»Ich weiß nicht, Scott.«

»Wir müssen feiern. Hab dich nicht so!«

»Ich denke, du solltest eine Zeitlang im Hintergrund bleiben, abwarten, wie sich die Dinge entwickeln.«

Ein ärgerlicher Unterton mischte sich in seine Stimme. »Die Dinge haben sich bereits entwickelt. Du bist selbst dabei gewesen. Onkel Curt hat den Prozeß verloren.«

»Würdest du bitte aufhören, ihn Onkel zu nennen?« fuhr Jenny ihn an.

Am anderen Ende der Leitung herrschte Schweigen, bis er schließlich sagte: »Tut mir leid.«

»Nein, mir tut es leid«, erwiderte Jenny plötzlich schuldbewußt.

»Bitte«, quengelte er, »es muß ja nicht das beste Restaurant sein. Sei doch nicht so«, fügte er hinzu, als er keine Antwort erhielt. »Verdirb mir nicht die Freude.«

Sie biß sich auf die Lippe. »Laß uns noch ein bißchen warten, okay? Vielleicht nächste Woche. Dann feiern wir, wo du willst.«

»In Ordnung.«

Kaum hatte sie aufgelegt, klingelte das Telefon auf der anderen Leitung.

»Jenny, hier ist Cassie.«

»Wie sieht's aus?« fragte Jenny ohne Umschweife. »Klagen wir oder nicht?«

»Nicht. Jedenfalls jetzt noch nicht. Daddy möchte, daß ich noch eine Weile stillhalte und abwarte, ob Curtis doch noch nachgibt.«

»Hat er sich aufgeregt?«

Cassie seufzte. »Er ist so hin- und hergerissen. Um meinetwillen möchte er Curtis als Treuhänder loswerden, aber er scheint sich wirklich vor dem zu fürchten, was er erzählen könnte. Ich verstehe das nicht. Wir leben in den neunziger Jahren, Herrgott nochmal, sie werden doch nicht mehr stigmatisiert. Außerdem bin ich die einzige, an der ihm etwas liegt, und ich habe ihm bereits erklärt, daß es mir überhaupt nichts ausmacht. Ich verstehe es nicht«, wiederholte sie seufzend. »Aber lassen Sie uns einfach abwarten, einverstanden?«

»Einverstanden«, sagte Jenny. Warten schien sich neuerdings zu ihrer Hauptbeschäftigung zu entwickeln.

3

Am späten Montag nachmittag fuhr Jenny aus dem Büro ins Bryn-Mawr-Krankenhaus. Scott war noch nicht da, und sie wartete nervös auf ihren Termin. Sie war schon seit Tagen nervös, seit der Prozeß vorüber war und sie ungeduldig darauf wartete, was Mason oder Scott als nächstes unternehmen würden. Sie wartete auch auf eine Entscheidung von Cassie vonBerg, die am Vormittag angerufen hatte, nur um zu sagen: »Noch nicht.«

Eine Krankenschwester mit einem Klemmbrett in der Hand bedeutete ihr, sich in den Ultraschallraum zu begeben, und Jenny trat hinter die spanische Wand, um sich ein Krankenhaushemd anzuziehen. Auch unter normalen Bedingungen hätte das Hemd ihre Blößen nur unzureichend bedeckt, aber mit dem Bauch, der sich mittlerweile wie ein Ballon vor ihr wölbte, brauchte sie gar nicht erst zu versuchen, es im Rücken zu schließen. Sie holte tief Luft, schob sich seitwärts in das Untersuchungszimmer und wagte erst wieder zu atmen, als sie auf der Untersuchungsliege flach auf dem Rücken lag.

»Sie sind also im sechsten Monat?« erkundigte sich die Schwester, ohne wirklich interessiert zu sein und nur, um die Vorbereitungszeit mit ein bißchen Small talk zu überbrücken.

»Einunddreißigste Woche.« Jenny lag da mit hochgeschobenem Hemd und bis zum Becken mit einem Tuch bedeckt. Ihr Bauch kam ihr vor wie eine Weihnachtsgans auf einem Tablett. In dieser Position war Jenny nicht gerade nach Unterhaltung zumute.
»Das Warten fällt ganz schön schwer, was?«
Jenny murmelte etwas Unverständliches. Ihr fiel das Warten überhaupt nicht schwer, denn sie war noch in keiner Weise vorbereitet. Nur noch knapp zwei Monate bis zur Geburt, und sie hatte weder ein Kinderzimmer eingerichtet noch ein Haus, in dem sie es unterbringen könnte. Es gab noch so viele Dinge zu erledigen, bevor das Baby kommen konnte, daß sie sich teilweise völlig überfordert fühlte. Es schien ihr unmöglich, mehr als eine Woche im voraus zu planen, und der Grund dafür war Scott.
Die Tür ging auf, und er stürmte lächelnd herein. »Geschafft«, sagte er, dann beugte er sich zu ihr hinunter, um sie zuerst auf den Nabel und dann auf den Mund zu küssen. »Ich habe tolle Neuigkeiten«, flüsterte er ihr ins Ohr.
Es war Jenny unangenehm, seinen Blicken so ausgesetzt zu sein, und sie zog das schützende Tuch ein bißchen höher. Scott trat zur Seite, als die Schwester mit der Ultraschalluntersuchung begann, und hielt Jennys Hand. Er wandte sich um, als die Schwester den Bildschirm scharf einstellte, und noch bevor Jenny es schaffte, sich weit genug umzudrehen, um einen Blick zu erhaschen, rief er aus: »Da! Ich kann es sehen!«
Plötzlich aufwallender Unmut schnürte Jenny die Kehle zusammen. Er gehörte nicht hierher, es war nicht sein Baby. Sie schob ihn beiseite.
Auf dem Bildschirm war ein perfektes, völlig fertig entwickeltes Baby zu sehen. Tränen liefen ihr über die Wangen, und ihr Herz klopfte so heftig, daß sie kaum atmen konnte.
Scott drückte ihre Hand und rief: »Jenny, es ist wundervoll!« Die Schwester lächelte angesichts seiner Freude, obwohl sie die gleiche Szene schon hundertmal erlebt hatte. Scott konnte einen wirklich mit seiner Überschwenglichkeit anstecken, aber Jenny war inzwischen immun dagegen. Sie wollte, daß Dan bei ihr

war, sie wünschte es sich so sehr, daß es ihr das Herz zuschnürte.

»Das ist der schönste Tag meines Lebens!« erklärte Scott, als die Untersuchung beendet war. »Jenny, du wirst staunen, wenn du erst meine Neuigkeiten hörst!«

Aber er mußte noch abwarten, bevor sie ihm zuhören konnte, denn nach all dem Wasser, das sie hatte trinken müssen, hatte Jenny das Gefühl, daß ihre Blase gleich platzen würde. Bevor sie das schützende Badezimmer verließ, wusch sie sich ihre Tränen mit kaltem Wasser ab, fixierte ihr Spiegelbild mit strengem Blick und erinnerte sich an Scotts tausend Freundlichkeiten und an all die langen einsamen Nächte, die sie ohne ihn durchlitten hätte. Als sie schließlich aus der Tür trat, schenkte sie Scott, der im Korridor auf sie wartete, ein warmes Lächeln.

»Welche Neuigkeiten?« erkundigte sie sich sogleich.

»Mein Anwalt – Bill Lawson –, er hat sich heute morgen mit dem Bezirksstaatsanwalt und diesem Detective getroffen, du weißt schon –«

»DiMaio?«

»Genau. Bill sagt, sie haben meinen Fall zu den Akten gelegt! Es ist vorbei, und ich hab nichts mehr zu befürchten!«

»Oh, Scott!«

»Sie sagen, es sieht so aus, als ob Onkel Curt mich die ganze Zeit manipuliert hat, um mich dazu zu bringen, diese Transaktionen durchzuführen. Aufgrund dieser Annahme und weil ich keinen persönlichen Profit aus der Sache geschlagen habe, wird es keine Anklage gegen mich geben!«

»Oh, Scott«, sagte Jenny noch einmal und nahm erleichtert seine Hand, als sie das Krankenhaus verließen und den Parkplatz überquerten. »Glaubst du, sie werden Mason anklagen?«

»Nee. Aber Catherine wird einen Zivilprozeß gegen ihn anstrengen, und dann muß Onkel Curt als Treuhänder zurücktreten.«

»Aber das wird er nicht tun.«

Scott fuhr herum, sein Grinsen war plötzlich verschwunden. »Was?«

»Wir haben ihn am Donnerstag aufgefordert, als Treuhänder zurückzutreten. Er hat es glatt abgelehnt.«

Er ließ ihre Hand los und packte sie am Arm. »Warum hast du mir das nicht gesagt?«

»Ich – ich weiß nicht«, sagte Jenny, verwirrt von seinem Gefühlsausbruch.

Aber er war bereits mit seinen Gedanken woanders. »Hör zu«, sagte er. »Ich hab noch was Wichtiges zu tun. Fahr du schon mal nach Hause, wir sehen uns dann später.«

»Okay. Ich werde das Essen vorbereiten.«

»Ich schaff es vielleicht nicht zum Essen«, sagte er, bereits auf dem Weg zu seinem Wagen in der nächsten Reihe. »Fang ruhig schon ohne mich an.«

Jenny starrte hinter ihm her, als er in sein Auto sprang und mit quietschenden Reifen vom Parkplatz fuhr.

Als sie zu Hause ankam, fand sie ein Päckchen auf den Stufen vor der Haustür, eines großen, braunen, wattierten Umschlag, adressiert an Scott. Seine Gerichtsunterlagen waren regelmäßig in ähnlichen Päckchen gekommen, aber dieses enthielt etwas hartes Viereckiges. Jenny legte es in sein Zimmer, bevor sie am Abend zu Bett ging. Als er nach Hause kam, schlief sie schon.

4

Cynthia Lehmann sprang von einem Stuhl im Empfangsbereich auf, als Jenny am Dienstag morgen aus dem Aufzug trat. »Das müssen Sie sich ansehen«, sagte sie und ging aufgeregt voraus in Jennys Büro.

»Was?«

Cynthia zog eine Handvoll Papiere aus ihrer Aktentasche und legte sie auf Jennys Schreibtisch.

»Bei Macoal laufen ganz merkwürdige Geschäftsaktivitäten.« Ihr langes Haar fiel ihr ins Gesicht, als sie sich über die Papiere beugte, und sie warf es mit einer kurzen Kopfbewegung ungeduldig zurück. »Hier.« Ihr Zeigefinger fuhr über zwei Spalten, in denen Daten und Dollarbeträge aufgeführt waren. »Fünfhundert Aktien verkauft am 10. Juli, noch mal dreihundert am 30. Juli, zweihundertfünfzig am 8. August, und letzte Woche noch mal fünfhundert.«

»Wer ist der Verkäufer?«

»Ich habe gehört, es sollen ein paar von Masons Vettern und Kusinen sein. Es wird gemunkelt, daß Masons Macht innerhalb der Familie ins Wanken geraten ist.«

»Wer ist der Käufer?«

Cynthia zog ein weiteres Blatt Papier aus ihrer Aktentasche. »Ein Dutzend verschiedene Kapitalgesellschaften. Und alle sind im Ausland registriert.«

Jenny und Cynthia sahen sich an. »Stengel?«

»Eine der Firmen habe ich bis zu ihm zurückverfolgt. Da bin ich mir ganz sicher.«

Das Signallämpchen an Jennys Anrufbeantworter blinkte, aber sie ignorierte es. »Er ist also wieder dabei, eine Firma aufzukaufen«, sagte sie.

»Es sieht verdammt danach aus.«

»Was ist so interessant an Macoal? Wieso läßt er nicht locker?«

Cynthia zuckte die Achseln und packte ihre Papiere zurück in ihren Aktenkoffer. »Vielleicht, weil ihm das Geschäft letztes Jahr vermasselt wurde? Und jetzt will er es erst recht wissen.«

»Vielleicht.« Aber Jenny hielt diese Version für unwahrscheinlich. Nach allem, was sie bisher in Erfahrung gebracht hatte, war Geld das einzige, was Stengel motivierte. »Vielen Dank, Cynthia«, sagte sie. »Gute Arbeit.«

»Selbstverständlich«, sagte Cynthia mit einem ernsten Nicken und verließ das Büro.

Jenny hörte ihren Anrufbeantworter ab. Es waren zwei Nachrichten hinterlassen worden. Die erste war von Walt Boenning, der am Morgen angerufen hatte, um sich zu erkundigen, ob am heutigen Tag die Klage gegen Mason eingereicht werden konnte.

Die zweite war von Scott. »Hi!« ertönte seine fröhliche Stimme. »Tut mir leid wegen des Abendessens gestern. Ich hatte vergessen, meinen Anwalt etwas zu fragen, und ich wußte, ich würde mich auf nichts anderes konzentrieren können, bis ich ihn gesprochen hatte. Aber es hat sich herausgestellt, daß es nichts war, worüber wir uns den Kopf zerbrechen müssen. Wir sehen uns also heute abend zu Hause, okay?«

5

Die neue Straße, Canterbury Lane, war für den Verkehr freigegeben worden, als Jenny am späten Nachmittag aus dem Büro nach Hause kam, also fuhr sie diesmal über diese Strecke anstatt über die alte Straße, die an der Remise vorbei zu dem ehemaligen Anwesen führte. Auf einem riesigen Transparent wurde die feierliche Eröffnung des Dundee-Parks angekündigt, und ganze Bündel bunter Luftballons schwebten über den Pfeilern, die die Einfahrt markierten. Eine Familie war bereits dabei, in das erste Haus einzuziehen. Jenny sah zu, wie ein Kinderbettchen und ein Hochstuhl vom Möbelwagen geladen wurden. Sie dachte daran, wie nett es sein würde, noch ein Baby in der Nachbarschaft zu haben, bis ihr einfiel, daß sie nicht mehr lange hier wohnen würde. Am Wochenende war sie vom Bauherrn benachrichtigt worden: Innerhalb der nächsten vier Wochen mußte sie die Remise räumen, dann sollte es abgerissen werden.

Scott stand in der Tür, als sie erschöpft aus ihrem Wagen stieg. »Hast du einen schlechten Tag gehabt?« fragte er, während er ihre Schultern massierte.

»Nein, ich hatte nur das Gefühl, er würde nie zu Ende gehen.«

»Ich habe einen ganz besonderen Abend vorbereitet«, sagte er mit leuchtenden Augen. »Wenn du nicht mit mir ausgehen willst, um ein exzellentes Abendessen mit mir einzunehmen, dann wird das exzellente Abendessen eben zu dir kommen. Ich mache dir einen Vorschlag. Du machst ein kleines Nickerchen, und dann ziehst du dir was Schönes an und kommst zu mir nach unten.«

Was das Nickerchen anging, hätte er ihr keinen besseren Vorschlag machen können. Sie trottete die Treppe hinauf und ließ sich todmüde auf ihr Bett fallen. Sie überlegte, was er wohl mit einem besonderen Abend gemeint hatte, und hoffte, daß es etwas zu bedeuten hatte. Vielleicht hatte er einen neuen Job bekommen, oder möglicherweise hatte er sich endlich mit seinem Vater ausgesprochen und versöhnt. Er war freigesprochen worden, er war frei, er konnte sein Leben wieder in Angriff nehmen, und vielleicht würde sie das jetzt auch können.

Als sie aufwachte, war es draußen bereits dunkel, und von unten stieg ein köstlicher Duft herauf. Sie spürte eine Welle der Zuneigung für Scott. Vielleicht hatten sie beide einen besonderen Abend verdient. Sie duschte und bürstete ihr Haar, bis es glatt und glänzend auf ihren Schultern lag. Als sie ein blaßblaues Umstandskleid aus Crepe de Chine überzog, kam sie sich beinahe hübsch vor.

Scott stand vor dem Herd, als sie die Treppe herunterkam. Mit dem Kochlöffel in der Hand hielt er inne und sah sie wie gebannt an. »*Très belle*«, rief er aus.

»*Merci*«, sagte sie und machte aus Spaß einen Knicks.

»Mademoiselle gestatten, daß ich sie an den Tisch führe?« Er nahm eine gefaltete Serviette und legte sie sich über den Arm. »Hier entlang bitte, *s'il vous plaît*.«

Verwirrt ging sie auf die Tür zu ihrem Ballettstudio zu. Sie hatte diesen Raum seit Monaten nicht betreten, und sie fragte sich, warum Scott sie nun dorthinführte.

Er stieß die Tür auf, und Jenny hielt den Atem an, als sie sah, was er für sie vorbereitet hatte. Mitten auf der Tanzfläche stand der Terrassentisch, fertig gedeckt für das Abendessen, in der

Mitte eine Vase mit roten Rosen und zwei lange, weiße Kerzen. Rundherum auf dem Boden standen noch Dutzende weiterer Kerzen, deren Flammen von den Spiegeln reflektiert wurden und den Raum mit hellem Licht erfüllten.

»Scott, das ist ja wunderschön! Was hast du dir bloß für eine Arbeit gemacht.«

»Für dich ist mir nichts zuviel.«

Er schob ihr einen Stuhl zurecht, schenkte ihr ein Glas Sodawasser ein und schaltete den CD-Spieler an. »Ich bin gleich wieder da.«

Ein Violinkonzert durchflutete den Raum, und die Lichter in den Spiegeln leuchteten wie tausend Sterne am Himmel. Während Jenny allein am Tisch saß, dachte sie daran, wie dieser Raum schon einmal von Kerzenlicht erfüllt gewesen war und Dan ihr auf dem Boden ein Bett aus Steppdecken gerichtet hatte.

Sie vermißte ihn, sie sehnte sich nach ihm. Noch vor wenigen Wochen hatte sie seine Gegenwart im Gerichtssaal kaum ertragen können; jetzt wußte sie nicht, wie sie es ohne ihn aushalten sollte.

Als Scott zurückkehrte, trug er einen blauen Blazer und brachte zwei Porzellanteller mit, auf denen er die Portionen appetitlich angerichtet hatte.

»Muscheln St. Jacques«, verkündete er. »Gedünstete Karotten, Spargel in Vinaigrette.«

»Was für ein aufwendiges Menü! Ich hätte nie den Mut, so etwas Kompliziertes zu kochen.«

»Ich bekomme meinen Mut durch dich«, sagte er.

Ein sanfter Luftzug wehte durch die offenen Fenster. Die Bäume des Wäldchens hinter dem Haus zeichneten sich in schwarzen Silhouetten gegen den nächtlichen Himmel ab. Jenny dachte daran, wie Dan sie in den Armen gehalten hatte, während es damals geschneit hatte und kein Licht diese Bäume durchdringen konnte; sie hatten sich gefühlt, als wären sie meilenweit von allem entfernt gewesen, zu zweit allein.

»Jenny«, sagte Scott.

Sie lächelte ihn übertrieben freundlich an.

»Ich habe diese Woche viel darüber nachgedacht, wie mein Leben jetzt weitergehen soll. Ich bin freigesprochen. Es liegt kein Schatten mehr über meinem Namen. In ein oder zwei Jahren werde ich meine Zulassung als Anwalt wieder beantragen. Ich werde ein ganz neues Leben anfangen. Und du sollst ein Teil meines Lebens sein.«

Jenny starrte auf ihren Teller.

»Du weißt, wie sehr ich dich liebe«, sagte er und beugte sich noch weiter in den Kerzenschein auf dem Tisch vor. »Wie glücklich sind wir in den letzten Monaten zusammen gewesen. Jetzt, wo all die Schwierigkeiten hinter uns liegen, wird unser Leben einfach wunderbar sein. Du hast so viel für mich getan, aber jetzt werde ich für dich sorgen und dem Baby einen Namen geben. Heirate mich, Jenny.«

Sie hielt sich die Hand vor den Mund, um nicht weinen zu müssen.

»Jenny?«

»Scott, es tut mir leid, ich kann nicht.«

»Früher war mein Name ein guter Name«, sagte er gekränkt.

»Du weißt, daß ich auf solche Dinge keinen Wert lege.«

Er lehnte sich zurück, so daß sein Gesicht nicht mehr vom Kerzenschein beleuchtet wurde. »Was ist es dann? Liebst du mich nicht?« Sein Ton hatte sich schnell verändert, er klang jetzt nicht mehr verletzt, sondern verärgert.

»Doch, ich liebe dich, Scott. Aber –«

Er schob seinen Stuhl geräuschvoll zurück, trat in den Schatten und dann in das Kerzenlicht vor den Spiegeln.

»Gott, was bin ich doch für ein Idiot!«

»Nein, Scott, ich –«

»Ich hätte wissen müssen, daß es zwecklos war – schließlich hast du mich mitten in einem Geständnis kennengelernt, als ich zugeben mußte, daß ich ein Lügner und ein Dieb bin. Ein verdammt schlechter erster Eindruck.« Er stieß ein kurzes, bitteres Lachen aus. »Aber ich konnte ja nicht widerstehen, es trotzdem zu versuchen. Ich mußte natürlich einen Idioten aus mir machen.«

»Nein, das hast du nicht.«

»Ha«, höhnte er, »du glaubst wohl, es sei reiner Zufall gewesen, daß wir uns damals im Regen auf der Straße begegnet sind.«

Jennys Augen weiteten sich. »Es war kein Zufall?«

»Und als ich hörte, daß Bruce und Leslie bei dir zum Brunch eingeladen waren, mußte ich einfach mitkommen. Ich mußte dich wiedersehen.«

Jenny schüttelte verwirrt den Kopf. »Wie hast du das gemeint mit der Begegnung auf der Straße –«

»Und was ist das erste, das ich erfahre?« tobte er. »Du liebst einen anderen. Du kriegst ein Kind von ihm! Aber das reicht immer noch nicht. Ich muß auch noch bei dir einziehen, im Nebenzimmer mit einer Dauerlatte schlafen und mich vierundzwanzig Stunden am Tag hundeelend fühlen.«

»Scott –«

»Und nach all dem, nach allem, was ich deinetwegen durchgemacht habe, vertraust du mir immer noch nicht. Du glaubst immer noch nicht, daß ich die Wahrheit sage!«

»Scott!« Jenny warf ihre Serviette auf ihren Teller. »Ich bin diejenige, die dich von deiner eigenen Unschuld überzeugt hat, erinnerst du dich?«

»Mich davon überzeugt?« höhnte er. »Willst du damit sagen, ich sei nicht von Anfang an unschuldig gewesen?«

»Warst du es denn?« gab sie zurück.

»Was soll das denn heißen?«

»Es gibt eine Menge Dinge, die nicht zusammenpassen, Scott.«

»Zum Beispiel?«

Er sprach in einem Ton mit ihr, den sie noch nie an ihm gehört hatte, aber sie hatte ihre Zweifel schon seit drei Monaten heruntergeschluckt; diesmal würde sie sich nicht zurückhalten.

»Angeblich interessierst du dich leidenschaftlich für den Aktienmarkt, aber ich habe dich noch nie auch nur einen Blick in den Wirtschaftsteil der Zeitung werfen sehen. Du hast dir alle erdenkliche Mühe gegeben, deine Spuren bei den Transfers zu verwischen, aber die Beträge auf den Schecks stimmten bis auf den Penny genau überein. Du bist von deinem Schreibtisch weggegangen und hast mitten drauf, wo jeder ihn sehen konnte, einen gefälschten Scheck liegenlassen. Du hast den Schriftsatz gegen eine Beschleunigung des Verfahrens unterzeichnet, nur um ihn sofort wieder zurückzuziehen und, ohne mir ein Wort zu sagen, dem Antrag der Gegenpartei zuzustimmen. Du hast mir erklärt, du würdest die Aussage verweigern, und dann bist du in den Zeugenstand getreten und hast Dinge ausgesagt, die du vorher noch nie erwähnt hast. Wie zum Beispiel, daß es Masons Idee war, die Unstimmigkeiten auf den Kontoauszügen auf einen Computerirrtum bei Connolly zurückzuführen, und daß Mason dir gesagt hat, du sollst gefälligst seinen Kontostand in Ordnung bringen, mit dem Hinweis darauf, das Geld in dem Fonds läge nur nutzlos herum, und das alles in ein und demselben Gespräch – und rein zufällig hat er ausgerechnet dieses Gespräch nicht aufgenommen!«

»Glaubst du vielleicht, er würde die Bänder aufheben, auf denen er sich selbst belastet? Glaubst du das?«

Jenny holte tief Luft und stand auf. »Die Sachverständigen haben gesagt, du hättest keine größeren Verluste auf Masons Konto erzielen können, wenn du es mutwillig darauf angelegt hättest. Ich glaube, du *hast* es darauf angelegt. Ich glaube, diese ganze Sache war irgendeine Art von Intrige, die jemand geplant hat, um Curtis Mason reinzulegen.«

»Und wieso sollte er reingelegt werden?«

»Ich weiß nicht. Um ihm irgendwie Schande zu bereiten.«

»Ich unterschlage zwei Millionen Dollar, verliere meinen Job und riskiere, in den Knast zu kommen, nur um Onkel Curt bloßzustellen?« Er stieß ein häßliches Lachen aus. »Das soll doch wohl ein Witz sein!«

»Es muß mehr dahinterstecken.«

»Das Geld ist bei niemandem außer ihm gelandet! Ich habe in keiner Weise davon profitiert, erinnerst du dich? Ich habe keinen Penny behalten!«

»Außer dem Geld, das auf deinem anderen Konto liegt«, sagte Jenny.

Das Violinkonzert endete, und Jenny konnte von draußen

die Laubfrösche quaken hören und den Hund, der an der Tür kratzte, um eingelassen zu werden.

Scott starrte sie an. »Was hast du gesagt?«

»Einhundertzwanzigtausend Dollar, bar eingezahlt auf dein Konto in Atlantic City.«

»Das ist eine Lüge!«

Er fuhr herum, schnappte sich einen Kerzenleuchter und schleuderte ihn gegen die Wand.

Jenny schrie auf, als der Spiegel klirrend in tausend Stücke zerbrach. Er hob noch einen Kerzenhalter auf und dann den nächsten und warf sie gegen die Spiegel, die wie von Granaten getroffen zerbarsten, bis sie alle zerbrochen waren.

Draußen bellte der Hund wie verrückt. Das einzige Licht im Raum kam von den beiden Kerzen auf dem Tisch. Scott kam auf Jenny zu. Sie wich zurück, die Hände vor dem Mund, um nicht laut zu schreien. Er legte seine Hand über die Kerzen, bis die Flammen mit einem Zischen erloschen und völlige Dunkelheit herrschte.

Jenny wagte nicht zu atmen, bis sie seine Schritte auf der Tanzfläche hörte. Einen Augenblick später wurde die Haustür zugeknallt. Doch erst als sie den Motor aufheulen und den Wagen aus dem Hof fahren hörte, konnte sie sich wieder bewegen.

Sie schloß alle Fenster und verriegelte sie. Der Hund erwartete sie ungeduldig und aufgeregt, und er lief hinter ihr her, als sie von Tür zu Tür eilte, um die Sicherheitsketten vorzulegen. Sie nahm den Telefonhörer ab und wählte Leslies Nummer. Es läutete einmal, dann noch einmal.

»Los, geh schon ran, bitte!«

Es läutete noch zweimal, dann ertönte Bruce' Stimme: »Hallo, Sie sind mit dem Anschluß von Bruce und Leslie Maitland verbunden. Wir sind im Moment nicht zu erreichen, aber Sie können nach dem Pfeifton eine Nachricht hinterlassen.«

Jenny überlegte verzweifelt, wie sie ihre Nachricht formulieren sollte. »Hallo Bruce. Ich fürchte, dein Freund Scott könnte mir weh tun, denn er hat mir einige schlimme Dinge gesagt und all meine Spiegel zerbrochen.« Doch dann schüttelte sie den Kopf und legte auf, ohne ein Wort zu sagen.

Später, als sie im Bett lag, den Hund neben sich auf dem Boden, wußte sie, daß sie überreagiert hatte. Scott würde nie jemandem etwas zuleide tun können. Er würde schon bald wieder zurückkommen, da war sie sich sicher, und sich bei ihr entschuldigen und ihr alles erklären.

Jenny faßte den Hund an seinem Halsband und wartete auf den Schlaf, der noch lange nicht kommen wollte.

6

Margaret Gallagher hatte schon dreißig Jahre für Macoal gearbeitet, als Curtis Masons Pensionierung sie in eine Art gemeinsamen Ruhestand mit ihm zwang. Sie erhielt das gleiche Gehalt wie vorher, der Bonus fiel etwas geringer aus. Um zur Arbeit zu kommen, mußte sie erst mit dem Bus, dann mit dem Zug fahren und schließlich fünf Blocks weit zu Fuß gehen, aber sie hatte keinen Augenblick lang gezögert, mit ihm zu gehen. Dreißig Jahre lang hatte sie mehr Zeit mit ihm verbracht als mit jedem anderen Menschen auf der Welt. Ihre Beziehung hatte alle erdenklichen Veränderungen durchlaufen, und nun hatten sie sich mit einem Zustand permanenter gegenseitiger Irritation abgefunden. Er kam nicht ohne sie aus, sie wollte nicht ohne ihn sein, und das war's. Sie kannte alle seine Geheimnisse, und er hatte sie noch nicht ein einziges Mal zu sich nach Hause eingeladen.

Das Päckchen, das um Viertel nach fünf eintraf, gehörte zu seinen Geheimnissen, und er hatte ihr schon den ganzen Nachmittag damit in den Ohren gelegen.

»Hier ist es«, verkündete sie, als sie in sein Büro kam und es vor ihn auf seinen Schreibtisch legte.

Er starrte es wütend an und drehte sich in seinem Sessel von ihr weg.

»Ich dachte, Sie hätten auf dieses Päckchen gewartet«, sagte Margaret gereizt.

»Ich werd's mir später ansehen.«
»Es ist schon nach fünf. Ich werde nicht auf Sie warten.«
»Dann gehen Sie halt«, raunzte er.
Sie kehrte an ihren Schreibtisch zurück und blieb noch eine halbe Stunde. Um viertel vor sechs nahm sie ihre Handtasche und öffnete seine Bürotür einen Spaltbreit. Der Umschlag lag aufgerissen auf dem Schreibtisch, und Mason brütete über einem Stapel Papiere.
»Ich werde jetzt gehen, Mr. Mason.«
»Was?« murmelte er, ohne aufzusehen. »Ach so. Ist in Ordnung.«
»Vergessen Sie nicht abzuschließen.«
»Gute Nacht, Margaret.«
Als Mason allein war, spürte er, wie eine gewisse Resignation sich seiner bemächtigte. Natürlich nicht die Art Resignation, die diese dreiste Catherine ihm aufnötigen wollte, sondern eine, der er sich trotz allem nicht erwehren konnte. Heute hatte er sein Konto bei Connolly mit einer weiteren Viertelmillion eiligst flüssiggemachter steuerfreier Mittel konsolidiert, und sobald Perlman die notwendigen Formalitäten abgewickelt hatte, sollte dieses Geld in den Fonds fließen. Der Fonds würde also wieder aufgefüllt werden, aber die Sache war noch lange nicht ausgestanden.
Ein absoluter Alptraum. Die Demokratie, der Kapitalismus und das amerikanische Rechtssystem hatten ihm stets gute Dienste geleistet, aber das war nun vorbei. Auf gar keinen Fall würde er sich noch einmal dem Fiasko eines Prozesses aussetzen. Er konnte es immer noch nicht fassen, wie seine Bänder mit den Gesprächen mit Sterling, sein Hauptbeweismittel gegen Sterling, so nach hinten losgehen konnten. Was war das für eine idiotische Idee gewesen. Das war aber auch kein Wunder, wenn er bedachte, wer diesen glorreichen Einfall gehabt hatte – Reese Chapman, der damit angegeben hatte, daß er stets seine Gespräche mit seinem Broker aufzeichnete – »auf diese Weise bleibt er ehrlich«, hatte er in seinem albernen pseudobritischen Akzent erklärt. Eine idiotische Idee von einem idiotischen Trottel, und er, Mason, war

der größte Trottel überhaupt, weil er auf Chapman gehört hatte.

Sein Blick wanderte durch sein Büro und blieb schließlich an dem gerahmten Artikel aus der Business Weekly hängen, der Beitrag, der erschienen war, nachdem Mason Jack Stengel die Tour vermasselt hatte. Einen brillanten Strategen hatten sie ihn genannt, eine dynamische Führungspersönlichkeit. Aber das Adjektiv, das ihm am meisten geschmeichelt hatte und das er am liebsten mit einem gelben Marker hervorgehoben hätte, lautete *furchtlos*. Das konnten sie getrost auf seinen Grabstein schreiben, dann würde er zufrieden sterben.

Er fürchtete sich nicht davor, daß Catherine ihn verklagen könnte. Angst hatte nichts damit zu tun. Aber er durfte es auf gar keinen Fall soweit kommen lassen. Die Vorstellung, daß Reese Chapman die Kontrolle über die Firma erhalten würde – einfach undenkbar. Und das wäre mit Sicherheit das Ergebnis. Catherine konnte sich noch sosehr als die unabhängige junge Frau darstellen, sie hatte schon immer getan, was Daddy ihr gesagt hatte.

Wenn Mason eins war, dann war er ein Pragmatiker. Seit letzten Donnerstag hatte er an seiner Strategie gefeilt. Die einzige Möglichkeit, Catherine von ihrem Vorhaben abzubringen, war, Reese Chapman auszubezahlen. Das Päckchen, auf das er den ganzen Tag gewartet hatte, enthielt eine Liste all seiner Bestände. Eine Million Dollar, schätzte er, würde der Preis für Chapmans Kooperationsbereitschaft sein.

Die Frage war nur, was er würde verkaufen müssen, um das Geld lockerzumachen. Das war gar nicht mehr so einfach, wie es einmal gewesen war, nicht, seitdem er im Sommer angefangen hatte, Macoal-Aktien aufzukaufen. Erstens mußte er hierfür den Kaufpreis bedienen, und jeder verdammte entfernte Vetter glaubte, ihm stünde ein Aufschlag zu. Dann mußten die Anwälte bezahlt werden, die die Briefkastenfirmen gründeten und die ausländischen Lizenzen besorgten. Er zahlte sich dumm und dämlich an dem ganzen Projekt. Aber es war unumgänglich. Irgendwann würde der Fonds aufgelöst, und bis dahin mußte er die Majorität in Händen haben.

Das war alles Doodys Schuld, und bei dem Gedanken überkam ihn eine Wut wie damals, als sie mit dieser Schwuchtel im Arm ins Haus gerauscht kam. Sie war eine gutmütige Frau mit einer Pferdevisage, von allen geliebt und bemitleidet. Solche Frauen hatten in jeder Familie ihren Platz, aber Doody hatte sich geweigert, ihre Rolle zu akzeptieren. Lange nachdem sie längst jede Hoffnung auf ein Liebesleben hätte aufgeben müssen, hatte sie sich einem fünfzehn Jahre jüngeren Mann an den Hals geworfen, der keinen Penny in der Tasche hatte. Und was die Sache noch schlimmer machte, war er auch noch unübersehbar schwul, was jedenfalls allen außer Doody auffiel. Er hätte sie aufklären müssen, sagte Mason sich um x-ten Mal, und damit der Familie eine Menge Kosten und Sorgen ersparen. Oder er hätte sie unterstützen sollen, als sie ihm zum erstenmal gesagt hatte, sie wolle sich von Chapman scheiden lassen. Aber bis dahin hatte sie die Aktienmehrheit von Macoal erworben, und das hatte er ihr nicht verzeihen können. »Wie man sich bettet, so liegt man«, hatte er ihr gesagt. Jetzt bekam er die Quittung dafür.

Er hörte, wie eine Tür einen Spalt weit geöffnet wurde. »Was ist denn jetzt noch, Margaret?« raunzte er.

Er blickte wütend auf, als sie ihm keine Antwort gab. Aber die Tür zu Margarets Arbeitsplatz war geschlossen. Langsam drehte er sich in seinem Sessel zu der Tür um, die in das Nachbarbüro führte.

»Du hast ja vielleicht Nerven«, sagte er.

7

Reifen quietschten im Hof, und der Hund sprang auf und rannte die Treppe hinunter. Jenny öffnete die Augen, aber es dämmerte gerade erst, in ihrem Zimmer war es noch fast dunkel. Sie stolperte aus dem Bett und eilte in ihrem weißen Nachthemd, das sich beim Laufen aufblähte, hinter dem Hund her. Jemand polterte mit den Fäusten gegen die Haustür und betätigte gleichzeitig die Klingel.

Plötzlich war Jenny hellwach. Sie blieb wie angewurzelt neben der Tür stehen.

»Jenny, ich bin's, laß mich rein!«

»Dan?« Sie löste die Kette und riß die Tür auf.

»Wo ist er?« rief er, als er an ihr vorbei ins Haus stürmte. Der Hund begann ihn zu beschnüffeln, aber Dan ignorierte ihn.

»Dan, was machst du hier?«

Er machte einen kurzen Rundgang durch das Erdgeschoß, kam wieder auf sie zu und packte sie an der Schulter. »Jenny, du mußt mir sagen, wo Scott ist!«

Sie starrte ihn an. Er war unrasiert, sein Haar war ungekämmt, und sie wußte, daß etwas Schreckliches passiert sein mußte.

»Ich weiß es nicht. Wir haben uns gestern abend gestritten, und er ist abgehauen. Dan, was ist los?«

Er bemühte sich, sich zu beruhigen, und sein Griff an ihrer Schulter ließ etwas nach. »Jenny.« Bevor er weitersprach, zog er sie an sich. »Mason ist gestern abend tot aufgefunden worden. Ermordet.«

Erst später begriff sie, daß sie in Ohnmacht gefallen sein mußte. Der Raum drehte sich um sie herum, und Dan sagte immer wieder ihren Namen, als sie wieder zu sich kam. Er faßte sie mit einem Arm unter den Knien und trug sie auf das Sofa.

»Wann?« fragte sie atemlos. »Wie?«

»Schsch.« Er nahm eine Steppdecke von der Sofalehne und deckte Jenny behutsam zu. »Bleib ruhig liegen.«

Wie durch einen Nebel sah sie ihn in die Küche gehen und mit einem Glas Wasser zurückkehren.

»Hier«, sagte er und kniete sich neben sie. »Trink einen Schluck.«

Sie gehorchte, und langsam wurde ihr Blick wieder klar.

»Dan, erzähl mir, was passiert ist.«

Er streichelte ihr zärtlich über das Haar. »Ich weiß es nicht.«

»Du glaubst, Scott hat es getan.«

Er nickte grimmig.

Auch sie glaubte das, sonst hätte sie diese Frage nicht gestellt. Von neuem wurde sie von Entsetzen gepackt, und sie ließ sich in ihre Kissen sinken.

»Erzähl mir, was du weißt«, bat sie ihn, aber ihr war schwindlig, und sie hatte Mühe, seinen Worten zu folgen.

Mason war am Abend zuvor tot in seinem Büro aufgefunden worden, die Leute von der Putzkolonne hatten ihn auf dem Boden hinter seinem Schreibtisch entdeckt. Man hatte ihm mit irgendeiner schweren Skulptur mehrere Hiebe auf den Kopf versetzt. Sein Schädel war zertrümmert.

»Eine abstrakte Plastik aus Kohle«, flüsterte Jenny.

»Ja.«

Bilder von Masons wütendem Gesicht in zwei Hälften gespalten tanzten vor ihren Augen, eine Hand, die die Skulptur ergriff und auf seinen Schädel einschlug, eine andere Hand, die lauter Kerzenleuchter ergriff und die Spiegel zerschmetterte.

Der Hund fing plötzlich wieder an zu bellen, als erneut an der Haustür geläutet wurde. Dan sprang auf. Jenny richtete sich mühsam auf, während Dan den Raum durchquerte, um die Tür zu öffnen.

»Dan?«

»Mike.«

Jenny lugte um den Kamin herum und sah Detective diMaio, umringt von einem halben Dutzend uniformierter Polizisten, in der Tür stehen.

»Was machst du denn hier?«

»Ich bringe Jenny hier weg, bevor Sterling zurückkommt, verdammt noch mal.«

»Ist er nicht hier?«

»Nein.«

»Na, dann wird er auch nicht wieder zurückkommen. Jedenfalls nicht, solange drei Streifenwagen vor der Tür stehen. Laß mich mit ihr reden.«

»Nein.«

»Wir haben einen Durchsuchungsbefehl.«

»Laß sehen.«

Dan begann, sich mit ihm über Formfehler in dem Durchsuchungsbefehl und über die Rechte von Mitbewohnern zu streiten und darüber, wer welche Zimmer bewohnte. Jenny hörte benebelt zu. Ihr war so schrecklich kalt. Mit zitternden Händen zog sie sich die Steppdecke um die Schultern, rappelte sich mühsam auf die Füße und ging an die Tür.

»Machen Sie nur, durchsuchen Sie das Haus, Detektive«, sagte sie.

Dan schickte die Polizisten als erstes nach oben, und als sie dort fertig waren, brachte er Jenny in ihr Zimmer und half ihr, sich ins Bett zu legen. Er legte sich neben sie auf die Decke und hielt sie in den Armen, bis sie eingeschlafen war. »Geh nicht weg«, murmelte sie, bevor der Schlaf sie umfing.

»Niemals«, flüsterte er.

Das Baby trat in einem regelmäßigen Rhythmus gegen seine Hände, während er sie hielt. Er hatte nie gewußt, daß sie soviel strampelten, und er fragte sich, wie sie schlafen konnte, mit so einem Tumult in ihrem Inneren. Er wünschte, dieses Baby wäre nie gezeugt worden, er wünschte fast, sie hätte es abgetrieben und ihnen damit all die Komplikationen erspart, die nun vor ihnen lagen. Und doch rührte es ihn, daß sie es nicht getan hatte; es sagte ihm etwas über sie, zeigte ihm, was für eine Frau sie war. Jetzt, sagte er sich, war es an der Zeit herauszufinden, was er für ein Mann war.

8

Mike wartete auf ihn, als er wieder nach unten kam. »Kannst du mir mal verraten, wie du von der Sache erfahren hast?« wollte Mike wissen.

»Bob Perlman hat mich angerufen. Gleich nachdem du ihm die Neuigkeit unterbreitet hast.«

Mike verdrehte die Augen. »Hat sie eine Ahnung, wo Sterling sein könnte?«

»Nein. Gestern abend hat er ihr irgendeine Szene gemacht und ist anschließend abgehauen. Das ist alles, was sie weiß.«

Mike nickte kurz. »Ja, hab mir schon sowas gedacht. Komm mal mit. Das solltest du dir ansehen.«

Er führte Dan durch das Eßzimmer in Jennys Balletstudio und schaltete das Licht an.

Dan blinzelte. Die Scherben von drei Wänden Spiegelglas lagen auf dem Tanzboden verstreut. Auf dem Tisch standen Porzellanteller mit eingetrocknetem Essen, welke Rosen begannen, ihre Blütenblätter zu verlieren, und überall lagen Kerzenstummel zwischen den Spiegelscherben.

Dan erinnerte sich an diesen Raum, an die Spiegel und die Kerzen. Er empfand es wie ein Sakrileg, daß Sterling hiergewesen war und alles zerstört hatte.

Er drehte sich zu Mike um. »Sind seine Klamotten noch hier?«

»Yeah.«

»Hast du eine Fahndung nach ihm eingeleitet?«

»Blöde Frage.« Mike knipste das Licht aus. »Das sieht übel aus für uns«, sagte er, während er die Tür zuzog. »Mason hat uns mitgeteilt, daß er Morddrohungen erhalten hatte.«

»Ja, und wo war sein Leibwächter?«

»Wie du schon vermutet hast, das war bloß Schau. Mason

ist gestern den ganzen Tag mit seiner Sekretärin allein in seinem Büro gewesen. Sie ist ungefähr um sechs gegangen. Er wollte noch eine Weile bleiben, um ein paar Papiere durchzusehen, die gestern gekommen waren. Sie hat nicht abgeschlossen.«

»Und was ist mit dem Haupteingang? War der auch nicht verschlossen?«

»Der Wachmann hat um sechs seine Runde gemacht, und er schwört, daß der Eingang abgeschlossen war.«

»Bis dahin kann er schon im Gebäude gewesen sein.«

Mike nickte. »Wir nehmen an, daß er sich irgendwo versteckt hat, bis die Sekretärin gegangen ist, dann ist er in Masons Büro eingedrungen und hat ihm zwei- oder dreimal mit der Statue über den Schädel geschlagen.«

»Irgendwelche Fingerabdrücke?« fragte Dan, als sie sich in zwei Sesseln im Wohnzimmer niederließen.

»Latexhandschuhe.«

»Also vorsätzlicher Mord.«

»Würde ich sagen.«

Lange Minuten des Schweigens vergingen, bis Dan fragte: »Irgendwelche anderen Verdächtigen?«

»Wir haben heute morgen mit Bob Perlman gesprochen. Er sagt, es habe am Donnerstag eine Besprechung stattgefunden. Er, Mason, Chapmans Tochter und zwei von ihren Anwälten. Einer davon war deine Freundin da oben.«

Dans Züge verhärteten sich.

»Chapmans Tochter verlangt von Mason, seinen Job als Treuhänder niederzulegen, Mason lehnt ab, und sie droht ihm mit einer Klage. Er sagt, verklag mich, und ich erzähl der Welt, daß dein Alter 'ne Schwuchtel ist. Sie sagt, tu dir keinen Zwang an, Ende der Besprechung. Ich würde also sagen, Reese Chapman und Catherine vonBerg gehören damit zu unseren Kandidaten.«

»Aber Sterling ist auf jeden Fall der Spitzenkandidat«, beharrte Dan.

Mike zuckte die Achseln.

»Komm schon«, sagte Dan, »Mason hat ihn dazu gebracht,

das Geld aus dem Fonds zu unterschlagen, er ist schuld, daß sie ihn gefeuert haben, daß er seine Lizenz verloren hat. Sein Name ist in den Dreck gezogen worden, er kann sich nirgendwo mehr blicken lassen. Und, um all dem die Krone aufzusetzen, droht Mason ihm auch noch damit, ihn in der Hölle braten zu lassen.«

»Aber wieso ausgerechnet jetzt?« fragte Mike gelassen. »Er ist freigesprochen worden. Am Montag haben wir ihm gesagt, daß wir seinen Fall zu den Akten legen.«

»Was ist mit der Statue? Wie sieht die aus?«

»Ungefähr so hoch.« Mike deutete mit den Händen etwa einen halben Meter an. »Mit 'nem Sockel aus Marmor. Die wiegt bestimmt zwölf Kilo.«

»Zwölf Kilo?« wiederholte Dan aufgeregt. »Kein Problem für Sterling. Aber Chapman? Oder die Tochter?«

»Sie könnten einen angeheuert haben.«

»Ich bitte dich«, sagte Dan verächtlich.

Mike sah ihn mit zusammengekniffenen Augen an. »Du scheinst ja ganz wild darauf zu sein, unseren Scotty zu überführen. Da steckt doch bestimmt noch was anderes hinter?«

Dan schüttelte abwehrend den Kopf, aber Mikes Blick wanderte in Richtung Decke, womit er sich seine Antwort selbst gab. »Also, ich gebe dir insoweit recht«, sagte er, »daß Sterling sowohl ein Motiv als auch die Möglichkeit hatte. Die Frage ist, hatte er die Gelegenheit? Darüber wird Jennifer Lodge mir was sagen können. Falls du mich je mit ihr reden läßt.«

Dan warf einen Blick auf seine Uhr. »Könntest du in ein paar Stunden noch mal kommen?«

Mike sah auf seine Uhr. »Ich warte lieber.«

Als Jenny ihre Augen aufschlug, saß der Schrecken ihr immer noch in den Knochen. Curtis Mason war tot, und Scott hatte ihn möglicherweise ermordet. Er hatte das Haus wutentbrannt verlassen, aber hatte er wirklich den Verstand verloren? Sein Wutanfall im Studio hatte gezeigt, daß er zu Gewalt fähig war, aber schloß das auch Mord ein? Es ergab einfach keinen Sinn. Er war freigesprochen, seine Probleme waren vorbei. Jedenfalls bis sie seinen Heiratsantrag abgelehnt und ihn des Betrugs beschuldigt hatte. Konnte es sein, daß sie ihn gestern abend in Masons Büro getrieben hatte? Sie warf sich vor Entsetzen stöhnend im Bett herum.

Dans Geruch hing immer noch in ihrer Bettdecke.

Er war zu ihr gekommen. Er wußte, daß sie ihn brauchte, und er war gekommen.

Sie konnte seine Stimme hören, und sie wollte bei ihm sein. Eilig zog sie sich an und ging nach unten.

Dan erhob sich, als er sie kommen sah. »Geht es dir gut? Du hättest nicht aufstehen –«

»Es geht mir gut. Ich bin Jenny Lodge«, sagte sie zu diMaio, als dieser sich erhob. »Sie wollten mir ein paar Fragen stellen?«

»Wenn es Ihnen nichts ausmacht, Miss.«

Dan zog sie neben sich auf das Sofa. Der Detective setzte sich ebenfalls und blätterte in einem Notizblock. Falls er es merkwürdig fand, wie Dan seinen Arm um Jennys Schultern legte, ließ er es sich nicht anmerken.

»Seit wann wohnt Scott Sterling in diesem Haus?«

»Seit Mai.«

»Wohnt er seitdem ständig hier?«

»Ja.«

»Wann haben Sie ihn zuletzt gesehen?«

»Gestern abend. Er ist gegen neun gegangen.«

»Hat er Ihnen gesagt, wo er hinwollte?«

»Nein.«

»Hat er gesagt, warum er ging?«

Jenny starrte auf ihre Hände. »Nein. Aber wir hatten einen Streit.«

»Würden Sie mir erzählen, worüber Sie sich gestritten haben?«

Sie zögerte. War dies der richtige Augenblick, um über ihren Verdacht zu sprechen, daß Scott das Gericht in die Irre geführt hatte, um Mason zu demütigen? Ihre Theorie basierte lediglich auf Vermutungen und zufälligen Beobachtungen und hatte möglicherweise genausowenig mit der Wahrheit zu tun wie die Geschichte, die sie um Cynthia Lehmann gesponnen hatte. So etwas wollte sie nie wieder jemandem antun. Im übrigen wollte der Detective Fakten hören und nicht ihre Phantastereien.

»Er hat mir einen Heiratsantrag gemacht«, sagte sie leise. »Und ich habe nein gesagt.«

Dan nahm ihre Hand.

»Hat er dieses Chaos angerichtet?« fragte diMaio mit einer Kopfbewegung in Richtung Studio.

Jenny biß sich auf die Lippen und nickte.

»Wissen Sie, wo er sich gestern abend zwischen sechs und sieben aufgehalten hat?«

Jenny glaubte, sich verhört zu haben. »Wie bitte? Zwischen wann und wann?«

»Zwischen sechs und sieben Uhr abends.«

Sie sah Dan verblüfft an. »Ist Mason um diese Zeit ermordet worden?« Als er nickte, fuhr sie herum und sagte zu diMaio: »Scott war hier zwischen sechs und sieben! Er ist den ganzen Abend hier gewesen!«

»Und Sie waren bei ihm?«

»Ja.«

»Die ganze Zeit?«

Sie bemerkte den Zweifel in seinem Blick. »Ja! Ich bin ungefähr um halb sechs von der Arbeit gekommen, und wir sind beide die ganze Zeit hier im Haus gewesen, bis er um neun gegangen ist.«

Dan starrte sie entgeistert an.

»Dan, er kann es nicht getan haben. Er war hier bei mir.«

Er nickte, schien jedoch nicht überzeugt zu sein.

»Er war hier«, wiederholte sie. »Hier in diesem Haus mit mir. Glaubt ihr etwa, ich sage nicht die Wahrheit?«

»Mit dem Auto sind es nur zwanzig Minuten von hier bis zu Masons Büro«, sagte Mike. »Er hätte hin- und zurückfahren können, bevor Sie überhaupt bemerkt haben, daß er weggefahren ist.«

Jenny schwieg. Sie hatte am Freitag abend fast zwei Stunden lang geschlafen; Scott hätte sich nicht einmal beeilen müssen. Doch dann mußte sie an das aufwendige Essen denken – er mußte mehr als eine Stunde gebraucht haben, um es zuzubereiten. Er hätte unmöglich zu Masons Büro fahren, ihn umbringen, zurückfahren und das Abendessen kochen können, und das alles innerhalb von anderthalb Stunden.

»Er ist die ganze Zeit hier gewesen«, beharrte sie. »Ich weiß, daß er hier war.«

Mike zuckte die Achseln und steckte den Notizblock zurück in seine Brusttasche. »Das ist im Moment alles. Werden Sie vorerst hierbleiben?«

»Ja«, erwiderte Jenny, während Dan gleichzeitig »Nein« sagte.

Dan drehte sich zu ihr. »Jenny, du kannst nicht hierbleiben –«

»Dan, ich habe einen Hund und zwei Katzen, um die ich mich kümmern muß.«

»Aber was ist, wenn er zurückkommt?«

»Wir lassen das Haus bewachen«, mischte Mike sich ein.

»Siehst du«, sagte Jenny.

»Ich kann dich nicht allein hierlassen.« Dan warf Mike einen kurzen Blick zu und fuhr mit leiser Stimme fort: »Ich bleibe bei dir.«

Jenny standen plötzlich die Tränen in den Augen. »Wirklich, Dan?«

»Hast du nicht etwas vergessen?« frage Mike.

»Nein, ich habe ihn nicht vergessen.«

»Bring Tony mit«, sagte Jenny.

»Wirklich?«

»Bitte. Das würde mich freuen.«

Mike diMaio erhob sich. »Dann weiß ich ja, wo ich euch alle finde«, sagte er.

9

Am Nachmittag fuhr Dan für ein paar Stunden fort, um Tony abzuholen und ein paar Sachen zu packen. Als Jenny allein war, fiel ihr Cassie wieder ein. Sie rief bei ihr zu Hause in Gladwyne an, doch niemand nahm ab.
Als nächstes rief sie in ihrem Büro an. Marilyn las ihr alle Nachrichten vor. Von Cassie war keine dabei, aber Walter Boenning wünschte sie dringend zu sprechen.
»Jennifer, ich habe die unglaublichsten Gerüchte gehört –«
»Es stimmt, Walt«, sagte Jenny teilnahmslos. »Curtis Mason ist ermordet worden.«
Sie hatte erwartet, daß er als nächstes fragen würde »Wer?« oder »Wie?« oder vielleicht auch »Warum?«, aber statt dessen wollte er wissen: »Welchen Effekt hat das auf Cassies Klage wegen Veruntreuung?«
Ein Mann ist ermordet worden, hätte sie am liebsten geschrien, wen interessiert das jetzt? Aber ebenso pflichtbewußt wie Marilyn erwiderte sie statt dessen: »Ihre Ansprüche auf Entschädigung wegen finanzieller Verluste kann sie weiterhin geltend machen. Ihre Forderung, daß er als Treuhänder zurücktritt, ist selbstverständlich hinfällig.«
»Gibt es einen Nachfolger als Treuhänder?«
»Es wurde niemand namentlich genannt, aber Mason hatte das Recht, seinen Nachfolger zu bestimmen. Möglicherweise hat er in seinem Testament einen Nachfolger benannt. Das werden wir aber erst wissen, wenn das Testament eröffnet wird.«
»Verstehe, verstehe«, sagte Boenning, tunlichst bemüht, ernst zu klingen, obwohl er seine Zufriedenheit kaum verbergen konnte. »Sie werden also selbstverständlich weiterhin für Cassie tätig sein.«

»Ich denke, das liegt ganz bei ihr, meinen Sie nicht?« erwiderte Jenny.

Sie versuchte erneut, Cassie anzurufen, doch auch diesmal ging niemand an den Apparat.

Sie ging nach oben. Scotts Tür stand offen. Jenny ließ ihren Blick durch das Zimmer schweifen, aber anstatt erneut Angst zu verspüren, machte sie sich nur Sorgen um ihn. Vom Fenster aus konnte sie das Zivilfahrzeug zwischen den Bäumen sehen, von dem aus die Polizei das Haus beobachtete. War er irgendwo dort draußen und fürchtete sich, nach Hause zu kommen?

Sie entfernte die schmutzige Wäsche vom Bett und zog frische Laken für Tony auf. Scotts Anzüge hingen immer noch im Schrank, und seine Hemden und seine Wäsche lagen gefaltet in den Schubladen der Kommode. Jenny packte den Inhalt einer Schublade in einen Karton um, damit Tony Platz für seine Sachen hatte. Auf der Kommode lagen lauter Papiere und Notizzettel verstreut, dazwischen einzelne Münzen. Jenny schob alles zusammen zu den Kleidungsstücken in den Karton. Seine alte goldene Uhr war nicht da. Er mußte sie gestern abend in seiner Tasche gehabt haben, damit sie ihm bei seinem Heiratsantrag Glück brachte.

Seufzend setzte sie sich auf das Bett. Die Leute schienen Scott stets das Schlimmste zuzutrauen, und einen schrecklichen Augenblick lang hatte auch sie zu ihnen gehört. Es war jedoch völlig abwegig zu glauben, daß Scott den Mord begangen haben könnte; er war nicht nur den ganzen Abend mit ihr zusammengewesen, er war auch einer solchen Tat einfach nicht fähig. Aber wo mochte er sein? Er mußte von dem Mord an Mason gehört haben und davon ausgehen, daß er einer der Verdächtigen war. Er mußte sich der Polizei stellen und den Spekulationen ein Ende setzen. Indem er sich versteckte, machte er sich nur noch verdächtiger. Aber Jenny erinnerte sich an Scotts Geständnis im Konferenzssaal letzten Winter: Er hatte ein Talent dafür, sich in ein schlechtes Licht zu rücken.

Doch es gab noch eine Möglichkeit, die ihr erst jetzt in den Sinn kam. Jenny war so sehr darauf fixiert gewesen, den Verdacht von Scott abzuwenden, sie war vor lauter Sorge gar nicht darauf gekommen, daß er möglicherweise das zweite Opfer war.

Als eine Stunde später das Telefon läutete, beeilte sie sich, den Hörer abzunehmen, in der Annahme, es sei Cassie. »Hallo?«

Stille.

»Scott?« rief sie.

»Ist er nicht da?« fragte Leslie.

»Oh, Leslie«, sagte Jenny und ließ sich seufzend in ihren Sessel sinken. »Nein. Nein, er ist nicht hier. Hast du von ihm gehört?«

»Nein. Bruce ist ein einziges Nervenbündel. Die Polizei war gerade bei uns. Niemand weiß, wo er ist. Jenny – glaubst du, er hat es getan?«

»Leslie! Natürlich nicht. Außerdem war er den ganzen Abend hier.«

»Dann kapier ich's nicht. Wo ist er denn? Bruce hat bei den Sterlings angerufen. Sie sagen, sie haben seit *Monaten* nichts von ihm gehört.«

»Das stimmt nicht! Scott hat fast jeden Abend mit seinem Vater telefoniert.«

»Ich kapier's nicht«, wiederholte Leslie. »Aber hör zu, es ist nicht gut, wenn du da draußen allein bist. Ich komme dich abholen.«

Jenny spürte, wie ihr Tränen in die Augen stiegen. Sie hatten seit Mai nicht mehr miteinander gesprochen, sie waren im Streit auseinandergegangen, aber ihre Freundschaft existierte immer noch. »Danke, Leslie. Aber es geht mir gut.«

Kaum hatte sie aufgelegt, kam ein weiterer Anruf, diesmal von Dan, der von seinem Autotelefon aussprach. »Geht es dir gut? Deine Leitung war besetzt.«

Allein der Klang seiner Stimme tröstete sie. »Das war meine Freundin Leslie. Mach dir keine Sorgen.«

»Irgendein Zeichen von Sterling?«

»Nein.«

»Okay. Wir verlassen jetzt die Schnellstraße. Wir werden in zehn Minuten da sein.«

»Gut.«

Noch zehn Minuten, und Dan würde bei ihr sein. Jenny schlang ihre Arme um sich selbst. Es war mehr, als sie je zu hoffen gewagt hatte, aber es war wirklich. Er kam zu ihr, er würde mitsamt seinem kleinen Bruder bei ihr einziehen, nur um bei ihr zu sein, und er machte ihr keine Vorwürfe wegen Scott und wegen des Babys...

Jenny schlug sich entsetzt die Hand vor den Mund. Dan *wußte* nichts über das Baby. Er glaubte, Scott sei der Vater – sie selbst hatte es ihm gesagt, und zwar nur, um ihn zu verletzen. Sie hatte ihm Unrecht getan, tausendmal mehr als jedem anderen Menschen in ihrem Leben, und doch kam er zu ihr, kümmerte sich auf selbstlose Weise um sie, er glaubte, sie trüge das Kind des Mannes, den er zutiefst verachtete, und dennoch kam er.

Die Lüge hatte ihr auf der Seele gelegen, von dem Augenblick an, als sie sie ausgesprochen hatte, aber nun wurde die Bürde unerträglich. Sie würde ihm die Wahrheit sagen müssen, sofort, ohne Rücksicht auf die Konsequenzen. Vielleicht würde er sie hassen für das, was sie ihm angetan hatte, vielleicht würde er annehmen, sie habe sich das alles ausgedacht, um ihn an sich zu binden, aber mit Sicherheit würde er ihr nie wieder vertrauen. Sie erinnerte sich daran, wie er Mason vor Gericht angefahren hatte: »Haben Sie damals gelogen, oder lügen Sie jetzt?« Dieselbe Frage konnte er ihr stellen.

Aber das war der Preis, den sie würde zahlen müssen. Jede Lüge hatte ihren Preis, und es war höchste Zeit für sie, ihre Schulden zu begleichen.

10

Dan kam zurück mit Tony, zwei Koffern, einer Pizza und einem Videofilm. Den ganzen Abend über beobachtete er Jennys angsterfülltes Gesicht, und er machte Scott Sterling dafür verantwortlich. Ob er an dem Mord an Mason unschuldig war oder nicht, er war für diesen Ausdruck in Jennys Gesicht verantwortlich, und Dan würde dafür sorgen, daß er eines Tages dafür bezahlen würde.

Als der Film zu Ende war, schickte er Jenny und Tony schon voraus ins Bett und ging nach draußen. In der Dunkelheit sah er eine Zigarette glimmen und ging darauf zu, bis er vor dem Polizeifahrzeug stand. »Gehen Sie schlafen?« fragte der Polizist.

»Ja. Alles ruhig hier draußen?«

»Wie auf einem Friedhof.«

Dan schlenderte um die Remise herum. Im ersten Stock waren die Fenster erleuchtet. Er sah erst Jenny in ihrem Zimmer und dann Tony in seinem. Die Vorstellung, daß Sterling vielleicht ebenfalls irgendwo da draußen war und die beiden beobachtete, ließ ihn mit den Zähnen knirschen, und er machte die Runde um das Haus dreimal, ohne jedoch zu hoffen, daß er irgend jemanden erwischen würde. Es war eher ein archaisches Bedürfnis, so als müsse er sein Territorium markieren, seinen Besitz abstecken.

Mann, Frau, Kind, das ewige Dreieck. Er spürte es hier, in dieser Nacht, obwohl nichts wirklich stimmte. Jenny war nicht seine Frau, jedenfalls noch nicht, und Tony war nicht sein Kind und überhaupt eigentlich kein Kind mehr. Aber es fühlte sich richtig an, daß sie jetzt hier zu dritt wohnten und bald zu viert sein würden.

Seit zwanzig Jahren hatte Dan es stets gemieden, sich fest zu binden, aber als er in diesem Augenblick zu den erleuchteten Fenstern hinaufblickte, war er bereit, sich all dem zu verschreiben. Er würde der Mann in dieser Familie sein, ein Ehemann für Jenny und eine Vaterfigur für Tony und ein echter Vater für das Baby. In Pennsylvania gab es immer die Vermutung der Ehelichkeit. Er würde Jenny heiraten, und in den Augen des Gesetzes würde das Baby damit sein Kind sein, und Sterling würde es nie wagen, sich zu zeigen und etwas anderes zu behaupten.

Er rief die Tiere ins Haus, schloß die Haustür und die Hintertür ab und schaltete das Licht aus, bevor er nach oben ging. Tony lag schon im Bett, als er vor seiner Tür stehenblieb.

»Alles okay?« fragte Dan. »Hast du alles ausgepackt?«

»Ja, Jenny hat eine Schublade für mich leergeräumt.«

Dan betrat Tonys Zimmer. In dem schwachen Licht, das aus dem Flur hereinfiel, war deutlich zu erkennen, daß das Zimmer noch bis vor kurzem bewohnt gewesen war, und auch, welches Geschlecht der Bewohner gehabt hatte. Dan betrachtete die Anzüge im Schrank, die Schuhe auf dem Boden und den Roman von Tom Clancy, der offen auf dem Nachttisch lag. Hatte Jenny Sterling in dieses Zimmer verbannt? fragte er sich. Und seit wann hatte er wohl schon hier gehaust?

Tony hatte sich bereits unter seine Decke gekuschelt; er hatte den ersten Tag im Fußballtrainingscamp hinter sich und war ziemlich erschöpft. Dan streckte eine Hand aus und wuschelte ihm die Haare. »Gute Nacht.«

»Nacht.«

Jenny hörte ihn durch den Flur gehen und holte tief Luft, als er leise an die Tür klopfte, bevor er sie öffnete. Sie hatte das Licht ausgeschaltet, und nur der fahle Mondschein, der sich in ihrem Messingbett widerspiegelte, durchbrach die Dunkelheit ein wenig. Sie konnte seine Gestalt im Türrahmen erkennen, aber es dauerte einen Augenblick, bis er sie in ihrem Sessel vor dem Fenster ausmachte. Er trat einen Schritt näher, zögerte aber dann.

»Ich kann bei Tony schlafen, wenn du das möchtest.«

»Nein, das möchte ich überhaupt nicht.«
Ein Lächeln breitete sich auf seinem Gesicht aus, als er auf sie zukam.
»Nein, warte«, sagte sie. »Ich muß dir etwas sagen.«
Er blieb stehen. »Ich muß dir zuerst etwas sagen. Ich liebe dich, Jenny.«
Sieben Monate lang hatte sie sich danach gesehnt, diese Worte zu hören, aber in all ihren Phantasievorstellungen, die sie sich ausgemalt hatte, hätte sie sich nie träumen lassen, daß sie auf die Weise darauf reagieren würde, wie sie es jetzt tat. »Nein, warte. Laß mich erst ausreden.«
Er blieb verunsichert mitten im Zimmer stehen. Das Fenster hinter Jenny stand offen, und die leichte Brise blähte die Gardinen auf. Draußen waren die Gesänge der Vögel und Insekten wie ein nächtlicher Chor zu hören.
»Es geht um Scott.«
Sein Gesichtsausdruck verhärtete sich. »Nein. Ich will nicht, daß er noch mehr zwischen uns steht, als er es jetzt schon tut.«
»Er hat nie zwischen uns gestanden. Scott ist nur ein Freund – ein guter Freund –, aber mehr ist es nie gewesen. Er ist nie mein Geliebter gewesen. Es ist nicht sein Baby.« Das Schluchzen, das sie die ganze Zeit unterdrückt hatte, kam aus ihrer Brust, als sie ausrief: »Ich hab dich angelogen, Dan, es tut mir so leid.«
Ihre Worte schienen ihn schneller zu erreichen, als sein messerscharfer Verstand sie einordnen konnte. Er starrte sie verständnislos an.
»Ich hab dich angelogen, was das Datum angeht. Es wird Ende Oktober geboren.«
Er wich plötzlich einen Schritt zurück, so als habe sie ihn aus dem Gleichgewicht gebracht. Sein Gesicht verschwand in der Dunkelheit, und als sie schließlich seine Stimme hörte, war es, als käme sie von weit weg.
»Es ist meins.«
»Dan, es tut mir so leid«, rief Jenny weinend.
Er kam auf sie zu, und als das fahle Licht auf sein Gesicht fiel, sah sie die Tränen in seinen Augen.

»Dazu hattest du kein Recht«, sagte er heiser. »Du hattest nicht das Recht dazu.«

Im nächsten Moment war er verschwunden. Jenny hielt ihre eigenen Schultern umklammert, und Tränen rannen ihr über die Wangen, während sie hörte, wie Dan die Treppe hinunterging. Das war also der Preis, den sie für ihre Lüge bezahlen mußte, ihn in dem Augenblick zu verlieren, als er gerade erst zu ihr zurückgekehrt war. Aber dieser Preis war zu hoch, auch wenn sie ihn noch so sehr verdient haben mochte, es war mehr, als sie ertragen konnte.

Mit tränenüberströmtem Gesicht wartete sie auf die nächsten Geräusche, die unausweichlich folgen würden – das Zuschlagen der Haustür und das Aufheulen des Motors im Hof. Doch als Minuten vergingen und beides ausblieb, holte sie zitternd Luft und machte sich auf den Weg nach unten. Der Raum war dunkel und leer, aber aus der Tür zum Studio fiel Licht. Sie ging auf die Tür zu und spähte hinein.

Dan war dabei, mit Besen und Schaufel die Scherben zusammenzufegen und in einen Mülleimer zu sammeln. Er sah sie in der Tür stehen, unterbrach seine Arbeit jedoch nicht. Das Scharren des Besens erfüllte den leeren Raum.

»Es ist an dem Abend in deiner Umkleidekabine im Studio passiert«, sagte er unvermittelt.

»Ja«, sagte Jenny.

Er hielt das Kehrblech fest und fegte einen Haufen Scherben darauf. »Weißt du, ob es ein Junge oder ein Mädchen ist?«

»Nein. Ich mache es auf die altmodische Art.«

Er drehte sich um und sah sie an, während er die Scherben in den Mülleimer schüttete. »Nicht ganz«, bemerkte er trocken.

Er ging mit dem Besen durch den Raum und fegte einen weiteren Scherbenhaufen zusammen, und als er sich umwandte, stand Jenny mit der Schaufel neben ihm. Sie bückte sich, hielt das Kehrblech bereit und wartete. Nach kurzem Zögern fegte er die Scherben auf die Schaufel, und Jenny trug sie zum Mülleimer und schüttete sie hinein.

»Warum?« fragte er plötzlich. Er stand drei Meter von ihr

entfernt und lehnte sich auf den Besen. »Sag mir wenigstens, warum.«

Jenny schluckte mühsam und starrte auf den Fußboden. »Ich wollte dir weh tun, so wie du mir weh getan hattest. Ich wollte, daß du glaubtest, ich wäre von dir losgekommen. Ich glaube, ich wollte dich eifersüchtig machen.«

»Das hättest du genausogut erreichen können, wenn du einfach behauptet hättest, du hättest einen anderen kennengelernt«, sagte er trocken. »Das hätte ausgereicht, um mich eifersüchtig zu machen.«

»Und ich hatte Angst –«

»Angst, wovor?« fragte er.

»Vor dir!« stieß sie hervor. »Nach dem, wie du versucht hattest, die Kontrolle über mich und meinen Beruf zu übernehmen, wußte ich überhaupt nicht mehr, was ich tun sollte! Ich hatte Angst, du würdest versuchen, mich zu einer Abtreibung zu zwingen –«

Der Besen fiel krachend zu Boden, und Dan kam mit schnellen Schritten auf sie zu und packte sie an den Schultern. »Das hätte ich nie getan«, sagte er aufgebracht. »Jenny, ich liebe dich –«

»Aber damals hast du mich nicht geliebt«, sagte sie. »Du hast es mir selbst gesagt!«

»Dann habe ich auch gelogen.« Er zog sie fest an sich. »O Gott, Jenny. Kannst du dir überhaupt vorstellen, wie es mich die ganzen letzten Monate über verrückt gemacht hat anzunehmen, das Baby sei von Sterling, und wie ich mir gewünscht habe, es sei meins?«

Sie legte ihre Arme um seinen Hals, und so standen sie eng umschlungen da, beide von Jennys Schluchzen geschüttelt.

Später brachte er sie nach oben und zog sie mit sich auf das Bett, und eine ganze Weile lagen sie da und starrten in die Dunkelheit. Er legte seine Hand auf ihren Bauch und wiederholte voller Staunen: »Es ist meins.« Und sie sagte noch einmal: »Es tut mir so leid.«

Es begann bereits zu dämmern, als Dan sich schließlich auf

einem Ellbogen aufstützte und sie mit müden Augen liebevoll ansah. »Heirate mich«, sagte er.

Jenny schüttelte den Kopf. »Nein, nicht so –«

Er packte sie an den Schultern und zog sie fest an sich. »Du Dummerchen«, flüsterte er atemlos. »Ich wollte dich schon heiraten, bevor ich wußte, daß das Baby von mir ist. Die einzige Frage war, ob du mich nehmen würdest. Und jetzt, wo ich die Wahrheit kenne, werde ich kein Nein als Antwort akzeptieren.«

Jenny schob ihn von sich und sah ihm forschend in die Augen. Sie suchte nach dem Mißtrauen, das sie dort gesät haben mußte. Sie entdeckte immer noch Wut und Verletztheit, und Liebe und Besitzgier, aber keine Spur von Mißtrauen.

Jede Lüge hatte ihren Preis, davon war sie noch immer überzeugt. Aber in diesem Augenblick wußte sie, daß sie ihren Preis während der endlosen Monate selbstauferlegter Trennung von dem Mann, den sie liebte, bereits bezahlt hatte. Von der Last ihrer Lüge und seinem Groll befreit zu werden und zu erleben, daß all ihre Probleme hinter ihnen und nichts als glückliche Zeiten vor ihnen liegen würden, war mehr, als sie je zu hoffen gewagt hatte.

Doch sie hatte den Beweis vor Augen. Dan lag in ihrem Bett, in ihren Armen. Er starrte sie mit liebevollen Augen an und flüsterte: »Kannst du dir überhaupt vorstellen, wie verrückt mich in all den Monaten der Gedanke gemacht hat, du wärst seine Geliebte, und wie sehr ich mir gewünscht habe, du wärst die meine?«

11

Am nächsten Morgen fuhren sie gemeinsam in die Stadt. Als erstes brachten sie Tony zur Schule. Jenny mußte aussteigen, um Tony hinauszulassen. Als er, seine Fußballschuhe über die Schultern gehängt, davontrottete, schüttelte Dan wehmütig den Kopf.

»Was ist?« fragte Jenny, während sie sich unbeholfen wieder auf den Beifahrersitz schob.

»Mir ist soeben klargeworden«, sagte er ernst, »daß meine Tage als Fahrer eines Sportcoupés gezählt sind.«

Jenny sah ihn verblüfft an, entdeckte jedoch sofort den Schalk in seinen Augenwinkeln. »Na ja, ein viertüriger Kombi wäre tatsächlich praktischer.«

»Ein Kombi?« erwiderte er. »Bei der Geschwindigkeit, mit der wir uns vermehren, hatte ich eher an einen Kleinbus gedacht.«

Dan fand einen freien Parkplatz direkt vor dem Gebäude, in dem Jennys Büro lag. Jeden Augenblick konnten Kollegen von der Kanzlei Jackson, Rieders vorbeikommen, aber er scherte sich nicht darum. Er lehnte sich zu ihr hinüber und gab ihr einen langen, leidenschaftlichen Kuß.

»Such dir einen Termin aus«, sagte er, als sie sich voneinander lösten.

»Jederzeit«, sagte sie atemlos. »Bald.«

»Am besten so bald wie möglich«, sagte er, während er ihr den Bauch streichelte. »Sonst werde ich kaum noch in der Lage sein, dich über die Türschwelle zu tragen.«

Jenny knuffte ihn in die Seite, und sie balgten sich ein bißchen, bis Dan sie mit einem Kuß besänftigte.

»Möchtest du deine Familie einladen?«

Sie zuckte zusammen. »Ich hab ihnen bis jetzt noch nicht mal eröffnet, daß ich schwanger bin. Ich glaube, ich würde ihnen lieber sagen, daß wir verheiratet sind, bevor ich ihnen diese Neuigkeit beibringe.«

»Guter Plan. Ich werd's genauso machen.«

»Und was ist mit Tony?«

Diesmal war es Dan, der zusammenzuckte. »Ich weiß nicht. Einerseits traue ich ihm nicht zu, daß er den Mund hält, aber andererseits möchte ich auch nicht, daß er denkt, wir würden nur so zusammenleben.« Er dachte einen Moment lang nach. »Ich glaube, ich sag's ihm lieber.«

»Und er soll bei der Trauung dabei sein.«

»Sonst noch jemand?«

»Nur wir drei.«

»Okay, aber ich werde nicht zulassen, daß du mich um eine Hochzeitsreise bringst. Laß uns überlegen, wann wir uns eine Woche freinehmen können.«

»Hmm. Laß uns irgendwohin fahren, wo es schön kühl ist.«

»In die Berge? Oder an die Küste von Maine?«

»Klingt beides gut. Überrasch mich einfach.«

»Du wirfst einen Blick in deinen Kalender, ich in meinen«, sagte er. »Paßt es dir, wenn ich dich heute abend um sechs abhole?«

»Wunderbar.«

»Wir treffen uns im Parkhaus, und dann holen wir Tony ab und fahren nach Hause.«

Nach Hause, dachte Jenny, während sie ihn zum Abschied küßte, bevor sie aus dem Auto stieg. Er nannte ihr Haus *Zuhause*, und so fühlte es sich schon jetzt an.

In der Eingangshalle kaufte sie eine Zeitung und überflog auf ihrem Weg mit dem Aufzug nach oben die Titelseite. Auf der unteren Hälfte war ein Foto von Curtis Mason abgebildet. Es zeigte ihn nicht mit zornig zusammengezogenen Augenbrauen, wie Jenny ihn kannte, sondern resolut und selbstbewußt, als den erfolgreichen Geschäftsmann, der er gewesen war.

Sie las den Artikel an ihrem Schreibtisch zu Ende. Er enthielt eine ausführliche Aufzählung seiner caritativen Leistungen, einen kurzen Bericht über die Umstände seines Todes und streifte zwei Ereignisse, auf die die Leser sich ihren eigenen Reim machen konnten: daß er kürzlich in einen erbittert geführten Prozeß gegen die Kanzlei Harding & McMann verwickelt war und daß sein Hund im letzten Januar unter ungeklärten Umständen erschossen worden war. Der Trauergottesdienst sollte am Freitag in der Church of the Good Samaritan stattfinden.

Jenny überflog ihre Telefonnotizen und hörte ihren Anrufbeantworter ab, aber es war keine Nachricht von Cassie vonBerg darunter. Vergeblich versuchte sie noch einmal, Cassie zu Hause anzurufen.

Seit Masons Ermordung am Dienstag abend war zu viel Zeit vergangen; Jenny machte sich Sorgen. Sie öffnete eine Schublade ihres Aktenschranks und blätterte durch alle Akten, die mit »Harding & McMann« gekennzeichnet waren, bis sie den Zettel fand, auf den Cassie einmal die Telefonnummer und die Adresse ihres Vaters in Haverford gekritzelt hatte.

Sie wählte die Nummer, und nach dem zweiten Klingeln meldete sich eine Frauenstimme mit britischem Akzent und geschäftsmäßigem Tonfall: »Chapman.«

»Hallo. Ist Mrs. vonBerg zufällig bei Ihnen?«

»Nein, sie ist nicht hier«, erwiderte die Frau bestimmt.

»Hier spricht ihre Anwältin, Jennifer Lodge. Ich habe schon mehrmals versucht, sie zu Hause in Gladwyne zu erreichen. Ich muß sie sobald wie möglich sprechen, es ist äußerst wichtig. Haben Sie irgendeine Vorstellung –«

»Einen Augenblick, bitte.«

Jenny wartete zwei endlos lange Minuten, bis die Frau sich wieder meldete. »Sie ist in New York«, sagte sie. »Sie können sie im Hotel Pierre erreichen.«

Erleichtert ließ Jenny sich die Nummer geben und rief sofort an.

»Catherine vonBerg, bitte.«

Nach einem kurzen Augenblick erhielt sie die Auskunft: »Mrs. vonBerg ist heute vormittag abgereist.«

Jenny legte verzweifelt auf.

Doch am frühen Nachmittag meldete Cassie sich endlich. Sie sprach von einer Telefonzelle aus, und im Hintergrund waren laute Stimmengeräusche zu hören.

»Cassie! Wo sind Sie? Ich versuche schon die ganze Zeit, Sie zu erreichen. Wissen Sie, daß –«

»Ja, ich weiß es«, sagte sie. Trotz der Geräuschkulisse war die Anspannung in ihrer Stimme nicht zu überhören. »Ich bin in der Penn Station und werde den nächsten Metroliner nach Hause nehmen. Die Polizei hat mich heute morgen erreicht. Sie wollen, daß ich morgen früh als erstes bei ihnen erscheine, um eine Aussage zu machen. Können Sie mit mir kommen, Jenny?«

»Ja, natürlich. Cassie, waren Sie –«

»Ich war am Dienstag abend hier«, sagte sie erschöpft. »Bei einer Benefizveranstaltung. Ich habe etwa hundert Zeugen.«

Jenny atmete erleichtert auf. »Okay. Wir werden folgendes tun. Ich rufe die Polizei an. Sie sollen die Vernehmung bei Ihnen zu Hause durchführen, nicht auf der Wache.«

»Ich werde bei Daddy wohnen.«

»Dann eben bei ihm zu Hause. Ich werde das arrangieren. Und jetzt erzählen Sie mir alles über diese Benefizveranstaltung.«

Jenny verbrachte den Rest des Tages damit, mit New York zu telefonieren und Faxe hin- und herzuschicken, bis Dan schließlich anrief.

»Bist du fertig?« fragte er. »Ich habe auf Ebene 3 geparkt.«

»Könntest du zuerst Tony abholen? Ich warte dann vor dem Eingang«, sagte sie. »Ich muß noch ein Telefongespräch führen, bevor ich Feierabend mache.«

Es war ein Ortsgespräch. Sie hatte die Nummer herausgesucht und gewählt, bevor sie dazu kam, darüber nachzudenken.

»Mr. Sterling?« fragte sie, als eine Männerstimme sich meldete.

»Ja.«

»Mein Name ist Jennifer Lodge. Ich bin mit Ihrem Sohn befreundet, und ich –«

»Ah, ja, die Polizei hat Ihren Namen erwähnt«, sagte er mit einer Stimme, die Jenny noch nie gehört hatte. »Haben Sie etwas von ihm gehört? Wissen Sie vielleicht, wo er sein könnte?«

Mit diesem Mann hatte sie noch nie gesprochen, nicht einmal an all den Abenden, als sie die Gespräche für Scott entgegengenommen und ihm aufgeregt den Hörer gereicht hatte. »N-nein, Sir«, stammelte sie. »Ich hatte gehofft, Sie hätten von ihm gehört.«

»Nicht ein einziges Wort. Aber hier würde er natürlich als allerletztes anrufen.«

»Ja, ich verstehe, vielen Dank«, murmelte sie und legte auf. Sie schlug die Hände vors Gesicht. Ihre Haut fühlte sich eiskalt an.

Dan bemerkte es, als er ihr im Auto zur Begrüßung einen Kuß gab. »Geht es dir gut?« erkundigte er sich.

»Ja, es geht mir gut.« Sie wandte sich um und lächelte Tony zu, der auf dem Rücksitz saß. »Wie war denn dein Fußballspiel?«

»Super. Aber jetzt bin ich total k.o.«, sagte er und legte sich quer über die Rückbank.

»Warum fühlst du dich so kalt an?« fragte Dan, während er ihre Hand hielt.

»Ich schätze, ich bin auch k.o.«

»Wir sollten uns mal Gedanken über deine Arbeitszeit machen«, sagte Dan, als sie sich auf die Heimfahrt machten.

12

Reese Chapman lebte in Haverford, in einem Haus, das schon seit vier Generationen von seiner Familie bewohnt wurde. Jenny folgte Cassies Anweisungen über die Lancaster Avenue und dann durch eine Gegend, in der nur Villen standen, alle von parkartigen Gärten umgeben. Schließlich fuhr sie durch ein

Tor, das von gemauerten Pfosten gehalten wurde. Der Weg führte einen Hügel hinauf auf ein Herrenhaus zu, das sich wie ein gotisches Schloß auf dem Hügel erhob. Geschwungene Bögen und spitze Türmchen schmückten das Gebäude aus grauem Stein, und die massive Eingangstür erinnerte an das Tor zu einer Zugbrücke.

Jenny parkte ihren Wagen zwischen Cassies weißem Mercedes und einem lindgrünen britischen MG. Ein schwerer Granitblock bildete den Schlußstein über dem Eingang, und Jenny sah gerade noch das Familienwappen, das darin eingemeißelt war, als die Tür von einer Frau mit einer gestärkten weißen Schürze über einem schwarzen Kleid geöffnet wurde.

»Miss Lodge?« erkundigte sie sich knapp mit britischem Akzent.

»Ja.«

»Hier entlang, bitte.«

Sie drehte sich auf leisen Sohlen um, und Jenny folgte ihr ins Haus. Die Decke wölbte sich hoch über ihren Köpfen, und Jennys Absätze klapperten laut, als sie an einer geschwungenen Treppe vorbeigingen. An einer Wand hing ein riesiges Ölgemälde, das einen pausbäckigen Jungen im Matrosenanzug mit goldenen Locken und einem kleinen rosigen Mund darstellte.

Die Haushälterin öffnete eine Tür, die in einen düsteren, eichengetäfelten Raum führte, dessen Wände bis an die Decke mit Bücherregalen ausgestattet waren. Vor einer Wand stand eine fahrbare Trittleiter, und mitten im Raum stand ein Schreibtisch, auf dem wie ein Fremdkörper in diesem Ambiente ein Computer thronte.

»Ich werde Miss Chapman ausrichten, daß Sie eingetroffen sind«, sagte die Haushälterin und verschwand geräuschlos in der Diele.

Jenny schlenderte durch den Raum. Dieses Haus war ein Exempel der im Aussterben begriffenen vornehmen Lebensart. Das Sofa war mit feinem Gobelin gepolstert, der nun verschossen und abgenutzt war. Die rautenförmigen Glasscheiben, durch die Jenny einen Swimmingpool mit zerbrochenen blauen Fliesen erkennen konnte, waren mit feinen Rissen durchzogen.

Chapman erhielt monatlich zwanzigtausend Dollar aus dem Fonds, aber diese Summe schien nicht auszureichen.

»Jenny«, ertönte Cassies Stimme von der Tür her.

»Cassie! Wie geht es Ihnen?«

»Es geht mir gut«, erwiderte sie, doch sie wirkte müde und erschöpft in ihrem schwarzen Leinenkleid. »Aber ich mache mir Sorgen um Daddy.«

»Hat die Polizei schon mit ihm gesprochen?«

»Gestern. Und Mrs. Hastings sagt, er ist seitdem nicht mehr er selbst.«

»Geht er heute nachmittag zur Beerdigung?«

»Ich dachte, er würde hingehen, aber ich bin mir inzwischen nicht mehr so sicher.«

»Vielleicht fühlt er sich besser, wenn diese Vernehmung vorüber ist.«

»Ganz bestimmt«, sagte Cassie und ließ sich auf das Sofa fallen.

Eine Viertelstunde später, genau zur verabredeten Zeit, hörten sie, daß an der Haustür geläutet wurde, und warteten auf das Klopfen an der Bibliothekstür. Als Jenny aufmachte, sah sie drei Männer in der Eingangshalle stehen, die das Deckengewölbe anstarrten – einen großen Mann mit Brille, einen stämmigen mit kurzgeschnittenen grauen Haaren und Detective diMaio. Sie warf ihm einen überraschten Blick zu, wandte sich dann jedoch wieder den anderen zu, die sich vorstellten. Der große Mann war der Bezirksstaatsanwalt von Delaware County, Barry Klein, und der stämmige war Detective Leary vom Radnor Township Police Department.

Cassie bedeutete ihnen, Platz zu nehmen. Die drei Männer setzten sich unbeholfen auf ihre Hepplewhite-Sessel, während Jenny und Cassie auf dem Sofa blieben.

Leary bediente den Cassettenrecorder, und Klein stellte die Fragen. Er begann mit dem nächstliegenden: »Mrs. vonBerg, wo waren Sie am Dienstag zwischen achtzehn und neunzehn Uhr?«

Cassie faltete ihre Hände auf dem Schoß. Trotz der Müdigkeit in ihrem Gesicht war sie die Gelassenheit in Person. »Ich war in New York, wo ich an einer Benefizveranstaltung im Metropolitan Museum of Art teilgenommen habe.«

Jenny zog ein paar Blätter aus ihrer Aktentasche und reichte sie Klein. »Gentlemen, dies ist eine Kopie der Gästeliste, die für den Empfang zusammengestellt wurde. Mrs. vonBerg hat die Namen aller Personen markiert, mit denen sie sich, soweit sie sich erinnert, an dem Abend unterhalten hat. Dies«, sagte sie, während sie ein weiteres Blatt Papier aus ihrer Mappe nahm, »dies ist der Name des Fotografen, der für den Abend engagiert wurde. Er dürfte mehrere Schnappschüsse von Mrs. vonBerg gemacht haben.«

Klein überflog die Papiere und reichte sie an Leary weiter. Sie tauschten kurze Blicke aus; offenbar waren sie zufrieden.

»Wissen Sie, wo Ihr Vater sich zur fraglichen Zeit aufgehalten hat?« fragte Klein als nächstes.

Cassie sah ihn verblüfft an. »Ich dachte, Sie hätten sich gestern mit Daddy unterhalten.«

»Das haben wir. Aber wir möchten gern erfahren, was Sie wissen.«

»Ich weiß nur, was er mir gesagt hat. Daß er hier zu Hause war und daß seine Haushälterin ebenfalls hier war. Mrs. Hastings. Haben Sie denn nicht mit ihr gesprochen?«

Klein ignorierte ihre Frage. »All das scheint ihren Vater ziemlich aus der Fassung gebracht zu haben. Andererseits haben wir gehört, daß Ihr Vater und Curtis Mason sich nicht ausstehen konnten. Können Sie sich erklären, warum er so durcheinander ist?«

Cassies Züge verhärteten sich. »Der einzige Bruder meiner Mutter wurde brutal ermordet. Natürlich ist er durcheinander, ob die beiden sich nun leiden konnten oder nicht.«

Leary meldete sich zu Wort. »Können Sie sich vorstellen, wer ein Interesse am Tod Ihres Onkels haben könnte?«

»Hunderte von Leuten«, erwiderte Cassie. »Soll ich innerhalb oder außerhalb der Familie anfangen aufzuzählen?«

»Lassen Sie mich die Frage anders formulieren«, sagte Leary, den Cassies Bemerkung nicht amüsierte. »Wenn Sie den Täter benennen müßten, auf wen würden Sie tippen?«

»Scott Sterling. Den halten doch alle für schuldig, nicht wahr?«

»Wenn Sie keine weiteren Fragen mehr haben, Gentlemen«, sagte Jenny nach einer Pause. »Mrs. vonBerg muß heute nachmittag noch zu einer Beerdigung.«

Die drei Männer verstanden den Wink. Leary schaltete den Recorder aus, und alle drei erhoben sich. Cassie blieb in der Bibliothek, während Jenny die Männer zur Haustür begleitete.

»Haben Sie noch einen Augenblick Zeit für mich?« fragte diMaio, als Klein und Leary hinausgingen.

»Ja, Detective?«

»Nennen Sie mich Mike.«

»Dann nennen Sie mich Jenny.«

»Jenny. Mir scheint, daß Sie auf jede nur erdenkliche Weise in diesen Fall verwickelt sind.«

»Was meinen Sie damit?«

»Nur, daß ich gern erfahren würde, was Sie wissen.«

Jenny wandte ihren Blick ab. Was wußte sie denn? Daß Scott nie das Wall Street Journal las und daß er regelmäßig mit einem Mann telefonierte, der nicht sein Vater war? »Ich kenne den Charakter derjenigen, die in den Fall verwickelt sind«, sagte sie schließlich. »Das ist alles.«

Mike sah sie mit seinen freundlichen Augen an. Er hatte seine Antwort nicht erhalten, aber er würde sie nicht beleidigen, indem er darauf herumritt. »Sie glauben, Reese Chapman hat es getan?«

»Nein«, erwiderte sie spontan, und in Erwartung der Frage, die als nächstes folgen würde, fügte sie hinzu: »Aber Scott hat es auch nicht getan. Da bin ich mir absolut sicher.«

Mike schüttelte lächelnd den Kopf. »Wenn Sie so weitermachen, hab ich bald überhaupt keine Verdächtigen mehr, Jenny.«

Sie schenkte ihm ein schwaches Lächeln, als er vor das Haus trat, und schloß die Tür hinter ihm.

Cassie erwartete sie in der Tür zur Bibliothek. »Nun, was meinen Sie?« fragte sie erwartungsvoll.

»Sie haben Ihre Sache gut gemacht«, versicherte Jenny ihr.

»Um mich selbst mache ich mir keine Sorgen. Dieser Polizist

hatte recht mit dem, was er über Daddy gesagt hat – sein Verhalten ist äußerst seltsam. Jenny, vielleicht könnten Sie mal mit ihm reden?«

Sie zögerte nur einen Augenblick lang. »Ich werd's versuchen.«

Cassie drehte sich auf dem Absatz um und ging voraus über die geschwungene, aus Eichenholz geschnitzte Treppe in den ersten Stock und dann einen breiten, mit Teppich ausgelegten Korridor entlang. Sie blieb vor einer Tür stehen und klopfte. »Daddy?«

Niemand antwortete. Sie öffnete die Tür einen Spaltbreit und lugte hinein, bevor sie sie aufschwang.

Die Vorhänge waren zugezogen, und es herrschte fast völlige Dunkelheit in dem Zimmer. Jenny konnte kaum die Gestalt erkennen, die aufrecht in einem Sessel neben dem Bett saß.

»Daddy«, sagte Cassie und kniete sich vor ihn auf den Boden. »Das ist meine Rechtsanwältin – weißt du noch? Die, über die wir gesprochen haben – Jennifer Lodge. Sie möchte dir die Einzelheiten über die Vernehmung durch die Polizei berichten.«

Chapman starrte vor sich hin und rang nervös mit den Händen in seinem Schoß.

»Guten Tag, Mr. Chapman«, sagte Jenny. »Wir sind uns schon einmal begegnet. Vielleicht können Sie sich daran erinnern, es war bei der Gerichtsverhandlung gegen Harding & McMann letzte Woche.«

Er gab ihr mit keinem Zeichen zu verstehen, daß er ihre Worte gehört hatte. Cassie warf Jenny einen bestürzten Blick zu.

Jenny fuhr fort: »Ihre Tochter hat gerade der Polizei gegenüber ihre Aussage gemacht, und ich kann Ihnen versichern, sie waren völlig zufrieden mit der Auskunft, daß Cassie zum Zeitpunkt des –« Sie geriet kurz ins Stocken. »– daß sie die ganze Zeit über in New York war. Und ich gehe davon aus, daß Ihre Haushälterin bereits eine Aussage darüber gemacht hat, daß Sie sich zur fraglichen Zeit hier zu Hause aufgehalten haben. Ich bin sicher, es besteht kein Zweifel darüber, daß Sie oder Cassie nichts mit der Sache zu tun haben. Die Polizei konzentriert sich im Moment auf ihren Hauptverdächtigen, Scott Sterling, und der ist –«

Ein ersticktes Geräusch entrang sich Chapmans Kehle.

»Daddy?« rief Cassie aus und faßte nach seinen Händen. Jenny trat näher, und in dem schwachen Licht konnte sie erkennen, daß ihm Tränen über die Wangen liefen.

»Cassie, es tut mir leid«, sagte sie erschüttert. »Ich wollte ihm nicht –«

»Es hat nichts mit dem zu tun, was Sie gesagt haben.« Cassie stand auf, gab ihrem Vater einen Kuß auf die Wange und führte Jenny in den Korridor. »Er verhält sich schon seit gestern so merkwürdig.« Sie zog die Tür zu und ging auf die Treppe zu.

»Vielleicht sollten Sie lieber einen Arzt rufen.«

»Sie haben recht. Ach, Jenny, ich habe ein ganz schreckliches Gefühl.«

»Was denn?«

»Daddy glaubt, ich hätte es getan!«

»Das kann er doch unmöglich annehmen.«

»Aber es muß so sein. Wir wissen, daß er es nicht getan hat, und trotzdem ist er so voller Reue und Schuldgefühle. Nein – es ist mehr als das. Es ist, als ob ihm jemand das Herz gebrochen hätte. Er muß annehmen, daß er mich zu einem Mord getrieben hat!«

»Ich kann mir nicht vorstellen, daß er Ihnen so etwas zutraut.«

Cassie schüttelte den Kopf. »Ich weiß nicht, was ich glauben soll. Wie kann er nur so etwas denken?«

Die Haushälterin wartete in der Eingangshalle mit Jennys Aktentasche, die sie ihr wortlos reichte. Dann wandte sie sich zum Gehen, doch Cassie hielt sie auf.

»Es sieht so aus, als ob Daddy doch nicht zur Beerdigung geht, Mrs. Hastings. Würde es Ihnen etwas ausmachen, bei ihm zu bleiben, bis ich zurück bin? Ich bin zum Abendessen verabredet, aber ich werde zeitig nach Hause kommen.«

»Selbstverständlich, Miss Chapman.«

Cassie begleitete Jenny zu ihrem Wagen. Sie betrachtete den kleinen grünen MG, der gleich daneben stand. »Alberne

Kiste«, sagte sie, während sie mit der Hand über das Blech fuhr. »Ich versuche schon seit Jahren, Daddy dazu zu überreden, sich ein sichereres Auto zu kaufen, aber er will nichts davon wissen. ›Es ist ein Vollblut‹, sagte er immer. ›Und ein Vollblut schiebt man nicht ab.‹«

Sie drehte sich um, als sie ein Auto die Auffahrt herauffahren hörte. Es war eine Mercedeslimousine. In dem Augenblick, als der Wagen anhielt, stieg der Fahrer aus, schlug die Hacken zusammen und blieb neben der Tür stehen.

Jenny lief ein kalter Schauer über den Rücken, als sie den Mann mit dem amerikanisch durchtrainierten Körper und der asiatischen Disziplin wiedererkannte. Es war Moi, Stengels genetisch manipuliertes Faktotum.

»Oh, wie nett«, raunte Cassie. »Jack schickt mir seinen Wagen.«

»Ist er in der Stadt?«

»Ja, er hat mir angeboten, mich zur Beerdigung zu begleiten. Und ich werde weiß Gott ein freundliches Gesicht brauchen, wenn ich zwischen all diesen Leuten stehe.«

Jenny stieg in ihr Auto. »Wo werden Sie wohnen?«

»Sie können mich hier erreichen.«

»In Ordnung. Und Cassie, rufen Sie mich an, wenn Sie mich brauchen.«

»Okay«, murmelte Cassie, während sie Moi anstarrte. »Aber ich glaube, es wird nicht nötig sein.«

13

Auch unter normalen Umständen hätte Curtis Mason eine Beerdigung verdient, die einem Staatsbegräbnis gleichkam. Er war der ehemalige Direktor einer bedeutenden Firma; er gehörte dem Verwaltungsrat von zwei Universitäten und drei Museen an sowie dem Vorstand von fünf Kapitalgesellschaften und dem Ältestenrat seiner Kirche. Er war Mitglied im Merion Cricket Club, dem Overbrook Golf Club und der Handelskammer von Philadelphia, und wenn das noch nicht ausreichen sollte, war er immer noch ein Mason, und das bedeutete etwa zweihundert Vettern und Kusinen.

Aber er war nicht unter normalen Umständen gestorben. Er war auf brutale Weise ermordet worden, und der Andrang von Neugierigen, die in Scharen zu der Beerdigung strömten, war so groß, daß die Polizei der beiden Nachbargemeinden anrücken mußte, um den Verkehr in die Ausweichparkplätze zu dirigieren.

Auch Dan befand sich in der Menge, und er war nicht besser als die anderen. Er war gekommen, um seine Neugier zu befriedigen, allerdings galt seine Neugier weniger Mason als sich selbst.

Er bahnte sich seinen Weg in die Kirche und fand einen Platz in einer Bank, wo er den Beginn des Gottesdienstes erwartete. Irgend etwas an dem Mord an Mason setzte ihm zu. Zu Anfang hatte er das alles seiner Sorge um Jenny zugeschrieben, die von den Ereignissen sehr mitgenommen war. Aber es war mehr als das. Erst zehn Tage zuvor hatte er diesen Mann im Zeugenstand unter Beschuß genommen. Heute war er tot. Jemand hatte einmal geschrieben, daß der Tod eines Feindes einen ebenso treffen konnte wie der Tod eines Freundes. Vielleicht war es das.

Bob Perlman hatte ihn in der Menge entdeckt, und Dan rückte ein Stück zur Seite, um Platz für ihn zu machen. »Irgendwas Neues?« flüsterte Perlman.

Dan schüttelte den Kopf. Wahrscheinlich nahm Perlman an, Scott sei der Täter – alle glaubten das –, aber solange Jenny ihm ein Alibi lieferte, gab es wenig, was Dan zu dem Thema sagen konnte.

Einige Dutzend Klappstühle wurden entlang der Kirchenschiffe aufgestellt, und weitere hundert unter einem Zeltdach vor der Kirche, wo die Trauergäste nichts als einen Lautsprecher zu sehen bekamen, und als schließlich alle Plätze besetzt waren, wurde die Witwe hereingeführt. Ihr Gesicht war hinter einem schwarzen Schleier verborgen, und die beiden Männer an ihrer Seite mußten sie förmlich den Mittelgang hinunter tragen. Die Trauernden erhoben sich und folgten ihr mit ihren Blicken, als sei sie eine Braut, die zum Altar geführt wurde.

Schließlich begann der Gottesdienst, den der Bischof persönlich hielt. Dan war zum erstenmal in einer Episkopalkirche, und er wunderte sich darüber, wie sehr die Liturgie derjenigen seiner Kirche ähnelte. Er hatte stets geglaubt, daß ihn Welten von Leuten wie den Masons trennten, doch nun stellte sich heraus, daß sie alle am Sonntag morgen dieselben Gebete sprachen.

Ein ehemaliger US-Senator erhob sich, um die erste Trauerrede zu halten, und während er sprach, wurde Dan mit einem Mal klar, was ihm an dem Mord an Mason so zusetzte. Es waren seine eigenen Schuldgefühle. Irgend etwas stimmte nicht an dem Gerichtsverfahren. Er hätte nicht genau sagen können, was es war – die Beweise sprachen für sich. Er wußte nur, daß er mitgeholfen hatte, Mason zu Fall zu bringen, und daß irgend etwas einfach nicht stimmte.

14

Tony kam an jenem Abend früh nach Hause, und Dan und Jenny saßen noch lange trotz der Hitze eng umschlungen auf der Verandaschaukel. Die Luft war schwül und drückend, und hin und wieder erhellte ein Wetterleuchten die sternlose Nacht. Der Hund lief unruhig herum, ihm war zu warm, um sich schlafen zu legen; immer wieder hörten sie das leise Scharren seiner Pfoten auf dem Steinboden.

»Ich habe Tony heute auf dem Heimweg von uns erzählt«, sagte Dan.

»Auch von dem Baby?«

»Mhmm.«

»Wie hat er denn reagiert?«

»Na ja, er hat viermal ›cool‹ und einmal ›absolut cool‹ gesagt, ich schätze also, er war eher begeistert.«

»Ach, da bin ich aber froh«, sagte Jenny.

»Er ist manchmal ein bißchen schwierig, aber ab und zu ist er ein richtig netter Junge. Ich denke, daß du mit der Zeit ganz gut mit ihm auskommen –«

»Dan, hör auf«, fiel Jenny ihm lachend ins Wort und legte ihm ihre Hand auf die Brust. »Ich liebe ihn jetzt schon.«

»Wirklich?«

»Er erinnert mich an dich. Und du bist wirklich liebenswert, weißt du.«

»Du auch«, sagte er, beugte sich zu ihr und gab ihr einen Kuß. »Aber die Frage ist, glaubst du, du könntest ihn tagtäglich ertragen, und das für, sagen wir, die nächsten vier Jahre?«

»Dan!« rief sie aus.

»Ich glaube, es wäre das Beste für ihn –« Er unterbrach sich und schüttelte den Kopf. »Nein, das ist Quatsch. Die Wahrheit ist, ich möchte ihn bei mir haben. Aber nur, wenn du –«

»Natürlich möchte ich, daß er bei uns wohnt. Ich finde es schön, ihn um mich zu haben. Außerdem sehe ich das ganz praktisch«, fügte sie mit leuchtenden Augen hinzu. »Auf diese Weise haben wir immer einen Babysitter.«

Dans Lächeln verschwand.

»Was ist los?« fragte sie und sah ihn forschend an.

»Tut mir leid.« Er schüttelte betrübt den Kopf. »Manchmal ist es für mich immer noch wie ein Schlag in die Magengrube, wenn ich mir vorstelle, daß es mein Baby ist und daß wir die echten Eltern eines echten Babys sein werden. Und über Dinge wie Babysitter nachzudenken – das bringt mich ganz schön zum Rotieren.«

Ihre Augen füllten sich mit Tränen. »Das ist nur, weil du noch keine Zeit hattest, dich an die Vorstellung zu gewöhnen. Das ist meine Schuld, es tut mir leid.«

»Nein, sag sowas nicht, das haben wir hinter uns.« Er legte seine Hand auf ihren Bauch. »Ich muß mich nur immer wieder daran erinnern, daß es Wirklichkeit ist.« In diesem Augenblick trat das Baby wie auf Kommando gegen seine Handfläche, und er beugte sich liebevoll zu ihr hin und küßte sie noch einmal.

Jenny ging nach oben, während Dan die Türen verriegelte. Tony war noch wach und hatte Scotts Tom-Clancy-Roman schon halb ausgelesen. »Gute Nacht«, rief Jenny ihm aus dem Flur zu.

»Nacht«, erwiderte er abwesend. Aber einen Augenblick später rief er: »Hey, Jenny?«

»Mhmm?«

»Ich hab hier ein paar Papiere gefunden. Ich dachte, es wäre besser, wenn ich sie dir gebe.«

Als sie durch die Tür trat, sah sie, wie er einen Stapel Papiere aus einer Schublade im Nachtschränkchen zog.

»Danke«, sagte sie und nahm sie entgegen.

Auf dem Weg in ihr Zimmer überflog sie die Papiere. Es waren Scotts Unterlagen: Briefe von Bill Lawson; Benachrichtigungen der Disziplinarbehörde; die Schriftsätze, die Jenny für seinen Zivilprozeß aufgesetzt hatte, einschließlich des Einspruchs gegen eine Beschleunigung des Verfahrens, der nie seinen Weg in den Gerichtssaal gefunden hatte.

An unterster Stelle fand Jenny ein paar Seiten aus dem glatten Papier, das bei Fax-Geräten benutzt wurde. Jenny wunderte sich – niemand benutzte mehr diese Art von Papier –, und sie las die erste Seite.

MEMORANDUM
An: Akte
Von: DJC
Betr.: Was wirklich geschah

Theorie eins: Genau das, was dem Augenschein nach passiert ist. Sterling hat in Masons Auftrag an der Börse spekuliert, hat den Überblick verloren und brachte es nicht fertig, Mason die Wahrheit zu sagen. Also hat er gelogen. Zunächst waren es kleine Lügen. Harmlose Lügen, dachte er sich, die vergessen sein würden, sobald er sie mit ein paar guten Geschäften wieder wettmachen konnte. Aber die guten Geschäfte blieben aus. Die Lüge verselbständigte sich...

Jenny blinzelte, um wieder klar sehen zu können. Das war Dans Strategiepapier, das er in der Nacht des Schneesturms diktiert hatte, vertrauliche Anwaltssache, die eigentlich die Büros von Foster, Bell & McNeil und Harding & McMann nie hätte verlassen dürfen. Sie konnte sich nicht vorstellen, wie Scott eine Kopie davon in die Hände bekommen hatte. Nicht von Dan; selbst wenn er irgendeinen Grund gehabt haben sollte, diese Aufzeichnungen an Scott weiterzuleiten, wären sie auf Standardkopierpapier ausgedruckt worden. Diese Kopie stammte entweder von einem uralten Faxgerät oder von einer Art Microfiche-Drucker.

Sie blätterte die Seiten um. Hinter Dans Memo kam ein weiteres Papier zum Vorschein mit der Überschrift: »Scott Sterling: Strategie für die Befragung des Zeugen.«

Trotz der Hitze lief ihr ein eiskalter Schauer über den Rücken.

Plötzlich hörte sie Dans Schritte auf der Treppe, und sie schob die Papiere eilig in eine Schublade.

Als er das Zimmer betrat, stand Jenny neben dem Bett und sah ihn mit großen Augen unsicher an. Sie hatten zwei Nächte miteinander verbracht, aber in der ersten hatten sie die ganze Zeit wach gelegen und geredet, und in der zweiten tief und erschöpft geschlafen. Er fragte sich, ob dieser Blick bedeutete, daß sie fürchtete, er könne mehr von ihr wollen oder daß es an der Zeit war für mehr.

Er löschte das Licht, und sie ließen sich gemeinsam auf das Bett sinken, und als sie sich an ihn schmiegte, waren alle Zweifel verschwunden.

»Gott, hab ich dich vermißt«, stöhnte er.

Er drückte seine Lippen auf ihren Mund, und seine Hände wanderten auf vertraute Weise über ihren Körper. Aber ihre ungewohnten Rundungen ließen ihn zurückschrecken – es stand ihm nicht zu, einer schwangeren Frau am Busen zu fummeln. Doch seine Erektion war bretthart, und er rollte sich auf den Rücken, um seiner Begierde Herr zu werden.

Jenny schmiegte sich an ihn und legte ihre Hand fest um seinen Penis.

»Jenny, ich weiß nicht, wie –«

»Schsch«, sagte sie und legte ein Bein über ihn. »Ich weiß, wie.«

Als Dan später tief und fest eingeschlafen war, kuschelte Jenny sich eng an ihn. Ihre Gedanken kreisten um die quälenden Fragen, die sie nicht mehr losließen. Woher hatte Scott das Strategiepapier erhalten? Wer war der Mann, mit dem er jeden Abend telefoniert hatte und den er »Vater« nannte. Und was hatte das alles mit dem Prozeß zu tun, der anscheinend zu einer Intrige gegen Mason gehörte?

Sie wünschte, sie könnte Dan von ihren Ängsten erzählen. Aber er wäre zu schnell bei der Hand, Scott einen Mörder zu nennen, wenn er von all dem wüßte und wenn er erst einmal von Scotts Schuld überzeugt war, würde er alle anderen Beweise zusammentragen und einen Mordprozeß gegen ihn anstrengen, bei dem die Wahrheit keine Chance mehr hätte. Dasselbe hatte er mit Mason gemacht, wenn er es auch noch nicht wußte. Er konnte es nicht wissen, nicht, solange Jenny die einzelnen Puzzlestücke noch nicht zusammengesetzt hatte.

15

Jack Stengel schenkte noch ein Glas Cognac ein und reichte es Cassie, bevor er erneut nach seinem Handy griff. Sie streckte ihre langen Beine aus und blickte gedankenverloren aus dem Seitenfenster der Limousine. Jack hatte einen der jungen Männer aus seiner Kommandozentrale in New York an der Leitung und bellte seine Befehle ins Telefon. Es fiel Cassie manchmal schwer, diesen beinahe wahnsinnigen Tyrannen mit dem geistreichen und gebildeten Mann in Verbindung zu bringen, der ihr seit einigen Monaten in zuvorkommender und zurückhaltender Weise den Hof machte. Er gab ihr das Gefühl, begehrt zu werden, und das gefiel ihr. Seit sie ein kleines Mädchen war, war sie nicht mehr so wunderbar verwöhnt worden.

Daß er sie heute zu der Beerdigung begleitet und sie vor dem Small talk mit all den Masons bewahrt hatte, war wie ein Geschenk des Himmels gewesen. Bis sie ihr gemeinsames Abendessen im Striped Bass beendet hatten, waren auch ihre Sorgen um ihren Vater verflogen. Zwanzig Minuten lang hatten sie sich angeregt über die Macoal-Aktien unterhalten, die ihr eines Tages gehören würden. Jack gab ihr deutlich zu verstehen, daß er großes Interesse an diesen Aktien hatte, machte jedoch kein Hehl daraus, wie sehr er Cassie für ihre Entschlossenheit bewunderte, sie nicht zu verkaufen.

Als sie sich dem Heliport näherten, beendete Jack sein Telefongespräch, aber nicht ohne damit zu drohen, daß er wieder anrufen und die Unterredung fortsetzen würde, sobald er wieder Bodenkontakt hatte. Er drückte eine Taste, um die Leitung zu unterbrechen, dann wandte er sich Cassie zu und nahm sie in die Arme.

»Willst du es dir wegen heute abend nicht noch einmal überlegen?« fragte er.

»Nein, ich kann Daddy nicht allein lassen.«

»Dann werde ich meine Reise nicht länger verschieben.«

»Singapur?«

Er nickte. »Ich nehme morgen früh den ersten Flug von New York.«

Die Limousine hielt an, und Moi stieg aus, um vor der Seitentür in Stellung zu gehen. Er war der einzige Angestellte, den Jack nicht dauernd anherrschte. Andererseits war es auch nicht nötig, ihm Befehle zu erteilen – Moi kam ihm stets zuvor. Jack hatte Cassie einmal erzählt, wie er ihn kennengelernt hatte, eine interessante Geschichte. Sie waren sich in den frühen achtziger Jahren in Saigon begegnet. Jack war am Flughafen, wo er sich mit einigen Regierungsvertretern treffen wollte, um über Ölbohrungsrechte zu verhandeln. Plötzlich sah er einen Jungen, der alle anderen um Haupteslänge überragte, durch den Terminal rennen, einen Trupp Soldaten auf den Fersen. Jack erkundigte sich bei seinem Begleiter nach dem Jungen und erfuhr, daß er zum *bui doi*, dem Staub des Lebens gehörte. Er war der verwaiste Sohn einer Prostituierten und wahrscheinlich eines amerikanischen GI, genannt Moi, was auf vietnamesisch »der Wilde« bedeutete; einen anderen Namen hatte er nie gekannt. Er hatte einen französischen Geschäftsmann zusammengeschlagen und ausgeraubt und versuchte nun, das Land mit den gestohlenen Papieren zu verlassen. Die Soldaten überwältigten ihn und brachten ihn zu Boden, doch nach einigen geschickt angebrachten Bestechungssummen übergaben sie ihn Jack. Er beendete seine Geschichte mit den Worten: »Er ist der beste Fahrer, den ich je hatte«, aber Cassie war klar, daß er wesentlich mehr war als nur Jacks Fahrer.

»Wie lange wirst du weg sein?« fragte sie.

»Vier Tage. Höchstens fünf.«

Cassie fuhr mit der Hand über sein Revers. »Das ist aber lange«, sagte sie. »Vor allem, wenn man bedenkt, was wir heute abend eigentlich vorhatten.«

Er lächelte. Er hatte volle Lippen für einen Mann, ein Merkmal, das sie anfangs unattraktiv gefunden hatte, jedoch als äußerst sinnlich empfand.

»Einer der Vorteile, den mir mein Alter und meine Erfahrung gebracht haben, ist, daß ich die Früchte der Geduld zu schätzen gelernt habe«, sagte er, neigte seinen Kopf und küßte sie.

»Und die Vorfreude zu genießen«, hauchte er.

Moi öffnete die Wagentür. Jack nahm seinen Aktenkoffer und war im nächsten Augenblick verschwunden.

Allein in der Limousine, zog Cassie die Spangen und Nadeln aus ihrem Haar und nahm ihre Ohrringe ab. Sie wünschte, sie hätte Zeit gehabt, sich vor dem Essen umzuziehen. Das schwarze St.-Laurent-Leinenkostüm, das sie für die Beerdigung angezogen hatte, war mittlerweile völlig zerknautscht. Aber um ihre Kleidung zu wechseln, hätte sie in das Haus ihres

Vaters fahren müssen. Sie wollte ihm Jack vorstellen, aber nicht heute, nicht unter den gegebenen Umständen. Er hätte sich ohnehin geweigert, mit ihm zu reden, genauso, wie er sich schon den ganzen Tag geweigert hatte, mit ihr oder auch mit seinem Arzt oder seinem Anwalt zu sprechen.

Als die Limousine vor dem Haus ihres Vaters hielt, stand die Haushälterin bereits mit der Tasche in der Hand in der Tür und wartete ungeduldig darauf, daß sie abgelöst wurde. Ihr Vater war es gewohnt gewesen, daß seine Haushälterinnen bei ihm wohnten, doch neuerdings hatte sich das geändert. Cassie wußte nicht, ob das daran lag, daß er einen Liebhaber hatte, oder daran, daß es ihm daran mangelte. Seine sexuellen Neigungen waren ein Thema, über das sie niemals sprachen, auch nicht in Andeutungen, außer einer gelegentlichen flüchtigen Erwähnung seiner »Situation«. »Curt weiß alles über meine Situation«, hatte er ihr erklärt. »Und er wird nicht zögern, sie publik zu machen, wenn es ihm in den Kram paßt.«

»Wie geht es ihm, Mrs. Hastings?«

»Viel besser«, berichtete sie. »Er hat mich gebeten, ihm ein besonders gutes Abendessen zuzubereiten. Glücklicherweise hatte ich noch ein Stück Steakfleisch im Eisfach. Er hat alles aufgegessen und anschließend noch ein Glas Portwein getrunken.«

»Wo ist er jetzt?«

»Im Bett, glaube ich. Ich habe eben das Badewasser laufen gehört.«

»Also dann, gute Nacht.«

Cassie ging die geschwungene Eichentreppe hinauf in den ersten Stock. In ihrem ehemaligen Zimmer brannte Licht, und sie sah, daß das Bett frisch bezogen und die Decke zurückgeschlagen war. Sie ließ ihre Ohrringe auf die Kommode fallen und schüttelte ihre Schuhe ab, ging jedoch noch zu ihrem Vater, um ihm Gute Nacht zu sagen, bevor sie sich auszog.

»Daddy?« sagte sie und klopfte.

Als keine Reaktion kam, klopfte sie noch einmal und öffnete die Tür. Seine Bettdecke war ebenfalls zurückgeschlagen. Das Bett war unbenutzt.

»Daddy?« rief sie etwas lauter.

Unter der Badezimmertür war Licht zu sehen. Cassie trat näher und klopfte. »Daddy!« rief sie. »Daddy, bist du da drin?«

Sie drückte die Tür auf und unterdrückte einen Aufschrei. Eine Locke war ihm in die Stirn gefallen, die Brille war ihm von der Nase gerutscht, und die Wanne war mit seinem Blut gefüllt.

16

Ein helles Läuten schrillte durch die nächtliche Stille. Dan langte blind nach dem Telefon, aber es stand auf Jennys Seite neben dem Bett, und sie nahm den Hörer als erste ab. Dan hörte einen Aufschrei in der Leitung und spürte, wie Jenny zusammenfuhr.

»Cassie, was ist passiert?«

Dan knipste die Nachttischlampe an und sah, wie Jennys Augen sich weiteten und mit Tränen füllten, während sie zuhörte. »Ja, selbstverständlich. Ich komme sofort.« Sie legte auf.

»Reese Chapman hat sich umgebracht«, sagte sie und warf sich in seine Arme.

»Mein Gott.« Er spürte, wie sie zitterte, und zog sie fester an sich.

Doch im nächsten Augenblick riß sie sich los und sprang aus dem Bett.

»Nein, fahr nicht dorthin«, sagte er.

»Sie hat mich angefleht zu kommen.«

»Das letzte, was sie jetzt braucht, ist ihre Anwältin.«

»Sie braucht eine Freundin, und ich fahre.«

Die Entschlossenheit in ihrem Gesichtsausdruck sagte ihm, daß sein Versuch, sie von ihrem Vorhaben abzubringen, ebenso sinnlos war wie ihr gut gemeinter Entschluß, Cassie helfen

zu wollen. Er stieg aus dem Bett und langte nach seiner Hose.
»Ich bringe dich hin.«

Sie zogen sich hastig an und gingen gemeinsam in den Korridor. Dan steckte den Kopf in Tonys Zimmer. Tony lag schlafend auf dem Rücken, das Laken um die Hüfte gewickelt und einen Arm so weit von sich gestreckt, daß er über der Bettkante hing. Dan zögerte, es widerstrebte ihm, den Jungen allein zu lassen.

»Das Haus wird immer noch observiert«, sagte Jenny, die seine Gedanken erriet. »Es wird ihm nichts passieren.«

Dan war immer noch hin- und hergerissen und blieb noch einen Moment stehen. Dann nickte er und folgte ihr die Treppe hinunter.

Schweigend fuhren sie in rasender Fahrt über Nebenstraßen durch den dunklen Wald zu Chapmans Haus. Hin und wieder räusperte Jenny sich, um ihm einsilbige Anweisungen zu geben. Sie rang die Hände in ihrem Schoß und biß sich immer wieder auf die Lippen, um nicht zu weinen. Dan verfluchte Reese Chapman – nein, alle Chapmans und Masons und vor allem die Sterlings –, verfluchte sie wegen all ihrer idiotischen Streitigkeiten über ihr idiotisches Geld, die irgendwann außer Kontrolle gerieten und Menschen wie Jenny Kummer bereiteten.

Jenny zeigte ihm, in welche Straße er einbiegen mußte. Das Haus brauchte er nicht lange zu suchen, denn es standen bereits ein halbes Dutzend Streifenwagen und Notarztfahrzeuge mit zuckendem Blaulicht in der Einfahrt. Dan parkte vor dem Haus, und Jenny rannte auf die Haustür zu.

Cassie mußte nach ihr Ausschau gehalten haben; sie riß die Tür auf und stürzte sich schluchzend in ihre Arme. Jenny redete tröstend auf sie ein, während sie sie fest an sich drückte. Mitten in der Eingangshalle stand eine mit grünem Tuch bedeckte Bahre. Vorsichtig dirigierte Jenny Cassie in die andere Richtung und führte sie in die Bibliothek. Cassie warf sich auf das Sofa und verbarg ihr Gesicht schluchzend in der gobelinbezogenen Armlehne. Doch nach einer Minute richtete sie sich auf, wischte ihre Augen trocken und sagte: »Würden Sie mal nachsehen, ob dort noch Wodka drin ist?«

Jenny folgte ihrem Blick zu einem in das Bücherregal eingebauten Barfach. Sie goß einen Schluck Wodka in ein Glas. Cassie leerte es in einem Zug und hielt es ihr zum Nachfüllen hin. Mit dem erneut gefüllten Glas setzte Jenny sich zu Cassie auf das Sofa und sah ihr zu, wie sie es austrank.

»Was kann ich für Sie tun?« fragte Jenny. »Soll ich irgend jemanden anrufen?«

»Nein, es gibt niemanden.« Cassie trug immer noch das zerknitterte schwarze Kostüm, und ihre Augen waren von aufgelöster Wimperntusche makaber umrandet. »Es gibt niemanden außer Daddy und mir. Er war der letzte Chapman, wissen Sie. Das heißt, das bin ich jetzt. Es gibt Dutzende von Masons, aber ich glaube kaum, daß einer von ihnen mir zu Hilfe eilen wird.«

»Warum nicht?«

»Überlegen Sie doch mal«, sagte sie bitter. »Das ist doch der Beweis, daß Daddy Curtis ermordet hat. Warum sollte er sich sonst das Leben nehmen?«

»Cassie, besteht kein Zweifel, daß es Selbstmord war?«

»Er hat einen Abschiedsbrief hinterlassen«, erwiderte sie. »›Catherine, Liebling, ich wollte dir nur helfen und nicht weh tun. Bitte, verzeih mir.‹ Ha! Genausogut hätte er sein Geständnis mit Blut schreiben können!« Sie brach erneut in Tränen aus.

Jenny streichelte ihr hilflos die Schulter.

»Welch eine Ironie!« rief Cassie aus. »All diese lächerlichen Streitereien darüber, ob Curtis als Treuhänder zurücktritt. Alles für die Katz, denn bei Daddys Tod wird der Fonds sowieso aufgelöst. Jetzt gehört das Geld mir. Ziemlich witzig, was?«

Sie warf ihren Kopf zurück und lachte schallend.

Jenny trat ans Fenster und lehnte ihre Stirn gegen das Glas. Sie konnte Dan auf der Straße stehen sehen und wäre am liebsten bei ihm gewesen.

Eine Mercedeslimousine fuhr vor und parkte neben Dans Wagen. Jenny wich vom Fenster zurück, als Jack Stengel heraussprang.

Im nächsten Augenblick war seine Stimme in der Eingangshalle zu hören. Jenny konnte nicht verstehen, was er sagte, aber der fordernde Tonfall war unüberhörbar. Cassie hob ihren

Kopf, und als er die Tür aufriß, war sie bereits auf den Füßen.

»Oh, Jack«, jammerte sie und ließ sich in seine Arme sinken.

»Cassie, ich bin sofort zurückgekommen, als ich deine Nachricht –«

Jenny wandte sich ab, doch die Szene spiegelte sich in den Bleiglasfenstern, und Jenny sah, wie Cassie sich an Stengel klammerte, während er ihr über den Rücken streichelte und beruhigend auf sie einredete.

»Jack, kannst du etwas für mich tun?«

»Natürlich. Alles, was du willst.«

»Kauf meine Macoal-Aktien. Du willst sie doch immer noch haben, nicht wahr? Ich werde sie dir verkaufen, alle, sobald wie möglich.«

Jenny fuhr herum. »Cassie, Sie wissen nicht, was Sie sagen –«

»O doch, das weiß ich ganz genau.« Sie löste sich von Stengel und sah Jenny angewidert an. »Ich weiß, daß mein Vater und mein Onkel tot sind, und zwar nur wegen dieser verdammten Aktien, und ich will nichts mehr mit ihnen zu schaffen haben!«

Stengel lehnte sich mit verschränkten Armen gegen das Bücherregal. »Miss Lodge«, sagte er. »Ich hatte Sie noch gar nicht bemerkt.«

»Cassie, warten Sie, bis Sie sich absolut sicher sind«, sagte Jenny. »Vielleicht überlegen Sie es sich doch noch anders, Sie könnten immerhin die Leitung der Firma übernehmen –«

»Ich bin mir sicher«, sagte Cassie. »Und wenn Sie das nicht für mich erledigen wollen, dann wird Walter Boenning das liebend gern übernehmen!« Sie machte einen Schritt auf Stengel zu, stolperte und hielt sich an der Sofalehne fest. »Du wirst mir doch meine Aktien abkaufen, nicht wahr, Jack?«

»Natürlich, wenn du das möchtest.«

»O Gott«, stöhnte Cassie. »Würde mich bitte jemand ins Bett bringen?«

Dan stand an die Kühlerhaube seines Wagens gelehnt, als er Jenny zurück in die Eingangshalle kommen sah. Sie schob sich an der Bahre vorbei und trat wütend auf ein paar Sanitäter zu, die mit ihrem Papierkram beschäftigt waren. »Bringen Sie dieses Ding hinaus, und zwar sofort«, herrschte sie sie an. »Ich werde Mrs. vonBerg jetzt nach oben bringen, und ich möchte, daß dieses Ding hier verschwindet.«

Dan richtete sich auf. In diesem Augenblick hatte er Jennys zweites Ich wiedererkannt, die stolze, hochmütige Frau, die er vor Monaten im Tanzstudio gesehen hatte, die, in die er sich als nächstes verlieben würde, wie er damals erkannt hatte.

»Das ist ja 'n Ding, daß ich dich hier antreffe«, sagte Mike diMaio, der mit den Händen in den Hosentaschen auf Dan zuschlenderte.

Dan sah ihn wenig überrascht an. »Dasselbe könnte ich von dir sagen. Für einen Bullen aus Philadelphia, der sich auf Wirtschaftskriminalität spezialisiert hat, bist du ja ziemlich vielseitig interessiert.«

Mike wippte auf den Fußballen. »Du hältst es also für reinen Zufall, daß diese beiden Typen gleich nach dem Prozeß ins Gras beißen.«

»Ich hab's aufgegeben, mir darauf einen Reim zu machen.«

»Yeah, ich wünschte, das könnte ich auch.«

Sie sahen schweigend zu, wie zwei Sanitäter die Bahre aus dem Haus und über den Rasen schoben, um sie dann in den Ambulanzwagen zu laden.

»Wie würdest du das denn nennen?«

»Gestern ist Chapman vom Bezirksstaatsanwalt verhört worden. Sein einziges Alibi war die Aussage seiner Haushälterin, und er hat die ganze Zeit über vor Angst gezittert. Jetzt bringt er sich um. Der Staatsanwalt muß doch annehmen, daß er seinen Mann beim Wickel hatte. Ein guter Selbstmord ist besser als jedes Geständnis, das jederzeit widerrufen werden kann.«

»War es denn ein guter?«

»Der Alte hat 'ne Menge Stil bewiesen«, sagte Mike. »Er hat sich in der Badewanne die Pulsadern aufgeschnitten, so wie die alten Römer es früher gemacht haben. Aber er hat es in Schlips und Kragen getan, um nur ja keinen Anstoß zu erregen.«

Durch die offene Haustür sah Dan Jenny wieder durch die Eingangshalle gehen, diesmal zusammen mit Chapmans Tochter. Mike sah, wie er sie beobachtete. »Was hat Jenny dazu gesagt?«
»Sie weiß überhaupt nichts. Sie ist nur hier als Freundin.«
Mike zuckte die Achseln. »Da gibt es noch was, das ich dir sagen wollte. Deine Mutter und deine Schwester finden es ziemlich merkwürdig, was sich hier abspielt, daß du mit dem Jungen da rausgezogen bist und all das. Sie wollen diese Kleine dringend kennenlernen.«
Jenny durchquerte die Halle, und einen Augenblick lang kam sie ins Licht und war von der Seite zu sehen, bevor sie die Treppe hinaufstieg.
»Ich würde allerdings noch 'ne Weile damit warten, wenn ich du wäre«, fügte er hinzu.
Dan fuhr herum. Er war wütend, obwohl von dem verächtlichen Grinsen, das er erwartet hatte, keine Spur zu sehen war.
»Das Baby ist von mir«, fauchte er.
Mike blinzelte und trat einen Schritt zurück.
»Erwartest du etwa, daß ich dir gratuliere?« fragte er schließlich angewidert. »Da, wo ich herkomme, ist das kein Grund, stolz zu sein, wenn man ein anständiges Mädchen schwängert.«
Dan hatte ganz vergessen, was für ein altmodischer Gentleman Mike sein konnte. Plötzlich kam ihm ihre ganze Unterhaltung völlig lächerlich vor. Er wandte sich ab, um nicht laut loszulachen, und drehte sich dann wieder zu Mike um. »Und wir werden heiraten«, verkündete er.
Mike grinste und streckte ihm seine Hand entgegen: »Gratuliere!«

Jenny beobachtete die beiden von einem Schlafzimmerfenster im ersten Stock aus und wunderte sich über all das Händeschütteln und Schulterklopfen. Detektive diMaio schien ein ganz netter Kerl zu sein, aber er machte sie nervös, denn er bemerkte all die kleinen Dinge, die außer ihr und ihm niemandem aufzufallen schienen. Es war, als könne er ihre

Gedanken lesen, und solange sie nicht wußte, wohin ihre Überlegungen führen würden, wollte sie sie mit niemandem teilen.

Während sie das Geschehen vor dem Haus beobachtete, bemerkte sie, wie Jack Stengel plötzlich mit schnellen Schritten auf seine Limousine zuging. Sein Chauffeur war augenblicklich auf den Füßen und reichte ihm ein Handy. Stengel wandte sich ab, um zu telefonieren, während Moi hinter ihm in Stellung ging, so als müsse er seinen Rücken bewachen.

»Sie hätten Daddy kennen sollen, als er noch jung war«, murmelte Cassie vom Bett aus.

Jenny ging zu ihr hinüber und schob sich einen Stuhl neben das Bett. Cassie lag in ihrer Unterwäsche da, und die schwarze Seide hob sich krass gegen die weißen Laken ab. Jenny nahm eine rosafarbene Mohairdecke und deckte sie damit zu.

»Als ich noch ein kleines Mädchen war – vor ungefähr zwanzig Jahren –, blieben die Leute auf der Straße stehen und starrten ihm nach. Er war der *master of the hunt*, und die Kinder im Reitclub hingen immer um ihn herum und versuchten alle, seine Aufmerksamkeit zu erhaschen. Er war wie der Rattenfänger. Und er sah so gut aus! Er kam auf den Hof geritten, aufrecht in den Steigbügeln, und dann hat er sich vom Pferd geschwungen und mich hochgehoben und mich immer wieder um sich herumgewirbelt.«

Cassie schlug ihren Kopf auf dem Kissen hin und her, als würde sie immer noch herumgewirbelt.

»Und das Schönste war, daß ich die einzige war, die ihm gehörte! Ich war diejenige, mit der er abends nach Hause ging. Oh, ich konnte mir gut vorstellen, wie meine Mutter sich in ihn verliebt hat. Selbst nachdem ich die Wahrheit erfahren hatte, konnte ich es immer noch verstehen.«

Ein paar Minuten lang murmelte sie noch unzusammenhängende Sätze vor sich hin, bis ihr Kopf schließlich auf das Kissen rollte und ihr Atem ruhig und regelmäßig wurde.

»Cassie«, flüsterte Jenny. Sie wartete einen Moment ab und flüsterte noch einmal ihren Namen.

»Schläft sie?«

Jack Stengel stand in der Tür, seine schwarzen Augenbrauen unter seinem silbernen Haarschopf hochgezogen.

»Nein, sie ist betrunken«, sagte Jenny. »Sie war auch betrunken, als sie Ihnen ihre Aktien zum Kauf angeboten hat. Morgen früh wird sie anders darüber denken.«

»Zweifellos, nachdem sie sich mit ihrer Anwältin beraten hat?«

»Zweifellos«, wiederholte Jenny knapp.

»Das ist nur fair«, sagte Stengel. »Sie führen Ihre Kampagne und ich meine. Möge der Bessere gewinnen.«

Jenny eilte an ihm vorbei und die Treppe hinunter. Als sie vor das Haus trat, warf sie einen Blick nach oben auf das Fenster von Cassies Schlafzimmer und sah, wie Stengels Schatten sich dahinter bewegte. Böse Vorahnungen liefen ihr wie ein Schauer über den Rücken, als sie sich zum Gehen wandte.

Plötzlich blieb sie wie angewurzelt stehen. In den Schlußstein über dem Eingang war ein Wappen eingemeißelt, das einen sich aufbäumenden Hengst und eine Taube enthielt. Ihre Gedanken rasten wie wild durcheinander, und ihr schmerzte der Kopf bei dem Versuch, sie zu sortieren. Es ergab einfach alles keinen Sinn.

Dan kam über den Rasen gelaufen, und Jenny ging auf ihn zu. Der tiefdunkle Nachthimmel wurde allmählich abgelöst von den grauen Nebelschwaden der Morgendämmerung, die von Osten her aufzogen. Jenny wünschte sich nichts sehnlicher, als mit Dan nach Hause zu fahren und für den Rest der Nacht eng umschlungen mit ihm im Bett zu liegen.

Der Fahrer des Ambulanzwagens ließ den Motor an, und Jenny sah zu, wie der Wagen zurücksetzte. Seine Scheinwerfer glitten über Chapmans MG, und plötzlich wußte Jenny, wo sie ihn schon einmal gesehen hatte. Gleichzeitig hörte sie in Gedanken Scotts Stimme fragen: »Glaubst du etwa, es war Zufall, daß wir uns damals im Regen auf der Straße begegnet sind?«

»O Gott«, stöhnte sie und vergrub ihr Gesicht in Dans Schulter.

17

Am Samstag schlief Jenny bis nach Mittag, und selbst, als Dan ihr zuflüsterte, er würde mit Tony ins Schwimmbad fahren, kam sie nicht richtig zu sich. Sie schlief immer wieder ein, stets aufs Neue von wirren Träumen verfolgt, und auch in ihren Wachphasen konnte sie keinen klaren Gedanken fassen. Sie sah Bilder vor sich von einem sich aufbäumenden Hengst und einer Taube auf einem massiven Schlußstein und auf einer alten Taschenuhr; von einem Mann, der von seinem grünen Sportwagen aus telefonierte und sie von der Autobahn hinunter bis auf eine kleine Landstraße jagte, wo niemand sie finden konnte, es sei denn, jemand gab ihm genaue Anweisungen; von Reese Chapman, der unerwartet im Gerichtssaal auftauchte und immer noch dort war, nachdem die Anwälte gegangen waren; und von einem Stapel Papiere in Scotts Nachttisch, die aussahen wie Abzüge von Fotonegativen.

Als Dan und Charlie Duncan Chapman im Januar über den Vorfall benachrichtigten, hatte er behauptet, er kenne keinen Scott Sterling, und ihnen geraten, sich an den Treuhänder zu wenden. Aber Cassie hatte ihr erzählt, sie kenne Scott schon seit der Zeit, als sie reiten gelernt hatte. Scott war bei allen Veranstaltungen des Reitclubs zugegen gewesen, und Chapman war der *master of the hunt*. Also kannten sich Scott und Chapman, und zwar seit zwanzig Jahren, aber aus irgendeinem Grund hatten sie es geheimgehalten.

Dan hatte einmal gesagt, die Befragung von Scott sei so reibungslos gelaufen, als hätten sie aus demselben Drehbuch gelesen, und nun stellte sich heraus, daß dies tatsächlich der Fall gewesen war. Es war ein Drehbuch, von Dan verfaßt, von Chapman gestohlen und bei seinen abendlichen Telefongesprächen mit Scott einstudiert.

In diesem Gerichtssaal haben sich schon manche Dramen abgespielt, mit gutem und mit schlechtem Ende, hatte Chapman damals zu Jenny gesagt. Dieses Drama hatte er selbst inszeniert, und es würde kein gutes Ende nehmen. Dans harterkämpfter Sieg war gar kein Sieg gewesen; er war ihm von Reese Chapman in einer Art unheiligem Bund mit Scott auf einem silbernen Tablett gereicht worden.

Jenny wußte nicht, was sie Dan sagen sollte. Er glaubte schon jetzt, daß Scott sich irgendeines Verbrechens schuldig gemacht hatte, und sie konnte ihm da nicht weiterhelfen. Sie konnte ihm sagen, daß Curtis Mason Scotts Opfer war und nicht umgekehrt, aber nur, wenn öffentliche Bloßstellung ein Verbrechen war. Sie konnte Dan sagen, daß der Prozeß ein abgekartetes Spiel gewesen war und daß er nur als kleiner Bauer in ihrem Spiel fungiert hatte – aber genau das würde sie niemals fertigbringen.

Am späten Nachmittag raffte sie sich endlich aus dem Bett auf und ging nach unten. Sie schenkte sich ein Glas Eistee ein und drückte es an ihre Wange. Es war einfach zu heiß im Haus. Eigentlich völlig verrückt, in einem Haus zu wohnen, in dem es im Winter zu kalt und im Sommer zu heiß war und wo im Frühling und im Herbst eimerweise Regenwasser durch das Dach sickerte. Sie sollte froh sein, daß sie es bald los sein würde.

Es klingelte. »Wer ist da?« fragte sie, ohne zu öffnen.

»Mike diMaio«, erhielt sie zur Antwort. »Und gut, daß sie sich vergewissern.«

Sie machte die Tür auf. »Wieso?«

»Die Observierungsleute werden abgezogen«, sagte er und deutete auf das zivile Polizeifahrzeug, das langsam aus seinem Versteck zwischen den Bäumen rollte.

»Weil Scott nicht mehr unter Verdacht steht«, sagte sie, während sie den Wagen beobachtete.

»Zum zweiten Mal innerhalb eines Monats macht Scotty sich strafbar und kommt ungeschoren davon.«

»Ich fürchte, Dan ist nicht hier.«

»Ich hatte gehofft, wir könnten uns kurz miteinander unterhalten«, sagte Mike.

»Klar.« Sie wandte sich ihm abrupt zu. »Kann ich Ihnen einen Eistee anbieten? Oder sonst etwas Kaltes zu trinken?«
»Tee klingt gut.«
Sie goß noch ein Glas ein und reichte es ihm.
»Also, ich freue mich für Scott«, sagte Jenny. »Ich wußte, er konnte es nicht getan haben. Aber um die Wahrheit zu sagen, ich kann mir auch nicht vorstellen, daß Chapman es getan hat.«
»Der Mann hatte eine Menge Geheimnisse.«
»Sie meinen, weil er homosexuell war? Aber das hat doch nichts –«
»Das war er nicht«, sagte Mike gereizt.
Sie sah ihn überrascht an. »Ich weiß nicht, was Sie meinen.«
Er atmete tief aus. »Hören Sie, ich sage Ihnen das ganz inoffiziell, denn niemand will das an die große Glocke hängen, aber wir haben gestern einen Stapel Kinderpornos in seinem Haus gefunden.«
»Na ja –«
Er hielt abwehrend eine Hand hoch. »Das ist noch nicht alles. Er hatte sein ganzes Haus mit Mikrofonen und Kameras bestückt. Unter den Videos sind eine ganze Reihe, auf denen Chapman zu sehen ist, wie er's mit kleinen Jungs treibt. Er war, was man gemeinhin einen Kinderschänder nennt.«
»O mein Gott«, entfuhr es Jenny, die Mike mit großen Augen anstarrte. Chapman war nicht homosexuell, er war ein Päderast. Cassie hatte alles falsch verstanden.
»Hier ist also meine Theorie«, sagte Mike, während er Jenny aufmerksam beobachtete. »Mason hat Chapmans Problem gekannt und ihm gedroht, ihn zu ruinieren, falls er nicht spurte. Mason hat von ihm verlangt, sein Recht, das Testament anzufechten, nicht in Anspruch zu nehmen, und Chapman hat gehorcht, obwohl es ihn ein Drittel seines Vermögens gekostet hat. Mason hat ihm befohlen, den Mund zu halten, als zwei Millionen Dollar aus dem Fonds auf Masons Konto auftauchten, und Chapman hat den Mund gehalten. Aber Chapmans Langmut hatte ihre Grenzen, und als Mason sich weigerte, von seinem Posten als Treuhänder zurückzutreten, ist Chapman durchgedreht.«

»Und nach all dem bringt er sich um?«

Mike zuckte die Achseln. »Manchmal weiß man erst, wie schwer es ist, mit einer Schuld zu leben, nachdem man die Tat begangen hat.«

Aber Jenny mußte daran denken, wie Chapman am Tag zuvor in seinem verdunkelten Zimmer mit tränenüberströmtem Gesicht dagesessen hatte. Es war mehr als Schuld. Es war, als hätte ihm etwas das Herz gebrochen. Und so etwas tat niemand sich selbst an; so etwas wurde einem zugefügt.

»Ich habe immer noch das Gefühl«, sagte Mike lauernd, »daß Sie einiges wissen, was ich nicht weiß.«

Jenny holte tief Luft und erwiderte seinen Blick.

»Ich weiß nur eins«, sagte sie. »Jack Stengel hat irgend etwas mit der Sache zu tun.«

Mike legte seinen Kopf schief. »Na, das ist ja was ganz Neues. Erzählen Sie mal.«

»Letztes Jahr hat Stengel mit aggressivsten Mitteln versucht, Macoal zu übernehmen. Mason hat ihm die Tour vermasselt, und Stengel hat sich zurückgezogen, um sich seine Wunden zu lecken. Aber in diesem Jahr ist er wieder auf der Bildfläche erschienen und hat angefangen, ganze Pakete von Macoal-Aktien aufzukaufen. Und er hat angefangen, Catherine Chapman den Hof zu machen. Eins von zwei Dingen mußte geschehen, damit Stengel an Catherines Aktien kommen konnte: entweder mußte Mason von seinem Posten als Treuhänder gedrängt werden, oder Chapman mußte sterben. Beides passierte innerhalb einer Woche. Und letzte Nacht hat Cassie sich bereit erklärt, Stengel ihre Aktien zu verkaufen.«

»Ich werde der Sache nachgehen«, sagte Mike und trank sein Glas aus. »Aber ich würde sagen, Stengel hat einfach verdammt viel Glück gehabt, es sei denn, er hat sellbst dafür gesorgt, daß diese beiden Dinge passierten.«

Jenny schüttelte den Kopf. »Er hat irgend etwas damit zu tun, ich weiß es.«

»An Ihrer Stelle würde ich die Finger davon lassen. Unter den gegebenen Umständen.«

Seine Stimme war plötzlich ganz weich geworden, und Jenny sah ihn überrascht an.

Er zuckte wie zur Entschuldigung die Achseln. »Hey, ich weiß ja, daß es eigentlich ein Geheimnis sein soll, aber ich möchte Ihnen und Dan trotzdem gratulieren.«

»Danke, Mike«, sagte sie lächelnd.

»Wir werden miteinander verwandt sein, wissen Sie.«

»Ich weiß. Und es freut mich.«

»Wann ist es denn soweit?«

»Irgendwann in den nächsten Wochen. Dan muß erst noch eine außergerichtliche Anhörung hinter sich bringen.«

»Beeilen Sie sich lieber. Ich bin nicht besonders gut darin, Geheimnisse für mich zu behalten.« Er trug sein leeres Glas in die Küche. »Ich muß jetzt los. Grüßen Sie die Jungs von mir.«

»Mach ich. Tschüß, Mike.«

Jenny sah ihm vom Fenster aus nach. Die Baumwipfel leuchteten grüngolden in der Morgensonne, und am Waldrand graste friedlich eine Hirschkuh. Es war kaum zu glauben, daß da draußen irgendeine Bedrohung lauern sollte, und wenn Mike recht hatte, gab es auch keine.

Sie hoffte, daß er recht behielt. Sie hatten genug Sorgen, sie und Dan. Sie mußten ein Haus finden, ihre Hochzeit und ihre Hochzeitsreise planen und sich auf die Ankunft des Babys vorbereiten. Das war mehr als genug. Wenn Mike mit dem Stand der Dinge zufrieden war, dann war sie es auch.

Wenn sie nur wüßte, wo Scott war.

18

Cassies Anweisungen waren eindeutig: Die Beerdigung ihres Vaters sollte am frühen Sonntag morgen in aller Stille stattfinden, und nur sie selbst und der Pfarrer sollten daran teilnehmen.

Der Sonntag war wieder ein heißer, wolkenloser Tag. Seit sie aufgewacht war, mußte Jenny ständig an Cassie denken und an ihren Vater, der so ein problematischer Mensch gewesen war, bis sie es am Nachmittag nicht mehr aushielt und Cassie anrief.

Die Haushälterin nahm den Anruf entgegen.

»Oh, Miss Lodge«, sagte sie. »Miss Chapman hat mich gebeten, Ihnen etwas auszurichten. Sie ist für ein paar Tage in Mr. Stengels Strandhaus gefahren, und sie wird sich bald bei Ihnen melden.«

Jenny ärgerte sich. Stengel hatte bereits mit seiner Kampagne losgelegt und sich obendrein einen unfairen Vorteil verschafft, indem er Cassie in sein privates Urlaubsdomizil gelotst hatte.

»Wo liegt Mr. Stengels Strandhaus?« Wenn es sein mußte, konnte sie sich einen Tag freimachen und an die Küste fahren.

»Auf den Fidji-Inseln«, erwiderte Mrs. Hastings.

An jenem Abend gingen Dan und Tony nach draußen, um Fangen zu spielen. Jenny sah ihnen durch das Küchenfenster zu, während sie das Geschirr spülte. Der Hund rannte zwischen den beiden hin und her und sprang immer wieder in die Luft, so als versuchte er, sie zu einer Pause zu zwingen. In dem alten Hartriegelbusch saß die Taube, die das Spiel ebenfalls zu beobachten schien.

Jenny fiel ein, daß der Vogel frisches Wasser brauchte. Sie füllte ein Glas und brachte es in den Vorratsraum, wohin die Taube sich immer noch gern zum Schlafen zurückzog. Nichts hinderte sie daran, sich selbst ihr Futter und Wasser zu suchen, aber Jenny machte es Spaß, sie weiterhin zu verhätscheln, und sie ließ es sich gefallen.

Eine Weile stand sie in dem modrigen, halbdunklen Raum und dachte daran, wie Scott in die Kiste gelangt hatte und die Taube ohne zu zögern auf seine Hand gehüpft war. Damals hatte sie ihn für einen warmherzigen, feinfühligen Mann gehalten, und trotz allem, was sie seitdem herausgefunden hatte, tat sie das immer noch. Für Jenny waren sie selbst und Scott zwei verwundete Tauben gewesen, doch jetzt wußte sie, daß Scotts

Wunden viel tiefer gingen, und fürchtete, daß sie unheilbar waren. Was sollte er sonst für einen Grund haben, nicht zurückzukehren?

Sie ging zurück in die Küche, um das Geschirr fertig abzuwaschen. Gedankenverloren stand sie, mit beiden Armen bis zu den Ellbogen im Schaum, vor der Spüle. Dan bemerkte sie am Fenster. Während Tony und der Hund weiter ausgelassen im Gras herumtollten, kam er herein und legte seine Arme um sie.

Als sie keine Reaktion zeigte, drehte er sie zu sich um. »Was ist los?«

Sie blickte zu ihm auf, in das Gesicht, das sie so liebte, und wünschte, sie könnte ihm alles sagen.

Sein Blick verdüsterte sich. »Hast du etwa von Scott gehört?«

»Nein, es ist nur – ich dachte gerade – Dan, was würdest du tun, wenn du einen Prozeß im juristischen Sinn gewonnen hättest und wüßtest, daß es im moralischen Sinn eine Niederlage war?«

Er lehnte sich zurück und sah sie skeptisch an. »Du denkst an Gordon St. James, nicht wahr?«

Das stimmte nicht, doch ihr wurde mit Bestürzung klar, wie sehr das auch auf diesen Fall zutraf.

»Solange du nicht wissentlich zu einem Fehlurteil beigetragen hast, solltest du dir nicht den Kopf darüber zerbrechen«, sagte Dan. »Du hast deinen Fall aufgebaut, die Verteidigung hat ihren Fall aufgebaut, und die Geschworenen haben das Urteil gefällt.«

»Aber was ist, wenn die Wahrheit niemals an den Tag kommt?«

Er küßte ihren Hals. »Du warst damals eine frischgebackene Anwältin, und es war dein erster Fall. Wenn du erst mehr Erfahrung hast, wird dir so etwas nicht mehr passieren.«

Sie betrachtete sein Gesicht, das sie immer wieder als umwerfend schön empfand, und sie wußte, daß es ihm das Herz brechen würde, wenn er die Wahrheit über Reese

Chapman und Scott Sterling erführe. Sie legte ihre seifennassen Hände in seinen Nacken und zog seinen Mund an ihren.

19

Am Montag nachmittag traf ein Eilbrief in Jennys Büro ein. Er war auf Cassies persönlichem, mit ihrer Privatadresse versehenen Briefpapier geschrieben, aber im Ausland abgestempelt.
»Liebe Jenny«, stand da in Cassies eleganter Handschrift. »Ich habe über den Verkauf meiner Macoal-Aktien nachgedacht und bin zu dem Schluß gekommen, daß meine erste Entscheidung die richtige war. Ich möchte den Transfer all meiner Aktien an Jack Stengel unverzüglich in die Wege leiten. Seine Anwälte werden sich zur Vorbereitung der notwendigen Unterlagen mit Ihnen in Verbindung setzen. Eine Kopie dieses Briefes geht an Walter Boenning mit der Bitte, meinem Wunsch zu entsprechen und diese Angelegenheit in Ihre Hände zu legen. Herzlichst, Catherine Chapman.«
Stengel hatte das Spiel gewonnen, noch bevor Jenny ihren ersten Zug hatte tun können.

Am Dienstag erhielt Jenny einen Anruf von Mike diMaio. »Ich bin dem Tip nachgegangen, den Sie mir über Jack Stengel gegeben haben«, sagte er. »Sieht so aus, als ob Sie auf der falschen Fährte wären.«
»Wieso?«
»Er ist nicht derjenige, der die Macoal-Aktien aufkauft.«
»Aber wer –«
»Curtis Mason. Sein Anwalt, Barlow, hat uns die Informationen gegeben. Es war seine kleine Versicherungspolice für den Fall, daß Sie es geschafft hätten, ihn von seinem Posten als Treuhänder zu vertreiben.«

»Das verstehe ich nicht.«

»Wie ich schon sagte, Stengel hat einfach Schwein gehabt.«

»Aber er könnte doch trotzdem dahinter stecken –«

»Hören Sie, Jenny«, sagte er. »Sie haben was Besseres zu tun, als sich darüber den Kopf zu zerbrechen.«

Mike hatte recht, sagte Jenny sich immer wieder. Sie hatte über wichtigere Dinge nachzudenken. Die Aktien gehörten Cassie, sie konnte damit tun, was sie wollte, und wenn sie verkaufen wollte, stand es Jenny nicht zu, sie davon abzuhalten. Die Macoal-Aktien wurden unterbewertet, womöglich würde Cassie keinen großen Gewinn erzielen, aber das war ihre Sache. Welchen Unterschied machte für sie schon eine halbe Million mehr oder weniger? Während ihrer langen Gespräche im Laufe des Sommers hatte Cassie großes Interesse daran gezeigt, der Firma eine neue Richtung zu geben, aber Jenny konnte es verstehen, wenn ihr Eifer versiegt war. Vielleicht wünschte Cassie sich nichts so sehr wie einen neuen Anfang ohne Macoal, und ein Sack voll Bargeld von Stengel würde ihr den ermöglichen.

Sie beschloß, sich Mikes Rat zu Herzen zu nehmen und die Sache laufen zu lassen. Doch es würde ihr noch leichter fallen, wenn sie wüßte, wo Scott war.

Ein paar Tage später erhielt Jenny einen Anruf von einem jungen Anwalt aus der Kanzlei von Marvin Glasser, einem Mann namens Josh Berman, der ihr erklärte, er habe den Auftrag, sich mit ihr wegen des Aktiengeschäfts in Verbindung zu setzen. Sein Mandant hatte sich bereits mit ihrer Mandantin über den Preis verständigt. Er würde ihr den Vertragsentwurf zuschicken, sie solle ihn unterzeichnen und zurücksenden, und wie wäre es mit dem zweiundzwanzigsten September als Datum für den Vertragsabschluß.

Sie trug den Termin ein und schickte eine Notiz an Walt Boenning.

Am Nachmittag erschien er in ihrer Tür. »Ich möchte Ihnen gratulieren.«

»Wozu?«

»Dazu, daß Sie ein großes Geschäft für uns abwickeln, na-

türlich. Das könnte noch größere Geschäfte nach sich ziehen.«
»Ich sehe nicht, wie das geschehen sollte. Cassie zieht sich aus der Firma zurück. Wahrscheinlich wird sie ihr Geld in die Hände eines Investmentmanagers legen und den Rest ihres Lebens damit verbringen, sich an der Riviera zu sonnen.«
»Es könnte zu Geschäften mit Stengel führen«, sagte Boenning spitz. »Wenn er Macoal erst einmal übernommen hat, wird er sich einen Anwalt in Philadelphia suchen. Leisten Sie gute Arbeit bei dieser Transaktion, faire Arbeit, und womöglich werden wir ihn in Zukunft als unseren Mandanten gewinnen.«
Jenny erwiderte nichts. Falls Jack Stengel der Mandant sein sollte, den Boenning mitnehmen wollte, wenn er die Kanzlei verließ, hatte sie nichts dagegen einzuwenden.

20

Am folgenden Mittwoch trafen Dan und Jenny sich zum Mittagessen im Summerhouse. Er erwartete sie unter der Markise vor dem Lokal, als sie atemlos eintraf. Er nahm sie in den Arm und küßte sie. Die Leute, die auf dem Gehweg an ihnen vorbeigingen, warfen ihnen freundliche Blicke zu und lächelten über dieses verliebte Paar, das so unübersehbar guter Hoffnung war.
»Wartest du schon lange?« fragte Jenny, als er sie in das Restaurant führte.
»Fast mein ganzes Leben lang«, erwiderte er grinsend.
Sie bestellten ihre Sandwiches und trugen ihre Tabletts zu einem Tisch in einer Ecke des Raums, die durch ein Holzgitter abgetrennt war, um den Eindruck einer Gartenlaube zu erwecken. »Wie war das Spiel heute morgen?« fragte sie, als sie sich setzten.

»Wir haben gewonnen, aber Tony haben wir das nicht zu verdanken«, sagte Dan. »Du solltest ihn mal spielen sehen. Er ist einfach nicht zu bremsen. Er muß immer nur am Ball sein, und wenn er ihn einmal hat, kriegt er um sich herum nichts mehr mit. Er hat wahrscheinlich zwei gute Torchancen verpaßt, ohne es zu merken.«
»Laß mich raten«, sagte Jenny. »Er hat mehr Tore geschossen als alle anderen.«
»Ja, aber darum geht es nicht –«
»Es geht darum, daß du zuviel von ihm verlangst, Dan.«
Dan gab ihr mit einem Achselzucken recht und biß in sein Sandwich. Er war heute ohne Brille; er schien sie in letzter Zeit überhaupt nicht mehr aufzusetzen.
»Genug Small talk, das ist ein Geschäftsessen.« Er langte in seine Brusttasche.
»Ist deinem Antrag auf Offenlegung stattgegeben worden?«
»Ja. Die Termine für die außergerichtliche Anhörung stehen fest. Hast du deinen Kalender?«
»Klar.« Jenny nahm ihren Terminkalender aus ihrer Handtasche.
»Wie wär's mit der Woche nach Labor Day?« fragte er, während er in seinem Kalender blätterte.
Sie schüttelte den Kopf. »Ich habe am sechsten eine Anhörung über einen Antrag auf Beschleunigung eines Verfahrens. Aber in der Woche vom elften habe ich keine Termine.«
»Geht nicht. Ich hab am dreizehnten eine außergerichtliche Anhörung in der Stadt. Und dann bin ich vom achtzehnten bis zum zweiundzwanzigsten eine ganze Woche lang in Buffalo.«
»Das trifft sich gut. Am zweiundzwanzigsten ist Vertragsabschluß in der Macoal-Sache.«
»Und in der Woche danach?«
»Da hab ich die ganze Woche frei.«
»Also dann am Samstag, dem dreiundzwanzigsten?« Er kaute auf seiner Unterlippe. »Das wird aber ziemlich knapp.«
»Dann bleiben uns immer noch fünf Wochen, bis das Baby

kommt«, sagte sie. »Und es ist die einzige Woche, in der wir auf Hochzeitsreise gehen können.«

»Also abgemacht.« Dan trug den Termin ein. Plötzlich mußte er lachen. »Ist dir eigentlich klar, wie lächerlich das alles ist?«

»Ja, aber es wird noch viel lächerlicher, wenn wir erst einmal anfangen, einen Termin für die Geburt des Babies festzulegen.«

»Wenn es soweit ist, werfe ich meinen Terminkalender weg.«

Er beugte sich zu ihr hinüber, um ihr einen Kuß zu geben, und als er sich wieder zurücklehnte, fiel sein Blick auf ihren Kalender. »Was ist das?« fragte er und deutete auf einen Eintrag für den nächsten Abend, der lautete: »Kursus, Bryn-Mawr-Krankenhaus« und war durchgestrichen.

»Oh.« Sie errötete und klappte den Kalender zu. »Das ist der Geburtsvorbereitungskurs. Du weißt schon, Lamaze.«

»Warum hast du es durchgestrichen?«

»Ich –« Sie räusperte sich. »Man kann nur mit einem Partner daran teilnehmen, also hab ich mich wieder abgemeldet.«

Er legte seine Hand auf ihre. »Melde dich wieder an.«

Sie sah ihn mit leuchtenden Augen an.

»Nächster Tagesordnungspunkt«, sagte er und zog ein paar zusammengefaltete Blätter aus seiner Brusttasche.

»Was ist das?«

»Der Immobilienmakler hat mir ein paar Angebote zugefaxt, die wir uns einmal ansehen sollten.«

Jenny seufzte.

»Komm schon«, sagte er lachend. »Wenn wir noch lange warten, werden sie das Haus noch unter unserem Hintern abreißen.«

»Ich weiß«, sagte sie. »Ich wünschte nur...« Sie sprach ihren Satz nicht zu Ende.

»Hör zu. Was hältst du davon, wenn wir uns die neuen Häuser mal ansehen, die da draußen gebaut werden?«

»Der Dundee-Wohnpark? Ach, Dan, die sind irrsinnig teuer.«

»Hey, ich heirate eine reiche Anwältin«, zog er sie auf. »Also, was hältst du davon?«

»Ich weiß nicht. Vielleicht.«
»Aber es begeistert dich nicht, was?«
Sie starrte ihn an. Die neuen Häuser, die auf den Ruinen des alten Herrenhauses gebaut wurden, hatten sie immer irgendwie traurig gemacht, doch diese Traurigkeit würde bestimmt nicht in ein Haus eindringen, das sie und Dan gemeinsam bewohnen würden. »Mich begeistert alles, was mit dir zu tun hat«, sagte sie.
Seine Augen leuchteten auf. »Das gefällt mir.«
Nachdem sie ihre Mahlzeit beendet hatten, erhoben sie sich widerstrebend und bahnten sich ihren Weg an den Tischen vorbei bis zur Tür.
Plötzlich hörte Jenny ein vertrautes Juchzen. Sie fuhr herum und sah nur noch eine schwarze, lockige Mähne auf sich zustürzen.
»Leslie!«
»Jenny! O mein Gott!« Leslie drückte sie erst kurz an sich und schob sie dann von sich fort. »Sieh dich bloß an!« rief sie aus und starrte, ihrer eigenen Aufforderung folgend, auf Jennys Bauch.
»Leslie, wie schön, dich zu sehen. Wie geht es dir?«
Leslies Blick wanderte von Jenny zu Dan, der unbeholfen neben ihr stand.
»Oh, entschuldige«, stieß Jenny hervor. »Leslie, das ist Dan Casella. Dan, das ist meine Freundin Leslie Maitland.«
Sie schüttelten sich die Hände, und Leslies Augen leuchteten vor Neugier, als sie Jenny wieder ansah. »Kommt doch kurz mit rüber und sagt Bruce guten Tag.«
Bruce sprang auf, als sie an den Tisch traten. Nachdem die Männer einander vorgestellt worden waren, wandte Bruce sich an Jenny. »Hast du irgendwas von Scott gehört?«
Sie schüttelte den Kopf. »Nein, du?«
»Nichts. Auch seine Eltern und seine Exfrau haben nichts von ihm gehört.«
»Es ergibt einfach keinen Sinn«, sagte Leslie. »Er hat doch von niemandem mehr Ärger zu erwarten. Wieso kommt er nicht zurück?«

»Ich weiß es nicht.« Plötzlich bemerkte Jenny, daß Dan stocksteif neben ihr stand. »Wir müssen uns beeilen«, sagte sie. »Aber es hat mich gefreut, euch beide noch mal zu sehen.«

»Laß uns bald wieder zusammenkommen«, sagte Leslie und nahm Jenny noch einmal kurz in die Arme, bevor sie sich zum Gehen wandte.

Draußen nahm Dan ihre Hand, ging jedoch schweigend neben ihr her, als sie sich auf den Weg machten. Jenny wußte, daß die Erwähnung von Scotts Namen ihn in diese Stimmung versetzt hatte.

»Hast du noch eine Stunde Zeit?« fragte er, als sie an der Ecke ankamen.

»Ich denke ja. Warum?«

»Laß uns jetzt gleich zum Rathaus gehen und das Aufgebot bestellen.«

Jenny nickte, und sie bogen um die Ecke.

21

Der Vertrag über den Aktienverkauf wurde Jenny gegen Ende der Woche von der Kanzlei Marvin Glasser zugestellt. Die Transaktion erwies sich als äußerst kompliziert. Cassies Aktien sollten zunächst aus dem Fonds an eine Kapitalgesellschaft übertragen werden, die Cassie allein gehörte und die zu dem einzigen Zweck gegründet wurde, die Aktien für einen kurzen Moment aufzunehmen, bevor sie an eine weitere Kapitalgesellschaft gingen, die einem von Stengels Vertrauensleuten gehörte. Sodann sollten die Aktien an eine dritte, neu zu gründende Kapitalgesellschaft verkauft werden, die Stengel und einigen seiner Investoren gehörte.

Jenny und Cynthia Lehmann waren tagelang damit beschäftigt, die Modalitäten der Transaktion aufzuschlüsseln, und brauchten dann noch einmal mehrere Tage, um den Vertrag so umzuformulieren, daß Cassie den größtmöglichen Gewinn mit diesem Geschäft machte. Mit roten Markierungen versehene Entwürfe wurden zwischen Jennys und Glassers Kanzlei hin- und hergefaxt. Als Jenny endlich mit dem Ergebnis zufrieden war, ließ sie Cassie den Vertragsentwurf durch einen Boten zustellen. Cassie schickte die Unterlagen mit nur einem Kommentar versehen zurück: Ihr Name lautete jetzt Catherine M. Chapman, denn ihre Scheidung war rechtskräftig geworden.

Man kam überein, daß der Vertragsabschluß in Philadelphia stattfinden sollte, und Jenny reservierte für den zweiundzwanzigsten einen Konferenzsaal in ihrer Kanzlei.

»Wir sollten den Vertrag lieber in ihren Computer einspeisen«, sagte Glassers Kollege Josh Berman zu Jenny in der Woche vor Vertragsabschluß. »Es gibt immer irgendwelche Änderungen in letzter Minute, und die müssen in Ihrer Kanzlei vorgenommen werden.«

Am Mittwoch nachmittag wurden drei Versuche unternommen, die Dokumente per Modem in das Computersystem bei Jackson, Rieders einzugeben, aber jedesmal ging irgend etwas schief.

»Hören Sie«, sagte Jenny, als Berman sich am anderen Ende der Leitung frustriert die Haare raufte. »Packen Sie doch einfach das Ganze auf Diskette und schicken es mir per Expreß.«

Die Diskette traf am Donnerstag morgen mit der Post ein, einen Tag vor Vertragsabschluß, und um sicher zu gehen, daß es keine Schwierigkeiten mit der Kompatibilität geben würde, lud Jenny die Daten auf ihren PC und rief das Inhaltsverzeichnis auf.

Sofort fiel ihr auf, daß etwas nicht stimmte. Laut ihren Unterlagen müßten für die Unterzeichnung des Vertrages zwölf verschiedene Dokumente vorliegen, aber auf der Diskette befanden sich zwanzig. Es mußte sich um Duplikate handeln oder frühere Entwürfe, die eigentlich längst hätten gelöscht werden müssen.

Jenny holte jedes einzelne Dokument auf ihren Bildschirm und verglich es mühsam Wort für Wort mit ihrem Ausdruck. Alles stimmte genau überein, bis sie an das zehnte Dokument

kam. Es war ein Vertrag über den Transfer der korrekten Anzahl von Akten der Macoal Corporation, wie vorgesehen, zwischen der Kapitalgesellschaft von Stengels Vertrauensmann als *Käuferin* und *M. Reese Chapman als Verkäufer.*
Zunächst hielt Jenny es für einen Tippfehler, doch der Name M. Reese Chapman tauchte im gesamten Dokument auf, sogar unter den gepunkteten Unterschriftslinien. Sie ging zurück zur ersten Seite und las den zweiten Abschnitt. »M. Reese Chapman, der am _____ 1995 zum Treuhänder des Elizabeth-Mason-Chapman-Fonds ernannt wurde...«
Die Zeilen verschwammen vor Jennys Augen. Reese Chapman war nie zum Treuhänder ernannt worden, und er hätte niemals der potentielle Verkäufer der Aktien sein können, da er schon tot war, als die Verkaufsverhandlungen begonnen hatten.

Jenny schloß die Datei und ging zurück ins Inhaltsverzeichnis, um das Erstellungsdatum des Vertrags zu überprüfen. Unter den sauber aufgelisteten Daten, die alle in den Monat September fielen, war es deutlich zu lesen: 9. Januar 1995.

Das Datum lag mehr als acht Monate zurück. Vor Scotts Geständnis, vor dem Skandal, bevor überhaupt irgend etwas den Fonds erschüttert hatte. Im Januar war Curtis Mason noch Treuhänder gewesen, und Jack Stengel die Aktien zu verkaufen war das letzte, was er getan hätte.

Jenny griff zum Telefonhörer und wählte die Nummer des Hauses in Haverford. »Miss Chapman ist nicht zu Hause«, sagte Mrs. Hastings.

»Hier spricht ihre Anwältin, Jennifer Lodge. Wann erwarten Sie sie zurück?«

»Nicht vor heute abend.«

Jenny biß sich auf die Lippe. »Wissen Sie vielleicht, wo ich sie erreichen kann? Ich muß sie unbedingt noch heute sprechen, es ist äußerst wichtig.«

»Nein, tut mir leid.«

»Bitte richten Sie ihr aus, sie möchte mich sobald wie möglich zurückrufen, wenn sie nach Hause kommt. Im Büro oder zu Hause. Es ist dringend.«

Jenny legte auf und erhob sich mühsam von ihrem Sessel. Sie drückte den Rücken durch, um das Gewicht ihres Bauchs auszugleichen. Sie ging zur Tür nebenan und klopfte kurz, bevor sie die Tür zu Boennings Büro öffnete.

»Oh, verzeihen sie.«

»Was gibt's?« herrschte Boenning sie an.

Jenny war plötzlich alles klar. Es war das Startkapital für Boennings neue Kanzlei. Er würde bald aus der Kanzlei Jackson, Rieders ausscheiden, und er würde Marilyn mitnehmen und wer weiß, wen sonst noch alles. Aber natürlich wußte Jenny, wen er noch mitnehmen würde. Es war Cassie Chapman oder auch Jack Stengel, wer von beiden auch immer sich als lukrativerer Mandant erweisen würde.

Ihre Worte blieben ihr im Hals stecken. »Ich – ich wollte Sie nur an den Vertragsabschluß morgen früh erinnern«, stammelte sie.

»Ich werde dort sein«, sagte er.

Jenny ging zurück in ihr Büro und steckte Bermans Diskette in ihre Aktentasche, bevor sie sich auf den Heimweg machte.

22

Dan war wegen einer außergerichtlichen Anhörung die ganze Woche über in Buffalo, also holte Jenny Tony nach seinem Fußballspiel von der Schule ab. Die Alexander School hatte einen weiteren Sieg errungen, und Tony sprudelte nur so über das Spiel, das Team, sich selbst. Ab und zu ein aufmunterndes Lächeln, ein »Wirklich?« oder ein »Hmhmm« reichten aus, und er hörte den ganzen Heimweg über nicht auf zu erzählen.

Jenny hatte insgeheim gehofft, daß Dan früher als geplant aus Buffalo zurückkommen, daß sein Auto vor der Remise stehen und er die Tür aufreißen würde, sobald er das Motorengeräusch ihres Autos hörte. Wenn das alles eingetroffen wäre, hätte sie sich in seine Arme geworfen und ihm alles erzählt, vom Anfang bis zum Ende, und sie hätte nicht einmal eine Pause gemacht, um Atem zu holen. Aber Sam war der einzige, der sie begrüßte, und auch wenn er das mit einem freudigen Bellen tat, konnte das Jenny nicht beruhigen.

Sie kochte Hähnchengeschnetzeltes zum Abendessen, und Tony, von Dan ermahnt, sich während seiner Abwesenheit im Haus nützlich zu machen, schnippelte das Gemüse. Er war ausgelassen und machte sich einen Spaß daraus, Paprikaschoten in die Luft zu werfen und sie mit dem Messer wieder aufzuspießen. Jenny gab sich alle Mühe, über seine Clownereien zu lachen.

Doch es gelang ihr nicht, die Fassade während des Abendessens aufrechtzuerhalten, und schließlich fiel es Tony auf.

»Stimmt irgendwas nicht, Jenny?« fragte er, als er den Tisch abräumte.

Sie rang sich ein schwaches Lächeln ab und schüttelte den Kopf. »Mir gehen nur so viele Dinge durch den Kopf. Bürokram.«

Er nickte; so etwas war er gewohnt. »Dann laß ich dich wohl besser in Ruhe«, sagte er. »Ich werd ein bißchen in die Glotze gucken.«

Er schaltete MTV ein und machte es sich auf dem Sofa bequem. Jenny ließ die Spüle voll Wasser laufen. Ein Rockvideo mit einem harten, hämmernden Rhythmus dröhnte aus dem Fernseher, und ein dumpfer Schmerz begann in Jennys Schläfen zu pochen.

»Tony, könntest du das ein bißchen leiser machen, bitte?« sagte sie, doch er konnte sie bei der lauten Musik nicht hören. Sie drehte den Wasserhahn auf kalt und erfrischte sich das Gesicht mit ein paar Handvoll Wasser.

Als sie mit dem Abwasch fertig war, schleppte sie sich mühsam die Treppe hinauf und ließ sich der Länge nach auf ihr Bett fallen. Die Musik, die von unten heraufdrang, schwoll zu einem ohrenbetäubenden Kreischen an. Cassie war bei Jack Stengel, da gab es gar keinen Zweifel, und das bedeutete, sie würde heute abend vielleicht überhaupt nicht in das Haus ihres Vaters zurückkehren. Morgen früh würde Jenny womöglich kaum fünf Minuten Zeit haben, um ihr alles zu erklären, und als sie überlegte, wie sie Cassie innerhalb von fünf Minuten klarmachen sollte, daß Stengel drauf und dran war, sie übers Ohr zu hauen, wurden ihre Kopfschmerzen nur noch unerträglicher.

Das Telefon läutete. Jenny richtete sich unbeholfen auf und nahm den Hörer ab.

»Jenny.«

»Dan!« rief sie.

»Hör zu, wir haben gerade Pause, ich hab nur eine Minute Zeit. Ich wollte nur mal hören, wie es dir geht.«

Nur eine Minute, und sie wußte noch nicht einmal, wie sie Cassie alles in fünf Minuten erklären sollte. »Ich hatte gehofft, du würdest schon heute abend nach Hause kommen.« Die Rockmusik nahm immer schrillere Töne an, und Jenny drückte den Hörer fest an ihr Ohr.

»Ich gebe die Hoffnung nicht auf«, sagte Dan. »Mein Kontrahent möchte die Anhörung unterbrechen und morgen früh weitermachen. Ihm fällt nichts mehr ein, und er hofft, daß ihm über Nacht die Erleuchtung kommt. Aber ich hab gesagt, wir machen heute so lange weiter, bis wir fertig sind. Jetzt soll jeder der Beteiligten noch mal über seine Position nachdenken. Wenn wir zu keiner Einigung kommen, werden wir den Richter anrufen und eine richterliche Entscheidung verlangen.«

»Ich drück dir die Daumen«, sagte sie. Vielleicht würde er es doch noch heute abend schaffen; vielleicht konnte er sie davon überzeugen, daß sie sich alles einbildete und daß sie sich keine Sorgen zu machen brauchte.

»Was ist los, mein Schatz? Du hörst dich ziemlich deprimiert an.«

Etwas Glänzendes schimmerte auf ihrem Nachttisch. Sie lehnte sich vor, um zu sehen, was es war. »Ich vermisse dich«, sagte sie.

Es war eine alte Taschenuhr.

»Ich vermisse dich auch.«

Sie nahm die Taschenuhr in die Hand.

»In achtundvierzig Stunden werden wir verheiratet und auf unserer Hochzeitsreise sein«, sagte Dan.

Scott war hier gewesen, heute, in diesem Zimmer, und er hatte eine Nachricht hinterlassen, die nur Jenny verstehen konnte.

»Ich kann an gar nichts anderes mehr denken«, murmelte sie.

Die Uhr schien in ihrer Faust zu glühen; die Gravur brannte ihr in die Haut. Ein Wappen mit einem sich aufbäumenden Hengst in einem Viertelkreis und einer Taube in einem anderen.

»Ich liebe dich, Jenny.«

»Ich liebe dich auch.«

Die Musik von unten ließ den Fußboden vibrieren und dröhnte in ihrem Schädel. Jenny legte den Hörer auf, öffnete ihre Faust und starrte die Taschenuhr an. Sie erinnerte sich daran, wo sie sie zuletzt gesehen hatte, und begriff plötzlich, daß dies Scotts Nachricht war – dort würde er auf sie warten.

Sie griff nach ihrem Autoschlüssel, schlüpfte in ihre Schuhe und lief die Treppe hinunter. Als sie unten ankam, hörte das Rockvideo abrupt auf, und in der unvermittelt eintretenden Stille drehte Tony sich um und sah sie fragend an.

»Ich muß noch mal weg«, sagte sie.

Er nickte und wandte sich wieder dem Bildschirm zu.

23

Jenny stieg in ihren Wagen. Von der Coventry Road bog sie scharf nach rechts in die Canterbury Lane ab und raste an all den neuen Häusern vorbei bis ans Ende der Sackgasse oben auf dem Hügel. Sie wendete, parkte ihr Auto in umgekehrter Richtung und schaltete den Motor ab.

Hinter ihr war niemand zu sehen außer einem der neuen Hausbesitzer, der seinen Rasen sprengte, und einem Dachdecker, der auf dem Dach eines der unfertigen Häuser Überstunden machte.

Sie stieg aus und machte sich auf den Weg quer durch das Feld, der untergehenden Sonne entgegen. Als Scott sie einmal hier entlanggeführt hatte, waren sie durch kniehohes, weiches Gras gegangen. Jetzt, im September, mußte sie sich Schritt für Schritt durch hüfthohes Gestrüpp kämpfen. Dornen zerrissen ihre Strumpfhose und kratzten die Haut an ihren Beinen auf, doch sie watete unbeirrt weiter, bis sie an die Stelle kam, wo die alten Eichen standen.

»Ich hatte immer das Gefühl, eine Kirche zu betreten«, hatte er gesagt, doch heute wußte sie, daß es nicht der rechte Weg gewesen war, den er gewählt hatte.

Sie folgte dem Pfad aus dem Wald hinaus und an den eingezäunten Wiesen vorbei, bis zu dem alten Pferdestall. Sie fühlte sich vor Hitze und Erschöpfung leicht benommen, doch sie ging unbeirrt weiter, über die staubige Koppel und in den Stall.

Die halbhohen Türen an den Pferdeboxen waren alle geschlossen, und nur durch winzige Astlöcher und kleine Risse in den Planken drang ein wenig Licht in den Stall. Sie blieb stehen und atmete die stickige Luft ein, die immer noch nach Pferd roch, bis ihre Augen sich an das Halbdunkel gewöhnt hatten. Dann ging sie tiefer in den Stall hinein, vorbei an dem Raum, in dem das Pferdegeschirr aufbewahrt wurde, und an der Leiter, die zu dem Heuboden hinaufführte, bis ans hintere Ende, wo die Boxen aufhörten.

»Scott«, flüsterte sie.

In einer der Boxen zu ihrer Rechten hörte sie ein leises Rascheln.

»Scott?« sagte sie noch einmal, diesmal etwas lauter.

Eine Gestalt erhob sich lautlos aus der Dunkelheit.

»Scott.« Ihre Stimme zitterte, und sie holte tief Luft, um sich zu beruhigen. »Ich hab dir deinen Glücksbringer mitgebracht.« Mit der flachen Hand hielt sie ihm die Uhr hin, die in dem gedämpften Licht leicht schimmerte.

Er trat auf sie zu und nahm ihre ausgestreckte Hand. »Du hast meine Nachricht bekommen«, sagte er mit erstickter Stimme. »Du bist gekommen.«

Er hatte sich verändert, seit er verschwunden war. Ein dunkler Bart bedeckte sein Kinn, und sein Gesicht war sonnengebräunt. Sein struppiges, ungepflegtes Haar wurde von einem Tuch gehalten, das er sich wie ein Indianer um die Stirn gebunden hatte. Er trug ein zerschlissenes Hemd und Jeans.

»Ich wußte, daß du kommen würdest«, sagte er und vergrub sein Gesicht in ihren Haaren.

»Scott, ich bin gekommen, um dich mitzunehmen.«

»Ich kann nicht zurückgehen, Jenny, das weißt du.«

»Aber ich bin nur aus diesem Grund gekommen.«

Er hob seinen Kopf. »Wenn das stimmte, dann hättest du Casella oder diMaio mitgebracht.«

»Das konnte ich nicht. Sie wissen nicht, was ich weiß.«

Er ließ sie los und trat einen Schritt zurück, das Gesicht zu dem alten gerissenen Grinsen verzogen. »Ha, Jenny, du weißt doch auch nichts.«

Als er sich abwandte, wurde er einen kurzen Augenblick lang von einem Strahl der untergehenden Sonne erfaßt. Über seinem Gürtel war ein Pistolengriff aus stumpfem, dunklem Metall zu sehen.

Jenny unterdrückte einen Aufschrei. »Ich weiß fast alles, Scott, und ich weiß, daß du dein Leben aufs Spiel setzt, wenn du versuchst, diese Waffe zu benutzen. Bitte, komm mit mir.«

Er schien sie gar nicht zu hören. Er ging bis ans Ende der Box, öffnete die Tür einen Spaltbreit und starrte über die Koppel hinweg zu dem Hügel hinüber.

»Du willst dich doch der Polizei stellen«, sagte Jenny. »Deswegen hast du mich gebeten zu kommen.«

»Nein, das war nicht der Grund.« Er zog die Tür zu und kam in der Dunkelheit auf sie zu. »Ich mußte einfach wissen – stimmt das mit Reese?«

»Ja. Er hat sich das Leben genommen.«

Scott stöhnte leise auf und ließ sich im Stroh auf die Knie fallen.

»Hat er – hat er noch irgendwas gesagt?« flüsterte er. »Oder einen Abschiedsbrief hinterlassen?«

»Nur einen an Cassie. Er hat dich überhaupt nicht erwähnt.« Er schlug seine Hände vors Gesicht.

»Komm mit mir, bitte, Scott. Der Bezirksstaatsanwalt wird sich auf einen Handel mit dir einlassen, wenn du gestehst, ich weiß es.«

Er hörte ihr nicht zu. Er nahm seine Hände von seinem Gesicht und ließ seinen Blick durch den Stall schweifen, so als wisse er nicht, wo er war. Er stand auf, blickte nach rechts und links den Mittelgang hinunter und sah sich dann erneut in der Box um, in der er sich befand.

»Hier ist es passiert, nicht wahr?« fragte Jenny, seine Gedanken erratend.

Er drehte sich um und starrte sie an.

»Hierher hat Reese dich gebracht, als du zwölf Jahre alt warst, und er der *master of the hunt* war.«

Panik lag plötzlich in seinen Augen. »Woher weißt du das? Ich habe nie jemandem davon erzählt, ich habe nie –«

»Das hat Reese dir immer eingeschärft, nicht wahr? ›Erzähle nie jemandem davon.‹«

»Woher weißt du das?«

Jenny atmete langsam aus und setzte sich neben ihn ins Stroh. »Ach, Scott, das sagen Männer wie er immer zu ihren Opfern.«

»Nein, du hast das falsch verstanden«, sagte er. »Er war *mein* Opfer.«

Sie faßte ihn an der Hand und zog ihn neben sich auf den Boden. »Auf welche Weise war er dein Opfer?«

»Er hatte ein Auge auf mich geworfen, und ich wußte es und hab es ausgenutzt. Eines Tages hab ich ihm beim Abhalftern geholfen. Er sagte, ich hätte mir eine besondere Belohnung verdient, und dann hat er mich mit hierher in diese Box genommen.«

Erneut sah er sich in der Box um. »Sie ist jetzt kleiner«, sagte er. »Sie sieht anders aus als früher.«

»Scott, was auch immer hier geschehen ist, war nicht deine Schuld.«

»Ich war völlig verblüfft, als er plötzlich seine Hose aufknöpfte. Man muß sich vorstellen, wie er damals war. Er war wie ein Gott für uns Kinder. Alles, was ich dachte, war, warum macht er das bloß und was könnte da für mich drin sein. Und dann hab ich mich von ihm ficken lassen.« Jenny biß sich auf die Lippe und drückte seine Hand ganz fest.

»Hinterher hat er geweint. Ich konnte es nicht fassen. Dieser Gott, der *master of the hunt* – er weinte! Er sagte, es täte ihm leid, er könne nichts dafür, und ich dürfte niemandem ein Sterbenswort darüber erzählen. Dann hat er seine Brieftasche gezückt. Mit zitternden Händen hat er einen Geldschein nach dem anderen herausgenommen. Sie flogen überall herum, fielen ins Stroh, und ich hab mich auf sie gestürzt und jeden einzelnen eingesammelt. Ich hatte keine blasse Ahnung, was sein Problem war. Aber ich hatte kapiert, daß nicht ich es war, der nach seiner Aufmerksamkeit dürstete, sondern er lechzte nach meiner.

Von da an hatte ich ihn in der Hand.«

Jenny mußte an den zwölfjährigen Jungen auf dem Foto denken, den Jungen, der sich um nichts anderes hätte sorgen sollen als die nächste Pferdeshow, der ein privilegiertes, erfülltes Leben vor sich hatte – und dessen Leben ruiniert worden war, weil ein kranker Mann ein Auge auf ihn geworfen hatte.

»Wie ist die Sache denn ausgegangen?« fragte sie.

»Eines Tages ist er rauh gewesen. Er hat mich verletzt, und ich mußte zum Arzt. Er hat mir eine Geschichte zurechtgelegt, die ich zu Hause erzählen sollte, daß ich allein durch den Wald geritten sei und ein Fremder mich vom Pferd gerissen und mir das angetan hätte. Reese versprach mir, er würde bis an mein Lebensende für mich sorgen, wenn ich mich an diese Geschichte hielt. Er hat mir die Taschenuhr seines Vaters geschenkt und gesagt, sie sei das Pfand für seinen heiligen Schwur.

Ich hab alles so gemacht, wie er es von mir verlangt hat, aber mein alter Herr hat mir die Geschichte nicht abgekauft. Er wußte, daß irgendwas nicht stimmte, und er hat mich gezwun-

gen, mit dem Reiten aufzuhören. Danach hab ich mich nicht mehr mit Reese getroffen.
Aber immer, wenn ich Geld brauchte, hab ich ihn angerufen, und er hat es immer irgendwie aufgetrieben. Er hatte viel zuviel Angst, um mir meine Forderungen abzuschlagen.«
»Nein, das war keine Erpressung«, sagte Jenny. »Er hat es getan, weil er dich liebte.«
Scott schüttelte abwehrend den Kopf.
»Er hat dich bis zum Schluß geschützt«, sagte sie. »Er hat deinen Namen nie erwähnt. Er hat einfach in seinem dunklen Zimmer gesessen, und die Tränen liefen ihm über das Gesicht, als hätte ihm jemand das Herz gebrochen.«
Scott sprang auf. »Ich habe nie gewollt, daß es so endet!« Er öffnete die Tür einen Spaltbreit und spähte erneut auf den Hof hinaus.
»Natürlich hast du das nicht gewollt«, sagte Jenny. »Und darum mußt du zurückkommen. Du mußt erklären, daß der Plan nichts anderes vorsah, als Mason zum Rücktritt von seinem Posten als Treuhänder zu zwingen, damit Chapman die Aktien an Stengel verkaufen konnte. Es ist von Anfang an Chapmans Plan gewesen.«
Scott ließ sich neben ihr ins Stroh fallen und stützte das Kinn auf seinen Knien auf. »Reese hatte alle möglichen Pläne. Er hat mir gesagt, ich sollte mich bei Onkel Curt einschmeicheln, dann wäre ich ein gemachter Mann. Aber es hat nicht geklappt – und Reese hat keinen Finger krumm gemacht, um mir zu helfen. Reese' Frau, diese alte Hexe, hat ihn immer total kurzgehalten, er konnte mir nie viel geben, aber er hat mir immer versprochen, mir eine riesige Abfindung zu zahlen, wenn sie erst mal tot war.
Na ja, du weißt ja, was daraus geworden ist – sie hat ihn so gut wie enterbt.«
Einhunderttausend Dollar an Bareinzahlungen, und alles weg, erinnerte sich Jenny, und Scotts Frau, eine reiche Erbin, hatte sich von ihm scheiden lassen, und Harding & McMann hatten ihn nicht zum Partner gewählt. Im letzten Sommer hatte er Bargeld dringender gebraucht als je zuvor. Und Reese

Chapman war bereit, alles zu tun, um es für ihn aufzutreiben; er hatte Scott bis zum Schluß leidenschaftlich geliebt, lange nachdem die sexuelle Anziehungskraft erloschen war.

»Der Fonds enthielt genug Macoal-Aktien, um die Majorität über die Firma zu gewährleisten –«

»Und Stengel war bereit, für diese Majorität zu bezahlen«, sagte Jenny.

»Er hatte zehn Millionen für die Aktien geboten. Das ist weit über dem Marktwert, so daß eine Menge für Cassie übriggeblieben wäre. Und er wollte Reese dafür, daß er ihm das Geschäft ermöglichte, zusätzlich sechs Millionen schwarz unter der Hand bezahlen, und die Hälfte davon hatte Reese mir versprochen.«

»Aber Chapman konnte das Geschäft nur über die Bühne bringen«, sagte Jenny, »wenn er Mason als Treuhänder loswurde.«

»Wir wußten zwei Dinge über Onkel Curt. Er wollte nicht mit Kleinscheiß behelligt werden, und er war geldgeil.«

»Und du hast ihn überredet, dir die Verwaltung des Fonds anzuvertrauen.«

»Dieser Teil war ganz leicht«, sagte Scott. »Es war viel schwieriger, ihn dazu zu bringen, daß er mir sein persönliches Wertpapierkonto anvertraute. Aber Reese hat Phantasieportfolios zusammengestellt, um ihm zu zeigen, was für Profite er gemacht hätte, wenn er die richtigen Entscheidungen getroffen hätte, und Onkel Curt ist voll drauf reingefallen.«

»Und er hat wirklich geglaubt, er würde Gewinne erzielen, nicht wahr? Er ist nie auf die Idee gekommen, die zwei Millionen könnten aus dem Fonds stammen.«

»Natürlich nicht.«

»Scott, wie konntest du nur so ein Risiko eingehen? Du hast gestanden, schweren Diebstahl begangen zu haben – du hättest im Gefängnis landen können!«

»Solange nichts von dem Geld bei mir hängenblieb, wäre ich nie ins Gefängnis gewandert. Ich hätte meine Zulassung als Anwalt verlieren können, na und? Ich hätte doch drei Millionen Dollar in der Tasche gehabt! Ich hätte bis an mein Lebensende nie mehr irgendein Scheißtestament beurkunden müssen.«

Das war also Chapmans Plan gewesen, begriff Jenny. Als Scott sein Geständnis ablegte, hatte er Mason in einen schweren Interessenkonflikt gestürzt. Er hätte sofort als Treuhänder zurücktreten sollen. Chapman wäre zu seinem Nachfolger ernannt worden, und der Verkauf der Macoal-Aktien an Stengel wäre im Januar zum Abschluß gekommen, genau wie in dem Vertragsentwurf vorgesehen.

»Aber Mason hat sich geweigert zurückzutreten«, sagte Jenny.

»Reese hatte noch einen Ersatzplan.«

Diesen Teil kannte Jenny auch, denn Dan Casella hatte die Hauptrolle in dem Ersatzplan gespielt. Die beste Verteidigung für Harding & McMann war der Angriff gegen Curtis Mason. Dan hatte mit seinen Bemühungen, seinen Mandanten aus der Sache herauszuschlagen, Chapman direkt in die Hände gespielt.

»Das hat uns aufgehalten«, sagte Scott. »Aber wenn wir eine Beschleunigung des Verfahrens durchsetzen konnten, machte das nichts, denn Stengel hatte versprochen, sein Angebot bis zum Jahresende aufrechtzuhalten.«

»Aber selbst nach dem Prozeß hat Mason sich immer noch geweigert zurückzutreten.«

»Dieser verdammte Idiot!« fluchte Scott. »Nach allem was geschehen war, nachdem sein Hund erschossen worden war, nach all den telefonischen Morddrohungen – wollte dieser blöde Hund immer noch nicht aufgeben.«

Jenny konnte ihm nicht mehr folgen. Masons Hund war an dem Wochenende des Schneesturms bei einer Zufallsscheißerei getötet worden, die mit all dem nichts zu tun hatte. »Was hast du über den Hund gesagt?«

»Ich hab ihm eine Warnung verpaßt.«

Scott hatte die Todesdrohungen gemacht? Scott hatte den Hund erschossen? »Ich verstehe nicht –«

»Reese hat mir auf einmal überhaupt nichts mehr erzählt«, fuhr er wütend fort. »Ich wußte noch nicht mal, daß Onkel Curt sich weigerte, von seinem Posten zurückzutreten, bis ich es an dem Tag im Krankenhaus von dir erfahren habe. Er hat mir kein Wort davon gesagt.«

Jenny erinnerte sich an seinen Zornesausbruch auf dem Parkplatz. Sie dachte damals, er hätte sich über sie geärgert, aber seine Wut hatte Chapman gegolten.

»Ich nehme an, er wollte dich aus allem heraushalten, was er weiterhin vorhatte.«

»Nein, du kapierst überhaupt nichts. Er hatte den Mut verloren. Er hatte gar nichts vor.«

»Scott, er hatte vor, Mason zu ermorden!«

Plötzlich herrschte völlige Stille. Alles, was Jenny sah, waren seine von seinem Bart und seinen Haaren umrahmten Augen, die sie kalt anstarrten.

»Ach, Jenny«, sagte er schließlich. »Ich hab dir ja gesagt, daß du keine Ahnung hast.«

Sie schüttelte so heftig den Kopf, daß alles vor ihren Augen verschwamm. »Scott, du warst an dem Abend zu Hause, du warst bei mir – du hast das Abendessen gekocht!«

Er sah sie mit leerem Blick an. »Glaubst du vielleicht, nur China-Restaurants hätten einen Außer-Haus-Service?«

Diesmal konnte Jenny ihren Aufschrei nicht unterdrücken. Scott stürzte auf sie zu, packte ihre Schultern so fest, daß sie jeden einzelnen seiner Finger spürte.

»Ich mußte es tun!« brüllte er. »Wir waren zu weit gegangen. Chapman ließ mich am ausgestreckten Arm verhungern! Was hatte ich denn für eine Wahl?«

Sie hatte sich geirrt. Er hatte das Haus an jenem Abend tatsächlich verlassen, er war in Masons Büro gefahren und auf dem Heimweg hatte er bei einem französischen Restaurant haltgemacht, um das Abendessen abzuholen, während sie geglaubt hatte, er hätte Stunden damit zugebracht, es zuzubereiten. Er hatte einen Mann ermordet, den er Onkel nannte, und war dann nach Hause gekommen, um ihr einen Heiratsantrag zu machen.

Jenny zwang sich, nicht zu schreien. »Ja, du hattest keine andere Wahl«, sagte sie. »Es war deine einzige Möglichkeit.«

Sie nahm ihn in die Arme. Als seine Hände sich entspannten, ließ sie sich in das Stroh sinken, zog seinen Kopf an ihre Brust und streichelte ihm über das Haar. Er lag schwer auf ihr und schluchzte mit zuckenden Schultern.

24

Die kleinen Lichtpunkte in den hölzernen Wänden verschwanden langsam, gingen eins nach dem anderen aus wie verlöschende Kerzenflammen. Draußen huben die Grillen und Frösche zu ihrem nächtlichen Gesang an, und im Wald rief eine Eule.

Scott lag schwer auf Jenny. Der Pistolengriff drückte sich schmerzvoll in ihre Seite. Er war nur wenige Zentimeter von ihren Fingerspitzen entfernt, aber sie konnte sie nicht benutzen, und er wußte, daß sie es nicht fertigbringen würde abzudrücken. Sie hatte keine Chance, seine Gefangennahme zu bewerkstelligen oder ihn dazu zu bringen, daß er sich freiwillig stellte. Sie konnte lediglich versuchen, selbst heil zu entkommen. Aber bis zu ihrem Auto müßte sie fast einen Kilometer zurücklegen, über teilweise schwieriges Gelände, und sie war in keiner Verfassung für einen Wettlauf.

»Scott«, sagte sie leise und versuchte, sich unter ihm in eine bequemere Position zu manövrieren.

Wie auf Kommando sprang er auf und lief an die Tür, um in die Dunkelheit zu spähen.

»Die Polizei sucht nicht mehr nach dir, Scott. Sie halten Chapman für den Täter, und du hast nichts von ihnen zu befürchten. Du brauchst keine Angst zu haben, weder vor ihnen noch vor mir.«

Er lachte höhnisch auf. »Du glaubst, ich verstecke mich vor den Bullen? Glaubst du das wirklich?«

»Aber vor wem –«

»Stengel. Oder besser, Moi.«

»Der Chauffeur?«

»Na ja, das ist jedenfalls der Job, den er tagsüber ausübt.«

»Aber wieso?«

»Stengel hat nie vorgehabt, die sechs Millionen zu zahlen. Reese wußte das. Warum sollte er auch? Was hätten wir denn tun sollen, ihn verklagen? Aber Reese hatte vorgesorgt. Er hatte ungefähr drei Stunden Stengel auf Video aufgezeichnet, wie er die Einzelheiten des Deals aushandelt.«

Jenny erinnerte sich daran, daß Chapmans Haus von oben bis unten verdrahtet und mit versteckten Mikrophonen und Kameras ausgestattet war, und sie erinnerte sich an das Päckchen, das für Scott abgegeben wurde, den wattierten Umschlag, den sie in sein Zimmer gelegt und nie wieder gesehen hatte.

»Er hat dir das Band geschickt, damit du Stengel erpressen kannst?«

»Ich hab mit ihm telefoniert, ich hab ihn gleich nach Onkel Curts Tod angerufen und ihm gesagt, hör zu, wir haben unseren Teil der Abmachung eingehalten, und laß dir bloß nicht einfallen, dich zu drücken, denn wenn du das tust, dann kriegen die Bullen und das FBI ein Paket mit ein paar netten Videos von mir.

Er sagte, okay, kein Problem. Aber als ich an dem Abend das Haus verlassen hab, da ist mir jemand gefolgt. Ich hab ihn abgehängt und bin zurückgeschlichen, und es war Moi. Seitdem ist er hinter mir her.«

»Aber er will doch nur das Video, oder?«

»Ich würde sagen, er wird das vernichten, was er als erstes findet, mich oder das Video.«

»Dann gib ihm doch einfach das Video! Wo hast du es?«

»An einem Ort, wo es sicher aufgehoben ist«, erwiderte er grinsend.

Jenny wollte nur noch weg, fort von ihm. Sie stand mühsam auf.

»Du kannst dich doch nicht ewig verstecken, Scott. Wenn du dich schon nicht der Polizei stellen willst, laß mich dich wenigstens irgendwohin fahren.«

Er starrte sie an. »Würdest du mich zum Flughafen bringen?«

»Na klar.«

»Nicht Philadelphia«, sagte er. »Newark.«
»Wenn du willst.«
»Okay.«
Scott hob seinen Rucksack vom Boden auf und schlang ihn sich über die Schulter. Er faßte Jenny bei der Hand und ging mit ihr durch den stockdunklen Korridor zur vorderen Stalltür. Im fahlen Licht der Sterne gingen sie durch die Wiese den Hügel hinauf auf das Wäldchen zu. Jenny stolperte und schrie leise auf.
»Schsch!« zischte Scott, und in der plötzlich eintretenden Stille hörten sie ein Geräusch.
Gleich darauf war wieder alles still. Sie sahen einander an, keiner von ihnen wagte, den anderen zu fragen, ob er das Geräusch auch gehört hatte.
»Wem hast du gesagt, wo du hin wolltest?« krächzte Scott.
»Wer weiß sonst noch, daß ich hier bin?«
»Niemand!« flüsterte sie.
Sie blieben erneut wie erstarrt stehen und lauschten angestrengt in die pechschwarze Nacht hinein. Doch es war nichts zu hören. Sich vorsichtig im Schutz von Bäumen und Büschen haltend, gingen sie durch das Wäldchen und über das Feld, bis sie auf dem Hügel ankamen. Im Licht der Sterne schimmerte etwas Metallenes. »Das ist mein Auto«, flüsterte Jenny Scott über die Schulter zu.
Als sie gerade darauf zugehen wollten, hörten sie erneut das Geräusch.
Scott ließ seinen Beutel fallen, packte Jennys Hand und zog sie mit sich in einem halsbrecherischen Lauf durch das von Gestrüpp überwucherte Feld zurück in den Wald. Jenny stolperte über einen Baumstumpf. Als sie sich umdrehte, sah sie eine dunkle Gestalt, die sich gegen den nächtlichen Himmel abhob.
»Los, komm!« brüllte Scott.
Er zerrte sie mit sich zurück in den Stall. Jenny war völlig außer Atem und konnte in der Dunkelheit nichts erkennen.
»Scott!« keuchte sie. »Scott, wo bist du?«

Er packte wieder ihre Hand und zog sie hinter sich her, bis sie vor der Leiter standen, die zum Heuboden führte. Er schob sie nach oben, bis ihre Hände und Füße Halt auf den Sprossen fanden und sie den Rest der Leiter allein hinaufklettern konnte. Sie ließ sich erschöpft in das Heu fallen. Um sie herum herrschte Totenstille.

»Scott, wo bist du?« flüsterte sie.

»Schsch!« zischte es aus der Box unter ihr.

Sie lauschte angestrengt nach dem Mann draußen vor dem Stall. Sie versuchte verzweifelt, etwas zu erkennen, aber die Dunkelheit war undurchdringlich. Auf Händen und Knien tastete sie sich bis zur Außenwand vor. Schließlich fand sie ein Fenster und öffnete es vorsichtig. Es fiel genug Sternenlicht herein, daß sie ihren Weg zurück zum Rand des Heubodens fand.

Scott war immer noch in der Box unter ihr. Er stand an der Tür, die er einen Spaltbreit geöffnet hatte, und lugte nach draußen, die Pistole in der Hand. Jenny zog sich vom Rand des Heubodens zurück, doch im gleichen Augenblick beugte Scott sich vor und schob die Pistolenmündung durch den Türspalt. Entsetzt sah sie zu, wie sein ganzer Körper sich anspannte und seine Hand eine kurze Bewegung machte, bevor der Schuß fiel.

Jenny warf sich ins Heu und hielt die Arme schützend über ihren Kopf. Hinter ihr hörte sie Mäuse quieken, und ein Vogel floh durch das offene Fenster.

Ein zweiter Schuß fiel. Im Bruchteil einer Sekunde, bevor sie hörte, wie die Kugel das Holz in der Stallwand zersplitterte, wußte Jenny, daß er nicht aus Scotts Waffe kam. Scott gab kurz hintereinander mehrere Schüsse ab, die ebenso schnell erwidert wurden.

Jennys Ohren dröhnten. Sie preßte ihre Fäuste gegen ihre Ohren und spürte, wie ihr Tränen über das Gesicht liefen. Der schweflige Pulvergestank brannte ihr in Hals und Nase. Sie flüsterte Dans Namen, doch es gab weit und breit niemanden, der sie hätte hören können.

Plötzlich trat Stille ein.

Sie lehnte sich vor und schaute in die Box hinunter. Scott zielte und drückte ab. Sein Schuß wurde nicht erwidert. Er drückte noch einmal ab, doch diesmal ertönte nur ein leises Klicken.

Er wich von der Tür zurück und drehte sich hastig nach allen Seiten um, auf der Suche nach seinem Leinenbeutel, den er oben auf dem Hügel fallengelassen hatte. Er rannte aus der Box und in die nächste, dann wieder die nächste, den ganzen Korridor entlang, aber es gab nichts, das er als Waffe hätte gebrauchen können, keine Heugabel und keine Schaufel weit und breit. Nichts als schimmeliges Stroh und der Geruch nach Pferd.

Die Scharniere der Stalltür quietschten.

Wie ein unförmiger Schatten huschte er lautlos über den Lehmboden. Ein Geräusch war zu hören, ein leises Scharren, dann das Aufleuchten einer Flamme, als er ein Streichholz anzündete, und in diesem Augenblick waren seine runden, blauen Augen zu sehen. Es war Stengels treuer Diener Moi.

Er warf das Streichholz fort, nach oben auf den Heuboden, wo es im trockenen Heu landete, das knisternd Feuer fing.

Jenny wich zurück, versuchte, in der Dunkelheit zu bleiben.

Der Schatten bewegte sich zum anderen Ende des Stalls, duckte sich und machte einen geräuschlosen Satz in die erste Box. Als er feststellte, daß sie leer war, ging er zur nächsten.

Am anderen Ende des Heubodens breitete das Feuer sich schnell aus, und als Jenny sich umwandte, sah sie, wie die Flammen die Dachsparren leckten.

Sie zog ihre Schuhe aus und schlich zusammen mit dem Schatten und ebenso geräuschlos wie er von Box zu Box. Ihre zwanzig Jahre Ballettraining machten sich bei jedem Schritt bezahlt. Wenn er aufblickte, wich sie zurück, und wenn er weiterging, ging sie mit. Von oben konnte sie die Boxen einsehen, und sie entdeckte Scott in der allerletzten, wo er mit angstvoll aufgerissenen Augen abwartete. Er hatte das Feuer gerochen und wußte, was es bedeutete.

Der Schatten hatte Scott fast erreicht. Wenn Jenny ihm eine Warnung zurief, würde er sie beide töten. Wenn sie nichts tat, würde er Scott töten und dann langsam und systematisch nach ihr suchen. Und er würde sie finden, falls das Feuer sie nicht vorher umbrachte.

Noch eine Box, bevor er Scott erreichte.

Ein lautes Krachen ertönte, als das Dach Feuer fing, und mit einem Mal stand der ganze Heuboden in Flammen. Dicker Rauch quoll durch die Dachsparren, und die Mäuse quietschten in Todesangst. Jenny brannten die Augen. Sie bemühte sich verzweifelt, nicht zu husten, kein Geräusch zu machen, das dem Schatten verraten konnte, wo sie war, während sie ihm weiter auf die Box zu folgte, in der Scott sich versteckt hielt.

Der Schatten bückte sich und setzte zum Sprung an. Im selben Augenblick nahm Jenny all ihren Mut zusammen und sprang mit der Kraft und der Behendigkeit von zwanzig Jahren harten Trainings durch die raucherfüllte Luft, bis sie auf dem Schatten landete und ihn mit einem dumpfen Aufprall zu Boden brachte.

Tief in ihrem Innern schien etwas zu reißen, doch im gleichen Moment hörte sie, wie seine Waffe krachend zu Boden fiel und noch ein Stück weit schlitterte. Er raffte sich fluchend auf, doch in der Sekunde, bevor der Schatten ihr die Sicht versperrte, sah Jenny, daß Scott sich ebenfalls bewegte.

Die Detonation hallte in allen Boxen wider, und Jenny schrie fast ebenso laut, als sie über und über mit Blut besprizt wurde. Er fiel hart zu Boden, sein Kopf rollte zur Seite, so daß Jenny sein Gesicht sehen konnte. Seine Augen waren offen, und dickes schwarzes Blut lief ihm aus dem Mund.

25

Die Remise lag im Dunkeln, als Dan in den Hof fuhr, aber um ein Uhr morgens hatte er auch nichts anderes erwartet. Der Hund kannte inzwischen das Geräusch seines Motors und kam ohne zu bellen auf ihn zugetrottet, als Dan das Haus betrat. Immerhin eine gewisse Sicherheit, sagte er sich; jedenfalls würden nur solche Diebe eine Chance haben, sie auszurauben, die einen Jaguar fuhren. »Guter Junge«, sagte Dan und gab ihm einen freundschaftlichen Klaps.

Er war erschöpft, nachdem er den ganzen Tag damit verbracht hatte, mit seinen Kontrahenten zu pokern und abzuwarten, wer als erster weich werden würde. Es war eine verdammt alberne Art und Weise für einen Erwachsenen, sein Geld zu verdienen. Die Telefonkonferenz mit dem Richter hatte sich zu einer stundenlangen Strafpredigt ausgewachsen, bei der Vorwürfe über Dinge ausgetauscht wurden, die ein halbes Jahr zurücklagen. Der Richter beklagte sich darüber, daß er sich wie ein Eheberater fühle, der versuche, zwei Eheleute miteinander zu versöhnen, die sich seit dreißig Jahren stritten. Doch wie blödsinnig das Ganze auch gewesen sein mochte, Dan war am Ende als Sieger aus dem Streit hervorgegangen. Die Anhörung wurde unterbrochen, jedoch nur kurz; er hatte recht gehabt, als er vermutet hatte, seinem Kontrahenten gingen die Ideen aus. Um halb neun wurde die Anhörung endgültig abgeschlossen.

Dan hatte ein gutes Ergebnis für seinen Mandanten erzielt, aber er kannte den wahren Grund, warum er so hart gerungen hatte: Er wollte nach Haus zu Jenny.

Er ließ sein Gepäck in der Diele stehen und schlich auf Zehenspitzen die wackelige Treppe hinauf. Sie hatte am Telefon sehr müde geklungen, er würde sie also nicht wecken; er würde einfach zu ihr unter die Decke schlüpfen und sie für den Rest der Nacht in den Armen halten.

Das Licht der Sterne fiel durch das offene Fenster ins Schlafzimmer, auf den schimmernden Messingrahmen und auf das leere Bett.

»Jenny?«

Er schaltete das Licht an, ging dann in den Flur und machte auch dort Licht. Tony vergrub das Gesicht in seinem Kopfkissen, als der helle Schein der Flurlampe in sein Zimmer fiel.

»Tony, wach auf«, sagte Dan und drehte ihn auf den Rücken. »Wo ist Jenny?«

Tony hielt sich eine Hand vor die Augen und murmelte etwas Unverständliches.

Dan riß ihm den Arm herunter und wiederholte: »Tony! Wo ist Jenny?«
Langsam wurde Tony wach. »Ich weiß nicht«, sagte er verschlafen. »Sie ist nach dem Abendessen weggegangen und nicht mehr zurückgekommen.«
Idiot, verfluchte Dan sich selbst. Ihr Auto war nicht da, und er hatte es noch nicht einmal bemerkt.
»Wohin?« fragte er und schüttelte Tony, damit er nicht wieder einschlief. »Wohin ist sie gegangen?«
»Hat sie nicht gesagt«, sagte er, bereits wieder im Halbschlaf.
Dan stürzte zurück ins Schlafzimmer, um nachzusehen, ob sie eine Nachricht hinterlassen hatte. Das Bett war unberührt, die Kommode und der Nachttisch aufgeräumt und nirgendwo ein Zeichen von einer Nachricht. Er rannte nach unten und suchte dort weiter. Nichts. Aber warum sollte sie ihm eine Nachricht hinterlassen? Sie hatte ihn heute nacht nicht mehr zurückerwartet, da war es ihr nicht in den Sinn gekommen, ihm einen Zettel zu schreiben.
Er nahm den Telefonhörer ab und wählte Jennys Büronummer – vielleicht arbeitete sie noch an diesem Vertragsabschluß, der für morgen angesetzt war –, und als ihr Anrufbeantworter ansprang, versuchte er, sich wieder eine rationale Erklärung zurechtzulegen: Wahrscheinlich arbeitete sie in einem Konferenzsaal und hatte vergessen, ihr Telefon umzustellen.
Aber das Ganze gefiel ihm nicht.
Er trat an das vordere Fenster und spähte in die Dunkelheit hinaus, sah jedoch nichts als sein eigenes, von Panik gezeichnetes Spiegelbild.
Ihr war etwas zugestoßen – plötzlich war er sich dessen ganz sicher –, und er stürzte zurück ans Telefon, um Mike anzurufen.
Das Telefon klingelte, bevor er es erreichte, und die Erleichterung schoß ihm durch die Adern wie eine Droge. Er riß den Hörer vom Apparat. »Hallo?«
»Casella?«
Es war eine männliche Stimme, die fast flüsternd sprach, die ihm aber dennoch bekannt vorkam.
»Yeah. Wer spricht da?«

»Jenny ist verletzt.«
Der Raum begann sich zu drehen. »Mit wem spreche ich?« wollte Dan wissen, während er den Hörer mit beiden Händen hielt. »Wo ist sie?«
»Im Bryn-Mawr-Krankenhaus.«
»Sterling? Sterling, sind Sie das?«
Die Leitung war plötzlich tot. Dan starrte auf den Hörer in seiner Hand, ließ ihn fallen und rannte zur Tür.

Er parkte im Halteverbot vor der Noteinfahrt, glitt aus dem Wagen und dann wieder hinein, um den Motor abzustellen. Am Straßenrand wurde ein Patient aus einem Krankenwagen geladen. Dan hielt die Tür auf und warf einen Blick auf die Trage, doch es war nur ein korpulenter alter Mann mit bleichem Gesicht. Mit den Ellbogen bahnte er sich seinen Weg durch eine Menschenmenge und stürzte auf die Frau in blaßblauer Klinikkleidung am Empfang zu.
»Jennifer Lodge?« Plötzlich wurde er gewahr, daß er brüllte. Er bemühte sich um eine normale Stimmlage und wiederholte ihren Namen. »Ist sie hier? Ist sie in dieses Krankenhaus eingewiesen worden?«
Die Frau hielt ihren Blick gesenkt. Sie ließ sich nicht anmerken, ob sie ihn überhaupt gehört hatte. Dann verzog sie nachdenklich den Mund und wandte sich an die Frau neben ihr, die an einem Aktenschrank beschäftigt war. »Suzie? Diese Schwangere, die mit Blutungen eingeliefert wurde? Auf welche Station haben sie sie gebracht?«
Blutungen, hatte sie gesagt. Bilder von Messern und Schußwaffen rasten ihm durch den Kopf.
»Die, die dieser Typ hier abgeliefert hat? Entbindungsstation«, sagte die andere Frau.
Er fühlte sich plötzlich wie benommen und so verständnislos, daß er sich kaum an die Anweisungen erinnern konnte, die sie ihm gegeben hatten, um die Entbindungsstation zu finden. Keine Schuß- oder Stichwunden, das war gut, aber möglicherweise war noch etwas Schlimmeres passiert, vielleicht war etwas mit dem Baby.

Er stürzte aus dem Aufzug und rannte den leeren Korridor entlang. Hinter einer der verschlossenen Türen hörte er das Stöhnen einer Frau, das in ein Wimmern und schließlich in ein schrilles Schreien überging.
»Sir?« hörte er eine Stimme sagen, dann »*Sir!* Da können Sie nicht hineingehen.«
Er drehte sich um. Eine Frau in grüner Krankenhauskleidung lief hinter ihm her.
»Jennifer Lodge!« rief er atemlos aus.
Die Frau verlangsamte ihre Schritte. »Sind Sie ihr Ehemann?«
Er nickte.
»Kommen Sie mit mir.«
Sie führte ihn durch mehrere Doppeltüren in einen anderen Korridor, auf dem reges Leben herrschte.
»Warten Sie hier, ich hole den Arzt.«
»Ich möchte Jenny sehen«, rief er hinter ihr her, doch sie war bereits hinter einem Vorhang verschwunden.
Ein Dutzend Leute liefen geschäftig auf dem Flur umher, und Dan konnte nicht feststellen, wer wer war. Es war alles so anders als in einem Gerichtssaal, wo jeder Trottel hereinstolpern konnte und sofort wußte, wer die Spieler waren. Am Gericht hatte jeder seinen Platz, und alle waren entsprechend ihrer Rolle gekleidet. Hier blieb niemand auch nur dreißig Sekunden lang still stehen, und sie trugen alle die gleichen, zerknitterten blauen und grünen Baumwollkleider. In einem Gerichtssaal hatte alles seine Ordnung, alles lief geregelt ab, nicht zu vergleichen mit diesem Chaos.
Ein Mann mit einer grünen Kappe und einem graumelierten Bart trat hinter dem Vorhang hervor. Sein Blick landete auf Dan. »Mr. –« Er warf einen Blick auf sein Klemmbrett. »Lodge?«
»Ja«, sagte Dan, beinahe auf ihn zurennend. »Wie geht es ihr? Was ist passiert?«
»Die Plazenta hat sich abgelöst.«
Dan starrte den Arzt an. Er hatte sich vorgenommen, all die Spezialausdrücke zu lernen, er hatte alles richtig machen wol-

len, aber er hatte angenommen, er hätte immer noch fünf Wochen Zeit. »Ich weiß nicht, was das bedeutet«, sagte er.

Der Arzt zuckte die Achseln. »Es ist, als ob jemand einem Taucher den Sauerstoffschlauch rausgezogen hätte.«

Dan blieb plötzlich die Luft weg, und er lehnte sich gegen die kalte, gekachelte Wand.

»Heißt das, daß es –«

»Nein, es ist immer noch lebensfähig. Der Herzschlag ist regelmäßig, das Fruchtwasser ist in Ordnung, es gibt keine Anzeichen für einen Sauerstoffmangel des Fötus. Und wir haben die Blutungen aufhalten können. Sie hat viel Glück gehabt. Es ist ein Wunder, daß die beiden einen solchen Sturz überlebt haben.«

»Einen Sturz?«

»Ist das ihre erste Schwangerschaft?«

Dan nickte. Er hatte einen Kloß im Hals und konnte nichts sagen.

»Na, dann stehen ihre Chancen noch besser. Der Muttermund wird sich nicht öffnen.«

Er wagte kaum zu fragen: »Welche Chancen?«

»Die größte Gefahr, die jetzt besteht, ist, daß die Wehen einsetzen könnten.«

»Es ist zu früh –«

»Wir tun alles, was wir können, um den Zeitpunkt hinauszuzögern. Was *sie* im Moment am dringendsten braucht, ist absolute Bettruhe.«

»Okay«, sagte Dan.

Sie lag in einem schmalen Bett in einem schmalen Zimmer, an dessen Tür ein Schild mit der Aufschrift »Kreissaal 3« befestigt war. Eine klare Flüssigkeit tropfte aus einer Plastiktüte durch einen dünnen Schlauch in ihre Ellbeuge, und ein breites, fleischfarbenes Gummiband war um ihren Bauch gespannt, um einen elektronischen Fühler in Position zu halten. Auf einem fahrbaren Monitor neben dem Bett bildeten gezackte Linien eine Berg- und Tallandschaft.

Ihr Kopf lag seitlich auf dem Kopfkissen, ihre Augen waren

geschlossen, und ihr Atem ging flach. »Sie wird bald zu sich kommen«, sagte die Schwester, als sie Dans Gesicht sah.
»Sie ist so blaß.«
»Sie hat etwas Blut verloren.« Dan folgte dem Blick der Schwester und entdeckte Jennys gelbes Kleid, das zusammengefaltet über einer Stuhllehne lag, die untere Hälfte blutdurchtränkt.
Er mußte sich plötzlich setzen.
»Passen Sie auf«, sagte die Schwester. »In einer Stunde wird sie ihre roten Wangen wieder haben.«

Dan nahm die Schwester beim Wort. Er paßte auf Jenny auf, so als hoffte er, sein Blick könne sie aufwecken, doch gleichzeitig rasten seine Gedanken so schnell wie sein Puls. Ein Sturz, hatte der Arzt gesagt, es war ein Wunder, daß sie überlebt hatte, und irgendwie war Scott Sterling bei ihr gewesen, er hatte sie ins Krankenhaus gebracht und war nur lange genug geblieben, um einen Anruf zu machen.

Endlich bewegte Jenny ihren Kopf auf dem Kopfkissen und holte tief Atem.

»Jenny«, flüsterte Dan und faßte ihre Hand.

Sie rollte den Kopf wieder auf die andere Seite, sie öffnete die Augen mit flatternden Lidern, und es dauerte einen Augenblick, bis ihr Blick klar wurde.

»Dan«, murmelte sie.

Eine Sekunde später überschattete sich ihr Gesicht, und sie riß die Augen weit auf. »Das Baby!« schrie sie. »O mein Gott, das Baby!«

Sie versuchte, sich aufzurichten, und riß an dem Gummiband.

»Nein!« sagte Dan und hielt sie fest. »Jenny, nein, dem Baby geht es gut!«

Sie wand sich in seinen Armen, bis er sie dazu bringen konnte, ihn anzusehen. »Liebling, dem Baby geht es gut.«

Langsam ließ sie sich auf ihr Kissen zurücksinken. »Oh, Dan«, stöhnte sie. »Ich hab solche Angst gehabt –«

»Das brauchst du nicht. Alles ist in Ordnung. Du brauchst nur etwas Ruhe.«

Ihre Augen füllten sich mit Tränen, die gleich darauf unter ihren Wimpern hervortraten. »Du hattest recht mit dem, was du über Scott gesagt hast. Du hast mit allem recht gehabt!«

Sie erzählte ihm die ganze Geschichte, von Anfang bis Ende, so klar und präzise, als hielte sie ein Eröffnungsplädoyer. Einmal ging er hinaus, um die Polizei anzurufen, aber dann saß er die ganze Zeit bei ihr und hielt ihre Hand, während sie den Verlauf der Geschehnisse für ihn rekapitulierte.

Und als sie zu der Stelle kam, wo sie vier Meter tief gesprungen war, was die meisten durchtrainierten Männer sich nicht zugetraut hätten, geschweige denn eine im achten Monat schwangere Frau, hob er sie von ihrem Kissen und schloß sie fest in seine Arme. Einen Moment lang mußte er an ihr zweites Ich denken, aber er wußte nun, daß es nur eine Jenny gab: Die zarte junge Frau war die intelligente Anwältin, und beide zusammen waren die starke, mutige Frau, die sich selbst gerettet hatte, als niemand anders sie retten konnte. Und er liebte sie so sehr, daß es ihm fast angst machte.

26

Um sechs Uhr früh kam Leben in das Krankenhaus. Eine Schwester kam auf leisen Sohlen in Jennys Zimmer und öffnete die Jalousien, um das Sonnenlicht hereinzulassen. Als Jenny die Augen aufschlug, sah sie zuerst auf den Monitor, der den immer noch regelmäßigen und kräftigen Herzschlag des Babys registrierte, und dann zu Dan hinüber.

»Guten Morgen«, sagte er lächelnd.

»Du siehst müde aus«, sagte sie.

Er beugte sich über sie und gab ihr einen Kuß. »Das kann man von dir nicht behaupten. Du siehst schon viel besser aus.«

»Ich fühle mich auch schon besser«, sagte sie. »Fahr doch

lieber nach Hause und sieh zu, daß du etwas Schlaf bekommst. Ich bin hier gut aufgehoben.«

Er zögerte. Sein Blick wanderte von ihr zu dem Monitor hinüber.

»Mach dir keine Sorgen«, sagte sie. »Ich – wir kommen schon zurecht. Außerdem werde ich wahrscheinlich fast den ganzen Tag schlafen.«

»Bist du sicher?«

»Völlig.«

»Brauchst du irgendwas?« Sie schüttelte den Kopf. »Soll ich irgend jemanden anrufen?«

»Ach ja – mein Büro. Würdest du Marilyn anrufen? Sie fängt ungefähr um halb acht an.«

»Mach ich.« Er beugte sich zu ihr hinunter und küßte sie. »Ich liebe dich.«

Nachdem Dan gegangen war, wurde das Frühstück gebracht, doch Jenny knabberte nur lustlos daran herum und schob es schließlich weg. Später kam eine Schwester, nahm die Infusion ab und half ihr ins Badezimmer. Jenny fand eine dicke Binde zwischen ihren Beinen, aber kein frisches Blut. Erleichtert ging sie zurück ins Bett und schlief zwei Stunden lang.

Jemand von der Verwaltung kam an ihr Bett mit Papieren, die sie unterschreiben mußte. Es waren all die Papiere, die sie letzte Nacht hätte unterzeichnen müssen, als Scott sie hergebracht hatte. Sie konnte sie nicht einfach wegschieben wie das Frühstück, also stützte sie sich auf ihre Ellbogen und las sie durch.

Oben auf der ersten Seite war das Datum eingetragen. 22. September. Zunächst wußte sie nicht recht, warum ihr dieses Datum bekannt vorkam. Hatte jemand Geburtstag? Es war nicht das Datum ihrer Hochzeit, die sollte morgen erst stattfinden. Jedenfalls war es so geplant. Möglicherweise mußte der Termin nun verschoben werden. Eigentlich schade, wenn sie bedachte, wie schwierig es gewesen war, den Termin überhaupt festzulegen. Dan mußte seine Woche in Buffalo noch zu Ende bringen, und sie hatte noch den Vertragsabschluß für den Verkauf der Macoal-Aktien vor sich –

Der Verkauf der Macoal-Aktien.
Jenny richtete sich auf und langte nach dem Telefon. Als sie es nicht erreichen konnte, drückte sie auf die Ruftaste und hielt sie gedrückt, bis eine Schwester aufgeregt in das Zimmer gelaufen kam. »Geben Sie mir das Telefon!« rief Jenny.
Mit beleidigter Miene stellte die Frau das Telefon vorsichtig auf das Klapptablett des Nachttischs und schob es über Jennys Bett. »Nein, warten Sie«, sagte Jenny, als die Schwester sich zum Gehen wandte. »Was muß ich tun, um eine Amtsleitung zu bekommen?«
»Die Bedienungsanleitung steht auf der Karte neben –«
»Sagen Sie's mir einfach!«
Als erstes erreichte sie Marilyn. Ja, Mr. Casella hatte von seinem Autotelefon aus angerufen, sie hatte die Nachricht an Mr. Boenning weitergeleitet, sie wünschten ihr alle gute Besserung. Nein, sie solle sich keine Sorgen machen, der Vertragsabschluß würde wie vereinbart durchgeführt, Mr. Boenning hatte persönlich ihre Unterlagen abgeholt.
»Verbinden Sie mich mit Walt.«
»Er ist nicht da. Er war mit Mr. Glasser zum Frühstück verabredet.«
»Wo?«
»Das hat er nicht gesagt.«
»Na, wann wird er denn zurück sein?«
»Um zehn, würde ich sagen. Sie wollten beide direkt in den Konferenzsaal kommen. Mr. Glassers Kollege ist bereits hier.«
»Ist Cassie Chapman schon da?«
»Nein, sie hat ausrichten lassen, daß sie um zehn zusammen mit Mr. Stengel eintreffen wird.«
Jenny sah sich panikartig in dem kleinen Krankenzimmer um. Walt und Cassie waren in Begleitung von Stengel und seinem Anwalt. Sie hatte keine Möglichkeit, einen der beiden vor zehn zu erreichen, und selbst dann war nicht damit zu rechnen, daß sie Gelegenheit haben würde, sich ungestört mit ihnen zu unterhalten.
»Danke, Marilyn«, sagte sie, legte den Hörer auf und schob den Nachttisch beiseite. Sie stöpselte den Monitor aus,

schwang ihre Beine über die Bettkante und trat an den Schrank. Alles, was sie darin vorfand, war ihr blutverschmiertes Kleid. Sie zog es über und beugte sich mühsam vor, um ihre Schuhe anzuziehen.

Allein konnte sie das nicht schaffen. Sie schlurfte zurück zum Telefon und rief Dan in seiner Wohnung an, doch eine automatische Ansage teilte ihr mit, daß die Leitung wegen Wartungsarbeiten für kurze Zeit unterbrochen war. Verwirrt versuchte sie es mit seinem Autotelefon, doch niemand meldete sich. Als nächstes wählte sie seine Büronummer in der Hoffnung, Betty würde das Gespräch entgegennehmen, erreichte jedoch nur den Anrufbeantworter.

Sie legte auf. Ihr blieb keine Zeit, noch herumzuprobieren. Sie mußte verhindern, daß der Vertrag zum Abschluß kam.

Sie wankte zur Tür, bog um die Ecke und lief in die starken Arme von Mike diMaio.

27

Er fuhr sie nach Hause und wartete im Wohnzimmer, während sie nach oben ging, um sich umzuziehen. Sie machte sich frisch, nahm Josh Bermans Diskette aus ihrer Aktentasche und machte sich auf den Weg nach unten.

Sie zögerte. Ein falsches Datum auf einer Computerdiskette, ein Vertragsentwurf mit dem falschen Namen als Verkäufer – was waren das für Beweismittel gegen die Macht eines Jack Stengel? Reese Chapman hatte gewußt, daß das nicht ausreiche, um Stengel zu Fall zu bringen; deswegen hatte er die Videoaufnahmen von ihm gemacht, als er das perfekte Verbrechen plante. Wenn Scott ihr doch bloß das Video gegeben oder ihr verraten hätte, wo er es versteckt hatte. Statt dessen hatte er den Neunmalklugen gespielt: »Es ist an einem Ort, wo es sicher aufgehoben ist«, hatte er gesagt.

»Hier«, sagte sie und reichte diMaio die Diskette.

Plötzlich hallte das Wort »sicher« durch ihren Kopf. »Es ist dieser Ort«, hatte er gesagt, als die Taube auf seine Hand gehüpft war. »Hier fühlt sie sich sicher.«

Scott war gestern hier gewesen, in diesem Haus, und er hatte seine Taschenuhr auf dem Nachttisch hinterlassen. Hatte er vielleicht noch etwas hier gelassen?

»Warten Sie einen Augenblick«, sagte sie und eilte durch das Wohnzimmer in den Vorratsraum und in die Ecke neben dem Fenster, wo die Taube gern hockte. Sie hob die Holzkiste hoch, die als Taubennest gedient hatte.

Darunter, übersät mit vertrocknetem Taubenkot, kam eine Videocassette zum Vorschein.

Hinter ihr hörte sie Mike durch die Zähne pfeifen. »Jetzt müßten wir nur noch wissen, was da drauf ist«, sagte er, als er die Cassette entgegennahm. »Ich muß veranlassen, daß jemand sich das kurz ansieht, während ich mit dem Richter verhandle.«

»Können Sie auch ohne die Cassette einen Haftbefehl bekommen?«

»Ich werd's versuchen.«

»In Ordnung.« Jenny ging auf die Haustür zu. »Gehen wir.«

»Moment noch.« Mike stellte sich ihr in den Weg. »Das halte ich für keine besonders gute Idee. Sie kommen gerade aus dem Krankenhaus.«

»Mike, es geht mir gut. Dem Baby geht es gut. Wir brauchen uns keine Sorgen zu machen.«

»Hat der Arzt das gesagt?«

»Ich habe den Arzt nicht gesehen, aber Dan hat mir erzählt, daß er das gesagt hat. Mike, ich muß mitkommen. Bis Sie mit einem Haftbefehl dort eintreffen, könnte es zu spät sein. Es könnte jetzt schon zu spät sein, wenn wir uns nicht beeilen.«

Er verzog das Gesicht und trat zur Seite. »Aber Sie müssen auf sich aufpassen.«

»Mach ich.«

Mike ließ sich auf der Fahrt in die Stadt die ganze Geschichte noch einmal von vorne erzählen. Anschließend nahm Jenny einen Notizblock aus ihrer Aktentasche, und Mike diktierte ihr in groben Zügen die Argumente, um den Tatbestand des begründeten Verdachts zu untermauern, der für die Beantragung der Haft- und Durchsuchungsbefehle vorliegen mußte. Bereits beim Mitschreiben brachte Jenny Mikes knappe Sätze in eine juristisch ausgefeilte Form.

Mike parkte im Halteverbot vor Jennys Büro, und sie gingen ihren Plan noch einmal genau durch. Er würde sich einen Haftbefehl besorgen und sobald wie möglich mit Verstärkung eintreffen. In der Zwischenzeit sollte sie in ihrem Büro bleiben, Cassie unter einem Vorwand aus dem Konferenzsaal rufen lassen und sie ablenken, bis Mike die Verhaftungen vorgenommen hatte.

»Das ist alles, kapiert?« sagte Mike. »Wenn sie nicht rauskommen will, bleiben Sie einfach in Ihrem Büro sitzen und warten auf mich.«

»In Ordnung.«

Sie mußte zu schnell durch die Eingangshalle gelaufen sein, denn sie spürte plötzlich einen stechenden Schmerz in ihrem Becken und mußte sich gegen die Wand des Aufzugs lehnen. Doch als die Aufzugstüren sich auf ihrer Etage öffneten, war der Schmerz vergangen.

Marilyn verschlug es den Atem, als sie Jenny in ihr Büro gehen sah. »Ist Walt zurück?« rief Jenny ihr im Vorbeigehen zu.

»Ja, er ist in 38C.«

Jenny sank in ihren Schreibtischsessel und wählte die Nummer des Konferenzsaals.

»Boenning.«

»Walt, wer ist außer Ihnen im Konferenzsaal?«

»Jennifer, sind Sie das?«

»Geben Sie mir Cassie, bitte.«

»Es tut uns allen so leid, daß Sie diesen Unfall –«

»Danke, Walt. Bitte, geben Sie mir Cassie.«

Als er wieder an den Apparat kam, klang seine Stimme gedämpft. Jenny konnte sich vorstellen, wie er den anderen den Rücken zudrehte und eine Hand über den Hörer legte. »Was hat das alles zu bedeuten?«

»Sie müssen den Abschluß verhindern.«
»Jennifer, sind Sie sicher, daß Sie sich –«
»Jack Stengel hat vor Monaten mit Reese Chapman ein Komplott geschmiedet, die Aktien aus dem Fonds für zehn Millionen zu kaufen und Chapman darüber hinaus einen Bonus von weiteren sechs Millionen schwarz zu zahlen. Cassie will ihm die Aktien für neun Millionen verkaufen. Das ist Betrug. Sie müssen es verhindern.«
»O mein Gott«, sagte er gedehnt. »Ich werde es Cassie sagen. Wir werden diese Sitzung sofort abbrechen.«
Jenny war erleichtert, die Verantwortung an jemand anderen abgeben zu können. »Danke, Walt«, sagte sie und legte seufzend auf.

So. Jetzt brauchte sie nichts weiter zu tun, als darauf zu warten, daß Mike mit den Haftbefehlen aufkreuzte. Stengel mochte bis dahin vielleicht schon verschwunden sein, aber er würde nicht weit kommen. Sie konnte sich entspannen. Sie konnte Dan anrufen.

Sie wählte seine Büronummer, geriet jedoch erneut an seinen Anrufbeantworter. In seinem Auto war er auch nicht, und als sie es bei ihm zu Hause versuchte, wurde ihr von einem Angestellten der Wartungsfirma mitgeteilt, das Problem mit der Leitung sei offenbar ein neben dem Telefon liegender Hörer.

Da war er also. Er hatte sich schlafen gelegt, wie sie ihm geraten hatte. Auch gut. Bis er wieder aufwachte, würde sie wieder sicher in ihrem Krankenhausbett liegen, und er würde nichts weiter verpaßt haben als ein paar Stunden Aufregung.

Ihr wurde leicht schwindlig, und ihr wurde klar, daß es ziemlich dumm von ihr gewesen war, das Frühstück abzulehnen. Ein Glas Saft würde ihr guttun. Mühsam erhob sie sich aus ihrem Sessel und machte sich auf den Weg zum Getränkeautomaten.

Marilyn sprach in gedämpftem Ton in ihr Telefon. Als sie Jenny erblickte, verstummte sie.

Jenny spähte durch die offene Tür in Boennings Büro. Er hätte längst zurück sein müssen. »Wo ist Walt?« fragte sie.

Marilyn errötete und schüttelte den Kopf.

Als Jenny sich über Marilyns Schreibtisch beugte, drückte Marilyn schnell auf eine Taste und legte auf, so daß der Name auf dem Display an ihrer Telefonanlage verschwand.
Sie hatte mit Boenning telefoniert. Er zog den Vertragsabschluß durch, er hatte die Sitzung überhaupt nicht abgebrochen.
Jenny ging in ihr Büro zurück und wählte die Nummer von Konferenzsaal 38C. Es läutete sechsmal, doch niemand meldete sich.
Sie waren in einen anderen Raum umgezogen. Jenny eilte auf den Korridor, von Marilyns Blicken gefolgt. Ihre Loyalität galt in erster Linie Boenning, das war Jenny von Anfang an klar gewesen, und er mußte sie angewiesen haben, ihm Jenny vom Hals zu halten, bis der Vertrag unterschrieben war. Irgendwo im Haus war er dabei, den Verkauf der Aktien durchzuführen.
Jenny hoffte bloß, daß sie irgendwo innerhalb der Kanzlei waren.
»Ich fühle mich nicht gut«, sagte sie zu ihrer Sekretärin. »Ich gehe kurz auf die Toilette.«
Sie begann ihre Suche im achtunddreißigsten Stock. Wie sie erwartet hatte, war der Konferenzsaal 38C leer, und in den Räumen A und B wurden andere Angelegenheiten verhandelt. Sie fuhr mit dem Aufzug auf die 39. Etage und suchte dort alle Konferenzsäle ab, doch ohne Erfolg. Sie drückte auf die Taste, um den Aufzug erneut zu rufen, doch schließlich dauerte es ihr zu lange. Sie ging ins Treppenhaus und zog sich am Handlauf nach oben, bis sie keuchend im 40. Stock ankam.
Wieder spürte sie den stechenden Schmerz im Unterbauch, diesmal so heftig, daß es ihr den Atem raubte. Sie lehnte sich an die Wand, bis der Schmerz abebbte, und schleppte sich dann zu Raum 40A. Er war leer. Sie hastete mühsam zu 40B, doch als sie die Tür aufriß, fand sie eine Geburtstagsgesellschaft vor. »Verzeihung«, keuchte sie und lief zu 40C.
Aus dem Konferenzsaal war Stimmengemurmel zu hören. Als niemand auf ihr Klopfen reagierte, drehte sie den Knauf und schwang die Tür auf.
Da waren sie, Cassie und Boenning auf der einen Seite des

Konferenztischs und Stengel und zwei seiner Anwälte auf der anderen. Boenning und der ältere der beiden Anwälte, zweifellos Glasser, steckten am vorderen Ende des Tischs die Köpfe zusammen, während der jüngere Anwalt, Josh Berman, allein am unteren Ende saß und mehrere Stapel Papiere durchsah. In der Mitte saß Cassie über den Vertrag gebeugt, die Lesebrille auf der Nasenspitze. Ihr gegenüber saß Jack Stengel bequem zurückgelehnt, vor sich auf dem Tisch nichts als einen Füller.

Boenning blickte entnervt auf, als die Tür sich öffnete, und sein Ärger wuchs, als er Jenny erblickte.

»Verzeihung – Verzeihen Sie«, sagte Jenny außer Atem. »Cassie, könnte ich Sie kurz unter vier Augen sprechen?«

Cassies Kopf fuhr auf. »Jenny, ich dachte –«

Boenning sprang auf. »Jennifer, wir sprechen uns auf dem Korridor.«

Jenny würdigte ihn keines Blickes. »Cassie, es ist dringend.«

Stengel kippte mit seinem Stuhl zurück und sah sie neugierig an.

»Was hat das zu bedeuten?« wollte Glasser wissen. »Sie wissen, daß wir spätestens um drei zurück in New York sein müssen.«

»Jenny, was ist los?« Cassie nahm ihre Brille ab, blieb jedoch sitzen.

»Es ist alles in Ordnung«, sagte Boenning und packte Jenny am Arm. »Jennifer hat einen Unfall gehabt und sich nicht genug Zeit gegönnt, sich davon zu erholen. Ich werde dafür sorgen, daß sich jemand um sie kümmert. Machen Sie inzwischen ruhig weiter.«

Seine Finger bohrten sich ihr ins Fleisch, als er sie auf die Tür zu zerrte. »Bringen Sie mich nicht soweit, daß ich den Sicherheitsdienst rufe«, warnte er sie.

Jenny stieß ihm ihren Ellbogen hart in seinen Wanst. Mit einem Aufschrei ließ er sie los, und sie eilte zurück in den Raum.

»Cassie, brechen Sie die Verhandlungen ab. Stengel plant seit Monaten, Ihnen Macoal wegzunehmen. Er hat zusammen mit Ihrem Vater und Scott Sterling ein Komplott geschmiedet. Sie wollten Mason zwingen, von seinem Posten als Treuhänder zurückzutreten. Scotts Geständnis vor Gericht, die ganze Sache war ein abgekartetes Spiel, um Mason die Verwaltung des Fonds wegzunehmen, damit Ihr Vater Stengel die Macoal-Aktien verkaufen konnte.«

»Das ist unerhört!« brüllte Glasser.

»Ich werde den Sicherheitsdienst alarmieren«, sagte Boenning und griff nach dem Telefon.

Cassie saß stumm und reglos da.

»Es ist wahr«, sagte Jenny. Wieder spürte sie den stechenden Schmerz, doch sie biß sich auf die Lippen und hielt stand.

Cassie drehte sich um und starrte Stengel an. Er begegnete ihrem Blick und schüttelte langsam, fast mitleidig den Kopf.

»Ja!« brüllte Boenning ins Telefon. »Ich möchte, daß einer Ihrer Leute sofort heraufkommt! Wir haben hier einen Eindringling, der unverzüglich aus diesem Haus entfernt werden muß!«

»Fragen Sie ihn.« Jenny deutete auf Josh Berman, der immer noch am hinteren Ende des Tisches saß. Die plötzliche Aufmerksamkeit ließ den jungen Mann zutiefst erröten. »Fragen Sie ihn, warum er im letzten Januar einen Vertrag für Ihren Vater aufgesetzt hat, der den Verkauf der Macoal-Aktien an Stengel vorsah. Fragen Sie ihn, warum Ihr Vater in dem Vertrag als Treuhänder bezeichnet wird.«

»Das ist eine Lüge!« schrie Glasser.

»Ich kann es beweisen. Es ist alles auf der Computerdiskette, die Mr. Berman mir gestern geschickt hat. Und Sie haben den Vertrag immer noch auf Ihrer Festplatte in New York, nicht wahr?« sagte sie und deutete erneut auf den jungen Anwalt.

Bermans Adamsapfel hüpfte auf und ab. »Ich – ich habe nur getan, was Mr. Glasser mir aufgetragen hat. Ich wußte nicht, daß an dem Vertrag etwas nicht in Ordnung –«

»Halten Sie die Klappe!« herrschte Glasser ihn an.

Cassie starrte quer über den Tisch. »Jack?«

Stengel schüttelte wieder den Kopf. »Dein Vater und ich haben uns einmal über die Möglichkeit eines Verkaufs unterhalten, für den Fall, daß er als Nachfolger für Mason ernannt würde. Ich habe Marv gebeten, mir für alle Fälle schon mal einen Vertragsentwurf aufzusetzen. Auf diese Weise mache ich nun mal meine Geschäfte.«

Cassie sah Jenny zweifelnd an.

»Cassie«, flehte sie. »Er hat Ihrem Vater einen Bonus von sechs Millionen versprochen, wenn er dafür sorgte, daß das Geschäft zustande kam. Aber Ihr Vater traute ihm nicht, er fürchtete, er würde seinen Teil der Abmachung nicht einhalten, also hat er alle Verhandlungsgespräche auf Video aufgenommen.«

Cassie warf Stengel einen kurzen Blick zu.

»Wo bleibt der verdammte Sicherheitsmann?« brüllte Boenning und griff erneut nach dem Telefonhörer.

»Scott hat versucht, Stengel mit den Videoaufnahmen zu erpressen, und Stengel hat ihm Moi auf den Hals geschickt, der ihn umbringen sollte.«

»Das ist ja lächerlich!« donnerte Glasser.

»Ich war dabei. Moi hat versucht, Scott zu töten, aber Scott hat zuerst geschossen. Moi ist tot.«

Jenny sah zu Stengel hinüber, doch sein Gesichtsausdruck hatte sich nicht verändert. Sie wandte sich wieder an Cassie.

»Ihr Vater hatte nichts mit dem Mord an Mason zu tun, Cassie. Er hat sich umgebracht, weil ihm klargeworden war, daß Scott es getan hat.«

Cassie erbleichte.

Es wurde an der Tür geklopft, und Boenning legte erleichtert den Hörer auf. »Ja, herein!« Zu Jenny sagte er: »Was immer man mit Ihnen tut, lassen Sie sich nie wieder in dieser Kanzlei blicken.«

Mike diMaio schob ihn beiseite, um sich seinen Weg in den Raum zu bahnen. »Polizei. Jeder bleibt, wo er ist.« Vier uniformierte Polizisten betraten nacheinander den Konferenzsaal, und als letzter kam der Sicherheitsmann, der ihnen den Weg gewiesen hatte.

Glasser sprang von seinem Stuhl auf.

»›Jeder bleibt, wo er ist‹, hat er gesagt«, brummte einer der Polizisten und drückte ihn zurück auf seinen Platz.

»Jack Stengel, ich habe einen Haftbefehl gegen Sie«, sagte Mike. »Und was alle anderen betrifft, ich habe einen Durchsuchungsbeschluß für diesen Raum, und das gilt auch für sämtliche Aktentaschen und für alle Papiere, die sie vor sich auf dem Tisch liegen haben.«
»Auf Grund welcher Beschuldigung?« wollte Glasser wissen.
»Versuchter Betrug, Betrug und vorsätzlicher Mord.«
Stengel saß immer noch ungerührt auf seinem Platz. »Das ist doch bloß Schmierentheater«, sagte er. »Sie haben nicht die Spur eines Beweises gegen mich.«
»Mal sehen«, sagte Mike. »Ich habe zwei Leichen, eine Computerdiskette und – ach ja, ein Video mit Jack Stengel persönlich als Hauptdarsteller.«
Endlich änderte sich Stengels Gesichtsausdruck. Seine Lippen waren nur noch eine schmale Linie quer durch sein Gesicht.
»Legen Sie ihm Handschellen an und lesen Sie ihm seine Rechte vor«, sagte Mike. »Und Sie, Gentlemen – Ihre Aktentaschen, wenn ich bitten darf.«

28

Cassie und Jenny saßen noch lange, nachdem der Raum geräumt worden war, gemeinsam am Konferenztisch. Stengel war in Untersuchungshaft; Glasser und Berman wurden vom Bezirksstaatsanwalt verhört; Boenning hatte sich krank gemeldet und war nach Hause gefahren. Hin und wieder fiel Cassie noch eine Frage ein, und Jenny beantwortete sie, doch ansonsten saßen sie schweigend da.
Das Telefon läutete, und Jenny nahm den Hörer ab.
»Ich dachte, das würde Sie interessieren«, sagte Mike. »Sie haben Sterling geschnappt. Ihr Auto ist auch wieder aufgetaucht.«
»Wo haben sie ihn erwischt?«

»Am Flughafen in Newark, wie Sie gesagt hatten.«
Einen Augenblick lang trauerte sie um ihn. Doch es ging nicht um ihn, es war nie um ihn gegangen. Der Funke von Seelenverwandtschaft war ein künstliches Licht gewesen, das nun verloschen war.
Erneut spürte sie den Schmerz, kaum zwei Minuten nach dem letzten. Es bestand kein Zweifel mehr.
»Würden Sie mir einen Gefallen tun, Mike?«
»Jederzeit.«
»Finden Sie Dan und sagen Sie ihm, wir treffen uns im Krankenhaus.«
Cassie faßte sie am Ellbogen. »Ich fahre Sie hin«, flüsterte sie, und Jenny nickte dankbar.
»Okay«, sagte Mike. »Könnte aber ein paar Stunden dauern.«
»Warum? Wo ist er?«
»Auf dem Weg zurück von Newark. Er ist derjenige, der Sterling erwischt hat.«

29

Ein kühler Wind ging über den Parkplatz und wirbelte die trockenen Blätter vom Boden auf. Der Himmel war trüb und grau, und die Luft roch nach Aprilwetter – es konnte jeden Augenblick anfangen zu schneien, und genausogut konnte die Sonne durch die Wolken brechen und auf neues, grünes Gras scheinen. Dan ließ seinen Mantel im Auto; aus früheren Erfahrungen wußte er, daß es in Gefängnissen keine Garderobe gab.

Nachdem er sich am Tor ausgewiesen hatte, wurde er zu einem weiteren Tor gebeten, wo ein Wachmann ihn mit einem Metalldetektor abtastete. Vor der nächsten Tür mußte er verschiedene Formulare unterzeichnen, bevor er schließlich in ein

Anwaltszimmer geführt wurde. Es war Samstag, und außer ihm saß nur eine junge Schwarze in dem Raum, die über einem Verhandlungsprotokoll brütete.
»Casella?« sagte ein Wachmann.
»Ja«, erwiderte Dan und folgte dem Mann durch einen langen, schlecht beleuchteten Korridor, den auf beiden Seiten Stahltüren mit kleinen, vergitterten Fenstern in Augenhöhe säumten.
Vor der vierten Tür blieb der Wachmann stehen, drehte einen Schlüssel im Schloß und stieß die Tür auf. »Warten Sie hier«, sagte er.
Es war ein kleiner, etwa drei mal drei Meter großer, fensterloser Raum mit gelb angestrichenen Betonwänden und einer nackten Glühbirne an der Decke. In der Mitte stand ein Metalltisch mit zwei plastikbezogenen Stühlen auf jeder Seite. Bis zu einer Höhe von gut einem Meter waren die Wände mit Schürfspuren bedeckt. Dan fragte sich, wer hier wohl die Wände hochging, die Gefangenen oder die Anwälte, die hier auf sie warten mußten.
Er setzte sich auf einen der Stühle und öffnete seine Aktentasche. Bei den Papieren handelte es sich um die Prozeßunterlagen einer Verleumdungsklage, die er zur Zeit bearbeitete. Doch er breitete sie trotzdem auf dem Tisch aus, als Tarnmanöver, falls einer der Wachmänner durch das Fenster schaute und mißtrauisch wurde.
»Wieso kannst du die Sache nicht endlich auf sich beruhen lassen?« hatte Mike gefragt, als Dan ihn gebeten hatte, den Termin für ihn zu arrangieren.
Vielleicht würde er das nach diesem Gespräch können. Vielleicht würde es seine Schuldgefühle gegenüber Mason tilgen, die ihn ganz krank machten. Vielleicht würde er endlich ruhig schlafen können, ohne daß Sterling ihm in jedem Traum begegnete.
Der Schlüssel wurde im Schloß umgedreht, ein metallisches Kratzen, und die Tür wurde aufgestoßen. Der Gefangene trat mit gesenktem Kopf ein und blinzelte gegen das helle Licht. Er trug die übliche Gefängniskleidung, sein blondes

Haar hing ungekämmt bis auf die Schultern, und ein kleiner, dunkler Bart sproß an seinem Kinn. Er blinzelte noch einmal, dann breitete sich ein schiefes Grinsen auf seinem Gesicht aus.

»Sie haben fünfzehn Minuten«, sagte der Wachmann und schlug die Tür zu.

»Seit wann sind Sie mein Anwalt?«

Seine Augen waren auffallend blau, zu blau – wahrscheinlich nahm er Drogen, dachte Dan, oder vielleicht war er einfach nur verrückt. Vor langer Zeit hatte Dan sich diesen Mann im Gefängnis vorgestellt, allerdings in einem normalen Gefängnis für leichte Wirtschaftskriminalität, wo er vielleicht zusammen mit seinen Mitinsassen Ivan Boesky und Albert Nipon die beste Arbeit seiner beruflichen Laufbahn zustande brachte. Statt dessen war er in einem Hochsicherheitsgefängnis gelandet, mit dem Ruf eines zweifachen Mörders.

»Das bin ich nicht«, sagte Dan. »Ich möchte Ihnen nur ein paar Fragen stellen.«

Sterling kam auf den Tisch zu. In seiner Art sich zu bewegen lag etwas Großspuriges, das vor einem halben Jahr noch nicht dagewesen war. Er schnappte sich einen Stuhl und drehte ihn um.

»Ich hab genug Fragen beantwortet.«

Er setzte sich rittlings auf den Stuhl und stützte sich mit den Armen auf die Lehne. Um seine Mundwinkel und seine Augen hatten sich winzige Fältchen gebildet; wer immer er früher gewesen war, er würde nie wieder wie sein altes Selbst aussehen.

»Ich finde, Sie schulden mir ein paar Antworten«, sagte Dan. »Nach allem, was Sie mir angetan haben.«

»Was hab *ich Ihnen* denn angetan?« fragte er höhnisch.

»Wenn Sie nicht gewesen wären, hätte ich mein Flugzeug erwischt und würde jetzt irgendwo am Strand liegen.«

Dies war eine der immer wiederkehrenden Szenen in Dans Träumen. In der Abflughalle wimmelte es nur so von Polizisten, doch es war keiner unter ihnen, der Sterling nach dem Foto, das die Anwaltskammer ihnen zugefaxt hatte, hätte wiedererkennen können. Möglicherweise hätte Dan ihn auch nicht erkannt, wenn Sterling sich nicht selbst verraten hätte – als er sah, wie Dan die Menge nach ihm absuchte, war er losgerannt. Er flüchtete die Rolltreppe in Gegenrichtung hinunter, durch die Vorhalle, und sein Vorsprung war so groß, daß er es geschafft hätte, wenn er nicht auf dem frisch gebohnerten Boden ausgerutscht wäre. Dan warf sich auf ihn und hielt ihn so lange fest, bis die Polizisten eintrafen.

»Außerdem«, sagte Sterling achselzuckend, »habe ich Ihnen einen weiteren Sieg im Gerichtssaal verschafft, den Sie Ihrem Konto gutschreiben können. Ganz zu schweigen davon, daß Sie ein anständiges Honorar daran verdient haben.«

Dan biß die Zähne zusammen. »An diesem Prozeß war nichts anständig, weder das Honorar noch der Sieg. Es war Betrug, und mit Betrug will ich nichts zu tun haben.«

»Dann verklagen Sie mich doch«, erwiderte Sterling mit einem lässigen Achselzucken.

»Und es mißfällt mir, was Sie Jenny angetan haben.«

Ein Schatten legte sich über Sterlings Augen. Er zog eine Zigarette aus der Brusttasche seiner Sträflingsjacke, steckte sie sich in den Mund und zündete an der Tischkante ein Streichholz an.

»Sie ist noch gut dabei weggekommen«, sagte er, während er gleichzeitig inhalierte. »Ich habe gehört, sie hat sich Macoal als Mandanten an Land gezogen. Für eine Anwältin im dritten Berufsjahr gar nicht schlecht.«

»Sie wäre Ihretwegen beinahe umgekommen!«

Er zuckte wieder die Achseln. »Sie hat's überlebt.«

Dan sprang von seinem Stuhl auf und ging auf die Wand zu, als wolle er sie einschlagen, anstatt Sterling das Genick zu brechen. In diesem Augenblick erschien das Gesicht eines Wachmanns in dem kleinen Fenster, und Dan holte tief Luft, um seiner Wut Herr zu werden. Doch er brachte es nicht fertig, sich wieder auf den Stuhl Sterling gegenüber zu setzen. Er blieb stehen, den Rücken fest an die Betonwand gelehnt.

»Sagen Sie mir nur eins«, sagte er. »Wieso Jenny? Welche Rolle hatten Sie für sie vorgesehen? Das begreife ich immer noch nicht.«

»Ihre Rolle? Wobei?«

»Einiges ist mir klar. Chapman hat Ihnen gesagt, daß seine Tochter Jenny als Anwältin angeheuert hatte, und Sie sind bei ihr eingezogen, damit sie Sie über den Prozeß auf dem laufenden hielt. Aber es war mehr als das, nicht wahr? Sie wußten von ihr und mir. Was wollten Sie bezwecken? Wollten Sie mir einen zusätzlichen Grund geben, dafür zu sorgen, daß Sie freigesprochen wurden? Oder sollte sie meine Unterlagen für Sie stehlen? Bevor Chapman das selbst besorgt hat.«

Sterling nahm noch einen Zug von seiner Zigarette und schnippte die Kippe mit zwei Fingern in eine Ecke des Raums. Dann wandte er sich wieder Dan zu und starrte ihn mit seinen allzu blauen Augen an, während sein Mund sich zu einem schiefen Grinsen verzog.

»Fällt es Ihnen so schwer, sich vorzustellen, daß ich mich ganz einfach in sie verliebt hatte?«

Dan war sprachlos. Sterling erhob sich lässig und klopfte mit seinen Knöcheln scharf an das Fenster in der Tür. Der Schlüssel krächzte im Schloß, und die Tür wurde geöffnet. »Wir sind fertig«, teilte er dem Wachmann mit und verschwand in dem langen, dunklen Korridor.

30

Am frühen Morgen war der Himmel mit Schneewolken verhangen gewesen, doch als Jenny am Mittag aus dem Ballettstudio trat, hatten die Wolken sich aufgelöst, und die Sonne stand hellleuchtend am Himmel. Sie warf ihre Sporttasche zu dem zusammengeklappten Buggy in den Kofferraum und setzte sich ans Steuer. Als sie bei Leslie ankam, war es so warm geworden, daß die beiden auf einer Decke auf dem Rasen lagen.

»Hallo! Wie war das Training?« rief Leslie.

»Ich bin nicht mehr in Form«, sagte Jenny, während sie sich lächelnd zu Peter auf die Decke setzte. Er konnte schon fast allein sitzen, auch wenn Leslie ihm immer noch eine Hand schützend in den Rücken hielt.

»Das hat wahrscheinlich kein Mensch gemerkt«, sagte Leslie. »Du bist viel zu gut für diesen Kurs. Monsieur duBret würde einen Herzschlag kriegen, wenn er wüßte, daß du so tief gesunken bist.«

»Es macht mir einfach Spaß, wieder zu tanzen. Ist Peter heute ein braves Kind gewesen?« fragte Jenny mit der piepsigen Stimme, die ihn jedesmal zum Lachen brachte. Er war ein rundes, pummeliges Baby, dem man nicht mehr ansah, daß es zu früh geboren war.

»Er war der bravste kleine Junge auf der Welt«, sagte Leslie und rieb ihre Nase an seinem Gesicht, was ihn noch mehr zum Lachen brachte. »Es würde mir überhaupt nichts ausmachen, ihn auch noch den Nachmittag über bei mir zu behalten, falls du und Dan ein bißchen Zeit für euch allein haben wollt.«

»Danke, aber Dan ist heute weggefahren.«

»Ist alles in Ordnung zwischen euch?«

Jenny hob das Baby hoch in die Luft, um ihr Gesicht zu verbergen. Leslies scharfe Beobachtungsgabe hatte in nichts nachgelassen.

»Wunderbar«, sagte sie, was eigentlich der Wahrheit entsprach, wenn sie nicht so oft aufwachen und ein leeres Kissen neben sich vorfinden würde, während Dan brütend im Wohnzimmer saß; wenn sie nicht immer wieder dieses unsichtbare Kraftfeld spürte, das sie voneinander zu trennen schien, wenn sie sich in den Armen hielten. Wenn Dan nicht unbedingt heute diese Reise hätte machen müssen.

»Gib euch etwas Zeit«, sagte Leslie. »Ihr beide habt viel durchgemacht.«

Jenny nickte. Aber es waren bereits sechs Monate vergangen; sie hatte das Gefühl, daß ihr gemeinsames Leben zu einem Stillstand gekommen und mehr als Zeit nötig war, um es wieder in Gang zu bringen.

»Hast du Lust, ein bißchen bummeln zu gehen?« schlug Leslie vor. »Ich könnte dir dabei helfen, ein paar Sachen für Peter auszusuchen.«

»Danke, aber das Wetter ist so schön. Ich glaube, ich fahre lieber ein bißchen raus und gehe mit Peter spazieren.«
»Versuch's mal mit Valley Forge.«
»Gute Idee.«
Aber Jenny hatte etwas anderes im Sinn. Sie schnallte das Baby im Kindersitz an und fuhr Richtung Radnor. Seit Peters Geburt, genau eine Stunde nach der Trauung, war sie nicht mehr auf dem alten Dundee-Anwesen gewesen. Es war nicht die Art Hochzeit gewesen, die sie sich erträumt hatte – der Friedensrichter war ziemlich entnervt darüber gewesen, daß man ihn mitten am Nachmittag aus einer Verhandlung gerufen hatte; Mike diMaio und Cassie Chapman waren obendrein das seltsamste Paar von Trauzeugen gewesen, die sie sich hatte vorstellen können; und der Arzt hatte sie unter einem Tuch untersucht, während sie das Ehegelöbnis gesprochen hatte –, doch die improvisierte Hochzeit hatte Dans altmodisches Bedürfnis gestillt, verheiratet zu sein, bevor das Baby geboren wurde. Während sie und Peter sich im Krankenhaus erholten, hatte Dan die alte Remise leergeräumt, für den Hund und die Katzen ein neues Heim gefunden, und als sie aus dem Krankenhaus entlassen wurden, hatte er sie direkt mit in seine Wohnung genommen.

Das Penthaus war wunderschön, aber es war nicht für eine vierköpfige Familie gedacht. Im Winter hatten sie sich so eingeengt gefühlt, daß Tony angefangen hatte, die Wochenenden bei seiner Mutter zu verbringen. Sie hätten schon vor Monaten umziehen sollen, aber auch das gehörte zu den Dingen zwischen ihnen, die zu einem Stillstand gekommen waren. Zu Anfang war Jenny es gewesen, die keine Begeisterung für die Wohnungssuche hatte aufbringen können, aber seit einiger Zeit war es Dan. Seit Wochen schob sie ihm immer wieder Prospekte von Häusern hin, doch es schien ihr nicht zu gelingen, seine Interesse zu wecken, genauso wenig, wie sie etwas gegen seine Schlaflosigkeit auszurichten vermochte.

Wenn sie versuchte, mit ihm darüber zu reden, zuckte er nur die Achseln und erklärte, er müsse noch ein paar Dämonen austreiben. Aber sie kannte seine Dämonen, sie hießen alle Scott

Sterling. Dan mochte der Hauptdarsteller in Chapmans Szenario gewesen sein, aber sie war diejenige gewesen, deren falsch angebrachtes Vertrauen des Dämonen die Tür zu ihrem Leben geöffnet hatte.

Sie bog in die Coventry Road ab und fuhr bis in die Canterbury Lane, wo sie ihren Wagen vor den steinernen Säulen parkte, die die Einfahrt zum Dundee-Wohnpark markierten.

»Sollen wir beide einen Spaziergang machen?« gurrte sie, und Peter jauchzte glücklich. Sie zog den Buggy aus dem Kofferraum, setzte den Kleinen hinein und machte sich auf den Weg den Hügel hinauf.

Eine komplette Gemeinde war auf dem Hang entstanden. In kleinen runden Beeten um die Briefkästen herum blühten Krokusse, Autos standen in den Einfahrten, und Kränze aus Weinlaub schmückten die Haustüren. Die warme Sonne hatte heute wahrscheinlich mehr Leute vor die Türen gelockt als während des restlichen Jahres. Frauen knieten in ihren Vorgärten und pflanzten Stiefmütterchen, Männer fegten die letzten Herbstblätter von ihren Rasen, Kinder tollten mit ihren Haustieren in den Gärten.

Oben auf dem Hügel, wo einst das alte Herrenhaus gestanden hatte, wurde ein neues Haus gebaut. Jenny erinnerte sich daran, wie Scott einmal auf den alten Grundrissen gestanden und ihr von glücklicheren Zeiten erzählt hatte. Für sie war er damals eine Art tragischer Held gewesen, ein anständiger Mann, der zu hart für einen einzigen Fehler bestraft wurde. Sie war der Ansicht gewesen, daß sein Leben und ihr Leben parallel zueinander verliefen, und hatte sich eingeredet, solange er durchhielt, könne sie das auch.

Mike hatte einmal gesagt, Scott habe Curtis Mason so gut hinters Licht führen können, weil er ihm genau das gesagt hatte, was er hatte hören wollen – eine Abwandlung des alten Sprichworts: »Einen ehrlichen Mann kann man nicht betrügen.« Aber Jenny war ebenso hinters Licht geführt worden, und zwar mit den gleichen Mitteln. Wenn sie nur sich selbst gegenüber ehrlich gewesen wäre, hätte sie nie geglaubt, was er ihr erzählte, egal, wie dringend sie es hören wollte.

Auf der anderen Seite des Hügels lag das Wäldchen und was immer von den Ruinen der alten Remise übriggeblieben war. Die Baufirma hatte sie im letzten Oktober über den Abrißtermin informiert, falls sie kommen und zusehen wollte, aber sie hatte es am Ende nicht fertiggebracht. Aber jetzt – jetzt würde sie hingehen und es sich ansehen.

»Peter, jetzt laufen wir ganz schnell!« rief sie, und er gluckste vor Freude, als sie den Hügel hinunterlief, um ihn den Wind auf seinen Bäckchen spüren zu lassen.

Der Weg durch den Wald hätte inzwischen umgepflügt und bepflanzt sein sollen. Sie war verblüfft, als sie feststellte, daß er statt dessen ebenso sauber gepflastert war wie die Canterbury Lane. Sie verlangsamte ihre Schritte unter den Bäumen, und ihre Verwirrung wurde noch größer, als sie das Dach der Remise zwischen den Zweigen auftauchen sah.

Es stand immer noch. Es hatte im Oktober abgerissen werden sollen, aber da stand es. Jenny schob den Buggy bis vor das Haus, und als sie in dem kopfsteingepflasterten Hof ankam, hörte sie, daß im Haus gehämmert wurde.

Das Haus stand noch, aber es sah anders aus. Das Dach war mit neuen Holzschindeln gedeckt, und die Dächer der beiden Seitenflügel waren ausgebaut und mit Dachfenstern versehen worden, die zu denen im Haupthaus paßten. Am Ende jeden Flügels befand sich immer noch jeweils eine Garage, aber der Rest war zu Wohnräumen ausgebaut worden, mit Terrassentüren, die auf den Hof führten. Überall im Haus waren neue Doppelglasfenster eingebaut worden, und vor der Haustür war eine überdachte Veranda.

Jenny konnte den Anblick nicht fassen. Es war geplant gewesen, die Remise abzureißen, von Anfang an war es so vorgesehen, und dennoch stand es da, unglaublich schön renoviert und ausgebaut. Oder zumindest fast renoviert, denn im Haus war immer noch eine Gruppe von Schreinern bei der Arbeit.

Sie nahm Peter aus dem Buggy und ging mit ihm auf dem Arm bis zur Haustür. »Hallo?« rief sie. Ein weißhaariger Mann, der damit beschäftigt war, ein Fenstersims festzunageln, blickte von seiner Arbeit auf.

»Ich habe früher hier gewohnt«, sagte Jenny. »Ich dachte, es wäre abgerissen worden.«

»Irgend so ein Typ hat die Baufirma überredet, ihm den Schuppen zu verkaufen, und jetzt läßt er ihn wieder herrichten. Sie dürfen sich ruhig umsehen, wenn Sie möchten.«

»Danke.«

Zögernd betrat sie das Haus. Die hintere Wand war mit Fenstern versehen, die bis zum Boden reichten und auf eine frisch gepflasterte Terrasse führten. Der Kamin in der Mitte war verschwunden und durch zwei neue ersetzt worden, einer an jedem Ende des riesigen Raumes. Auch die Küche war verschwunden, und eine freistehende Wendeltreppe, die wie eine riesige Skulptur wirkte, führte jetzt ins obere Stockwerk.

»Die Küche ist jetzt da drüben«, sagte der Schreiner und deutete auf den alten Vorratsraum. »Und oben gibt es fünf Schlafzimmer.«

»Ich kann es nicht glauben«, sagte Jenny, während ihr Blick durch das geliebte Haus wanderte. Es waren dieselben Räume, an die sie sich erinnerte, aber sie waren schöner, viel schöner.

Reifen quietschten auf dem Kopfsteinpflaster im Hof. »Da kommt der Besitzer«, sagte der Schreiner mit einem Blick durch die offene Tür.

»Ich könnte ihn ja mal fragen, ob er mir das Haus verkauft«, scherzte Jenny.

»Ich fürchte, das ist zwecklos«, sagte der Mann. »So wie der Typ dieses Projekt überwacht, würde ich sagen, den müssen sie schon mit den Füßen voraus hier raustragen.«

Sie warf noch einen letzten Blick auf den Raum und seufzte. »Dann geh ich wohl besser jetzt.«

Sie setzte das Baby auf die andere Hüfte und ging auf die Haustür zu, als sie mit jemandem zusammenstieß, der hereingelaufen kam.

»Verzeihung –« sagte sie und rief dann aus: »Tony!«

Hinter ihm stand Dan.

Jenny starrte ihn an. »Dan, was macht ihr –« Dann, als sie begriff, sagte sie atemlos: »Dan – hast *du* das alles machen lassen?«

Er nahm ihr das Baby ab und sprach leise mit ihm, bevor er kurz nickte. »Ich hatte gehofft, es würde dir hier gefallen. Aber wenn nicht, verkaufen wir es. Ich hab schon zwei gute Angebote.«

»Ob es mir gefällt?« Beinahe versagte ihr die Stimme, und sie mußte schwer schlucken, um ihre Tränen zurückzuhalten, bevor sie weitersprechen konnte. »Es ist das schönste Haus, das ich je gesehen habe.«

»Darf ich Pete halten?« fragte Tony, und Dan gab ihm das Baby. »Komm, Kleiner«, sagte er. »Ich zeig dir dein Zimmer.«

Dan sah den beiden liebevoll nach. Peters kleines Gesicht war wie ein Spiegelbild von Tony. Die Ähnlichkeit war so deutlich, daß selbst Tony sie nicht übersehen konnte; sie wurden immer wieder für Brüder gehalten.

Jenny blinzelte und versuchte, den Raum, das Haus und die Gefühle, die sie in Dans Gesicht sah, auf einmal aufzunehmen, aber es war zu viel gleichzeitig.

»Hast du das schon gesehen?« Er deutete auf den Seitenflügel, in dem einmal ihr Ballettstudio gewesen war.

Sie schüttelte den Kopf.

»Komm.«

Sie folgte ihm über den Hof und durch eine Glastür und blieb wie angewurzelt auf der Schwelle stehen.

Ihr Ballettstudio war immer noch da, nur daß es eine erstaunliche Verbesserung erfahren hatte. Vor ihr lag ein glänzender Parkettboden, rundherum von Spiegelwänden umrahmt. Vor den Spiegeln waren Stangen angebracht, und über den Spiegeln waren überall schmale Fenster eingebaut worden, durch die das Sonnenlicht hereinfiel. In einem Einbauregal standen ein CD-Spieler und ein Cassettenrecorder. In einem weiteren Regal befanden sich ein kleines Spülbecken und ein winziger Kühlschrank.

Sie machte noch einen Schritt in den Raum und drehte sich einmal um sich selbst. »Warum hast du das gemacht?« flüsterte sie.

»Vielleicht einfach nur, um diesen Augenblick zu erleben.«

Sie wirbelte durch den Raum, und ihr Spiegelbild bewegte

sich wie ein Panorama an den Wänden entlang. Erinnerungen stürzten auf sie ein, an alles, was sie in diesem Raum erlebt hatte, an die nächtlichen Trainingsstunden mit Leslie, an die Nacht, als sie mit Dan geschlafen hatte, an den Abend, als Scott die Spiegel zertrümmert hatte. Sie spürte immer noch Leslies Gegenwart, und Dan war überall um sie herum, aber von Scott war nichts zurückgeblieben. Er lauerte nirgendwo in den Schatten, in diesem Raum gab es keine Schatten.

»Jenny.« Dan sprach ihren Namen aus, als streichle er ein wildes Tier, mit einer Stimme voller Liebe und Zärtlichkeit.

Sie sah zu ihm auf. Dieser Mann, für den der Weg freigemacht wurde, hatte mehr für sie getan als ihr den Weg freigemacht. Er hatte ein Heim für sie geschaffen.

Sie öffnete seine Arme und legte sie um sich, und als sie dastanden und sich hielten, war die einzige Kraft, die sie spürte, die, die sie zusammenhielt.

»Wie war dein Gespräch?« fragte sie und sah ihm ängstlich in die Augen.

»Es ist vorbei«, sagte er und küßte sie.

Sie nahmen sich bei der Hand und wanderten durch jedes Zimmer ihres Hauses, bevor sie nach draußen auf die Terrasse gingen, wo Tony mit dem Baby auf dem sonnenbeschienenen Rasen spielte. Drinnen heulte eine Motorsäge auf, und von dem Geräusch aufgeschreckt, flog ein Vogel aus dem Hartriegelbusch und verschwand flügelschlagend über den Baumwipfeln im wolkenlosen Himmel.